当代西方政党研究译丛

技术年代的政党

〔美〕史蒂芬·E.弗兰泽奇 著

李秀梅 译

商务印书馆
2010年·北京

Stephen E. Frantzich

POLITICAL PARTIES IN THE TECHNOLOGICAL AGE

Longman Inc., N.Y., 1989

本书根据美国纽约朗文出版公司 1989 年版译出

《当代西方政党研究译丛》

总　序

当《当代西方政党研究译丛》即将由商务印书馆出版之际，主编杨德山同志要我为它写一篇"总序"。在获悉"译丛"的编译宗旨及总体构想后，我深信，它的出版对于我国的政党理论研究和政治体制改革实践都将产生积极的影响；这套译丛的出版，表明主编和出版社是很有眼力和见地的。

顾名思义，"西方政党"就是除了我国之外的其他欧美国家的政党，其涵盖面是相当宽泛的。显然，"译丛"的编者有意构筑一个宽大的平台，以便为读者提供尽可能丰富多彩的译著，这自然是明智之举。然而，鉴于欧美政党在世界政党发展史中的特殊地位，以及当今世界政党研究的实际情况，并考虑到列入本译丛的第一批名著是5位西方政治学家(即：罗伯特·米歇尔斯[Robert Michels]、莫里斯·迪韦尔热[Maurice Duverger]、乔万尼·萨托利[Giovanni Sartori]、利昂·爱泼斯坦[Leon Epstein]和史蒂芬·弗兰泽奇[Stephen Frantzich])的著作，因而这个"总序"，在顾及"西方政党"总体情况的前提下，将着重探讨欧美政党发展和政党研究中的一些问题。

首先，让我们放眼世界，综观当今国外政党的概貌。据不完全统计，目前世界上大约90%的国家有政党，其余的国家尚无政党。

2 技术年代的政党

这些无政党国家,有的自开天辟地以来就不曾建立过政党,如位于西亚的沙特阿拉伯、阿拉伯联合酋长国、阿拉伯也门共和国、阿曼、巴林、科威特、卡塔尔等国家;有的历史上曾建立过政党,但后来因种种原因又取消了政党,并且至今仍实行党禁,如位于北非的利比亚。此外,在大洋洲的一些岛国,面积狭小,人口稀少,交通不便,社会发展滞后,至今尚无政党存在。但从总体上看,当代政党存在于绝大多数国家之中。在有政党的这些国家,政党在社会政治生活中占据着重要的地位,发挥了重要的作用;这些国家的重要政治人物,如国家元首和政府首脑,通常都是某一政党的领袖或重要骨干。

鉴于政党是如此普遍和如此重要的组织,所以,自从世界上有了政党以来,对政党的研究便没有停止过,而是不断扩大和深化。当然,政党理论的研究,如同政党现象的出现与发展一样,在世界各地并不平衡。众所周知,西欧和北美是近代政党的发源地。这是因为,欧美是资本主义发展最早的地区,而近代政党是在资本主义发展到一定程度,资产阶级经济力量和政治影响不断提高的条件下产生的。简要地说,资本主义商品经济的发展,是近代政党产生的经济基础;资产阶级议会民主制度的建立,是近代政党产生的政治依据;资产阶级自由民主思想的发展,特别是人民主权思想的提出,为近代政党的产生提供了理论武器。

从历史上看,近代政党在西方的产生经历了一个漫长而曲折的过程。法国政治学家迪韦尔热在谈及政党产生的途径时,曾经把它们分为"内生党(parties created within the electoral and parliamentary framework)"和"外生党(externally created parties)"两种类型。①在这里,"内"与"外"的参照物是议会。简言之,"内生党"就是产生于议会内的政党,"外生党"就是产生于议会外的政党。就前者而言,它是从议会中的"派别"逐步发展成为政党的。这里就产生了一系列问题:"政党"和"派别"有无本质区别?如果有,区别于"派别"的"政党"有何基本特征?世界上何时出现了具有这种基本特征的组织,即近代意义上的政党?自那时以来,政党发生了什么样的变化?

在国外政党文献中,上述问题是备受关注的。其中,有的问题已有了一致的或近似的看法,有的则至今仍见仁见智,莫衷一是。例如,关于派别和政党的区别问题,美籍意大利政治学家乔万尼·萨托利曾经比较详细地介绍了博林布鲁克(V. Bolingbroke)、休谟(D. Hume)、伯克(E. Burke)和韦伯(M. Weber)等人的观点。他认为,除韦伯外,多数学者不同程度地承认派别与政党之间存在着差别,而韦伯的社会学思路导致他主张:"古代的以及中世纪的党派也可以被认定为政党"。这就混淆了古代派别与近代政党之间的本质区别。②

美国学者拉帕隆巴拉(J. LaPalombara)和魏纳(M. Weiner)在论及此问题时认为,存在于17—18世纪英法等国的政治党派具有夺取或控制政治权力的目的,从这个意义上说,它们具备了政党的

---

① M. Duverger, *Political Parties: their organization and activity in the modern state*, London: Methuen, 1964, p.xxx.

② 参见 G. Sartori, *Parties and Party Systems: a Framework for Analysis*, Vol. 1. Cambridge: Cambridge University Press, 1976, pp.3 – 12。

4　技术年代的政党

最显著的特点之一。然而,现代意义的政党,必须具备以下几个特点:(1)组织的延续性,即组织的预期寿命并不取决于现任领导人的寿命;(2)存在明显而可能具有长期性的地方组织,在地方组织和全国性组织之间存在定期沟通和其他联系;(3)在国家和地方各级,领导者能自觉地决定单独或与他人联合获得和保持决策权,而不仅仅是对行使权力施加影响;(4)关注组织在寻求选举的支持者或以某种方式争取大众支持方面的作用。[1]

根据上述特征,多数学者认为,尽管早在17—18世纪,欧美已出现近代政党的雏形,如英国的辉格党和托利党,但"严格意义的政党"产生于19世纪的欧美。迪韦尔热在20世纪50年代初写道:"事实上,真正的政党存在至今还不足一个世纪。在1850年,(除美国外)还没有一个国家有现代意义的政党。我们可以找到各种思潮、大众俱乐部、学术团体、议员集团等,但仍然找不到真正的政党。到了1950年,政党却已在大部分文明国家中活动了。"[2]

政党自诞生之日起,便随着自身的目标和生存环境的变化而不断发展变化。一方面,它随着资本主义生产方式在全球的扩展,从欧美向拉丁美洲、大洋洲、亚洲和非洲的大多数国家逐步扩展,变成一种全球性的政治现象;另一方面,从政党群体(party family)看,也经历了一个不断增生和发展变化的过程。最初产生于欧美的政党是自由党和保守党。前者代表新兴资产阶级的利益,后者

---

[1] J. LaPaLombara, and M. Weiner (eds.) *Political Parties and Political Development*, Princeton: Princeton University Press, 1966, p.6.

[2] M. Duverger, *Political Parties: their organization and activity in the modern state*, London: Methuen, 1964, p.xxiii.

是大土地贵族的政治代表。从19世纪60年代到20世纪初,随着欧美产业革命的发展和工人阶级的成熟与壮大,一大批工人阶级政党(例如社会党、社会民主党或工党)相继成立,这是世界政党发展史上的一个重要时期。在20世纪20—30年代前后,在激烈的社会政治斗争中,欧洲产生了共产党和法西斯政党这两类性质和作用截然不同的新政党。第二次世界大战后,基督教民主党的复兴、民族主义政党的崛起和绿党的诞生使政党群体显得更加斑斓驳杂,异彩纷呈。

不同历史时期产生于欧美地区的各政党群体,在经历了社会政治风浪的冲击和洗礼之后,有的发展了,有的衰败了;有的先兴后衰,有的枯而后荣。以西欧为例,最早产生的自由党和保守党,至今仍活跃在政治舞台上;诞生于19世纪的基督教民主党,几经起伏,现在成为西欧最主要的政党群体之一;左翼的社会党,在经历了诸多磨难、特别是两次世界大战的打击之后,于1951年重建国际组织(社会党国际),开始了一个新的发展时期,如今与基督教民主党一起,构成西欧两个最大的政党群体之一;共产党曾经普遍存在于西欧各国,在第二次世界大战后赫然成为西欧颇有影响的政党群体之一,对维护世界和平与社会正义做出了重大贡献,但战后半个多世纪以来,其力量和影响明显下降;法西斯政党崛起于20世纪20—40年代,它像一股狂风恶浪,席卷了大半个世界,但终于在世界人民的共同打击下而垮台;绿党是西欧、也是世界最年轻的一个政党群体,它产生于20世纪70年代,对当今世界政党政治正产生着日益深刻的影响。

此外,我们还可以从政党组织类型的角度来考察政党的发展变化。早期出现于欧美的政党,以少数精英分子为主体,党员人数不多,被称为"精英党"或"干部党(Cadre party)";随着产业革命的发展和选举权的扩大,以拥有众多成员为标志的大众政党(Mass membership party)从19世纪60年代开始逐渐萌发于欧洲各国;到了20世纪60年代,一种被美籍德国学者基尔海默(O. Kirchheimer)称之为"全方位党(Catch-all party)"的新的政党类型出现了。这种新型政党的主要特征可以概括为以下5点:(1)党派的意识形态色彩明显减弱;(2)上层领导集团的地位加强;(3)党员个体的作用下降;(4)为在全体社会成员中吸收更广泛的支持者,减少了对某一特定社会阶层或宗教组织过多的倚重;(5)确保与各种利益集团接近的途径。[①] 到了20世纪90年代中期,在考察和分析政党组织类型的新变化时,爱尔兰学者梅尔(P. Mair)和美国学者卡茨(R. Katz)提出了卡特尔政党(Cartel Party)这个新概念。卡特尔型政党的主要特点是:(1)作为国家与社会联系纽带的政党逐渐远离社会而融入国家,成为"准"国家机构;(2)争夺国家权力的各政党之间,政策差异日益缩小,竞选运动主要在于挑选更合适的公职人员,而不是具体政策;(3)政党活动经费主要来自国家财政拨款,而不再依赖党员个人的支持;(4)各大党在相互竞争的同时,达成某种默契,以利于自身生存,并排斥新的政治力量的介入。[②]

总之,随着科学技术的发展,产业结构、社会阶级结构以及人

[①] 参见 *The West Europe Party System*, Edited by Peter Mair, Oxford University Press, 1990, pp.58 - 59。

[②] 参见 R. S. Katz and P. Mair, "Changing Models of Party Organization and Party Democracy", in *Party Politics*, Vol.1, No.1, pp. 5 - 28。

们的生活方式和价值取向的变化,西方的政党和政党制度都有了很大的发展变化。

欧美不仅是政党产生最早、政党政治最为发达的地区,同时也是政党理论研究最早、有关政党的研究成果最为丰硕的地区。从历史发展来说,西方的政党研究大致可以分为以下几个时期:

1. 20世纪以前。20世纪以前,甚至在19世纪近代意义的政党出现以前,西方已经有学者对早期的宗派和党派进行研究,如上面提到的博林布鲁克、休谟和伯克等。这个时期的研究主要集中在党派的作用、党派与派别的关系等方面。从总体上看,研究工作还比较零散和肤浅,政治学界对政党的研究还不够重视。这种情况在美国学术界表现得尤为突出。以研究政党政治而闻名的美国政治学家沙特施奈德(E. E. Schattschneider)在1942年出版的《政党政府》一书中指出,在美国,19世纪下半叶出版的政治学著作都不涉及或很少涉及政党问题。直到19世纪末20世纪初,这种局面才被英国人布赖斯(Bryce)和俄国人奥斯特洛果尔斯基(Ostrogorski)所打破。[①]

2. 20世纪上半期。这一时期,政党现象受到某些学者的重视,研究工作不断深化,并出现了若干研究政党的专著,其代表著作有俄国政治学家奥斯特洛果尔斯基的《民主政治与政党组织》、德国政治社会学家罗伯特·米歇尔斯的《政党》和美国政治学家沙特施奈德的《政党政府》等。

[①] E. E. Schattschneider, *Party Government*, New Brunswick and London: Transaction Publishers, 2004, pp.4-5.

3. 第二次世界大战后,西方的政党研究进入一个全面、深入发展的新时期。其特点是:从事政党研究的机构和人员增多,研究内容更加广泛和深入,研究成果日新月异。

从研究的内容来说,主要包括国别政党研究和政党理论研究。前者主要集中于发达资本主义国家的政党,相比之下,对发展中国家政党的研究显得相当薄弱。后者大致可以概括为以下几个方面:(1)政党个体。包括政党的起源和发展,政党的定义与特征,政党的组织与功能,政党意识形态与政党群体,政党组织形态与政党类型,等等。(2)政党制度。包括划分政党制度的标准,一党制,两党制,多党制;竞争性政党制度与非竞争性政党制度,等等。(3)政党与社会。包括政党的社会生态环境,政党与选民,政党与社会团体等。(4)政党与政权。包括政党与议会,政党与政府,政党与司法等。(5)政党与地区一体化。

在这半个多世纪中,西方政党研究的论著真可谓"汗牛充栋"。其中不乏富有开拓性、创新性的著作。例如:

  迪韦尔热的《政党》(1951年)、李普塞特和罗坎主编的《政党制度与选民结盟》(1967年)、萨托利的《政党与政党制度》(1976年)、利昂·爱泼斯坦所著的《西方民主国家的政党》(1980年)、史蒂芬·弗兰泽奇的《技术年代的政党》(1989年)和艾伦·韦尔的《政党与政党制度》(1996年)等。

上面列举的这些著作,或由于构建了独特的理论框架,或由于提出了新颖的理论观点,或由于运用了先进的研究方法,因而被同行专家一再引用,甚至被奉为经典。

由于西方政党的产生和发展较早,政党政治比较发达,政党理论研究的历史较长,成果较丰富,因此,加强对西方政党及政党理论的研究,对于了解西方国家的国情,借鉴这些国家有关政党政治的经验教训,都不无裨益。而经验证明,有选择地翻译西方的政党名著,则是了解和研究西方政党政治的有效途径之一。

当然,由于政党问题的复杂性,以及作者个人世界观和价值观的不同,在有关政党理论研究中存在着不同甚至对立的观点是毫不奇怪的。相信读者在阅读这些译著时能独具慧眼,辨真伪,明是非,剔除糟粕,汲取精华,使这套译丛能发挥其应有的作用。

我国近现代政党的发展历史,以孙中山先生创立的兴中会为起点,迄今已有110年。在这一个多世纪中,我国学术界、出版界在不断研究和总结本国政党发展的实际经验的同时,也持续不断地翻译出版了有关国外政党的一些著作。这些著作涉及的地区主要包括欧美、日本和苏联,涉及的内容包括政党的基本理论、某国政党或某类政党的历史与经验。原著的语言主要有西文、日文和俄文。

从翻译的历史轨迹看,最早的一批译著出版于辛亥革命之前。例如:

《明治政党小史》,东京日日新报撰;(清)出洋学生编辑所编译;商务印书馆,1902年。

《议会政党论》,(日)菊池学而撰;(清)商务印书馆译;上海:商务印书馆,1903年。

从辛亥革命到新中国建立,在撰写和出版部分政党专著的同时,继续翻译和出版了一批国外政党著作。例如:

《欧美政党政治》,(日)田中萃一郎著,毕厚编译;上海:商务印书馆,1913年。

《美国之政党》,周龙光编译;北京:内务部编译处,1919年。

《普通选举与无产政党》,(日)安部矶雄著,罗超彦译;上海:太平洋书店,1928年。

《欧美无产政党研究》,施伏量译;上海:新生命书局,1929年。

《最新世界各国政党》(1-4册),顾树森译;上海:中华书局,1929年。

《美国政党斗争史》,(美)贝尔德著,自明译;上海:远东图书公司,1929年。

《政党与领袖》,(德)米瑟尔著,孙宪铿译;上海:华通书局,1931年。

《战后日本的政党与议会》,中华学艺社编译;上海:大成出版公司,1948年。

值得注意的是,这个时期除了翻译出版日文和西文著作外,还开始翻译俄文著作。如:

《无产阶级政党之政治的战术与策略》,(苏)司徒乔夫著,瞿秋白译;新时代出版社,1938年。

《美国的政党》,(苏)符龙斯基著,何歌译;上海:时代社,1948年。

新中国建立后,国外政党著作的翻译出版工作经历了一个曲折过程。在50—60年代,西文和日文著作的翻译几乎完全停止,只从俄文翻译了少量著作,包括部分苏联学者撰写的关于西方政党和政党制度的专著。例如：

《论人民民主国家阶级与政党》，(苏)法尔别罗夫著，李鸿礼译；上海：中华书局，1950年。

《美国国家制度和政党》，(苏)切尔尼雅克著，繁凝、焕宏译；北京：世界知识出版社，1959年。

直到70年代中期，翻译出版国外政党专著的这种沉寂局面才被打破。从1976年开始，上海人民出版社和上海译文出版社先后出版了一批国外政党的译著，其中包括：

《德意志联邦共和国政党》，(法)埃斯蒂厄弗纳尔著，上海师范大学外语系法语专业1975届工农兵学员及部分教员译；上海人民出版社，1976年。

《今日法国政党》，(法)博雷拉著，复旦大学资本主义国家政治系译；上海人民出版社，1977年。

《美国民主党史》，(美)施莱辛格主编，复旦大学国际政治系摘译；上海人民出版社，1977年。

《美国共和党史》，(美)施莱辛格主编，复旦大学国际政治系摘译；上海人民出版社，1977年。

《英国工党简史》，(英)亨利·佩林著，江南造船厂业余学校英语翻译小组译；上海人民出版社，1977年。

《英国保守党》，(英)林赛和哈林顿著，复旦大学世界经济研究所译；上海译文出版社，1979年。

《美国政党和选举》，(美)戈斯内尔和斯莫尔卡著，复旦大学国际政治系译；上海译文出版社，1980年。

《意大利政党》，(法)比布著，葛增骧等译；上海译文出版社，1980年。

上述译著的出版，使人们能更好地了解这些西方发达资本主义国家的政党和政治体制的基本情况，也在一定程度上促进了学术界对西方政党政治的研究。但是，这个时期出版的译著中，属于知识性的多，理论性的少；国别政党多，跨国研究少。此外，自80年代以来，尽管一些出版社继续出版国外政党译著，例如：

《联邦党人文集》，(美)汉密尔顿等著，程逢如等译；北京：商务印书馆，1980年。

《西欧基督教民主党》，(英)欧文著，吴章彬等译；上海译文出版社，1987年。

《寡头统治铁律——现代民主制度中的政党社会学》，(德)罗伯特·米歇尔斯著，任军锋等译；天津人民出版社，2003年。

但总地说来，这个时期出版的相关译著数量有限，可谓寥若晨星。这种状况同20多年来我国出版业兴旺发达的局面形成了强烈的反差；同我国对外开放和对外交往、特别是党际交往的迅速发展的形势极不相称；同我们近年来所倡导的借鉴人类政治文明的有益成果，以推动我国社会主义政治文明建设的精神也相差甚远。从这个角度看，这套《当代西方政党研究译丛》的问世，是十分适时的，也是很有意义的。我真诚地祝贺它的出版，并衷心希望它对广大读者了解和研究国外政党有所帮助。

林勋健
2005年3月11日
于北京大学

给我的孩子们——马克,马修和安德鲁——他们关于"party"一词的想法与本书的主题大相径庭,但是,最终,他们将收获我们加强或者削弱美国政党的努力的果实。

目 录

答谢词 ………………………………………………………………… 1

第一章 美国政治中的中介组织 …………………………………… 1
　第一节 政治的和管理的环境 ……………………………………… 5
　第二节 政党的定义和研究政党的方法 …………………………… 8
　　一、政党的定义 …………………………………………………… 8
　　（一）入党的方法 ………………………………………………… 8
　　（二）政党的目标 ………………………………………………… 10
　　二、研究政党 ……………………………………………………… 11
　　　政党的组成 …………………………………………………… 11
　第三节 政党的作用 ………………………………………………… 13
　　系统的功能 ……………………………………………………… 13
　　（一）支持民主 …………………………………………………… 13
　　（二）管理冲突和促成冲突 ……………………………………… 14
　　（三）改善权力的分配 …………………………………………… 16
　　（四）监控"游戏规则" …………………………………………… 17
　　（五）增加选民 …………………………………………………… 17
　　（六）征募和训练候选人 ………………………………………… 18
　　（七）增强竞选运动和通知投票人 ……………………………… 19

2　技术年代的政党

  第四节　党组织和与它们竞争的中介组织 …………… 20
   一、利益集团的挑战 ………………………………… 21
   二、以候选人为中心的组织 ………………………… 23
   三、媒体 ……………………………………………… 25
   四、顾问 ……………………………………………… 27
  第五节　政党的使命结束了吗？ …………………………… 28
   一、政党功能的衰微 ………………………………… 28
   二、执政党的衰落 …………………………………… 29
   三、选民中政党的消退 ……………………………… 30
   四、党组织的衰微 …………………………………… 31
  第六节　政党会迎来一个新时代吗？ ……………………… 32
  第七节　技术所扮演的角色 ………………………………… 34
  第八节　结论 ………………………………………………… 35

第二章　美国政党制度的起源和发展 ………………………………… 36
  第一节　1770—1824 年：美国政党制度的第一阶段 ……… 36
  第二节　1824—1860 年：美国政党制度的第二阶段 ……… 39
  第三节　1860—1896 年：美国政党制度的第三阶段 ……… 40
  第四节　1896—1932 年：美国政党制度的第四阶段 ……… 41
  第五节　1932—　　：美国政党制度的第五阶段 ………… 42
  第六节　政党已经死亡，或者，有一个新的政党制度
      诞生了？ …………………………………………… 43
   一、选民中的政党 …………………………………… 43
   二、执政党 …………………………………………… 44

三、竞选运动中的政党 …………………………………… 44
四、党组织 ………………………………………………… 46
五、一个新的政党时代 …………………………………… 47
第七节　美国政党的法律环境 ………………………………… 47
一、保证公正的选举 ……………………………………… 48
（一）投票的机制 ……………………………………… 48
（二）确认投票人的适格性 …………………………… 52
二、确定候选人 …………………………………………… 53
三、控制党组织 …………………………………………… 55
组织上的结构和行动 …………………………… 55

第八节　政治环境 ……………………………………………… 58
一、两党制 ………………………………………………… 58
（一）结构上的理论 …………………………………… 58
（二）投票人的本质 …………………………………… 59
（三）不太直接的原因 ………………………………… 60
二、历史上的反常：第三党和一党地区 ………………… 63
（一）第三党 …………………………………………… 63
（二）一党地区 ………………………………………… 68

第九节　社会的和技术的环境 ………………………………… 72
一、社会性的结构 ………………………………………… 73
（一）社会性的承诺 …………………………………… 73
（二）社会性的参与 …………………………………… 75
（三）社会性的态度 …………………………………… 76
二、技术的环境 …………………………………………… 78

4　技术年代的政党

第三章　作为组织的政党 ……………………………………… 83
第一节　组织的资源 ………………………………………… 86
一、人力资源 …………………………………………………… 86
（一）政党活动的代价 ………………………………………… 86
（二）自愿者 …………………………………………………… 87
（三）领薪的党务工作者 ……………………………………… 91
二、物质资源 …………………………………………………… 94
（一）筹集资金 ………………………………………………… 95
（二）政党可能得到的物质资源的总量 …………………… 100
三、非物质资源 ……………………………………………… 109
（一）政党支持者的本质 …………………………………… 110
（二）政党形象 ……………………………………………… 110

第二节　政党结构 …………………………………………… 113
一、地方政党 ………………………………………………… 114
　政党机器 …………………………………………………… 116
二、州的党组织 ……………………………………………… 117
三、国家的政党 ……………………………………………… 119
（一）全国代表大会和全国委员会 ………………………… 119
（二）国会竞选运动委员会 ………………………………… 121

第三节　政党活动的层次 …………………………………… 122
第四节　组织上的变化和政党层次之间的关系 ………… 124
一、政党的非集权化的传统 ………………………………… 124
二、政党国家化的路途 ……………………………………… 127
（一）民主党：规则的国家化 ……………………………… 127
（二）共和党：通过服务实现国家化 ……………………… 128

（三）民主党:过时的反应 …………………………………… 130
　　（四）解释党派的区别 …………………………………………… 133
　　（五）革新理论的某些运用 …………………………………… 135
　三、仍然存在的组织上的冲突 …………………………………… 137
第五节　组织的生气与力量 …………………………………………… 139

第四章　政党和候选人提名 …………………………………………… 141
第一节　选区的设立 …………………………………………………… 141
　　划定区界 ……………………………………………………………… 143
　　（一）选区相对的人口 ………………………………………… 144
　　（二）选区的构成 ……………………………………………… 145
第二节　招募候选人 …………………………………………………… 152
第三节　提名非总统公职候选人 …………………………………… 156
　一、提名程序的历史发展 ………………………………………… 156
　二、直接预选 ………………………………………………………… 157
　　（一）直接预选的类型 ………………………………………… 158
　　（二）直接预选的时间安排 …………………………………… 161
　　（三）直接预选对候选人的影响 ……………………………… 161
　　（四）直接预选对党组织的影响 ……………………………… 162
　　（五）政党的回击:预选前的认可和服务 …………………… 165
　三、政党预备会议和代表大会的持续性的作用 ……………… 169
第四节　总统提名:一个特殊的案例 ……………………………… 170
　一、政党和候选人的出现 ………………………………………… 170
　二、积聚全国代表大会代表 ……………………………………… 172
　　（一）预选程序 ………………………………………………… 173

（二）州政党预备会议和代表大会 ……………………………… 176
　三、全国代表大会 ……………………………………………………… 177
　（一）代表 ……………………………………………………………… 178
　（二）程序 ……………………………………………………………… 180
　（三）纲领 ……………………………………………………………… 181
　（四）公共关系 ………………………………………………………… 186
　四、民主党提名改革 …………………………………………………… 187
　（一）麦克戈温—福瑞瑟委员会(1968—1972年) …………………… 190
　（二）迈库尔斯基委员会(1972—1974年) …………………………… 191
　（三）威诺格拉德委员会(1975—1978年) …………………………… 192
　（四）汉特委员会(1980—1984年) …………………………………… 193
　（五）公正委员会(1985年) …………………………………………… 193
　（六）民主党改革的结果 ……………………………………………… 194
第五节　结　论 ……………………………………………………… 195

第五章　投票人：政党意欲影响的目标 …………………………………… 196
第一节　谁投票？选民的规模和构成 ……………………………… 197
　一、参与投票的水平 …………………………………………………… 197
　二、选民的组成 ………………………………………………………… 200
　（一）投票人和非投票人的社会的人口统计 ………………………… 200
　（二）投票人和非投票人的政治的人口统计 ………………………… 201
　三、克服投票的法律障碍 ……………………………………………… 206
　（一）投票人登记 ……………………………………………………… 206
　（二）让投票人到达投票场所 ………………………………………… 209
第二节　了解美国的选民 …………………………………………… 213

投票人首要的特征:确定投票人的捷径 …………… 214
　　　(一)信息加工和投票 ………………………………… 215
　　　(二)投票人的动机 …………………………………… 220
　第三节　选举研究和政党 ……………………………… 224
　　政党认同的首要性 ……………………………………… 225
　　　(一)个人的政党认同的起源 ………………………… 227
　　　(二)政党忠诚的分配 ………………………………… 232
　　　(三)政党认同和投票 ………………………………… 247
　　　(四)再结盟终于来到了吗? ………………………… 258

第六章　政治的竞选运动:最终的考验 …………………… 263
　第一节　法律的环境 …………………………………… 263
　　一、固定的选举 ………………………………………… 264
　　二、单一成员选区的体制 ……………………………… 264
　　三、实际运动中最低限度的政府干预 ………………… 265
　　四、选举的类型 ………………………………………… 266
　　五、选举机制 …………………………………………… 266
　　　(一)选票的类型和投票程序 ………………………… 267
　　　(二)选举团 …………………………………………… 268
　第二节　政治的环境 …………………………………… 270
　　一、党派主义的形势 …………………………………… 270
　　二、任期因素 …………………………………………… 271
　第三节　政党和竞选资源的集积 ……………………… 274
　　一、组织资源 …………………………………………… 275
　　二、人力资源 …………………………………………… 278

（一）自愿者 278
　　（二）顾问 278
　　（三）政党的实地工作人员 280
　　（四）竞选运动学校 282
　三、物质资源 283
　　（一）竞选运动的代价 284
　　（二）竞选运动财政的法制环境 284
　　（三）改革筹集竞选资金方法的政治策略 289
　　（四）现代竞选运动资金的来源 290
　　（五）个人的捐款 293
　　（六）政治行动委员会 293
　　（七）竞选运动财政中政党的作用 305
　　（八）筹集竞选资金方法的改革 312
第四节　竞选的技艺 313
　一、传统的方法 313
　二、利用大众媒体 314
　三、利用新技术 315
　　（一）发送正确的信息 316
　　（二）和合适的人们交流 323
　四、让投票人到达投票场所 334
　五、对技术年代里竞选运动影响的评估 335
第五节　政党对选举战技术的采用 336
第六节　服务——卖主——搞客政党兴起的结果 338
　一、赢得选举 339
　二、把投票人和政党联系起来 341

三、控制当选的官员 ·· 342
四、振兴党组织 ·· 343
第七节 结论 ·· 345

第七章 执政党 ··· 346
　第一节 责任政党模式 ······································ 347
　第二节 立法机构中的政党 ································ 349
　　一、党派和责任政党 ···································· 350
　　二、立法党派正在变化的环境 ························· 351
　　　(一)外部的环境 ······································ 351
　　　(二)内部的环境 ······································ 353
　　三、立法机关内部的党派 ······························ 360
　　　党派主义的机制 ·· 361
　　四、政党凝聚力的水平 ·································· 369
　　　(一)党派划分 ··· 370
　　　(二)政党的凝聚力 ···································· 373
　第三节 行政机构中的政党影响 ·························· 377
　　一、行政指派中的党派性质 ···························· 378
　　二、总统和国家党组织 ·································· 380
　　三、国会中作为政党领袖的总统 ····················· 381
　　　(一)总统的领导权 ···································· 382
　　　(二)总统的说服 ······································· 382
　　　(三)奖惩中的总统的领导权 ······················· 384
　　四、国会中总统的投票支持 ··························· 386
　　五、对总统的评价和政党的命运 ····················· 387

第四节　政党和官僚主义 ································· 389
第五节　政党和司法机构 ··································· 391
　一、挑选过程 ··· 392
　　（一）选举 ··· 392
　　（二）指定 ··· 392
　二、法官任期内政党的利害关系 ························· 394
　　（一）恩惠和动机 ····································· 394
　　（二）党派行为和审判结果的作出 ··················· 394
第六节　结论 ··· 396

第八章　技术年代政党的未来 ······························· 397
第一节　技术在政党更新过程中的作用 ··················· 399
第二节　建立在技术基础上的服务——卖主——
　　　　揽客政党的影响 ··································· 400
　一、对党组织的影响 ····································· 401
　　（一）技术——嫉妒的情人 ··························· 403
　　（二）下一代技术 ····································· 403
　　（三）形式对于实质的胜利 ··························· 406
　　（四）党组织权力的分配 ····························· 406
　　（五）在政党中保留人的因素 ························· 408
　　（六）组织活力的"神话" ····························· 409
　二、选民中政党的影响 ·································· 409
　三、对执政党的影响 ····································· 413
第三节　政党改革的议程 ··································· 413
第四节　政党改革的四次浪潮 ······························ 414

一、开放政党、强化它们的应变能力 …………………… 414
二、驯服政党的过度行为、减少它们的作用 …………… 415
三、为当今的改革时代打造舞台 ………………………… 415
（一）"表现性的"改革：让民主党更加民主 …………… 416
（二）"竞争性的"改革：服务——卖主——掮客政党的兴起 … 417
四、当代的改革议程 ……………………………………… 417
五、改革的错综复杂性 …………………………………… 419
第五节 结论 …………………………………………… 421

参考文献 ………………………………………………… 422

答 谢 词

在会谈中,100多位国家级的政党领导人和政治观察家——他们来自25个以上的国家——奉送了他们的洞见,提供了背景性的资料。他们的真知灼见为政党的理性分析注入了生命。美国海军学院图书馆的唐纳·赫利和戈罗莉娅·波杜,运用他们神奇的数据库检索的力量,简化了书目的查询过程。美国海军学院为我提供了休息和旅游,在此期间我作了一些早期研究,其结果显示在这本书中。通过"安娜·阿润德尔县天才项目",艾里克·戈尔德斯泰因、雷切尔·比恩和麦克·维斯担任了研究助理。大量的研究者将会发现,他们的观点被乞讨,被借用,或者被窃取(但愿得到了适当的授权)。厄温·罗克伍德和雅柔·曼海姆首先与我谈论起这个项目,而戴维·艾思崔恩和朗曼公司的好员工们则帮助我使其成型。威尼福莱德·K.弗兰泽奇阅读了所有的手稿,找出了语法错误,提出了建议;而只有一位母亲才会做这些。我的妻子,简,她不仅仅是一位天才的编辑和一位尖刻的批评家,而且,在我出外研究和将自己锁在阁楼里写作的时候,她还承担了所有的家务。当然,任何错误疏漏之处,都归于我自己名下。

第一章 美国政治中的中介组织

当太阳在这个国家升起,二亿五千多万美国人中的大多数在准备开始新的一天的时候,很少有人会真正地在料想,他们个人的努力将直接地影响到美国的政治体制。在支持民主的概念、高度赞颂单个公民的作用和能量的时候,多数人也意识到,事实上,个人通常只在加入到他人之中以求共同利益的限度内有一点点能量。日常的对话都喷洒着简单而又深奥的观察,即"团结就是力量",或者"组织起来才有力量"。在一个大的民主体制里,个人的利益由许多通知、组织和动员支持者的集体性组织所促成。作为促成者,这种组织如政党、工会和俱乐部,促进了一些活动,如举办竞选运动,组织罢工,谋划一个超乎个人能力之外的社会事件。为了有别人来做这些事情,个人就得交付会费,或者帮助完成任务中的一部分,同时,还得部分放弃对最终结果的掌握权。

中介组织以日益变化了的形式和规模出现。有些是纯粹自愿的,依仗于个人自由选择是否支持它们,而另外一些组织,比如工会和行业协会——在那里,会员资格可能是他们追求某一职业合法的或者实际的必备条件——则保持着一定程度的支持率。一些组织在不断地经营着政治过程。政党总在不停地评估上一次竞选，或者准备下一次竞选，同时，为了支持他们的政治目标，利益集团游说者们在计划着每一次集体行动。另一些组织是有选择性地涉足政治。典型的运动队，教堂，或者社交性的俱乐部，等等，它们只在其特殊利益受到威胁时才被拽进政治之中。比如说，一般看来，职业棒球要尽可能地远离政治，除非国会就运动员交易和毒品利用的方针而展开调查。当其利益危若累卵时，美国娱乐（棒球）的代表就将通过游说介入到美国的观众体育（政治）之中去。且不论政治的流行性，通常来说，美国社会中的绝大多数组织都只是稍稍触及政治过程。

尽管美国公民可以依据态度（例如，赞成流产/反对流产，自由派/保守派）或者个人特征（例如，黑人/白人，北方人/南方人）而被分成很多团体，*团体*的概念却意味着一定程度的忠诚和组织。成员的忠诚，包括所有的方面，从对具有与自己相似特征的其他个人的亲近感，到主动地支持本团体对资源的组织上的要求。为了组织起来，团体需要人力资源（支持者，工人，领导，等等）和物质资源（电话，复印机，电脑，等等）来沟通，做出决定并展开行动。想一想你自己的种族背景。你可以把自己看作爱尔兰人，或者亚洲人，或者德国人，或者黑人，但是，这种忠诚或者认同感并不就令你成为一个具有行动能力的、有组织的团体的成员。在你加入一个组织，如亚—美俱乐部，或者全国有色人种促进协会之前，你还是没有主动地支持任何一个团体。组织结构的复杂性和拟定的任务不同，必备的组织资源的类型和水平也不同。团体的组织程度覆及一切方面，从简单地选择一组人员来负责一些持续性的活动，到聚集专职人员和一整套运行程序来配置资源以实现特别的任务。

第一章 美国政治中的中介组织

美国一直都以参与者的国家而闻名,其公民参与家庭圈子外的组织远远超过其他国家。(参见沃巴和尼尔,1972年,第114页)普通公民都参加了许多团体,某些公民参加了大量的团体。个人以不同的方式把他们自己和团体联系起来。许多人呆在团体内,表示支持团体的目标,但是对于那些目标的实现,他们只做一点点或者干脆什么也不做。少数人正式地表示了他们的支持,成为了成员,他们时常贡献维持该团体所必需的资源。更少的人作为自愿的领导者从事团体日常的活动,而对另外一些团体来说,他们可能就是受薪的职员。更多的人参加团体的日常活动,很少能见到个人目标到团体行动和努力的直接转换。那么,在一个团体内,活跃分子就是中介,他们吸引不太积极的支持者的支持,进而形成团体的行动和策略。罗伯特·米歇尔斯(1915/1949年)把这种少数积极分子拥有控制团体的动机和技巧的过程称作"寡头政治的熨斗法则"。这种总是不占多数的寡头领导的团体,可能通过操纵而攫取并保有它的权力,或者,可能由其不太感兴趣的成员心甘情愿地授予领导权。我们都在一个社会的或者政治的团体中,在这里,决策位置总是在那同样少数一组人之间交易。如果对那组织深感兴趣,我们可能奋而成为领导集体的一部分,但是,一般来讲,在大多数情况下,如果别人看起来正在为我们的利益而工作,我们倒是很乐意让他们去承担那负担。

团体作为一个比较大的政治游戏中的表演者,会与其他有组织的团体竞争,以达到既定的目标,并作为中介将利益化为行动。团体的动机和忠实代表其支持者利益的能力各不相同。一些团体以它们内部的民主为骄傲。它们积极地鼓励支持者们各抒己见,它们将它们的支持者视为制订和重新制订团体目标、策略和行动的合法的力量。小一点、更加地方性的组织，如小区业主协会，教师家长协会，某些政党，它们召开公开的会议以征求意见和获得对提议的赞成。某些州的和全国性的组织经常对其成员进行民意测验，或者举行对话，以建立组织优先考虑的事情和战略。另外有些团体意识到了不同支持者的要求，但是只在一个前提下展开工作，那就是，每个支持者在知识、利益和行动上都是不平等的。在这些团体里，上层的积极分子试图为该组织描画一个会持续的事业，他们希望这能提升那些不太积极的、被动的支持者的赞成。他们也可能对其成员进行民意测验或者举行对话，但选择的幅度由领导集体决定，恳请成员意见更是出于公共关系而不是出于组织指导而为。团体成员的利益越相似，就越容易囊括他们进入团体决定的制作之中。但是，这也可能不是很必要，因为，全体意见已经存在了。

通过囊括广大范围内的支持者，那些试图把彼此利益迥然不同的个人组织起来的团体，无意识地鼓励了其内部的冲突，但是，这种公开性对于维持团体的一致性可能是需要的。比如说，一个类似的团体，如水貂畜牧者的成员和领导可能有相似的目标，这些领导就可以自由地采取行动，而不必不断地与其成员相核对。另一方面，代表很多其政策目标可能会改变的行当（大的和小的，进口商和出口商，等等）的商会，在采取一种政策立场之前，就必须仔细地与其成员们核实。正如我们将看到的，各团体所实施的调停程度各不相同。居间（*mediation*），可能意味着这所有的事情：从组织和执行被支持者们已经在较大规模上较好阐明了的目标和行动,到刺激未被阐明的利益,提供方案,实现超出支持者的利益和能力的任务。

历史上,政党在政治过程的中介组织中名列前茅。尽管我相信政党仍然起着重要的作用,并且这个作用可能会增加,但是,无论在数量上还是在活动上,有组织的市民团体的复杂性都大大地增加了。为了维持一个可以生存的位置,赢得维持组织所必需的资源,政党更得面临加大努力、修正行动的要求。

第一节 政治的和管理的环境

尽管个人围绕他们的职业、宗教偏好、业余爱好等等而形成团体,但这本书的焦点却在于组织,更特别地,是在于将它们自身引入政治过程的政党。尽管人们可以讨论不同种类的政治学,比如"政府机关政治学"和"校园政治学",这里,我们却局限于政治过程中的政治学。政府被建立起来,以施行个人或者团体的努力之外的公众活动,这从修建道路和学校直到提供国防。为了协调这样的任务、聚集资源、解决矛盾,政府被赋予强制依从的法定权利,如果必要,它们甚至可以使用制裁的极端形式。政府在社会中这种抢眼的、具有一致同意的强制依从权的机构的地位,从政府的专权中可见一斑,这包括将那些没有遵守重要政策的人投入监狱,甚至执行死刑。

一个政府的成立,很少意味着它应该如何完成它的任务。没有一个社会展示了对政府的目标和活动的完全赞同。政治是选择集体的目标、决定实施的策略、将可被接受的依从技巧范围合法化的过程。作为一个解决冲突的过程,政治可以采取很多形式,从一个小组织的精英统治直到一种纯粹的民主,在后一种情形之中几乎绝对的个人之间的平等影响着统治权的行使。在这两个极端之间,正是我们生活于其中的代表制。

代表制的民主对公民的影响程度各不相同,不过,无一例外都具有某些共性。认识到在一个庞大而复杂的社会中并不是所有的居民,能够,或者愿望,主动地参与政治,代表民主制就体现了一种劳动的分工。一组相对少的个人被选举出来代表其他的公民。为使选举具有意义,就必需确定政府关注的主要问题领域,为投票人提供一些候选人,为投票人做出判断提供足够的信息,使相当一部分投票人参加投票,保证获得多数票的候选人成为胜利者。这些步骤都不会自然发生,大多数的条件——从确定问题,招募候选人,通知选民,到通知投票人和确保公正的选举——都由政府之外的组织更好地处理着。给予现存的官员队伍选择其继承人程序上排他的控制权,会增加欺骗的潜在性,减少变更领导集体的可能性。

代表制的政府并不仅仅停留于投票箱。选举之后重要的是,保证被选举的和被指定的官员仍然对选民们负责,保证他们有办法制造政策制定的联盟,来实现公民们的优先选择。在选举之间对公民的需求做出回应极为重要,尤其是在一个错综复杂的社会里,在这里,选举是在一般性的基础上竞争,而政策又在特别的标准上制定和执行。例如,1974年能源危机时为了节省汽油,规定了55英里每小时的速度限制,这导致了十多年的公民反应。一些公民质疑其基本前提,一些人断言危机已经过去了,一些人认为其

第一章 美国政治中的中介组织　7

他目标(比如时间的有效利用)更为重要,其他人则声称,行政执法部门的改变将整个政策置于疑问之中。在1987年之前,足够的压力至少已经部分地颠覆了最初的政策。

中介组织帮助实现那些使代表制政府成为可能的任务。理解组织所起的作用,这有助于确定不同的功能和谁来承担它们。如果组织特定化而没有功能需要分享,那将很方便,但是,事实越来越不是这样。传统上,利益集团只在选举之前确定问题(利益明晰,interest articulation)中起着支配性的作用,并在选举之后将这些问题传达给被选举的官员,但是,它们自身在选举中的作用则微乎其微。另一方面,政党支配了竞选,通过提名程序,它们实质上锁定了候选人的招募,控制着信息过程(虽然是与媒体分享这一职能),渗透于投票人的活动过程,在监控选举的诚实性中起着主要作用,在那些个人观点甚不相同的当选官员和政治提名人之间寻求大量的行动上的一致。一旦进入政府,政党就强调利益整合(interest aggregation),集合思想相对靠近的个人,集中他们的资源并为一致的行动形成必要的折中,使他们拧成一股政治的力量。这种折中作用在选举过程中早就通过一些事情开始了,比如,意在囊括不同种族的、地理的或者思想意识形态的团体的"平衡票"(balancing tickets),为了设法求得一致的领域而起草党纲。一旦进入政府,政党就通过交易来形成制定政策所必不可少的折中。(参见波姆普,1980b,第6—7页)尽管由于政党正在尝试更多的利益明晰,而且,特别地,由于社会上的其他组织侵犯了政党的选举活动,使得界限已经模糊不清,但是,大部分的区别却依然具有意义。

第二节 政党的定义和研究政党的方法

一、政党的定义

正如关注政党的作家、理论家和立法者非常之多一样，政党的定义也不可胜数。在最为基本的意义上，政党（political party）是一个思想相对接近的个人集合起来、通过选举来控制政府的人事和政策的、有组织的团体。这个定义意味着，毫无疑问，政党是一个具有目标的组织，它们主要通过选举来追求它们的目标。在个人加入的方法，它们试图控制政治结果的手段和它们控制人事或者政策的相对的关注方面，政党都各不相同。

（一）入党的方法

虽然说少有党派不鼓励支持者，有些政党却使得声明忠诚更为困难。意识形态的政党（ideological parties），需要以与已经建立的一套原则保持一致为支持自己的必要条件，然而，选举的政党（electoral parties）更富于包含性，总在不断地再估价它们原则的吸引力。苏维埃共产党需要意识形态上的纯粹，这和鄙夷意识形态上的盲从、讲求实效的美国政党之间形成强烈的对比，它们指示着两个极端。意识形态的政党虽然与选举的政党共存，但它们通常都反映了一系列比较狭窄的兴趣，不可能以赢得选举作为改变政府政策的一种主要的甚或现实的手段。意识形态的政党在多党制的欧洲更为常见，在美国则以较少变化的形式存在。不同的社会主义政党,美国共产党,和平自由政党,自由意志主义者政党,以及其他被编进当代美国历史的党派,都以它们信念的纯洁而不是选举的胜利为骄傲。而另一方面,因为明知只有少数投票人会支持政党的每一项立场,选举的政党就呈现给投票人一套相对宽泛、普遍的政策立场,试图形成大多数的共识。主要的美国政党折射了选举的方法,而且,尽管原则没有被它们丧失,它们却在极其谨慎地努力寻找能够推销出去的原则。

显露一个人与一个政党的联结的机会和方法也不一样。集体会员制政党(*massive membership parties*)寻求正式的、携卡的成员,他们以用自己的努力和资源支持政党来表示他们的许诺。作为交换,会员们在描绘政党的事业中作用重大。频繁的会议涉及决定的通过和原则的表明,这些都寄希望于由当选的官员们去实现。比如,在许多欧洲国家,做一个基督教民主党员或者一个社会主义者,就包括交纳会员费,并有权参加政党的会议。虽然说只有不足5%的政党的投票人是事实上的会员,但是,如果他或者她真正想是会员,却没有人能够有理由让其不涉其中。另一方面,干部政党(*cadre parties*)假定了更低水平的公民兴趣,接受了一个政党方针程序,这一过程几乎被一个永久性的、高度参与的积极分子的小集体所把持。较大的、潜在的政党支持者的利益,只由政党的领导者在决定最"适于出售的"政策立场时才予以考虑,但是,集体支持者只是不规律地、勉强地进入政党的决策之中。美国的政党与干部政党的模式更加契合。然而,选举法需要党员注册,以便于在直接预选中投票指定候选人,以及政党通过建立会员俱乐部来拓宽其参与的和财政的基础的努力,都在试图模糊这些区别。近几年里,越来越多的以政策为中心的俱乐部(青年共和党人联盟、学院民主党,等等)力量下降了,然而,更多的"纸面上"筹集资金的会员组织(大象俱乐部、猴俱乐部、总统俱乐部,等等)却随着获得奇妙的会员卡和其他额外津贴的新会员而一起增加了。

(二) 政党的目标

从某种意义上说,政党是否试图赢得选举以设计政策,或者是否设计政策以赢得选举,这个问题是同一枚硬币的两个面。比较政党的区别,包括决定一个特定的政党更加强调硬币的哪一面。如果被逼无奈,人们就不得不得出结论说,美国主要的政党选择控制政府的人事而不是政策目标。

把政党看作那些为了实行他们喜欢的政策而征募候选人、发动竞选的个人头脑简单的集合,或者,更可笑地,把政党看成以赢得竞选当作它的目的和它自身的组织,这彼此对立的观点,似乎都不对。事实经常是,现实存在于两个极端之间的某个地方。要赢得竞选胜利,政党必须征募候选人,形成政策。这些选择一般都显示了相对一致的政策偏见。政党候选人不同的胜出率说明,它们特别的政策偏见有在公众政策里找到出路的更大的可能性。

认识选举目标的支配性,有助于将社会上的政治团体和政党区别开来,突出美国的政党不同于其他许多国家的政党的独特性。虽然美国政治中其他有组织的利益团体已经加大了它们对选举的注意,在某些方面它们看起来很像政党,但是,这些集团少有在其影响政策的效用之外控制政府人事的欲望。另一方面,政党却一直有兴致于安插它们的人进入政府,让他们留在那里,高居于政策意义之上。一个没有成功地支持候选人获胜的利益团体将重新组合,尝试影响政策的其他方法。一个连续地不能成功达到竞选目标的政党,则担心它作为一个组织的灭亡。

上述关于美国政党的评论,必须置于不同层次政府的共和党和民主党的境况中去考虑。除了主要的政党,大量的小党在美国存在或者已经存在过。那些基于选举目标却没有达到目标的,就从历史上消失了。其他扛着政党的标签、却没有什么赢得公职的现实热望的组织,看起来更像是利益团体。它们利用竞选来赞成它们的观点,但是它们并不真正盼望它们的候选人获胜。充其量它们的部分观点可能被更加具有活力的、大政党的候选人所采纳。

二、研究政党

研究政党就如同试图放牧蛇一样。所有的事情都是滑溜溜的——从定义,到存在和力量的测量。对真理的搜寻也被这个事实所遮蔽,即,分析家们"被他们的主题事务所迷惑,并被诱惑着灌输了比其本身意义更大的意义"。(艾普斯泰因,1980年,第7页)尽管我相信,不管政治环境的变化以及其后政党的变化多么巨大,政党仍然是美国政治中一股重要的力量,但是,我也将尽力向你提供足够的信息,好让你做出你自己的判断。

政党的组成

阅读有关政党的作品时,人们常常就类似于那些触摸大象的不同部分而力图描述它的盲人。一个人抓住尾巴,就自信地将大象比作一根绳子,他的同伴抱住了一条腿,就同样自信地断言大象就像一个大树干,他们都是他们自己的方法的俘虏。

　　从一个角度来看,政党是投票人脑子里的一套符号。(艾普斯泰因,1980年)投票人就哪个政党在总体上更好一些形成实质性的感情,就哪个政党最有可能带来政策目标,诸如和平或者繁荣,形成概念。比如,共和党作为大工业的政党和民主党作为小兄弟的政党的陈词滥调固然过于简单化,却包括了指导和给许多投票人以选举决定信心的足够的真理。关注作为符号的政党,激励了对政党形象和握有不同形象的投票人类型的比较分析,这试图确定政党形象和投票人的忠诚和行为之间的联系。最近几年里,这样一种方法已经导致了广泛的、关于不同的政党对投票和其他政治行为的影响的研究。

　　从另一个角度来看,政党被看作候选人(道恩斯,1957年)和他们的谋划策略捕获公职、勾画制定政策的方法的支持者们的团队。这种方法经常借用经济学模式,是一种评价不同的、将投票最大化的策略的尝试。(费希尔,1979年,第XIII页)

　　人们也可以将政党看作试图配置资源,以维持组织的组织。(科特,吉布森,比比和哈克肖恩,1984年)这种方法需要分析组织结构的原因和结果,描述组织活动的本质和效用。

　　虽然这本书覆盖了上述所有的焦点——符号的、竞选的和组织的——,但是,基本的焦点却还在于作为一个组织的政党。组织的本质仰仗于选民的态度和支持(选民中的政党)。在政党的标签之下,竞选策略的谋划和当选官员的忠心(执政党)对党组织来说是至关重要的利益,但是,党组织正是连接,或者,应该连接所有成分的那个东西。

第三节 政党的作用

历史的道路上撒满了组织的恐龙般的遗迹,这些组织未能服务于足够的目的,发现它们不能榨出维持它们所必需的资源。除非满足了那些提供人力和物质资源的人们可认同的、重大的需求,否则,政党就将会消失。很多人与政党的维持利害攸关。从最广泛的意义上来说,政党有助于政治体制的运行。更狭隘地来看,它们有助于政治积极分子形成联合并通知投票人。

"功能"的概念定义了一个实体在实现一些目标时所做的贡献。在评估一个组织的功能时,人们会问,"这个组织不存在会失去什么呢?"或者"什么事情仍然没做,或者将不得不由另一个组织去做?"

任何关于一个组织的贡献的讨论,都必须从潜在贡献的抽象估价开始,而且,我们得充分认识到这个潜质不可能与现实完全相匹配。

系统的功能

(一) 支持民主

至少在那些观察家眼里,政党在维持政府的民主体制方面扮演着重要的角色:

> 没有民主就没有美国,没有政党就没有民主,没有政党就

没有折中和适度。(罗西特,1960年,第1页)

政党创制了民主和……若没有政党,现代民主就不可想象。(沙特施耐德,1942/1982年,第1页)

因而,一般意义上的政党和特殊意义上的两党制,已经不只是被看作保持美国的民主前进的风帆,也是保证其沿着既定的、可预测的道路航行的舵。(戴里·卡皮尼,1985年,第2页)

虽然很少显得外在,政党对民主的许多贡献还是凸现了出来。

(二) 管理冲突和促成冲突

民主需要给予个人负责任的选择范围。一直以来,政党就已将足够的冲突引入政治体制,以保证选择机会利害攸关。政党,特别是在国家层次上,不管胜利的机会多么模糊,都试图将候选人作为它们重要性的标志填充到每一个办公室中去。在某些州(比如得克萨斯和路易斯安那)和地方,政党运用了有意识地争夺数量有限的种族、聚焦于他们的努力和资源的策略。

在问题冲突的领域里,政党提供了一些最丰富的理由,来定义迟迟不决的政策问题,勾画创造性的解决方案的方法。这个任务经常是由在野党来承担,它试图将自己与执政党区分开来,并寻求在选举投票中向它们挑战的根基。正如一次全国有关政党未来的研讨会所总结的那样:

如果处在最佳状态,美国政党远远不只是填充公职的机制。它们可能是——过去常常是——既便利社会变革、又保存公众信心的强健的组织。(《美国州议会之下议院》American Assembly,1982年,第4页)

作为连续性的组织,它们能够对过去的决定负责任,并倾向于避免不现实的许诺——无论对选举多么有利——这可能在下一次选举中束缚住它们。政党,特别是两党制,在一个标签下聚集了广泛的利益。政党必须找到一种方法来树立一套政策立场,以应对广大的政策范围,也得为特别的政策领域找到不同的方法。形成不冲突的政策立场的过程强迫政党的积极分子之间进行妥协,以简化交给投票人的选项。政党不是面对无聊的、宽泛的、可选择的、华丽的服饰,而是倾向于在大多数投票人分享的立场上达成一致,并将矛盾聚焦于那些将选民分开的、相对少数的问题上。例如,在1984年的总统大选中,共和党和民主党候选人都接受减少赤字的既定要求,并就这个问题引导了是应该依靠削减国内项目,削减国防支出,还是依靠提高税收来完成的讨论。

另一方面,多党制下的政党有更多的自由去追求单个的问题领域(环境的政党,农业的政党,宗教的政党,等等),或者排除不同立场的倡导。比如,在西德,绿党致力于极端的环境问题,呼吁那些对他们来说这些项目正是首要问题的少数的投票人;然而,其他政党则极大地忽视了绿党的提议。在两党制下,每一个政党都必须对对方做出更多的响应,因为担心不理睬主要的政策领域或者太排外,会迫使在那唯一的方向上可能前进而且仍然参与的大片的投票人——到了一个反对党的手中,增强了它的力量。

(三) 改善权力的分配

出于对中央集权的担心，开国元勋们创设了独立的机构，彼此分享权力的体制。虽然宪法中没有提到政党，其作者们可能也没有想到，但是，政党却成了使新的政府机构运作的主要工具。通过纲领来树立起政党的总的原则，并且，更直接地，通过被指定的候选人的政策偏好，政党为不同部门和不同级别的政府协调行动的可能性铺设了场面。总统首先在国会中寻求他们党员的支持，那些党员基于政党而拥有一种共同分享政策目标和政治命运的感觉。相似的关系有助于协调潜在的组织冲突的其他方面。

总统制下，其行政首长和立法者都是被选举出来的，而且他们时常都独立地行动；作为一种总统制，美国的政府体制缺乏那种如加拿大、德国或者英国的议会制的、基于政党的团队方法。英国首相玛格丽特·撒切尔和她的议会领袖们一定会对1987年的事情瞠目结舌：罗纳德·里根对每小时55英里的速度限制修正案的否决，不仅国会不予理睬，而且其政党的大多数成员也不予理睬，但是得到了众议院里他的政党领袖的支持。在议会制政府里，行政首长（首相）由多数派预备会议在议会里选出，多数派轮流创设一个向议会负责的政党的内阁。在议会制里，有一种共同的政党的责任感，如果立法的政党不满意，政府就失去了权力。美国的政党虽然缺少议会制的某些机制和传统，但是，确实有助于"形成折中，而不是否决解决［政策冲突］的一般形式"。（奥伦，1982年，第5页）在每小时55英里的速度限制问题上，罗纳德·里根不能维持政党的纪律并不是不常见的，但也不是典型的。不同政府部门的党员之间还是更可能合作而不是互不赞成。

且不论其局限性,政党被看作积极的、致使体制运转的力量:

> 这些(美国)政党是独一无二的。它们不能被比作其他国家的政党。它们以一种新的方法来服务于一种新的目的。它们虽然没有被开国元勋们所预料和需要,但是却形成未被写出来的宪法的核心,帮助书面的宪法运作。正是政党,才使一个大陆上互相冲突的利益找到了妥协的理由……在(美国)这样一个地方,那里没有统一的种族,没有远古的传统,没有君王可以敬畏,土地里没有古老的根,没有一种单一的宗教装点所有的思想——那里只有统一的语言,信用,人权的骄傲——美国政党的体制有助于建立自由和联合。(赫伯特·阿佳,《联合的代价》,被引用于布罗德,1972年,第181—182页)

(四) 监控"游戏规则"

政党作为选举过程中连续的参加者,与游戏的规则休戚相关。政党的领袖能够很快指出有利于反对党的程序上的变化。由于所有政党对程序的变化都很警觉,对一个大党完全不公平的、新的选举规则就不大有机会出台。这对保护小党来说无济于事,尽管它们总在不断地面对为维持和增强大党而设计的规则。

(五) 增加选民

民主意味着相对广泛的公民参与基础。在所有的政治体制中,参与率都不是很普遍,因为公民缺乏兴趣、不知情、缺少满足法律要求的能力。如果观察选举期间的政党总部，人们一定会被登记新的投票人、激起他们对竞选的兴趣和让投票人去投票的努力所打动。因为美国选民的异质性和有关登记和投票法律规定的严格性，美国政治的参与情形常常不能与其他发达国家的相匹配，但是，如果没有政党的推动，这个比率还会更低。

政党的积极分子意识到，在第一次竞选演讲之前时常就赢了或者输了竞选，因为，选民的规模和组成可能预先决定了谁赢谁输。为了使那些最有可能支持他们政党的人可能去投票，政党做出了大量的努力。历史上，在允许一组新人参加而政党就会得到不匀称比例票数的假想之下，政党都曾参与到增加选民的活动之中去。譬如，两党都曾为将投票年龄降到18岁而斗争。一旦选民的界限确定下来，政党在让人们登记投票和让他们去投票方面就起着重要的作用。

另外，在其他政治活动中，如竞选运动、筹集资金和具有特别利益的少部分公民中争论的发展，政党也便利了人们的参与。美国政党大致反映了一个非常广泛的过程，鼓励和欢迎任何人以及所有人来参加。

（六）征募和训练候选人

政治要求不断有新人来填充选任的职位和被指定的职位。政党就得努力保证它们的人能以一种可行的方式，做好准备以竞争这些职位。

所有层次上的党组织的活动，都从即将来临的一代中，并

为即将来临的一代提供了一种吸引、滋养、测验和评估新的公众领导的方法。(《美国州议会之下议院》,1982年,第4页)

政党已经开始通过正规的竞选学校和非正规的经历来训练候选人。通过认可可能的候选人,鞭策他们去竞选,并为他们提供竞争的资源,政党就陷于非正规的当选官员的招募之中。为了追求赢得竞选,政党经常积极地扩大在政治公职中的人们的类型。政党起着"反托拉斯机制的后门,分解既有的权力,允许新的团体进入政治经济体制"的作用。(艾德萨尔,1984a,第129—131页)最近几年,两党都认识到了搜寻黑人、妇女、西班牙人后裔和年轻人,将他们作为政治公职候选人的政治上的潜在性。在正式提名程序的许多方面,通过在预选中给予支持或者通过代表大会程序,这个政党就可以增强候选人的前程。

(七)增强竞选运动和通知投票人

为了赢得竞选,候选人就必须找寻区分、吁请和鼓动可能的投票人的方法。投票人需要相关的信息,以及保证他们将得到他们投票就会得到的"包裹里的真理"的成分。政党有潜力嫁接这两种需要,同时既迎合候选人又迎合投票人。

从候选人的角度来看,存在一大批为政党的候选人投票的可能的支持者和一些乐意在竞选中工作的自愿者和专家,这确实很吸引人。作为政党在竞选中支持的交换,被选中的官员时常会以支持政党政策的立场来作为回报。政党通过控制提名程序或者选举来控制进入选举上公职的水平,很大程度上就决定着显示出来的对政党的忠诚的水平。

急于加入到政治程序中、敢作敢为、见多识广的公民的理想图景,是不现实的。低水平的投票人的兴趣和知识,增强了对政党的需要。对许多投票人来说,一个久已树立的个人的政党标签就是政治行动的一个总的指针。投票人的政党区分常常就是"做出选择的参考点"。(科特,1984年,第17页)

很少有竞选只是基于政党区分者的支持。政党,特别是在一个非党派界限的投票不断增加的时代,可以帮助候选人动员和呼请独立的投票人。说服这些独立的投票人复杂多了,而对那些政党区分者,只需要简单地提醒投票人的党派联系,让他们出去投票。你必须让独立的投票人明白他们自己的利益,用那些利益将候选人和他/她联系起来,说服这些投票人:他们在这些新的了解的基础上值得花点时间采取行动。

到了政党能控制被提名的和被选中的官员们的性质,并令候选人很是感恩,将与政党的立场保持一致地采取行动的程度上时,政党标签就意味着,投票人将得到他们希望从投票中会得到的东西。

即使政党在某种程度上对上述所有的功能都有所贡献,成功的水平也是各不一样的,情况也在变化之中。目前,某些主要的功能正被社会上的其他组织所挑战。

第四节　党组织和与它们竞争的中介组织

作为组织,政党日益被大量不同的、试图进入传统的政党活动中的组织所挑战。等其他组织达到了能够聚集资源、比政党更好地完成任务的程度时，党组织的日子就屈指可数了。

最为重大的挑战来自于指导竞选和通知投票人。很少有其他组织能够持久地挑战政党对民主的作用，但是，通过打击政党活动的核心——选举程序的控制——其他中介组织不断增长的重要性将在总体上削弱政党。正如在第二章指出的那样，其他组织的开始出现机缘于社会的变革，而且，很大程度上是因为未预料到的、法制环境改变的后果，而并不是来自于对政党的正面的攻击。这一部分的目的在于，提醒你某些在政党的领地上蚕食的比赛者。

组织挑战政党作用的形式有三种。增强了的传统的利益集团的竞选运动，为候选人提供了可以选择的支持的来源。只对候选人忠诚的个性化的组织，提供了竞选所需要的更多的财政的和人力的资源，而这曾是政党的排他性的领域。媒体形式的行业组织和专门的顾问，可以为候选人奉献多种筹划费用的方法。

一、利益集团的挑战

一度，美国的利益集团主要是等到选举结束之后，才把它们的需求强加于新近当选的官员。直到最近，在选举之后，被选举的官员才更有可能第一次谛听来自国家来复枪协会、商会、卡车驾驶员协会或者其他浩渺的组织的游说者。现在，这种介绍在选举过程的早些时候就出现了。当前，最成功的利益集团和它们合法地分立出来的政治行动委员会（PACs），已经承担了传统上只由政党履行的某些功能。

very 明确地,政治行动委员会正在篡夺两党的功能,通过征募和训练候选人并创设它们自己的伪党组织,来树立它们作为代替者的形象。(萨巴特,1985年,第151页)

如果说选举中的可选择性的清晰度曾经是美国政党的标记,如果说提名的控制是选举控制的关键,那么,一些政治行动委员会在选举中也开始承担像政党一样的角色。(索瑙夫,1984年,第79页)

虽然政治行动委员会对候选人的征募、训练和选择不大为人知晓,但是,它们在提供竞选资源方面不断增长的作用却引起了相当的注意。作为全部竞选资源的一部分,政治行动委员会的作用已经大大地增加了,通常使政党的作用都大大失色了。(参见第六章)

在政党由于失去对提名和选举的控制而大体上变弱之外,政治行动委员会的挑战还存在于这个事实之中:不像政党,它们缩小它们的政治观点,在某个特定的议程上依赖于团体的慷慨而发展被选举的官员。很少有利益集团进入竞选而影响全部的公共议程。许多最有效力的集团,将重心放在某个单一的问题上(枪支管制、流产,等等),选择那些只对这个问题给予支持的候选人。那些不能通过这些单一问题组的石蕊测试的候选人,就将激起它们的愤怒。它们经常发现,它们自己被一个候选人所反对,而这个人得到了一个试图将竞选聚焦于团体偏爱的问题上的反对团体的支持。虽然政治行动委员会的积极分子们鼓吹,他们自己仅仅是增加每个公民的权力的机制而已,而事实却是,并非所有的团体都是有组织的,而在那些有组织的团体中享有资源的不同水平就减少了它们对民主的影响。

个别的政治行动委员会接过了政党的一些、而不是全部的作用。一些政治行动委员会动员投票人,挑选候选人;一些则力图动员立法者,尽管只是在一两个问题上……但是,没有任何一个政治行动委员会开始接近政党作用的全部……以它们的总合,但是以不协调的方式,政治行动委员会做了政党不再做的某些事情。它们为政党装备了一个置换,但并不是政党的替代品,因为它们没有办法在选举中形成多数派或者甚至大的少数派。美国选举政治中这种令政党难以承担其经典任务的变化,使得它们的竞争者更加难以做到如此。(索瑙夫,1984年,第80页)

二、以候选人为中心的组织

传统上,公职的候选人依赖于政党来筹集必要的资源进行竞选。政党充当候选人和投票人之间的中间链接(intermediary link)。候选人通过媒体与独立于政党之外的投票人沟通手段的出现,政党界限投票(party-line voting)的下降,以及候选人对政党为其进行的活动的不满意,这些都鼓励了候选人组成对他们个人忠诚的组织。在某些情况下,这些组织发展到在预选中参与竞争——时常是反对党组织的候选人——并且仅仅继续存在着。即使独立的、以候选人为中心的竞选组织在所有层次上都很常见,但这还是以国会水平的为最繁盛。因为,国会区经常没有明确的党组织单位,国会选举就变成既不能从地方、也不能从国家的组织得到完全的支持的继子,(科特,1984年,第203页)候选人几乎被迫创设一个忠诚于他们的利益的实体。

在没有政党的支持而获得公职、对为下次选举再次发动个人组织的未来的可能性深感满意之后,当选的官员们就安逸于他们自己的组织,而不会对政党非常感恩。

在一些地方,个人的候选人组织已经不仅仅是发扬某一个候选人的利益,而且,已经呈现出了政党的直接竞争者的特征。在洛杉矶,国会议员霍华德·伯曼(民主党—加利福尼亚)和亨利·瓦克斯曼(民主党—加利福尼亚)领导了一个自由的政治组织来寻求候选人,培训他们,寻找竞选资源,提供竞选服务——传统的政党的活动——几乎完全独立于政党之外。

> 瓦克斯曼—伯曼联盟诞生于加利福尼亚政治组织松散的世界中;它填补了一个真空,在那个地方政党很虚弱,有力的组织为异物……通过帮助联盟者被选中或者被指定,领导者就创设了义务,以后他们可以利用这些来试图实现政治的和立法的目标……如果新的政治机器在以后几年里真的会掌权,它们就可能会追随瓦克斯曼—伯曼的模式。(沃森,1985b,第1620页)

正如一位地方的政党官员所说的,"确实,他们很有成效;虽然,从政党的角度来看,问题是,我们不能够控制他们,而且,他们一路上已经欺骗了一些民主党员"。(作者的访谈)

三、媒体

术语"媒体"(media)和"居间"(mediate)都渊源于同样的拉丁词语——medius,意为"中间",这是很恰当的。媒体,一直都是作为"中间物",立于实际的事件和公众收到的信息之间。这个角色包括选择性。在选择和提供新闻时,媒体可以被用来支持或者破坏政党。

不像那些喧闹的、支配美国历史第一个世纪的党派出版物那样,当今的新闻媒体挑战了党派主义,而且,时常对其各个方面进行毁誉。现在,转向客观性已经变成一个哲学的事务,但这很大程度上是由经济考虑激发的。在竞争性的报纸服务于同样的地方区域的时代里,所有的报纸要么折射主要的地方偏见,要么开拓出客户的党派主义成分。因为,越来越多的市场由一家报纸服务,每一份报纸都力图获致一个更大的、更为不同的客户,而公开的党派主义就阻碍了这种增长。伴随着新闻服务发展的大众媒体的国有化(合众国际社,路透社,等等),挫伤了党派主义。电子广播媒体——它不仅拥有更广阔的、更具有异质性的听众,而且,是在严格的试图提倡客观性(同等时间和公正主义)的许可证限制下——的发展,加大了直接参与到党派战斗之中去的危险性。

> 新闻和信息变得更加丰富可得,更少受到党派观点的影响;过去高度党派主义的精神食粮由更加丰富的内容所替代,这有可能导致读者和听众的注意力从纯粹的政治转移开去的后果。(克拉博,弗兰尼甘和辛格尔,1980年,第284页)

虽然每一次技术革新和媒体的运用都改变了政治,但是,电视却产生了最具有戏剧性的影响。电视,被证明是某些,尤其是那些能够利用电视强调形象和个性化的候选人和组织的优势。作为政治信息的主要来源,

> 电视取代了政党,而成为主要的政治交流的网络……任何能够付费购买电视时间的人,或者,任何精明得不购买电视时间就被弄得声名狼藉的人,都可以接近它。(《美国州议会之下议院》,1982年,第5页)

站在候选人的立场上,如果被给予绕过政党的影响而直接与投票人沟通的能力的话,"为什么他们应该放弃他们对他们信息的独立掌握而交给政党呢?"。(萨尔摩和萨尔摩,1985年,第237页)

> 看起来,电视已经使政党的古老功能之一变得无关了——在候选人或者握有公职者和公众之间充当桥梁的功能。在某种程度上,政党发展起来了,以填充在家中的公民和在办公室的官员之间的空隙,并为听众提供竞选的有抱负者。现在,通过电视,候选人和官员们可以直接地进入到家庭之中。(布罗德,1972年,第239页)

电视对于政治和政党的影响,引出了奥斯汀·兰内的结论,"任何增加电视在国家选举中作用的东西,都减少了政党的作用"。(被坎托尔引用,1984年,第155页)

四、顾问

直到最近,很大程度上,美国的政治只是一种主要由经验相对少的自愿者们实施的、非特殊化的业余爱好。什么专门技术真正存在,只是主要停留于政党之中。随着信息收集和通讯的技术和策略的显著发展,产生了利用专家将投票技巧、电视制作、公共关系等等引入政治领域的重大的需求。领薪的顾问,经常是在他们广告代理的业余时间里工作,他们最先插入进来,后来,又出现了全职的政治顾问。(参见萨巴特,1981年)最初,顾问们将他们的活动局限于高成本的州范围内的和国家范围内的竞选,但是,现在,他们的服务在哪个层次上都可以得到了。"为个人竞选雇佣职业人员的可得性,已经成为使候选人可以独立于政党来运作的条件之一"。(戴维·布罗德,被萨巴特引用,1981年,第286页)政党在其投票上必须保证所有候选人的利益,而顾问只致力于他们的特定客户的成功。顾问们经常催促他们的客户自行其是,干脆不与政党协调行动。顾问们"基本上是反对政党的,为竞选中政党的腐蚀性基础又增添了另一个因素"。(克罗蒂,1984年,第72页)出于底线的利益驱动,顾问们力争提高他们赢或者输的记录,以提高他们将来服务的条件。因为顾问们知道他们在选举之后可以从一个候选人身边走开,所以,比起政党来,他们有较少的许诺来确保竞选以一种有责任的方式进行,并且保证一个被选举的官员要实践他或者她的诺言。

以上各种组织增加了的活动,都是对政党的挑战。政党已经失去了它们曾经控制过的、对许多政治功能的垄断权。

第五节 政党的使命结束了吗？

20世纪下半叶,最广为人知的政治名言可能就是这个断言:美国政党正在垂死,如果没死的话。正如科耐利乌斯·科特和他的同事(1984年,第168页)所表达的,"在至少20年里,政治学者和政治新闻工作者一直都在引导着美国政党的一场死亡观察"。当政治新闻工作者戴维·布罗德大胆地在他书的标题上宣称"政党完结了"(1972年)的时候,学者们的评估在公众中得到了信任和声望。

一、政党功能的衰微

政党衰落的证据和似是而非的理由不难找到。一个接一个地,政党丧失了其在政治过程中许多关键性的功能。直接预选的引入,限制预选前的认可的各州法律或者传统,夺去了政党控制进入政府公职的能力。民用服务系统剥夺了政党激发工人的原始的基础。通讯技术的变革,尤其是电视的出现,使候选人可以直接接近投票人,减少了政党作为政治信息资源的作用。由信封填塞者和街区工人——他们完成政党乐于和能够处理的任务——主宰的劳动密集型的竞选,让位给了昂贵的大众通讯和有目标的邮件运作。因为不能从政党那里得到技术专家,候选人就转向职业的竞选顾问或者营销顾问。

看到政党不能支付额外的费用,候选人就转向那些承诺支付他们的竞选运动的政治行动委员会。

非常简单,政治行动委员会的资助帮助了候选人获得民意测验者、竞选顾问和媒体本身昂贵的服务。事实上,可以租一个政党做代理,但是这价格很高。(弗兰克·索瑙夫,被坎托尔引用,1984年,第156页)

在以候选人为中心的竞选的时代,政党在竞选中的作用越来越少。

传统上,政党为候选人提供通向投票人的大路。通过媒体我们已经做到的,通过民意测验我们已经做到的,通过直接的组织技术我们已经做到的,就是,我们已经向那些拥有资源(而且这是最重要的东西,资源)的候选人提供了不用考虑政党就可以达到投票人并与选民建立直接联系的能力。(民意调查者帕特·卡戴尔,被萨巴特引用,1981年,第286页)

二、执政党的衰落

政党在选举中的作用降低了,政党对那些没欠政党多少情的当选官员中的影响也减少了。执政党依然存在,以便于组织立法和建立交易的联系,但是,对政党的感恩之情及其促成的忠诚却大大地降低了。从地方到国家,所有层次上的当选官员都知道,政党需要他们甚于他们需要政党。虽然美国的立法选举从未高度凝结过,但是,越来越少的投票人导致了在一次特定的投票中,形成了共和党立法者的多数派,他们反对民主党立法者的多数派。这种国会里的党派投票的比例从50年代的46%降到70年代的39%。同时,个人会员对民主党的平均的支持从69%降到64%,对共和

党的平均的支持从71%降到66%。(克罗蒂,1984年,第253—254页)

即使是在最高层次上,似乎也存在着官员和政党领袖之间的不和。

尼克松时期例证了总统和他的政党之间疏离的程度。尼克松抛弃了共和党全国委员会主席,拒绝它的领袖的建议,不为政党的候选人竞选,而建立了一个几乎完全脱离国家政党的再选举委员会。当共和党全国委员会主席,参议员罗伯特·多尔要求谒见总统的时候,一位白宫助手带着明显的奚落语气说道,"如果你仍然要求见总统,7点钟打开你的电视机。那时,总统会在那里。"(克罗宁,1980年,第179页)

三、选民中政党的消退

选民中的政党最清楚地证明了政党的衰弱。政党的认同,常常是非常稳定的,但在60年代,剧烈地下降到只有72%的选民表示他们是政党的成员,而十年后仅只有63%了。由于政党被看作政治过程中不重要的角色,越来越少的投票人表示出对政党有信心。

只有当投票人进入投票场所的时候,政党的虚弱才最为生动可见。尽管绝大多数投票人有一个党派认同、并直接投票给党派曾经很典型,但是,第一次世界大战之后,典型的投票人日益演变成为分裂选票(split-ticket 投不同党派候选人的票)的投票人。人们是否运用民意测验的回答,或者比较竞选不同职位的总计数据,结果是一样的；政党不再如其在相对近期那样地约束投票人了。虽然，上几次选举中直接的党派投票也有所增加，但是，这种模式也确实显示了与 70 年代政党降到其约束能力最低水平有点曲折的关系。（参见第五章）

四、党组织的衰微

比起计算政党的功能、选民中的政党或者公职中的政党的衰弱来，评估党组织超越时间的力量，则提供了更大的、值得注目的挑战。党组织力量和政党的其他部分之间并不必要有什么关系。因为，政党领袖对组织建设最有控制权，所以，发现试图应付现实的或者已经感到的其他两个政党的部分里的虚弱，而出现更新了的组织上的努力，这并不奇怪。（参见吉布森，科特，比比和哈克肖恩，1983 年，第 194 页）许多对当今政党的批评发源于将它们与华丽的基准相比较。虽然谄媚的、有效率的政党机器确实存在，但是，它们既不像通常所认识的那样看起来完整统一，又不像通常所认识的那样分布广泛。（参见阿特敦，1982 年，第 125 页）大多数党组织已经不得不为了以自愿者来填补关键的职位而不断地斗争。很少的州和地方政党有永久性的总部、领薪的工作人员或者可靠的资源。（参见布罗德，1972 年，第 223 页）直到最近，政治观察家们一致的共识是，在政党被很好地组织起来，而且是政治游戏中富有效力的表演者的意义上，州和地方的政党比国家级的政党大大地重要。国家级的政党完成非常有限的功能，比如，组织全国的总统任职大会，而在非选举时期几乎就退缩得不存在了。在 60 年代，当科耐利乌斯·科特和伯纳德·亨耐西以他们的著作标题

《没有权力的政治：全国政党委员会》，来宣布他们关于国家政党的结论时，看来并没有什么人向他们提出挑战。

虽然说确实的数据难以捉摸，但是，看来，似乎有个共识，即，在 70 年代，国家政党，尤其是州和地方政党，肯定不再像组织那样具有力量，可能比它们近期的任何时候都虚弱。党务活动中大量的参与者都记得非常贫瘠的年成，那个时候，很难为那些似乎对选举结果没有什么影响、也不被候选人寻求或者珍惜的任务而填满政党的办公室，或者找到自愿者。（参见吉布森以及其他人，1983 年，第 206 页）

第六节 政党会迎来一个新时代吗？

虽然戴维·布罗德关于美国政党的讣告被看作是一则死刑判决，但是，如果不采取任何措施的话，这也真正更是政党将要面对的、吝啬鬼一般的噩梦。正如布罗德所议论的那样：

> 我确信——而且这也是本书的中心论点——如果我们自己投身于政治，尤其是我们自己关心那些奇怪地被疏忽了的组织、政党的话，我们可能发现，国家的自我复兴的工具就在我们自己的手里。（布罗德，1972 年，第 xi 页）

很久以前的政党时代，我们光辉的形象渊源于美国政治学协会的论文《迈向一个更加负责任的两党制》（1950 年）对政党的理想主义的希望，该文是关于正在出现的政党失败的常规性认识。在这光辉的形象和历史的废墟堆之间的某个地方,有什么事情发生了。政党拒绝死亡,而且在许多观察家的眼中,政党已经踏上了漫长的振兴之路。

正如在以后章节中更加详细阐述的那样,政党面临着一个敌意的环境,显示了复活的一些信号。在某些情况下,它们重新获得了曾经丢失给其他中介组织的功能,或者确定了新的功能。通过直接迎战其他组织的进犯,政党已经增强了它们的*服务角色*,直接向投票人、候选人和被选举的官员提供他们所需要的物质和服务。附和着大量关键的州的政党积极分子们的意见,一位州主席说道:

> 我们已经向私人顾问和政治行动委员会公正地警告说,我们要抓住他们。他们以我们为代价已经有了一个全盛日期,我们将转回到那些领域里去。我们能够提供相同的服务,更好,而且不带任何利益动机。在那些我们需要他人帮助的地方,他们也不能再自行其是了。我们计划协调那些我们不能直接提供的服务。(作者的访谈)

在那些政党不直接提供服务的领域,它们已经将它们自己作为*掮客*(brokers)介入到候选人和其他中介组织之间。(参见海恩森,1986年,第8页)例如,在资金筹集中,政党正在变成"婚姻掮客",它们通知政治行动委员会和候选人它们彼此的利益,将它们为了彼此的好处聚集在一起。

为了力争创造一个更加友好的环境,政党已经做了很多事情,来维持对它们有利的选举法,创制保证它们位置的新法律。

从政党在选民中的增强,党组织活动和活力的增加,以及政党在公职中一些更新的凝聚力中,可以看到政党复苏的结果。

虽然,看起来确实像是当今社会的和技术的条件给了今天的政党第二次机会来做点什么事情,而不是跛足前进,削弱了其权利和功能,直到它们失去它们自身的价值。但是,看起来,很清楚,它们不会如命运的预言可能令我们相信的那样过时,也不会如它们的辩护者声称的那样富有活力和必不可少。控制它们自己命运的潜力似乎是在党组织的手中。"新的政党"的时代还不在这里,但是,那种可能性的证据正在增加。正是政党的潜力的这种假定,指导着本书的剩余部分。

第七节 技术所扮演的角色

除了断言政党在美国政治中继续保有扮演一个重要的,如果有所改变的,角色的可能性之外,本书认为,实现这种可能性,很大程度上取决于政党重新获得政治技巧的控制权的能力,以及政党重新呈现出来的为候选人提供竞选服务、为投票人提供信息资源的能力。

多年以来,政党总是集中努力于耗费劳力的个人接触的活动,错过了许多划算而又富有成效的交流技术。虽然说新技术最初确实威胁了政党的生存,但是,同样,那些技术中的许多也可以被用来巩固政党的地位。

竞选和筹资的新技术,已经使大量的非党组织可以为了影响竞选的结果而占有一席之地……我们相信,正是在那已经对政党施加压力的力量中,也有许多政党的力量的种子。(《美国州议会之下议院》,1982年,第3页)

第八节 结论

除了理解被公认的枯燥定义和理论外,意识到政党具有决定谁将在关涉战争与和平,税收水平,政府提供的服务的真正的政治抉择中代表我们利益的可能性,也很重要。某些中介组织将招募候选人,构造政治冲突,操纵竞选,组织政策决定联盟。一度,政党在美国主宰着这些程序,但是现在,它们却丧失了大部分控制权而给了其他组织。现在,政党比近期历史上的任何其他时候都更有可能反击,并重新获得许多人相信正是它们合适而且合意的地位。这本书的剩余部分,就描述和分析在技术性的环境里,美国政党独一无二的、现在和潜在的作用。

第二章　美国政党制度的起源和发展

多年以来,美国政党的性质和竞争性的环境已经改变了。因为许多当今的特征都得溯源到过去,分析这些发展就有助于为理解目前的政党体制而铺设舞台。虽然可能以多种方法来划分政党的历史,但是,大多数学者却都认同五个明显的阶段。阶段之间的分界线,包括政党的主要的重新组合。再结盟(realignment)涉及支持特定政党的投票人的类型和数量的重大变化,特定政党的诞生或者消亡,以及党组织结构和活动的主要变化。在重新组合期间,新的问题将选民以新的方法分开,投票人根据那些新的划分重新定位他们与政党的关系[1]。

第一节　1770—1824 年:美国政党制度的第一阶段

确定一个日期或者地方来标志美国政党的开始,并不像可能看起来的那样容易。固定这样一个起源,主要决定于解释和定义。

---

[1] 这一章的历史资料主要来自于索瑙夫(1984 年),哈克肖恩(1984 年),吉特尔森以及其他人(1984 年),和 ABC－克里奥(1983 年)。

第二章 美国政党制度的起源和发展

最早的、具有相似意向的、寻求影响政治过程的一批个人,出现于殖民主义时代,他们关心与英国所指派的官员之间合作的程度。托利党人(the Tories),或者保皇党人(the Loyalists),把他们自己视作英国人,通常是支持英国的规章。辉格党人(the Whigs),或者爱国主义者(the Patriots),反对英国规章,最终成为革命的基本的支持者。这些早期的宗派,代表了将人们带到有组织的政治投机中的不同态度的类型,但是,这些通讯委员会以及其他非正式的组织缺少我们通常联想政党时所需要的、永久性的组织和活动。

随着革命的完成,为政党发展的舞台就打造好了。且不论与英国激进的断裂、一个新的政治体制的拟定,以往的态度和冲突的精神却发扬光大了。开国元勋们带有他们那个时代英国政党的消极形象——夸大冲突,充当"小集团腐败"的分裂堡垒。(麦克威廉姆斯,1980年,第55页)

> 为了树立它们自己在受欢迎的政府中的地位,政党不得不与开国元勋们的个人偏见做斗争;杰斐逊认为,它们是"自由而道德的代理人的最后的退化";对麦迪逊来说,它们作为"需要被打击和控制的危险的组织"而隐现;门罗,则斥责它们是"国家的诅咒"。(奥伦,1982年,第4页)

在《联邦党人文集》中,詹姆士·麦迪逊认为,提议中的宪法的一个主要优点是,它削弱和控制"部分的暴力"的可能性。运用"部分(faction)"这个词,麦迪逊是指"许多公民……他们被某个共同的冲动联合起来、发动起来……反对其他公民的权利,或者反对社会的永久的和集体的利益"。麦迪逊看到了政党为这种自私利益服务的可能性,遏制了它们的发展。

不论开国元勋们如何犹豫,同样是这些人中的许多人,帮助组织了美国第一个真正的政党。当批准宪法的第一浪兴奋过去了的时候,这一点就变得很清楚了:尽管这是一份仔细制定的文件,但是,富有理性的人们仍然能够与政府行为的推力有所不同。最初的冲突,发生于总统华盛顿的两个内阁成员之间。亚历山大·汉密尔顿,财政部长,他代表着商业利益、政府决策制定的中央集权化。以"联邦党人"的名义,汉密尔顿和他的支持者们风行于华盛顿的任期内。托马斯·杰斐逊,最初作为一个小团体的领导奋战于华盛顿的班子里,他1793年离开了这个班子,成为第一个党组织者。出于反对联邦党人的精英人才论和君主制倾向,1794年之前,杰斐逊在共和党的旗帜下集合了36个州和地方的组织。与国会中反对联邦党人的小部分联合起来,杰斐逊派的共和党人(或者杰斐逊的支持者们,我们将这样称呼他们,以免与当今的政党相混淆)力求限制政府的权力,提高人民的地位。当这些州和地方的组织认可候选人、为讲演集会、与被选中的官员进行沟通的时候,它们就越来越像政党了。在国会中,杰斐逊的支持者们发展了预备会议,来为上自总统下至国会内部领袖提名领导人。

鉴于问题是划分政党的基础,实际的、呼吁更多的选民的必要就成了创制一个党组织的首要动机。相对早期,投票权及于大多数白种男人,对那个时代来讲,这非常不典型。"因为需要是发明之母,现代的政党发展起来,以迎合组织、教育和动员全国广大的选民的需要"。(吉特尔森,康威和费吉尔特,1984年,第27页)虽然投票权相对广泛,但这还不是一个公开民主的时代。政党被经济精英和政治精英们控制着。

永久性政党的发展并不被所有人热情欢迎。乔治·华盛顿1796年脱离了公职,他警告"政党精神令人痛苦的效果",这可能反映了在他的内阁里汉密尔顿和杰斐逊之间的斗争。

托马斯·杰斐逊在1800年的第二次努力中赢得了总统职位,他引导杰斐逊派的主宰力长达20多年。联邦主义者蹒跚了另外好几次选举,但是在1816年就彻底消失了。在杰斐逊派的主宰之内,斗争更是折射了政党内部的派别斗争,而不是政党的竞争。在1824年选举之前,他们已经分成了两个部分,这为1828年杰克逊派民主党人的出现和美国第一个政党制度的结束铺设了舞台。

第二节 1824—1860年:美国政党制度的第二阶段

杰斐逊派的一部分被安德鲁·杰克逊领导着,变成了民主党。民主党更是反映了其南方和西方的支持基础,它通过增加被选举的岗位数量来拓宽普遍的民主制、以工作来酬报政治努力("分肥"制度)(the "spoils" system)、反对高关税、鼓励外来移民等手段,提高了它享有较少特权的投票人的利益。

反对杰克逊派的,是在辉格党旗帜下不稳定的、变化较小的政党和派系的联合。辉格党选择了立法主宰权,来回应安德鲁·杰克逊对总统权力的运用。实质上,辉格党是施惠于工商业,并限制移民的利益。

1840年和1856年之间,民主党和辉格党的轮流胜利为提名候选人、运营竞选、鼓励群众会员的持续性的党组织的发展铺设了舞台。在这期间,总统提名转移到了全国代表大会;民主党创立了第一个全国委员会,来实施政党在竞选之间的活动。

第三节 1860—1896年:美国政党制度的第三阶段

奴隶问题走了政党结构的捷径,使古老的联盟感到不安。1854年,共和党,作为北方反对奴隶制的回应,出现了。尽管民主党在1856年之前能够击败反奴隶制的联盟,但是,1860年,反奴隶制的成分还是围绕着共和党人亚伯拉罕·林肯联合起来,开始了共和党人在总统政治中将近75年的统治。起初,出于关于奴隶制问题上几乎完全一致的看法和维持联合的必要,共和党连续赢得了选举,尽管自从选举集中于南北战争的记忆以来,政党内部对经济问题也有不同的看法。民主党,不能挥散开它们产生于战争中的、失去光泽的形象,不能在北方工业利益和西边农场主和城市工人的利益之间利用共和党内的分裂。这是一个通过反对农场主的金钱利益、在诸如共谋的禁止和控告等问题上,均采取道德立场的军事政治时代。

> 人们被那些变成道德征伐的立场问题的承诺事项所发动,被强大的、有活力的党组织所刺激,时常被政治运动和小政党所动员。结果,群众的政治参与和投票总量达到了前所未有的高度。(吉特尔森以及其他人,1984年,第31页)

第四节 1896—1932年：美国政党制度的第四阶段

第四阶段的政党制度更多地反映了对政党作为组织的态度的转变，而不是投票忠诚的转变。到了1890年，共和党人再不能以"挥舞带血的衬衣"、提醒投票人记住南北战争，来赢得选举了。基于经济利益的新的分组正在改变支持两个政党的基础。共和党人反对政府积极介入经济的管理，而民主党人则赞成管制垄断，降低关税，实行通货膨胀的金融政策。南方，坚持其起源于南北战争的民主党倾向。政治的战场转到了北方和中西部。共和党的政策，是吁请商业利益和那些视商业保护为工作安全之路的北方的工人们。中西部人发现，民主党对道德问题和较低关税的支持更得他们的喜爱。在选举上，优势仍然倒向共和党人，他们赢得了这个阶段所有的总统选举，除了1912年当共和党分裂成两个派别的时候，伍德罗·威尔逊取得了胜利，以及他在1916年的再次险胜。

从政党的角度来看，这个阶段重大的事情包括政党自身的清醒。由于许多强大的城市政治组织（机器）的腐败，而且，烟雾弥漫的房间里排外的、独立的政治运作已经让人们厌倦了，政党就面临着新的程序和限制。政党被迫进行投票人登记，以清洗选举，保证只有合格的投票人去投票。政党失去了它们排他的、通过引入直接预选的集会来指定政党候选人的权利。因为对提名阶段少了一些控制，政党就加大努力，通过运用新近发展的大众广告技术，来说服投票人支持一个政党及其候选人。（吉特尔森以及其他人，1984年，第32页）在国会中，党员们起来反对国会发言人的强大的党派领导权,并从他那里夺得了许多权力。

第五节 1932— :美国政党制度的第五阶段

人们越是靠近现在,越是不能做出广泛的概括,因为,我们个人经历中的政治生活的复杂性并不导向容易的概括。虽然关于第五个阶段政党体制的开始有个共识,但是,它的结论——如果我们已经达到了——仍然是个具有争议的问题。

我们能够准确地说,第五个阶段政党体制的沉淀剂是1929年10月股票市场的崩溃,而典型的惯性和固定的选举制度,将引人注目的、国家范围内重新联合的事实延迟到了1932年的选举。给予民主党人富兰克林·罗斯福1932年总统职位、在十六年里国会的控制权第一次转移到民主党的清晰的指示,意味着投票人行为的巨大的转变,但这也并不是没有先驱。1928年,艾尔·史密斯的候选人资格开始了城市地区对民主党候选人的亲和力。"在1928年和1932年之间,大多数大城市中的民主党都变得坚固了,在1932年和1936年之间,它们成长为压倒性的部分"。(格里腾顿,1982年,第42页)

在1932年之前,赫伯特·胡佛政府有限的应对经济问题的哲学只对越来越少的投票人有吸引力了。罗斯福日益增长的经济成功,创造了一个"新经济"联盟,该联盟以城市工人,特别是被经济低迷严重打击的少数民族和牢靠的南方民主党员,为基础。这被证明是个坚不可摧的联合。共和党偶尔的总统竞选的胜利,不可与大量的国会或者州和地方选举的胜利同日而语,这必须更被看作个人的胜利,而不是政党的胜利。不仅是在投票人的政党认同上,而且,在通过活动取得竞选的胜利上,民主党都是作为绝对的多数党出现。

从组织上讲,这个时期的政党,通过创制被清晰的规章制度所指导的、永久性的组织结构,来进行组织化(institutionalized)。它们利用增加的资源系统,实施了广泛的运动和组织上的活动。政党将劳动密集型的地方组织活动和某些袭击联合运用到大众媒体交流的世界里,它们是这个时期开始时政治过程中重要的行动者。虽然,候选人和投票人及时地发现了其他更为有效的收集信息、沟通信息的方法。这些发展的结果之一是,当政党试图重新定义它们的作用时,它们走过了一个灵魂搜索的时期。

第六节 政党已经死亡,或者,有一个新的政党制度诞生了?

到1970年代,许多不同的观察家得出结论说,美国的政党充其量正在削弱,或者,在最坏的情况下,古老的遗迹聊胜于无地存在着。不同的观察家运用不同的标尺来描写这种下降。在第一章中勾勒的政党功能的下降,就是断言政党无关紧要的基础。

一、选民中的政党

愿意认同政党——尤其是在代表未来的年轻人之间——的公民数量的稳步下降,使许多观察家确信,将来,用来区分以前政党体制的投票人排列的种类,要么不可靠,要么不可能。谈论的更多的不是*再结盟*（realignment），借此新的、相对永久的投票集团发展起来，而是*解盟*（dealignment），借此投票人要么拒绝政党标签，要么不依照那些标签去投票。虽然还没有出现绝对的共识，但第五章中报告的最近的研究表明，随着共和党暂时获得了最大的利益，自我认同和投票指针都轻微地回归到了党派主义。不仅在政党的配属上存在着主要的世代的转变，而且，也存在着地区的转变。传统的民主党南方已经让位给了两党的南方，尤其是在总统选举的层面上。

二、执政党

随着以候选人为中心的竞选的增加，党界投票的下降，那些习惯于因为他们自己而被提名和获选的当选官员们，一旦进入政府，就将对政党表示出较少的忠诚。改变一个基于几十年发展的模式可能很慢，但是，有些证据（详细列在第七章）表明，那些体验了对政党的更多依赖的候选人，正开始以更加支持政党立场的方式来做出行动。

三、竞选运动中的政党

自从失去了通过采纳预选来控制提名竞选人，将对竞选的操纵权丢失给了顾问、政治行动委员会（PACs）和媒体以来，政党一直都在试图反击。

当今政党时代最有意义的方面，可能是两个政党力争在竞选过程中扮演更重要角色的方法和成功的不同。借用史蒂芬·萨尔摩和巴巴拉·萨尔摩（1985年，第212—213页）的定义，政党的改革,要么关注"表现性"的目标,要么关注"竞争性"的目标。表现性(*expressiveness*),是指政党公正地、正确地代表它们选民的意思的程度。这个标准强调公开性,强调现实的公民参与到政党的决定制作过程中的机会,把竞选中的政党看作一个支持性的选民,它尽管不像持卡的成员一样活动,但却有权被尽可能地考虑进去。1970年代,民主党通过对总统提名程序广泛的改革,比如,开放代表团挑选过程,为黑人、年轻人和妇女代表团设立强制性的配额,来强调它的表现性。

衡量政党效率的竞争性(*competitive*)标准,把竞选胜利以及由此来影响公众政策作为主要的目标。被表现性的目标所追求的政党的民主,可能只在加强党组织控制选举过程能力的程度上得到实现。怀有竞争性方法的政党领袖,不是把每一个政党的支持者都看作可能的、积极的运动员,他们把他们自己看作一个棒球队的管理人。为了力图获得支持者(球迷),球队的管理人员不让球迷们来管理。它制作管理决定,然后交给球迷们支持或者反对。用竞争性的标准来看,一个政党,在它能够认定它所喜欢的候选人、聚集资源和帮助他们赢得公职的意义上,是有效率的。1970年代直到现在,共和党已经极其成功地彰显了这些"服务——卖主——掮客"的角色,已经建立了民主党现在正在抄袭的模式。通过直接提供服务,或者在候选人和服务、资源提供者之间充当掮客,政党至少可以重新获得它们从前的某些力量,尽管其实施的功能有些不同。

四、党组织

在估价任何时代政党的实质的时候,无论我们衡量哪个方面,我们时常都假定有一杆单维度的天平,标着政党是"强大的","虚弱的",或者处于两者之间的某个地方。事实上,一个方面的强大,可能被用来补偿,用来修正其他方面的虚弱。党的组织,尤其真是这样,它们的领袖对政党的这个方面控制得最为完好。因为政党失去了它们在提名程序中某些合法的作用,看到了投票人在选举中抛弃它们而去,它们就只有两个选择。它们可以宣布失败,放弃政治战场,或者,它们可以加倍它们的组织上的努力。在稍微迟疑之后,所有层次上的政党都选择了第二条道路。詹姆士·吉布森和他的同事们在对州和地方的政党进行综合性研究之后,总结道:

> 可能,正是党派联结的弱化,促使政党有必要变得更加有组织,在动员和说服投票人方面更加有效率。(吉布森,科特,比比和哈克肖恩,1985年,第140页)

根据虚弱的政党的其他证据,我们惊奇地发现了更有组织性的、更为强大的政党,这惊奇,部分地正是根源于错误的某个黄金时代的映像,那个时候,政党的成分普遍强壮,主宰了它们对之有所奉献的所有的功能。正如一位分析家观察到的:

> 当然,政党不是没有生命的,有时候为它们而说起安魂弥撒就显得有点仓促……太多的、关于强大的、有生命力的政党

的怀旧之情,是可怜的记忆力或者创造性想象的产品,因为,历史上,美国大多数地区的政党只是断断续续地起了巨大的作用,而这又时常是事后才追加给它们的。(萨巴特,1981年,第284页)

马克·吐温在回应他过早的讣告时说,"我死亡的报告被极大地夸大了";就像这一样,党组织的死亡丧钟也不切合实际。

五、一个新的政党时代

描述过去和预测未来,总是比忠实地分析现在更加容易,因为,分析家们距离某种东西越近,就越难于越过特质做出概括。且不管这些困难,本书断称,美国政党正处于一个可能被当作一个新的政党时代而回顾的过渡时期。在选民中,紧张的政党竞争,而不是单一的、占优势的政党将变得更加明显。政府中的党员们,将更加经常地指望政党的帮助和指导。更为重要地是,被资源堆积和政治沟通的新技术闪着了的政党,已经开始聚集许多同样的技术来振兴它们自己,而不是接受它们被预测的灭亡。党组织作为组织,已经变得更加强壮了,尤其是在共和党一面,通过扮演服务—卖主—掮客的角色,它们将它们自己移回到选举过程之中。

第七节 美国政党的法律环境

直到19世纪后期,正如今日世界上大多数的政党一样,美国政党的存在都完全不受政府规则的约束。政党被看作私人的组织——未经法律规定，不受法律制约——除了对其内部的领导人和积极的行动分子外，不对任何人负责。随着政党对政治事务的影响日益增大，它们内部的运作和通常的活动才引起了政府改革者的注意。最初的规则着眼于保证诚实的选举，让政党更对广大公众而不只是对其成员负责。后来的改革更加直接地吸纳了政党，威胁了它们在政治游戏中的主要表演者的存在。今天，美国拥有世界上最普遍深入的、规定政党和选举的制定法。(参见艾普斯泰因，1980年，第44页)自从宪法赋予各州对选举过程的主要责任以来，改变既不是立竿见影，也不整齐划一。作为联邦主义的支持者所预想的实验室功能，各州都实验了新的规则，而那些看起来运行得不错的规则就被其他州采纳了。直到相对近期，当国家级和州级政党的利益相互冲突时，法院总是站在州的一边。更近期，基于譬如"协会的权利"的原则和对于全国统一的程序需要的认同，法院为了掌握它们自己的命运，已经开始和国家级政党站在一边了。(参见米琉儿，1986年，处处)

一、保证公正的选举

(一) 投票的机制

在殖民主义时期，投票人通常出现在选举官员面前，口头表达他们的偏好。逐渐地，投票箱被引进了，而政党有责任为其政党准备投票。打印不同色彩的选票，党务工作者观察实际的投票，这些实践都增加了投票人被胁迫和被欺骗的可能性。选票可以被收买，一个政党可以确信投票人会与其交易的目的保持一致。(参见

《州际关系顾问委员会》,1986年,第124页)

发端于19世纪后期、由各州或者地方政府提供的秘密投票制的引入,减低了腐败的潜在性,但是,却需要许多关于选票的形式和内容的规定。政党强大的州抵制州政府的控制,但是,当被迫无奈时,它们选择了党一栏选票(*party-column ballot*):在一栏里,列举一个政党所有的候选人,以鼓励投票人想到一个政党的团队,易于按照政党来投票。30多个州运用这种党一栏选票形式,而其中的三分之二提供了一个单个的记号或者标杆,来一次投完所有的票,这就更易于支持政党。

其他各州则运用公职集团选票(*office-bloc ballot*)形式,这里,竞选一个职位的所有候选人列在一起。这就要求投票人在做出选择之前,仔细阅读竞选一个职位的候选人的整张表。因此,以政党为线的投票受到了阻碍。(图2.1和图2.2显示了投票的基本形式)

关于选票类型的调查,证实了政党领袖对党一栏选票的钟爱,并指出,这种选票形式对较少党派主义的投票人和低级职务的竞选尤其重要。坚强的党徒会为他们的政党找出候选人。具有高度可观性的总统或者州长竞选,并不如很多低级职位那样受到选票形式的影响。这里,由于缺乏来自于竞选的信息,或者来自于政党的暗示,许多投票人都彻底地遗漏了公职集团选票上的那些公职。(参见沃克,1966年,第448—463页)

尽管某些州曾经试过没有党派的选举,但是,几乎所有的选票却都以政党来区分州和国家级的候选人。政党不对州立法机构的投票进行指定,这保护了明尼苏达州的共和党人几十年,允许他们

PROOF BALLOT

GENERAL ELECTION, TUESDAY, NOVEMBER 6, 1984

MACOMB COUNTY, MICHIGAN

INSTRUCTIONS—To vote a straight party ticket make a cross (X) in the circle under the name of your party. Nothing further need be done. To vote for a candidate not on your party ticket, make a cross (X) in the square ☐ before the candidate's name.

NOTE: Candidates for president and vice president must be voted for as a unit, and the vote cannot be split.

If two or more candidates are to be elected to the same office, and you desire to vote for candidates not on your party ticket, make a cross (X) in the square ☐ before the names of the candidates for whom you desire to vote on the other ticket, and strike out an equal number of names on your party ticket, for that office.

If you do not desire to vote any party ticket, do not make a cross (X) in the circle at the head of any ticket, but make a cross (X) in the square ☐ before the name of each candidate for whom you desire to vote.

If you desire to vote for a candidate not on any ticket, write or place the name of such candidate on your ticket opposite the name of the office and make a cross (X) in the square before the name.

Before leaving the booth, fold the ballot so that the face of the ballot is not exposed and so that the numbered corner is visible.

NAMES OF OFFICES VOTED FOR:	DEMOCRATIC PARTY	REPUBLICAN	TISCH PARTY	LIBERTARIAN PARTY
PRESIDENTIAL ELECTORS OF PRESIDENT AND VICE PRESIDENT OF THE UNITED STATES VOTE FOR NOT MORE THAN ONE	President and Vice President WALTER F. MONDALE GERALDINE A. FERRARO	President and Vice President RONALD REAGAN GEORGE BUSH	President and Vice President	President and Vice President DAVID BERGLAND JAMES LEWIS
CONGRESSIONAL UNITED STATES SENATOR VOTE FOR NOT MORE THAN ONE	United States Senator CARL LEVIN	United States Senator JACK LOUSMA	United States Senator ARTHUR RICHARD TISCH	United States Senator LYNN JOHNSTON
REPRESENTATIVE IN CONGRESS, 12th DISTRICT VOTE FOR NOT MORE THAN ONE	Representative in Congress DAVID E. BONIOR	Representative in Congress EUGENE J. TYZA	Representative in Congress	Representative in Congress KEITH P. EDWARDS
LEGISLATIVE REPRESENTATIVE IN STATE LEGISLATURE, 74th DIST. VOTE FOR NOT MORE THAN ONE	Representative in State Legislature JOHN M. MAYNARD	Representative in State Legislature MICHAEL J. SCOGLIETTI	Representative in State Legislature	Representative in State Legislature
STATE BOARDS MEMBERS OF THE STATE BOARD OF EDUCATION VOTE FOR NOT MORE THAN TWO	Member of the State Board of Education GUMECINDO SALAS Member of the State Board of Education JOHN WATANEN, JR.	Member of the State Board of Education DOROTHY BEARDMORE Member of the State Board of Education CHERRY JACOBUS	Member of the State Board of Education LOIS MELLBERG Member of the State Board of Education MARJORIE F. MORRIS	Member of the State Board of Education HAROLD M. BOOG Member of the State Board of Education GWENDOLINE STILLWELL
MEMBERS OF THE BOARD OF REGENTS OF UNIVERSITY OF MICHIGAN VOTE FOR NOT MORE THAN TWO	Board of Regents, University of Mich MARJORIE LANSING Board of Regents, University of Mich ROBERT NEDERLANDER	Board of Regents, University of Mich NEAL D. NIELSEN Board of Regents, University of Mich VERONICA LATTA SMITH	Board of Regents, University of Mich Board of Regents, University of Mich	Board of Regents, University of Mich BETTE ERWIN Board of Regents, University of Mich WILLIAM B. KREBAUM
MEMBERS OF THE BOARD OF TRUSTEES OF MICHIGAN STATE UNIVERSITY VOTE FOR NOT MORE THAN TWO	Trustee of Michigan State University JUNE KRETZSCHMER Trustee of Michigan State University CHARLES C. VINCENT	Trustee of Michigan State University KATHY WILBUR Trustee of Michigan State University DEAN PRIDGEON	Trustee of Michigan State University CHARLES SEVERANCE Trustee of Michigan State University	Trustee of Michigan State University THOMAS W. JONES Trustee of Michigan State University KURT T. WEBER
MEMBERS OF THE BOARD OF GOVERNORS OF WAYNE STATE UNIVERSITY VOTE FOR NOT MORE THAN TWO	Bd. of Governors, Wayne State Univ. WINIFRED D. FRASER Bd. of Governors, Wayne State Univ. DENISE J. LEWIS	Bd. of Governors, Wayne State Univ. GARY ARTINIAN Bd. of Governors, Wayne State Univ. GEORGE BASHARA	Bd. of Governors, Wayne State Univ. Bd. of Governors, Wayne State Univ.	Bd. of Governors, Wayne State Univ. WILLIAM M. HOLLANDER Bd. of Governors, Wayne State Univ. HAROLD LICHTENBERG
COUNTY PROSECUTING ATTORNEY VOTE FOR NOT MORE THAN ONE	Prosecuting Attorney CARL J. MARLINGA	Prosecuting Attorney C. MICHAEL KIMBER	Prosecuting Attorney	Prosecuting Attorney
SHERIFF VOTE FOR NOT MORE THAN ONE	Sheriff WILLIAM H. HACKEL	Sheriff STEPHEN E. THOMAS	Sheriff	Sheriff
CO. CLERK - REGISTER OF DEEDS VOTE FOR NOT MORE THAN ONE	County Clerk - Register of Deeds EDNA MILLER	County Clerk - Register of Deeds	County Clerk - Register of Deeds	County Clerk - Register of Deeds
COUNTY TREASURER VOTE FOR NOT MORE THAN ONE	County Treasurer ADAM E. NOWAKOWSKI	County Treasurer	County Treasurer	County Treasurer
PUBLIC WORKS COMMISSIONER VOTE FOR NOT MORE THAN ONE	Public Works Commissioner THOMAS S. WELSH	Public Works Commissioner TED ODROBINA	Public Works Commissioner	Public Works Commissioner
COUNTY COMMISSIONER DISTRICT VOTE FOR NOT MORE THAN ONE	County Commissioner	County Commissioner	County Commissioner	County Commissioner

Printed by Authority of the County Election Commission

图 2.1　党一栏选票(密歇根)

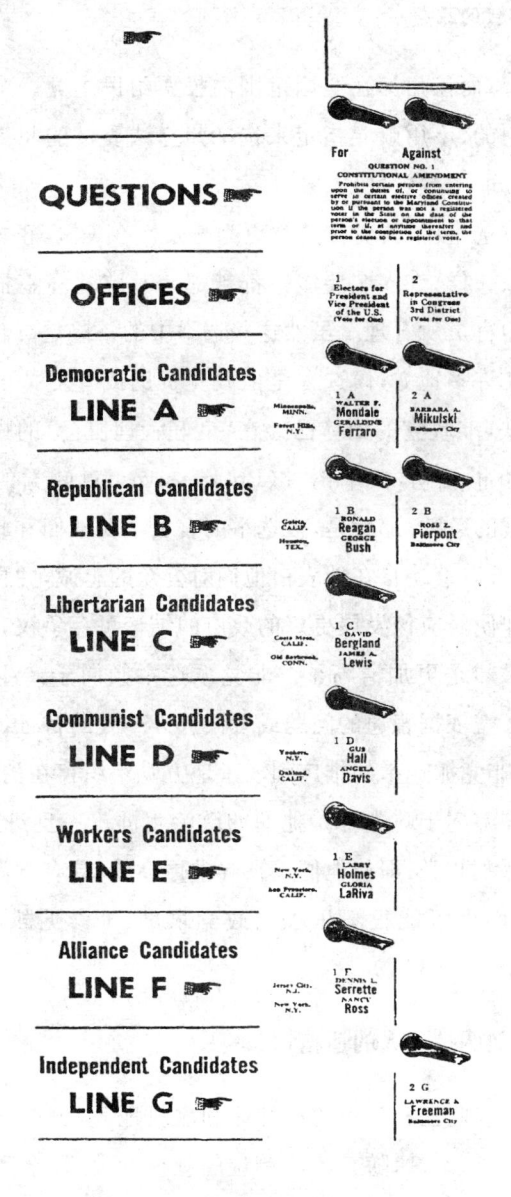

图 2.2　公职集团选票（马里兰）

控制州议会,而该州却在全国范围内投票给民主党。内布拉斯加仍然是唯一的、不用政党指定来选举州立法委员的州。弗吉尼亚不指明州公职的政党区别。

在地方选举中,非党派选举更为普及。在美国,正如较小城市中的大多数一样,许多主要城市都被那些其政党标签根本不呈现于选票上的官员所管理。虽然这些选举中的一些是真正不分党派的,但是,在许多地方,候选人是由政党资助或者支持的,或者,为了填补空缺,准政党的团体已经在"良好管理协会"的幌子下发展起来了。20世纪初,改革论者(Progressives)对政党的攻击飘升为一项忠诚的条款,那就是,被选举的官员不受他们和政党之间联系的阻碍,可以逍遥自在地表白他们对公众的忠诚,并更好地为公众服务。即使对应该发展更好的政府的结论可存争议,但是,很多其他的后果却是更加清晰了。非党派选举倾向于产生较低的产品,并且,必需依据普通的问题或者候选人个人的特征。从政党的角度来看,非党派选举的推广削弱了地方党组织存在的主要理由,允许候选人游离于政党开始他们的政治生涯。一旦进入政府,他们丝毫不感激政党;即使他们正在寻求更高的、具有党派主义性质的公职,他们也可能很不乐于向政党求助。(参见凯登和马厄,1985年,第42—43页)

(二) 确认投票人的适格性

在居民彼此互相影响的小社区和农村地区,少有证实合格的投票人的必要,不过,随着政治单位的规模增大,社会匿名性的增长,投票腐败的证据也增多了。成组的被收买的投票人从一个选区到另一个选区投票;在一个选区投的票比其拥有的居民还多的现象并不罕见。在1890年和1920年之间,各州颁布了投票人登记法。正如常见的那样,这种改革被各种稀奇古怪的人们所支持。改革论者寻求消除政党的竞选战略,减少腐败,保证选举代表了合法的居民,并且,"在选区内,将负责的公民和他们所代表的公正选举的中等阶级的优点制度化"。(克罗蒂,1984年,第19页)政党的领袖们常常把这种改革当作区分他们的支持者和发展他们能够求助的可分辨的选举团的一种方式来接受。政党喜好需要投票人区分其政党的制度,这样,就使支持者更可接近。如在第五章中所描述的一样,通过在投票程序中嵌入一个附加的步骤,登记条件改变了实际选举的性质,而且,政党做了相当大的努力来影响登记程序的细节。

二、确定候选人

在联系我们当选的官员和他们被希望所代表的公众之间的方式上,美国正好显示了其对代表制政府的强调。由于需要候选人是当地合格的投票人,我们成立了大多数选举区,这样,可以从那个区里挑选出来单个的被选举的官员。我们常常避免多数成员的选区,在这种选区内,一个政党可能发展出一种内定用人名单和部分代表的制度,正如在许多欧洲国家里一样,在那里,个人为政党投票,而政党的票数被计算来决定所赢得的席位的百分比。譬如,在德国,基督教民主党的支持者在该政党的名称前画个对勾,来表明他们对该政党的候选人名单的钟情。如果该政党在一个有10名代表的选区内获得了60%的选票,候选人名单上的前6名就被选中了。

在美国体制内，政党必须逐个州逐个州地进行比赛。选区界线的变化，要求政党在不同的水平上联合和重新联合。选区的联合变成一个州的立法区，该区的部分和其他区的联合形成一个国会区，如此下去。附着于选区界线的是，希望候选人将和当地产生富有意义的关联。开始的时候，那些新来的居民，或者那些出身于本地但是在外度过多年的人，处于明显不利的地位。不能像温斯顿·丘吉尔出于他政党的战略目的而辗转于各个选区之间那样，美国的政党必须在强调地方主义的局促之内彼此竞争。

正如在第四章中更加详细讨论的那样，当今的政党已经失去了重要的、哪怕是指定戴着它们标签的候选人的控制权。通过政党预备会议——代表大会体制，政党领袖们仅仅是预测投票人的兴趣，根据他们自己的兴趣形成一份政党的内定用人名单。随着直接预选体制的广泛采纳，政党丧失了它们指定过程中的独断权。尽管一些州正式允许预选前的认可（preprimary endorsement），其他州允许选择的政党在候选人的预选过程中给予支持，但是，并不被政党领袖所喜爱的候选人在预选中的胜利，还是为另外的成功的挑战打开了一扇门。因而，政党从指定游戏中的那个表演者转变成为只是其中之一。借用李昂·艾普斯泰因（1986年）的话来说，在总统的提名过程中，1970年代意义重大的改革加大了公开性，加大了提名程序的民主性质，同时，削弱了政党的控制，反映了政党作为"公用事业"的形象。笼统地讲，电力公司被看作是这样的公用事业：它对公众负有责任，而不仅仅只是对其股东负有责任，因此，应该受制于越来越多的规章；正是如此一样，政党开始被看作远不只是向一小组组织的积极分子负责而已。

三、控制党组织

视政党为一个私人俱乐部到一种公用事业的观点的转换,反映到了详细说明政党的组织行为和结构的法律之中。即使美国宪法从未直接或者间接地提到过政党,许多州的宪法也都包括了有关政党的意义重大的部分,所有各州都有相当数量的影响政党的立法。更为间接地,大量的联邦立法影响政党,尤其是在获得和利用资源领域方面。多数宪法性的和立法的规定都是指向控制和限制政党,而不是提高它们的位置。

组织上的结构和行动

各州法律通常规定党组织的本质,规定如何选择领导人,规定做出官方的决定的程序,以及政党活动可能得到的资源。

即使大多数有关政党的立法和各州的宪法性规定都是限制性的,但是,普遍的公众政策还是扮演了一个政党维持(*party-maintenance*)的功能。

> 公众政策实施了维持政党的功能。法律规定,至少应该有一个党组织的外形,法律通常授予该组织的官员公众意义的功能。公众政策保证少数党即使在选举中胜出的几率很低,也能在各州得以继续存在。比如,严格的进入选举的法律(使非党派候选人难以进入选举)防止少数党被新政党所代替,以及随之而来的对现存政党体制的动摇。因而,公众政策

授予两个主要政党重要的体制功能,并保护它们的长寿。(科特,吉布森,比比和哈克肖恩,1984年,第149页)

对政党最早的挑战之一,来自于1883年通过的《彭德莱顿民用服务法案》(the Pendleton Civil Service Act),和随之出现的、相似的各州的法律。传统上,政党的活动得到恩惠的酬劳,这恩惠是对政党的支持者获得政府公职时有利的回报。一旦进入政府,受资助的被指定人就会有意保持他们的政党在政府中的位置,心甘情愿地拿出他们的时间和资源来支持党组织。政党认为,赞助体制保证了他们动员竞选人员,保证了一旦进入政府而建立一支高效的团队所需要的资源。赞助体制的反对者认为,这导致了适用法律时的偏袒以及没有效率,因为,政治职位要求处理更加复杂的问题,而处理这些问题需要连续性和专门技术。强调资格和提供工作安全的民用服务系统的推广,极大地减少了政党接近人力资源的机会。同样地,禁止"欺诈薪水册"(macing the payroll)(向被指定者索要政党捐款)的法律破坏了政党的活动资本。

紧随1970年代水门事件而来的第二波改革,粉碎了政党在选举中对候选人进行金钱资助的自由。采取不同的形式,包括捐款限额,支出限额,向公众汇报捐款和支出,选举的公众筹资,每一步都使政党更加难于以其所希望的方式去支持它的候选人。(参见第六章)

作为私人组织,政党可以随意做出决定。最初,管理政党、提名候选人的预备会议或者代表大会制度实行起来,并不受政府的干预。时常地,为了保护公众,也作为政治活跃分子认识到的、现行规则不适合于其利益的策略的一部分,通过了越来越多的法律,来指定政党做出决定的方法。很难将改革者利用普通原则的花言巧语("民主","平等","公正",等等)的抽象目标,和改革者加强其政治地位的现实愿望区分开来。例如,在呼喊更多的政党民主的时候,罗伯特·M.拉福莱特在威斯康星州共和党人代表大会拒绝其该政党的州长提名后,开始采用直接预选制;(兰内,1979年,第219页)海拉姆·约翰逊认识到其支持者在那种室内烟雾弥漫的政治决策过程中表现不好之后,在加利福尼亚主持了特别严格地限制政党的一些发展。

各州涉及政党活动的程度极不相同。某些州的法律只在几个段落里涉及政党,其他州则非常详细地规定了正式会议的日期、地点以及决策程序。所有的州都规定了政党获得竞选被提名人的程序,大多数州勾画了政党在州的永久性委员会的组成和责任,在各次竞选之间,该委员会代表政党、管理日常的运作。(参见第三章)

传统上,各州的政党法律对国家政党的运行更有影响,而不是相反。随着1968年全国代表大会之后民主党提名程序的改革,(参见第四章)影响的方向倒过来了。通过赞成专门的代表团选举程序,通过威胁否决反对党在大会中的席位,国家民主党为各州的政党选举法的改变定了调子,并促其前进。

虽然各州的政党在资源、结构和活动上相当不同,但是,它们的特征却越来越倾向于由立法来决定。即使各州的法律看起来并不如指望的那样起作用,补救却更是新的立法,而不是放任政党去控制它们自己的命运。例如,高度受控的加利福尼亚政党一直希望在提名中扮演更加积极的角色,目前,它们正在争取新的立法,以给予其在预选之前认可候选人的权利。威斯康星政党刚刚成功地拥有了新的立法,该法允许地方政党领导在选举中,而不是一个较少供人分享的预备会议筛选中,被选中。很清楚,政党已经从由各自的积极分子支持和控制的私人组织,变成了由各州监控的政府流程的附件。

第八节 政治环境

一、两党制

虽然美国政党竞争的历史稍有间歇,但这是一个两个相对平等的政党竞争公职的历史。尽管有些特别的政党显示了它们支持上的消长,而有时候它们被代替,尽管这个国家的某些地方曾经经历了一党控制的重要时期,但是,却没有什么有意义的、在共和党和民主党之外的政党活动笼罩着今天。大量的、不同的、关于美国相对不平常的两党制的解释,都已经被提出来了。

(一) 结构上的理论

最直接的、关于共和党和民主党在美国政治中居于支配性地位的解释,来源于美国选举法的实质。非常清楚,这种体制钟爱两党制。靠获得投票的多数赢得选举的、单一成员的选区,不允许在许多政党之间分享选举的胜利。不像成比例的代表制度那样,每一个政党都必须在一个区接一个区的基础上进行竞争。这为一个获胜者和一个有意义的反对者留有余地,但是,却挫伤了分散于许多政党中的反对者。挑选总统的选举团制度,使得总统选举就像

50个单一成员的选区。为了从一个州赢得选民,总统候选人必须赢得投票的大多数。作第二或者第三就没有任何意义。而且,只有一名行政长官和其州级统治权各有变量的总统制,不允许那种在议会内阁中可能包括许多政党的联合政府。选举法使现存的政党比较易于得到选举,并且继续停留于选举之中,但是,第三党和独立者想保住一个位子就要付出特别的努力,比如说请愿运动和集会。最近,第三党总统候选人乔治·华莱士(1968年)和约翰·安德森(1980年)为了在50个州获得投票,因为请愿运动和献殷勤而耗费了他们的许多资源。他们的党若想拥有继续停留于选举之中的权利,就需要投票人从一次选举到下一次选举的最低水平的支持,而两者之中没有一个组织维持了在任何一个州继续停留超过两次选举的权利。目前的选举法强迫维持两个政党的外形,而忽略第三党的维持。政府为竞选提供经费,支持着两个政党的官方的候选人,这要么疏忽了独立者和第三党的候选人,要么不利于独立者和第三党的候选人。

政党领袖们虽然在很多问题上意见不一致,但是,在试图永远保持它们的优越性时,他们还是发现了大量的、共同的理由。因为两个政党控制着政府,而事实上,目前当选的官员又都是通过现存的规则进入政治生活的,它们就奋力维持现存的体制,并制定法律来使两党的统治永恒。

(二)投票人的本质

且不论战后政党认同和党界投票的下降,政党认同仍然是投票的最好的预见者之一。尽管投票人可能对政党的不满意给出空口的应酬话,但是,他们仍倾向于投票给大党的候选人,而不是投票给独立分子和第三党的候选人,即使他们拥有那些选择。知道仅仅只有一个候选人能赢,这明显地阻碍了投票人把他们的选票浪费在一个不可能的第三党的候选人将获胜的可能性上。

看着传统的投票模式,最有活力的候选人通常追求大党之路去竞选公职,尽管他们越来越只是将政党的支持看作他们竞选的一个组成部分。同样地,竞选资源的提供者们——个人捐款者和政治行动委员会——将他们的支持倾注于这些可能的胜者,而不是那些毫无获胜希望的人。

打破两党的控制,这包括同时改变大量的投票人、候选人和竞选支持者的行为——这不是像许多被击败的第三党的满有希望者所能证明的、那么容易的一项任务。

(三) 不太直接的原因

上述的要素对目前两党制的盛行做了许多解释,但是,却没有充分地解释它的根源。更近期的结构上的改编,被投票人采纳的行为模式和被政治积极分子追求的策略,这些可能都是那些导致两党制模式发展起来的、更为基本的因素的结果。虽然不可能确定两党制的那个决定性的因素,但是,大量的社会因素却还是有助于此的。

美国政治冲突的本质,决定了两党统治的可能性。一党制需要几乎完全的一致,或者强迫反对派依从的能力。多党制繁荣的环境是,深刻的分裂将社会分成相对互不妥协的集团,每一个集团都坚持它们某些不可能妥协的信念。通过限制选项,两党制需要足够的冲突来保证竞争的政党的需求,但是也需要足够的妥协的共同理由。

许多观察家对于美国政党缺少区别很感沮丧,他们渴望地观察着欧洲政党显示着相互竞争的意识形态。将政治组织演变成不同的社会设施非常困难,而且会成为不可能。

> 大西洋两岸政治环境的不同表明,来自旧世界的经验在新世界里可能没有什么相关性。欧洲政党在一个小得多的地理区域内运作,通常是在单一制的国家,而不像联邦制下的美国政党;因此,它们一直被高度集权化,有授权性的中央决策和候选人挑选程序;从一开始,它们就有显明的、反映这个国家中比任何东西都要深刻的阶级和宗教分裂的意识形态;通常,它们不是存在于两党制而是多党制的环境里,这允许每个政党覆盖意识形态领域的相对狭窄的某一个部分,因而,更加易于保持其连续性和独特性。(桑德奎斯特,1982年,第55页)

美国公民——因此他们的政党——对基本信念显示了相对高度的共识,他们没有察觉到他们自己被根据阶级、地域或者其他界限清楚地分开。美国政治更加关注挑选方法的不同,而不是关于政治所需要的目标的根本冲突。在显示不同性质兴趣的同时,大多数的美国人都认同许多社会组织,而当谈到政治偏见的时候,他们发现,他们自己在许多相反的方向上被撕扯着。与大多数美国人不被政治中的输赢所吸引这个事实相结合,缺乏绝对的参考就容纳了两党制所需要的这种妥协。

虽然事实并不像《自然二元论》(参见杜威格,1954年)断言的所有政治战场都分成两个可供选择的对立面(人对出,支持对反对,等等)那样清楚明白,但是,美国政治中的某些分裂却已经证明,他们自己就是在两个持久性的阵营里。最初的关于"革命"和"宪法"的斗争,为两个反对的组织设置了舞台。随着最先的斗争退出去,早期的在东边金融利益和西边边民利益之间的选择战役,重新证明了他们自己是在两个相对均等的组织里。关于奴隶制的战斗和结果性的南北战争,提供了一个明确的话题来确定支持者和反对者;那个话题支配了政治好几十年。基于社会的社会经济划分,民主党扛起了普通人民的旗帜,而共和党人则支持更为富裕的公民们。

尽管不能疏离出一个分立的、两党制进程的套路,同时,也难于向其他国家输出我们偏爱的安排,事实却仍然是,美国已经,而且还将继续拥有两党制。两党制和目前组成它的政党,代表了世界上民主的政党中间最古老的政党体制。即使我们对两党制的熟悉可能提高我们对它的敬意,但是,大量的、明确的优势也显示在了大多数观察家的眼中。(参见路易不同的观点,1983年,处处)两个相对竞争的政党的存在,通过保证真正地竞争事实上所有的公职、鼓励加大参与其中的机会的包括性的政治,提高了公民的地位。一党制不需要什么公开,通常不提供什么公民影响。多党制时常成为产生它们的尖锐的社会分歧的牺牲品。多党制下的个别政党有变成排外的倾向,它需要对一小套原则的绝对的信仰,这就阻碍了参与。只要这种体制下所有的政党都推行这种排外的策略,就没有什么动机来找到新的参加者。极端的派别活动导致太多的冲突,以及可能导致整个政治体制的僵化。多党制下,比如在意大利,政治冲突的苦楚和难于维持稳定的政府,反映出了这些问题。

二、历史上的反常:第三党和一党地区

(一) 第三党

尽管共和党和民主党统治了 120 多年,许多第三党还是已经出现了。只有少数第三党曾经将某一个州携入总统选举,但没有一个曾经靠近赢得总统职位的边缘。第三党在州和地方选举中有了某些选择性的成功,但是,它们从来都不是主要的因素。给定这种阴暗的记录,人们必须搜寻它们坚持的理由。一个现存的、国家范围内大的政党和至少一个州的政党可能被看作第三党已经出现了,这个事实可能给予这些运动一些虚妄的希望。这些运动的领袖们因为确信他们自己在这些问题上的正确性,他们可能有能力让他们自己相信,雷电会再次闪击。他们意识到,对第三党动机较好的理解来自于,他们的起源和他们的目标都与众不同。

第三党的起源和动机。有时候,两党制对问题和个人政治抱负的限制,分裂和诞生了脱离大党的(major-party-bolting)政党。这些政党通常是没有被大党所容纳的个人或者问题的载体。他们时常进入选举以获胜,或者,至少,力图把他们自己作为一种被认可的政治力量树立起来。1912 年,当泰迪·罗斯福试图重回白宫的时候,改革派("公驼鹿")政党从共和党中分离了出来,而罗斯福在 1908 年让位给了他的副总统,威廉姆·霍华德·塔夫脱。他个人的支持主要是积聚 88 张选票和将近 30% 的普通选票,从塔夫脱

那里获得足够的支持,来保证民主党人伍德罗·威尔逊的总统任职。国家权利民主党(南部民主党)在民主党拒绝其保守的种族隔离立场之后,于1948年让斯特罗姆·瑟蒙德参加竞选。作为民主党在南方的一些州进行运作,它想方设法获得了39票,但没有击败哈利·杜鲁门的总统投标。1968年,乔治·华莱士的美国独立者政党令两大政党都吃了一惊,他获得了46票。虽然华莱士私下里并没有指望获胜,但是,他还是希望夺得选举进入众议院(必要的条件是,如果没有一个候选人获得简单多数票),在那里,他就能够发动支持他的交易。尽管华莱士是位民主党人,如果他不竞选,他所吸收的那些选票是否会投到休伯特·汉弗莱那里,这并不清楚。1980年,由于投票限制法,作为一个非党派候选人,约翰·安德森比一个来自于第三党的候选人获得的更多。由于受挫于在总统预选中缺乏支持,安德森在选举的中途转变了策略,获得了几乎六百万张选票,但是,他没有赢得任何一个州的选票。游离于大党之外的第三党,倾向于密切联系一个特定的问题或者候选人。一旦那个问题或者候选人离开现场,它们就没有什么保存的动力了。

第三党的另类设置表示出了很小的赢得选举的现实希望,我们还不如把它看作一项热切盼望公开它自己的事业的抗议运动。这些第三党倾向于在它们的看法上更加相似,讲求意识形态。它们中的某些,比如一些共产主义者和社会主义者政党,是欧洲的舶来品;其他的,如农人协进会,禁酒、和平与自由,生命权等党派,都反映了本土的、对一个狭隘问题的不公平或者立场的反对。这些政党中的某些已经显示出了相当的地方力量。社会主义者政党在有许多欧洲移民的城市地区,例如密尔沃克,威斯康星和纽约市,做得很好。在全国范围内的竞选中,明尼苏达州的农工党成功地挑战了两大政党,最终于40年代与民主党联合成立了民主农工党(DFL),它们仍以这个名称来竞选。

第三党不太常见、但却可能更为重要的类型,是联合的政党。在法律只允许候选人竞选一票的各州,如纽约,自从60年代以来,小的政党如自由和保守政党只是取得了有限的胜利。通过允许候选人把他们的名字列在多个投票栏里,这些党派有选择性地认可大党的候选人、保证递送胜利的富余,为他们的让步而讨价还价。图2.3例证了描写在竞选用的圆形小徽章和其他材料上的一些第三党的候选人和理由。

第三党的劣势。只有共和党从一个第三党发展成为一支主要的国家力量,明尼苏达农工民主党代表着一个最好的州的例子,以及独立的第三党很少获胜,这些事实都反映了第三党所面临的劣势。选举和竞选资金法反对第三党运动,拒绝它们享有一些东西,比如选举鉴定人和向上的竞选资金。(参见第六章)进展到投票的过程,需要第三党花费它们许多的资源,以符合法律上所列举的义务。因为从一次选举保持到下一次选举的投票需要一个最低限度票数的百分比,一年的努力就可能被一次最低限量的展示扫除殆尽。

第三党的问题并不仅仅止步于进展到投票阶段。大部分选民对两大政党之一的习惯性的支持,意味着它们的候选人开始于一个基本的支持库存,而小党必须千方百计将投票人驱离于他们原来的意图。即使有了富有吸引力的方法,将一票浪费在可能的非赢者身上的徘徊,也鼓励了许多投票人简单地去支持两恶中较小的一个,而不是支持第三党。即使是在它们的支持者中间,第三党

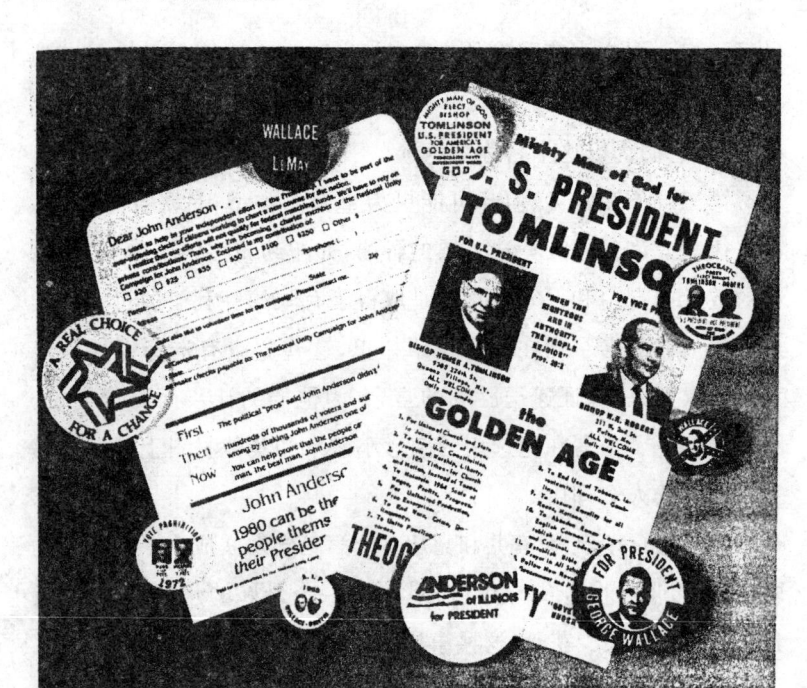

图 2.3 第三党竞选材料

也有劣势。它们倾向于从那些既不因他们的政治资源、也不因他们的政治参与水平而闻名的个人那里,吸引不成比例的支持。它们难于筹集金钱和得到工作者。它们不能聚集到足够的竞选资源,这变成了一则不证自明的预言。缺少资源和成功的可能性,使它们不可能成为来自于政治行动委员会或者未授权的个人的金钱的接受者。缺乏资源注定了选举的前景,这反过来又挫伤了围绕下次选举而进行的捐款。另外,因为美国政治体制是开放的,以其方法或者问题撞击一根回应性的琴弦的第三党很可能会发现,它的独特性已经被主要政党之一盗走了。例如,1968 年乔治·华莱士的政治成功,部分地基于他对学校公共汽车的反对,而这吸引了理查德·尼克松和休伯特·汉弗莱采取了比他们最初所持的观点更具有试探性的立场。为时甚久的社会主义者总统候选人诺曼·托马斯,喜欢在重大的社会问题,如,所得税,医疗和平等权修正案方面回顾他的生涯,这显要地突出在他的竞选之中,这些后来都被大党采纳了。

第三党的重要性。如果一个人将第三党的重要性定义为赢得选举,那么,从选举意义上来说,第三党的影响是有限的,但是也并不是没有意义。正如加里·毛瑟所总结的那样:

> 少数派候选人进入常规的两党选举竞赛,能够以三种不同的方式影响选举的结果:通过影响到底谁去投票,通过改变投票人对候选人的偏爱,或者通过分裂一个或者更多的多数派候选人的选票。(1983年,第113页)

尽管,从一个更广阔的角度来看,它们的存在具有一些唯一的作用。正是这种广大范围政党的存在,反映了美国体制中的表达自由,充当了某些独特视角的和平的出口。在某些情形下,第三党充当了申明利益、将新思想导入政治体制的角色。1968年华莱士的挑战,明显地推动了两个重要政党的候选人在诸如用公共汽车运人的问题上采取了更为保守的立场。尽管这种问题的发展确实只是通过外界的组织和媒体发生在主要政党内部,但是,政党还是严肃地看待了那些能够发动个人来支撑组织和投票人支持候选人的运动。

第三党确实影响了一些选举结果,与它们有关的思想后来有时候被反映到公共政策之中,其证据引人注目。(马滋马尼安,1979年,第305页)

(二) 一党地区

尽管美国在国家范围内有两党制,在州和地方层次上也日益如此,但是,一党统治的堡垒却已经存在,而且将继续存在着。南北战争之后几十年,民主党支配了南方的政治。面对共和党候选人的挑战,民主党候选人规律性地以"挥舞带血的衬衫",来提醒投票人别忘记过去。一代一代的南方人渐渐习惯性地接受了做"黄狗民主党人"(愿意为佩戴民主党标志的黄狗投票)(a "yellow dog Democrat"),而不是投票给共和党。有野心的积极分子发现,他们自己被恰当地劝告着进入了民主党的信徒圈,这加固了真正的政治游戏在其中进行的认可领域。在许多州,在各州和地方层次上,大量的、长久性的派系给予一党制以两党制或者多党制的外貌。

为了避免人们得出结论说,有长期性派系的一党制正好如竞争性的两党制一样好,V.O.凯宣称,一党的派系主义"培养领导权的不连续性,迷糊投票人,鼓励那些自我服务的、蛊惑人心的领导人的招募,增加政治的不稳定性,招致政治上的偏袒"。(1949年,第303页)派系围绕着个别的政治家而发展,或者是基于地方利益。由于拥有在那个层次上竞争的机会,地方上的政治家就没有什么动力把共和党作为通向权力的、可选择的道路来运用。40年代以来,随着国家民主党转离南方的人权观点,随着许多非南方人和更近期的试图利用这个肥沃地区的共和党人的涌入,首先导致

第二章　美国政党制度的起源和发展

了在总统大选中分裂选票的投票,最终导致了两党制在南方的普及。(参见第五章)

在这个国家的其他地区,强劲地支持一个特别的、基于投票人自身利益或者历史传统的政党的投票人的集中,就维持了该党的统治权。在其他的地方,一个政党内的传统上就很强大的一个党组织,和另一个政党内党组织的虚弱,就为一党的主宰地位铺设了舞台。

大多数地区美国选民的异质性加大了,政党认同下降了,避开政党标签、以候选人为中心的竞选增多了,吸引所有的投票人的政党努力增加了;所有这一切加起来减少了一党的地区。尽管国家共和党过去只是得到了非常有限的支持,但它还是维持了一个资金配备良好的项目,来吸引黑人投票人,而民主党已经对商业社会试验了大量特殊的手段。正如一位老练的国家级政党行家指出的:"几乎没有我们不再关注的一个州,一个城市,一个区,或者一个地域。几乎在每一个社会的和地区的组织之间,都有我们支持者的意义重大的钱袋"。(作者的访谈)

虽然说两党的竞争正在蔓延,这种转变在公职中并不如其在权限中一样整齐划一:

> 在20世纪每一个连续的世代,一党制的州的比例都在下降。以同样的方法,我们可以看到不稳定的选民的比例……其中为总统和州长的,已经上升了,而为国会下院的却在稳步下降。结果是,使围绕不同的政治职责的政党体制之间的区分尖锐化了。(施赖辛格,1985年,第1158页)

当今两个第三党的故事

自由意志主义者政党

起源
1971年创立

基本原则
自由意志主义者政党径直穿过了传统的政党和意识形态的界限，倡导保守的主题，比如，按比例缩减的政府，个人的自由，与传统的减少军用和废止草案的自由主义相结合的自由市场经济。

选举记录
1972年：有资格在两个州投票之后，获得了4,000张总统选票。
1980年：获得了92,000张总统选票，在所有50个州的投票中都有席位。
1984年：获得了235,000张总统选票，1,000名候选人参加竞选。
（参见库克，1984年）

林敦·拉罗奇和国家民主政策委员会

起源
如果不看其筹集的金钱总量和它上场的候选人的数量，拉罗奇的组织将被看作比围绕林敦·拉罗奇的个性崇拜仅仅稍微强一点，他以前是个马克思主义者,后来猛烈地转向了右翼。1972年,拉罗奇在美国劳工党的旗帜下开始竞选总统候选人。后来,他创立了国家民主政策委员会,一种"一个政党内的政党",试图填补民主党中右翼的空缺。他参加了总统预选,为政党公职和低层次的公职提名了成百的候选人,在国会选举中他也反对民主党的知名人士。最近几年,拉罗奇在应战联邦选举委员会关于他的选举资金和他的筹集资金技巧的犯罪调查的挑战时,抱怨了加于他身上的阴谋。

基本原则

拉罗奇在接受许多基本的保守原则的同时,因为支持激光防卫系统、支持隔离艾滋病患者、支持斐迪南·马科斯作为菲律宾总统的重归,支持控告英国阴谋通过国际毒品交易破坏美国等,大大地出了风头。

选举记录

1972年:拉罗奇在美国劳工党的旗帜下竞选总统,获得40,043张选票。

1980年:拉罗奇参加民主党预选,获得177,784张选票。

1984年:拉罗奇参加民主党预选,获得121,226张选票,上场了2,500多名候选人。200多名候选人获胜,主要是低层次的政党职务,学校董事会,等等。

1986年:因为赢得了民主党在伊利诺伊州副州长和州务卿的提名,拉罗奇派候选人成为国家的头条新闻。为了避免同

> 他们竞争,民主党州长候选人阿德莱·史蒂文森三世辞掉了民主党的提名,而以一位独立者的身份竞选。在那些党界投票(party-line voting)已经成为长期传统的各州,史蒂文森的竞选失去了战斗力。其他州的民主党领袖则开始清洗他们的候选人名单,以暴光拉罗奇派候选人。(参见库克,1986年)

解释选举类型的不同比发现它们更为困难。媒体对总统、州长和参议员竞选的广泛关注,降低了传统的党界投票的作用,为更具有竞争性的选举打开了大门。另一方面,众议院的选举只为媒体统治提供了较少的机会,但是,我们看到的远远不是政党控制的连续性,而是单个的候选人正在发展他们自己的组织,运用现代通信手段来加强他们的政治地位。在两种情况下,技术都已经介入进来改变政治的图景,威胁了政党的作用。

第九节 社会的和技术的环境

> 因为政党是为选举而成立的、惯常性的、有渗透性的、有高度适应性的组织,而且不被法律所修补,那么,特别地,在政党和它们所赖以存在的社会之间就具有一种非常紧密的适应性。(柯克帕特里克,1978年,第19页)

政党并不存在于真空当中。它们来自于时代的社会的和技术的经纬之中,而且,必须运行于时代的社会的和技术的经纬之中。人们怎样利用他们的时间,他们的社会性承诺的性质,他们怎样收集信息,他们通常的生活方式,都是政党确定可行的策略和潜力的背景。

当我们走近 90 年代时,尽管,对美国社会的和技术的情况做一次彻底的分析确实超出了本书的范围,但是,对某些关键性的特征养成一种敏感性,却将有助于将政党活动放到一种前后关系之中去考察。

一、社会性的结构

(一) 社会性的承诺

不用热切地回顾某些过去的时代,这一点是非常清楚的:当今的社会,极大地不同于开国元勋们所经历过的社会,或者不同于存在于早期不同的政党发展和改革阶段的社会。在过去的几十年里,

> 不断增长的城市化和交通的改善,完成了对早期孤立的"岛区"体制的破坏……国家范围内的问题增加了,决策不断地从地方和州政府转移到国家层次……工会,职业和贸易协会,以及其他可能与政治有关的二类组织繁殖了。因而对政治行为和态度的组织压力也增大了,组织压力变得更加复杂并且相互冲突。(克拉博,弗兰尼甘和辛格尔,1980 年,第 284 页)

在个人层面上,投票人从存在于"完全承诺的社区"转移到"有限承诺的社区"。以前,大多数人都在相对狭小的地理区域内、与同样的人生活,工作,购物,送孩子上学,休闲,等等。这种生活方式有益于形成深入持久的、社会的和政治的承诺。今天,越来越少的人生活在这种区域里。当今,更为典型的有限承诺的社区扩大了,因为郊区居民住在卧室社区里;通勤到另一个政治区域工作;在高速公路周围为数众多的大商场里购物;到湖边、山上或者海边休闲度周末;与大量来自不同社区的不同的人打交道。可能,与当地社区缺乏关联的顶级标志就是难于回答这个问题,"你从哪里来?"即使一个人想加入到政党政治中去,常常也难于决定与哪一个政治社区最有利害关系。当地政治,就学校有点说法;县的政治,影响你来往于其上的道路;州的政治,对两者都有影响,但是只是间接地,你不得不在这些之间做出选择,这就令人沮丧。有这么广泛的政治目标和考虑,政党准备得不够好就不能够提供帮助,即使党组织存在得好好的,而且能够被找到。

在任何时候,普通公民对一个特定社区的淡化,都会因为许多人口长期的移动性而增加。尽管出生、接受教育、结婚、受雇和去世于同一个地方甚至时常于同一幢房子里的事情曾经很常见,但是,现在,大多数美国人却经常因为工作和爱好而迁移。很多公司考验雇员对公司的忠心,并且通过要求为了向上的移动而迁移,来便利"互变的人员部件"。一个社区的新居民通常不知道政治线索,有些难于进入政治。如果可以预料未来的搬迁,缺乏永久性倒可能是不能进入的一个好的障碍。现代生活的复杂性和个人的不长久性,这两者都不利于地方政党征募到一圈核心的工作者和支持者。

政党的责任一直都是系于它作为选举组织的本质——系于它们投票时的在场,系于它们的组织出现于实在的选民中……在某种程度上,政党的衰弱根源于那些选民的下降:我们不再在同质的当地社区或者小区里生活、工作、游戏,或者衍生出我们的政治生活。(索瑙夫,1982年,第36页)

(二) 社会性的参与

传统性地,政党和其他中介组织都仰仗于大量的自愿者骨干来完成它们的任务。尽管自愿主义在美国仍然给人以深刻的印象,但是,日益增加的竞争公民支持的中介组织和变化中的时间投入,都向政党提出了更大的挑战。

利益集团——尤其是只针对相对狭窄的、从停止堕胎和酒后驾车到保护拥有枪支或者抽大麻的自由的、单一问题的那些利益集团——的巨量增加,将同样这些人中可能为政党工作的许多人分流出去了。作为利益聚集者而不是利益申明者,政党通常必须采取更为广阔的、不太尖锐的立场,这常常基于折中,而这又使它们作为一个值得支持的组织不太具有吸引力。

传统上,在这个世纪的早期,政党的许多外出搜集情况的工作都是由家庭妇女们完成的。妇女运动贬低了许多经典的自愿者工作,同时,在家庭外工作的妇女的百分比的剧烈增加,为她们在任何层次上自愿付出的可能性都加设了严重的限制。

(三) 社会性的态度

传统上,政治参与在美国并不被看得最高,但是,系列的丑闻如水门事件、阿布事件(Abscam,在这例国会丑闻中,几名议员从一个名叫阿布都尔的假货公司那里收受了贿赂。——译者注)、朝鲜门事件,以及它们的地方和州的翻版,虽然没有直接指向政党,但却进一步腐蚀了对它们的支持。一个玩世不恭的网络抓住了我们主要机构的公众评价。"前一个十年里,对政治和社会机构的信心和信任丧失了,这不容忽视,而且,事实上,这提示着一个当代的危机"。(克拉博以及其他人,1980年,第292页)

当被要求根据特殊的标准来评估政党的作用时,公众的信任确实已经稳定地下降了。1968年,46%的公众相信,"政党只对人民的投票,而不是他们的观点,感兴趣。"到了1980年,59%的人支持这同样的说法。类似地,1964年,42%的人认为,政党做了大量的工作,"以助于促使政府关心人们都在想些什么",到1980年,持这个观点的人就下降到了18%。(利普塞特和施耐德,1983年,第386—388页)

> 政党的信誉已经大大地降低了。1983年,一项ACIR——盖洛普民意测验显示,几乎一半的人口(45%)相信,有组织的利益集团最好地代表了他们的政治利益,相比较而言,只有24%的人相信两个政党之一如此做了。(康澜,1985年,第35页)

运用时代序列数据,杰克·丹尼斯(1986年)认为,对政党的政治支持可能已经达到了它的低谷,可能正在回升,可是,难于梳理出来一个长期的倾向和一个至少在里根任期的最初阶段支配政治的"感情良好的时代"。

对作为组织的政党的支持的减少,可能不是像"政党就是不再作数了"这么一个消极的评价。(瓦腾伯格,1985年,第1页)

> 如果公众对政党更加消极,而不是更加中立,这可能对政党更好些。通过更好的表现或者政策的改变,消极的态度能够容易地转变为积极的态度。让人们重新关心政党可能确实是更加困难……在这个以候选人为中心的大众媒体的时代,要让美国人看到政党的相关性,就更是难上加难了。(瓦腾伯格,1984年,第XVI页)

采取稍微不同的方法,罗素·达尔顿(1984年)认为,扩大了的政治技巧和当今选举的信息资源,改变了公民与政党产生关联的方式。当公民相对受教育不好,政治信息只能以很高的代价出现的时候,政党的标签和党派信息就承载了非常重要的目的。在当今的社会里,更多的选民理解这些问题,只能以"认知的"而不是政党的方法来发动他们。

> 认知的动员意味着,较少依赖外部线索的公民拥有必要的技巧和资源而变得投入政治。另外,认知的动员意味着对政治的一种心理的参与。(达尔顿,1984年,第267页)

运用来自美国和大量发达工业民主政治的长期的数据,达尔顿投射了"仪式的党徒"的下降,这被传统的政党的标记和支持性的党组织所激活,他还投射出一个实质上不太支持政党、但却明了且参与到政治过程之中去的"非党徒"的上升。(参见达尔顿,1984年,处处)

其他的社会态度,更是不直接地影响到政党实施它们传统功能的能力。增加了的对犯罪的恐惧,使得征募自愿的街区工人传送信息更加困难,投票人不太可能为陌生人打开他们的家门。增加了的反对无私的自我中心主义("留神做第一","我"世代,诸如此类)使得更加难于形成妥协,更加难于找到党徒自愿为政党的利益付出努力。

社会的结构是政党活动的背景,而技术则是政党实施它们活动的手段。

二、技术的环境

信息传输是政治技术的核心,是政党的面包和黄油。政党必须发展一个有效的、双向的、与组织的积极分子和投票人沟通的程序。政党能够在多大程度上确定其听众、制定一则具有吸引力的消息、发动支持者,对决定它们的成功来说意义巨大。

许多世代以来,美国政治信息的传输非常耗费劳力,面对面的交流占了主要地位。40年代经典的投票研究,确定了一个信息的"两步流程"。(拉扎斯菲尔德,伯莱尔森和高德特,1944年)在这里,政治积极分子会从媒体和政党那里获得信息,然后把它散发给不太参与政治的公民。在政治观点从一个人传到另一个人的过程中,社会的境况影响到究竟什么被传输。信息既在其来源的基础上,也在其内容上,受到评判。在这种境况中,政党被区域的领导们和街区工人们服务得很好,而后者与他们当地的投票人保持着密切的联系,并为他们提供选择性的信息。

即使大众媒体过去存在,它也不如今天这样"大众"。早期的报纸常常是特殊政党的工具。后来,大多数城市扶持了大量的报纸,每一种报纸都持有一种明确的观点。伴随着电子媒体竞争那些感兴趣的公民的注意力的挑战,报纸缩减了,剩下的报纸则带有更多的客观的风味。今天,很少有城市扶持竞争性的报纸,而且,保留的报纸都倾向于提供更为平衡的新闻,这需要对获得政治指示的读者的各个部分进行更多的分析。

电子媒体,特别是电视,日益成为政治信息来源的主流。到了1980年代,多于75％的公众把电视当作他们主要的政治新闻来源。基于分配稀少资源,如发射频率这样的公共利益的前提,电子媒体发现它自己是在严格的、激励客观性的限制之下。"平等时间"的规定,需要电视台向所有的候选人给出或者出售时间,如果它们向任何一个候选人提供的话。"公正主义"不太特殊,目前政府也未实施,但是,这提醒广播者要对其客观性负责。

在很大程度上,早期的电视台经营着当地的"妈妈和流行艺术"业务,迎合它们当地观众的口味和政治观点。规模经济,不需要加倍大量设施的固定成本,而使大的传播运作更加有利可图;这就鼓励了地方台加入到全国性的网络中,但是,这个交易就日益包括依赖于网络安排最多的节目。

在美国家庭中,全国性的网络新闻节目几乎已经变成一项制度,旅游和就餐计划要围绕着它来制定。鉴于观众的本质,网络新闻必须多多呈现其全国性的曲折手法;鉴于观众的规模,它能够影响整个国家的态度和政治的日程。州和地方的政党很少能够运用全国性新闻或者广告的潜力,而且,直到相当近期,国家级的政党也没有利用过全国性广告的潜力。

来自媒体的信息,也影响着政治家吸引他们的支持者的基础。

> 在电视网络创造出它们大量的观众之前,过去的乡土观念主要根植于地理区域,这产生了多样性,而这又正是我们的代表制机构专门被设计来改善的。被分割的交流可能促进了跨越地理区域的政治利益的组织,而政治也可能被横跨政治界限地组织起来。结果可能是,增加了对我们当选的立法者的压力,因为,他们试图满足跨越地理界限、而同时又保留其在家乡选民中的支持的利益。(阿特敦,1983年,第66页)

为了一方面避开地方主义,但另一方面又要依赖地方的利害关系,政党可能走到同样类型的压力之下。被挤在两个竞争性的压力之间,增加了政党以一种连贯的、政治上可以被接受的声音说话的难度。当前,最明显的例子就是民主党。它在许多问题上的自由主义立场已经被一个国家级的日程所驱使,该日程是被媒体推动的,如果不是被引起的话。但是,地方党组织,特别是在南方,相信政党愈加不为它们说话。它们区分地方政党和国家政党的地位的试图,已经取得了混合的成功。正如在第五章中解释的那样,加大了的两党在南方的竞争的事业之一就是,已经让投票人从国家级民主党的立场中分离开来。

覆盖了足够的信息市场的电子媒体的可用性,以另一种方式挑战了政党。候选人已经发现,他们能够绕开政党信息频道,直接走向人民。

电视,以及后来的影碟放映机,使家成为娱乐和信息的中心。虽然政治集会曾经既是娱乐,又是政治发动事件,但是,要让人们走出家门去参加政治活动却变得更加困难了。

其他的技术进展,比如,计算机,已经使传统的政党情报收集手段过时了。与复杂的、运用电脑控制的电话拨号和数据分析的民意测验的技术相比,为了测量"政治的脉搏"而与当地的积极分子不正式地"在电路周围核查"(checking around the circuit),就显得太苍白了。敲击大量的、复杂的数据库,来预测意定的投票模式的能力,当然比对投票的瞎猜更加引人注目。政党迟缓于利用这些技术,而主要将这个领域敞开给顾问们和其他的非党积极分子。

交通革命,剥夺了政党作为那些不能出现在每一个地方事件中的候选人的代理人的角色。现在,即使是西海岸的国会议员,也能每个周末飞回西海岸,可视性地代表他们自己,为下一周的会议又在深夜"特别红眼"地回到华盛顿,他们可能受点时差之苦,但却能够承担官方的责任。在总统选举中,我们将再不会看到威廉姆·麦金利的那种"前廊"竞选:政党在实施竞选,候选人却呆在家里。现代的候选人,从一个州飞到另一个州,抛头露面,希望被当地媒体市场看到。他们每天至少计划一场大的电视事件,以赢得全国性媒体的青睐。

面对着影响了生活方式和收集信息技巧的社会的和技术的改变,穿越了历史的政党已经遭遇上了要么适应要么灭亡的需求。

在下面几章里,更加详细地集中讨论,政党如何在它们不同的活动领域里面应对这些挑战。这将有助于读者对美国政党当前的作用和未来的潜力形成一个明确的认识。

第三章 作为组织的政党

如果搜寻美国的政党,最可见的部分就是党组织。正式的组织,以官员名单、预定的会议、领薪的工作人员和政党总部来显示它自己,这政党总部可能只是一间破败的、带几个文件柜的屋子,可能有豪华的执行套间和高技术中心,拥有电视制作间和电脑中心。要在大城市特别是州府所在地寻找政党,人们不得不拿起电话目录。要是在人口少一点的地方,寻找政党就更加困难了。

在全国范围内,从一级政府到下一级政府,党组织的地位和性质都各自迥异。传统的组织图表(参见图 3.1)常常更是令人误入歧途,而不是指明了路径,因为,它们反映了政党的积极分子的希望或者各州法律的要求,而不是反映了现实。讨论党组织,在国家级的政党和州和地方级的政党之间,必须有一个明确的区分,前者是现存的、领薪的、职业的工作人员,一个自愿者董事会(国家委员会)指导它,但是,并不控制它;后者代表着领薪的职业人员的混合,他们指导着大量转变中的自愿者。

且不论党组织的不可捉摸性,它是提供党务活动的连续性和方向性的关键因素,是政党自新的、唯一的基地。不过,重要的是,得记住,即使所有主要党组织的目标都是赢得选举,获取政治权力,强大的组织和政治目标的实现之间却也没有直接的关系,至少

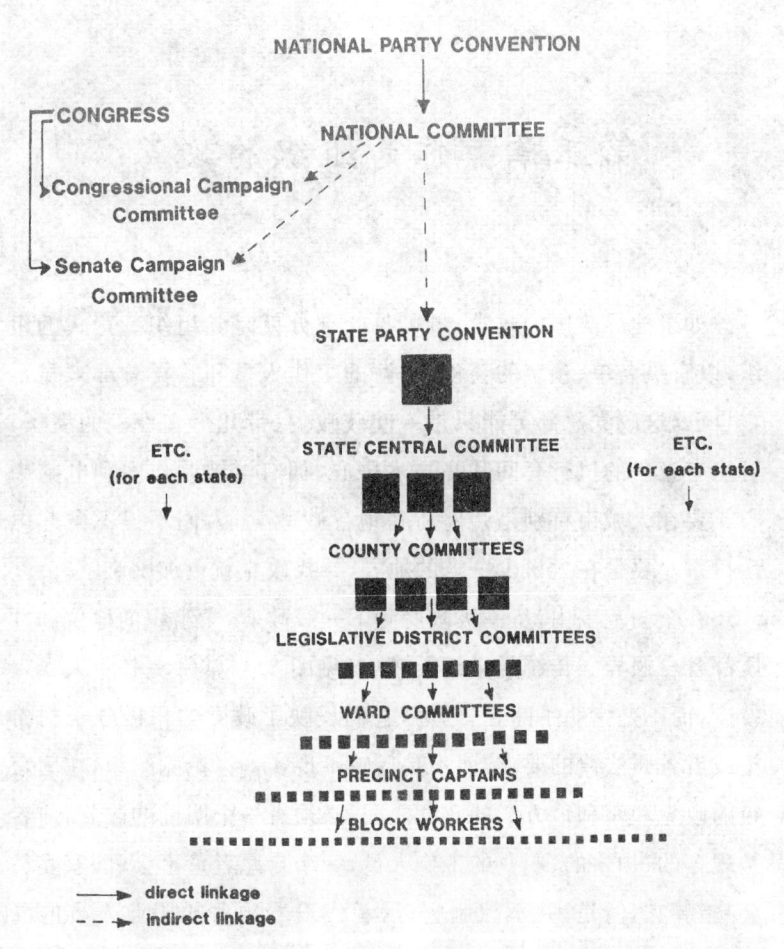

```
                    NATIONAL PARTY CONVENTION
                                │
  ┌CONGRESS                     ▼
  │                    NATIONAL COMMITTEE ◄ ─ ─ ┐
  │►Congressional Campaign                       │
  │  Committee                                   │
  │                                              │
  └►Senate Campaign ◄ ─ ─ ─ ─ ─ ─ ─ ─ ─ ─ ─ ─ ─ ┤
     Committee                                   │
                                                 ▼
                              STATE PARTY CONVENTION
                                       ■
                                       │
       ETC.                  STATE CENTRAL COMMITTEE       ETC.
   (for each state)                  ■ ■ ■             (for each state)
        │                            │ │ │                    │
        ▼                            ▼ ▼ ▼                    ▼
                              COUNTY COMMITTEES
                                 ■ ■ ■ ■
                       LEGISLATIVE DISTRICT COMMITTEES
                             ■ ■ ■ ■ ■ ■ ■ ■
                              WARD COMMITTEES
                       ■ ■ ■ ■ ■ ■ ■ ■ ■ ■ ■ ■ ■
                              PRECINCT CAPTAINS
                  ■■■■■■■■■■■■■■■■■■■■■■■■■■■
                              BLOCK WORKERS
     ■■■■■■■■■■■■■■■■■■■■■■■■■■■■■■■■■■■■■■■■■■■■

     ──────►  direct linkage
     ─ ─ ─►   indirect linkage
```

图 3.1 传统的党组织图表

短期看来是没有。

确定州和地方政党在选举结果上的组织活力的影响,引出了一个问题,因为,很难区分原因和结果。虽然说最简单的主张是,组织上强大的政党将赢得更多的选举,但是,什么是原因,什么是结果,却不是很清楚。组织上的强大可能导致选举上的胜利,或者,选举上的胜利能够鼓舞党组织。倒过来,选举记录比较差的政党可能力争以增强它们组织上的力量来弥补。抛开这些互相对立的说法,约翰·比比(比比,1981年,第104页)总结认为,党组织的强大的确导致选举上的胜利。

一个党组织力量的所有方面,并不是都介入到与一个反对党的冲突之中去。党组织时常是与那些希求控制政党决策的政党支持者或者非党组织进行竞争。在这种头对头的斗争中,或者,更为间接地,在征募、训练、支持和鼓励喜爱的候选人的战斗中,组织能够取胜的程度也能衡量组织的力量。

即使政党的组织上的力量并没有直接导致内部的或者外部的政治胜利,政党也仍然影响着选举的过程。怀着它们对这个过程连续性的兴趣,政党互相监控对方和选举法来保护它们的利益,而同时,试图改进反政党的情绪和立法。(参见科特,吉布森,比比和哈克肖恩,1984年,第34页)有时候这个影响更为直接。通过改革其总统提名程序,民主党国家委员会促成了30个州选举法的大的变动,影响了来自于两个政党所有层次上的候选人。(参见亥弗里塞克,1982年,第70页)

尽管测量政党在其不同的战役中"击球的平均数",可用作一种衡量政党的组织力量的直接手段,但是,更间接的方法却易于得到,而且,本质上更直接地聚焦于党组织。因为拥有所有的组织,政党就必须聚集和组织资源来展开它们的活动。这些资源的总量、效用和一致性,决定着政党能够开展的活动的性质和种类。

詹姆士·布赖斯在1888年评论道,

在战争艺术中曾经做出的最大的发现是,当人们开始意识到组织和纪律比人数更有价值……美国人在政治中有了类似的发现。(引用于克罗蒂,1979年,第33页)

第一节 组织的资源

政党的资源基本分成三类。*人力资源*包括自愿者和工作人员。*物质资源*始于金钱,但也包括物质的设施、设备以及被政党所控制的信息。*组织上的资源*包括授予政党一个实体的法律优势,有组织的决策制定过程的优势和归功于组织的公众形象。

一、人力资源

(一)政党活动的代价

吸引、培训和动员个人来执行政党的任务,要花费政党大量的努力。政党活动代表着对个人的成本。由于白天里的小时数量确定,对一个人时间上的要求不同,运用到政党活动中的*时间*就挤走了可能用于其他活动的时间。*心理的代价*也起着作用。把自己和政党联系起来,加大了个人的脆弱性,因为,政党的成败现在变成了个人的成败。最后,政党在基于人们的政策偏好而将人们分开的问题上又采取矛盾的立场。政党的积极义务可能有离间朋友和家庭的社会的代价。个人因许多原因而移向政党和偏离政党。

(二) 自愿者

参与的选择。走进一个州或者地方的政党总部、表达加入其中的兴趣,几乎总是得向机会的拦河坝发起攻击。传统的政党机器常常"仅仅通过邀请"来接纳参与;不过,现代的政党需要许多类别的自愿者,相当有容纳性了。纵然,由于获得自愿者日益困难和政治的职业化,已经导致了领薪的工作人员的增加,但是,没有强大的自愿者基础的政党也就缺乏一个重要的资源和活力的来源。

自愿者履行广大范围内的任务,从短期的项目,比如,往信封里塞东西和维护邮寄单子,到作为一个区域、行政区,或者州的政党官员持续性地参与。因为代表着作为公众的延伸的政党的想法,大党的决策制定权都被授予到州的政党委员会、州和地方的代表大会和国家委员会手里,这些都主要是被自愿者操纵着的。即使会发生享有声誉的个人横着进入更高层次的地位这样的事情,通向更高地位的道路也通常会涉及较低层次上的活动。除了维持基本的党组织,政党还扶持了大量的辅助机构,比如,青年共和党联盟,大学民主党,全国共和党妇女联盟,它们是培训和征募机构。随着竞争性组织的繁殖,和强调向所有的组织开放常规的政党活动,这些辅助机构中的大多数都陷入了艰难时期。正如一位前青年辅助机构积极分子所指出的那样:"当政党的领袖愿意把我放在州中央委员会的时候,为什么要去玩沙箱政治呢?"(作者的访谈)

政党将它们最大的组织上的努力,延伸到占据被州或者政党规则所需要的、正式的领导位置上。没有一个政党会有多大困难发展一满石板国家的或者州的委员会成员。地位的威望和作用于

"移动者和摇动者"之间的机会,保证了兴趣。最近,对县政党主席的调查指出,绝大多数(多于 90%)报告了在县这一层次上完全的官员班子,并且,填满了大多数的地方政党。(吉布森,科特,比比和哈克肖恩,1985 年,第 149 页;吉布森,弗兰德莱斯和弗尔茨,1985 年,第 20 页)尽管,用自愿者领导们(《州际关系顾问委员会》,1986 年,第 110 页)的话来说,存在党组织比它们十年前更加强大的证据,但是,从一个州到另一个州也仍然存在着大量的不同。在竞争性地区的政党比那些在一党制地区的政党,更能招募到自愿者。在组织它们较小的支持者的基地方面,共和党做得更好,这既是因为更多的努力,也是因为,与对共和党的支持有关的社会经济特征也与增加了的政治活动有关这一事实。就像后面更加详细讨论的那样,具有较高的教育程度和收入的个人,更加倾向于将他们自己投身到政治当中去,共和党则更多地吸引了同样这类人。

在自愿者领导们看来,当代政党比不远的过去境况好多了,但是,政党活动仍然是相对少数几个人的领地。最近的调查显示,不到 4% 的美国公民在竞选期间为一个政党或者一个候选人工作过。(克罗蒂,1984 年,第 11 页)

自愿者参与的动机。大量的因素促使公民从不积极转向参与到政党之中去。历史悠久的、分配赞助和恩惠的党组织,基本上依赖于物质的刺激。酬报忠实的政党工作者以政府工作的能力,保证了自愿者的一个稳定的核心。

在十九世纪的后几十年,在美国政党最为强盛的时候,将他们团结在一起的不是意识形态或者项目——他们对这两者都并不珍视——而是赞助。是的,没有什么水泥比赞助更有约束力,因为,谋生是每个人关注的中心。(桑德奎斯特,1982年,第47页)

尽管民用服务改革减少了直接的酬报,利益已经产生了物质的刺激,但是,它们并没有死去。间接的联系和优先的好处,依然驱使着一些政党的工作者。正像一位新近的州政党主席在他位于俯视整个城市的重要地段的豪华执行套间里所解释的那样:"是的,我曾经是不领薪的主席,但是,我得到了我的酬劳。如果没有我通过政治建立的那些联系,我就不可能有这个律师事务所,或者我其他的生意"。(作者的访谈)

因为对物质利益的粗俗感到不舒服,政党的批评家们欢迎职业政治家的减少和政治的出租,这有利于那些更外行的、被无形的有目的的目标所发动的政治积极分子,比如,他们追求一种特定的意识形态,或者一套方针,或者清洗政府。有人设想,引进更多的、带有较不自私目标的个人,将提升政治讨论的水平,但是,这些生手们对党组织的支持可能就不那么顽强了。正如一位高级政党积极分子所观察到的:

在共和党内,原教旨主义者宗教组织在一些地方的接手,带来了特殊的问题。他们进入政治领域,发表对某项事务的立场,但是,他们并不打算去管领导工作的具体任务。当需要敲门召开会议的时候,他们时常都不在周围。(作者的访谈)

有组织的、以问题为中心的政党积极分子的涌入,可能是个例外。最近的研究对此表示怀疑:当前,生手们的动机更是问题而不是物质报酬的程度,支配着政党。结论是,这种现象远远只是彼此分立的事件,而且,以问题为中心的积极分子团体冒出地面也不是被弱化了的党组织的原因。(参见科特以及其他人,1984年,第156页;贝尔,1985年,第21页)

对许多积极分子来说,参与是服务于一种社会性的需求。由于迁移,由于在现代工业世界中的生活日益匿名化,家庭的互动减少了,这样,政党工作充当了一个会见朋友和发展归属感和自我价值的场所。

一项广泛的、涉及几乎20年的密歇根地方政党领袖的研究(艾尔德斯威尔德,1964年;1982年)发现,尽管地区的领袖们最初是因为政策关注或者一种社区义务感而被发动进入的,但是,他们很快就开始珍惜那些社会的联系、乐趣和兴奋。正是这些后来变得更加重要的、个人的社会目标,才把他们留在了党组织里。

政党活动的复杂性日益增加,这就向政党吸收自愿者、让他们觉得自己有用的能力提出了挑战。明白可见,每个人都能够往信封里塞东西,更新卡片夹,或者,挨家挨户地去投放材料。但是,向自愿者讲解电脑处理的投票人档案和可以编写程序的打字机的复杂性,就使得它看起来是比其本身价值更大的工作,不过,政党的领袖们正在改变他们的想法。一位成功的州主席如此反映:

> 我们几乎忘记了我们在州一级的自愿者的基础,为此,我们可能已经是输家了。自愿者能够做的事情真是令人惊奇。

看到一个穿着网球鞋、在模特儿T型台上那个年龄就已经获得政治成熟的小老太太在电脑终端前面工作,更新邮件列表,这真是令人激动。这不仅仅给予她一种价值感,而且,这有助于保存一个政党、它的人民的真正的力量。为此,我们能够接受一些失误。(作者的访谈)

谁是自愿者? 自愿的政党积极分子折射了那些通常活跃于政治中的人的、唯一的子集。他们更可能受过良好的教育,相对富裕,来自于政治上活跃的家庭。这种个人倾向于更能察觉政治过程中的利害关系,展示有助于参与的态度,拥有便于参与的时间和金钱资源。(参见康威,1985年,第140页)

积极分子们的政治态度也是更为极端。与政党认同者或者普通公众相比,民主党积极分子倾向于更加自由主义,共和党积极分子则更为保守。(麦克罗斯基,霍夫曼和奥哈拉,1960年;杰克逊,利威特和波西提斯,1982年)

(三)领薪的党务工作者

州和国家政党一个日益重要的人力资源,是职业的、领薪的工作人员的骨干们。几十年以前,没有听说过选举之间专门化的政党工作人员的想法。当前,非常少的县级或者更低的党组织有这种领薪的工作人员,或者,意识到有这种需要。通常,州的政党至少有一小组专职的职业工作人员,而一些州的党组织却有巨大的领薪的组织。专职的全体职员最明显地出现于国家级。两个国家级的政党在一个全国委员会——总体上服务于政党的要求——和两个国会委员会(一个众议院,一个参议院)——关注国会候选人的特殊需求——之间分配责任。全国委员会由一名被选举的政党主席管理,日复一日地运作。政党的总统候选人通常对于谁被选为全国代表大会的主席很有发言权。这个主席向代表各州的全国委员会负责,最终,回过来向全国代表大会汇报工作。国会委员会被国会中的党员们控制,一名国会成员当主席。正如表 3.1 所清楚指示的那样,过去的十年已经看到了国家级政党工作人员巨大的、全面的增长,而共和党则享有巨大的优势。共和党优势的起源,并不难于解释。因为有更多的政党资源可用,(参见这一章的下一部分)在选举上又明显地居于第二位,共和党就有资源和动机来加强组织。不仅职员的规模加大了,专业化的资格和机会也都提高了。传统地,政党工作人员在选举年里剧烈膨胀,非选举年里又落到非常低的水平,但是,这种猛烈的转变只是过去的事情了。目前的党组织提供了一个连续性的职业人员基础,其他的政党层次和候选人组织可以在这个基础上拖曳。

表 3.1　永久性的国家政党供职水平

	1972	1980	1984	1987[a]
民主党委员会				
民主党全国委员会	30	35	130	120
众议员竞选委员会	5	16	45	75
参议员竞选委员会	4	20	22	30
共和党委员会				
共和党全国委员会	30	220	600	275

（续表）

| 众议员竞选委员会[b] | 6 | 40 | 130 | 60 |
| 参议员竞选委员会[c] | 4 | 30 | 90 | 70 |

来源：由委员会职员提供的估计；1980—1984年的情况登载于海恩森的论文中，1986年，第40页。

a 1987年的数字指出，在非选举年里职员正常减少。
b 官方的名称是共和党全国众议员委员会。
c 官方的名称是共和党全国参议员委员会。

近在60年代，许多州的党组织，几乎只是作为完全的自愿者机构而存在，常常运行于州政党主席的家中，或者办公室之外。职业性地供给职员，尤其是在非选举年里，只是例外。（参见比比以及其他人，1983年，第76页）

到了80年代中期，情形就大为改观了。事实上，在一项全国范围的研究中，每个州主席都报告他有一些领薪的工作人员，15%的人报告有10多个全职的雇员。（《州际关系顾问委员会》，1986年，第113页）就像在国家级水平上一样，州的共和党组织比它们民主党相应的部分拥有更多的工作人员。（参见表3.2）虽然说这种区别可以部分地解释为适用于国家水平上的资源和动机的不同，但是，另外一个因素也大大地隐现了。70年代后期，在主席比尔·伯罗克的指导下，共和党全国委员会（RNC）一致努力建立了州的政党。共和党全国委员会（RNC）培训工作人员，更重要地是，它直接从国家保险箱中资助各州政党的工作人员。十年之后，民主党全国委员会（DNC）才在几个目标州中开始类似的项目。

在全国范围内，出现了一代政党工作人员的成员，他们视政治为一宗回报努力、技巧和创造性而不是政治联系的生意。他们时

表 3.2 州政党供职水平

全职职业人员的数目	共和党(%)	民主党(%)
两个或者少于两个	8	44
两到十个	79	41
多于十个	16	15
	(n=39)	(n=27)

来源:《州际关系顾问委员会》,1986 年,第 113 页;基于 1984 年的调查。

常开始于选举或者较低级别的州政党工作,参加全国委员会一会儿,然后又时常转回来做各州政党的执行领袖。一批职业的职员成员的出现,不仅帮助了政党,也有利于职员他们自己。

> 政党职员的职业化已经成为一项真正的好处。我们能够分享我们的成功和失败。有一组同胞来分享我们的沮丧,有助于我们保持健康。管理一个州的政党,可能是一项令人高兴的工作,但是,它也可能是屁股上的一种痛楚。出去参加执行领袖的会议,发现他们有同样的问题,这给一个人提供了完全不同的视角。(作者的访谈)

二、物质资源

组织的一个主要部分,就是发动物质资源,把工作完成。这些资源,包括从办公室设备到邮件列表的所有东西,直至进入一个足够而又可靠的资金基础的、最为有用的物质资源。因为金钱能够用于购买所有其他的商品和服务,有牢靠的财政基础的政党就发展成为最有活力的组织。

分析党组织的财政基础最大的困难之一在于,保持组织运转的资金和那些直接用于选举运动的资金混合在一起。保留长久的职员队伍,支付各种账单,维持组织的资金,使得看起来政党将为下次选举做好准备,但是,这些资金不同于那些特别地指定用于一组特别的选举运动的资金。这一章里,我们的兴趣更加集中于组织上的金钱,而不是竞选资金。

(一) 筹集资金

当国家级的政党还是很小的组织的时候,特别是在非选举年里,当各州和地方政党几乎普遍只是出于自愿者的努力,而在主席个人的事务办公室或者家里运营的时候,组织就不需要太多的物质资源。在那个年代,各州和国家级的政党,正如今天地方政党的情形一样,维持其组织的运作几乎完全依赖于几个大的捐款者,依赖于大量的、提供爆米花和烤牛肉等吸引人的特殊活动。许多筹集资金的技巧,建立于给付者觉得重要和与社会的权威人士"擦肩摩踵"的愿望之上。就像一位竞选顾问解释的那样:

> 在政治中,没有慷慨这种事情。人们不给钱。他们想知道,"这对我来说意味着什么?"……他们拿钱来换得不同的满意。大的满意是自我,爱国主义和归属于某种东西的愿望。如果参议员或者州长在你房前停留,你在社区里就是个大人物。说你去和罗纳德·里根共进晚餐,这显得很优雅,即使有3,000人都在那里。那是杠杆作用,我们也运用它。(引用于彼得森,1986a,第 A6 页)

在这个世纪中期,国家级的政党运用了相似的手段,它们为做出较大贡献的支持者建立了几个有威望的捐款者俱乐部。捐款者收到关于洞察华盛顿事件"幕后"的简报,通过这些,他们能够为他们自己和他们的朋友骗取参加白宫活动的邀请。在大会期间,国家级的政党在国家的大会节目和政党出版物中高价出售广告,以资助其他活动。由于金钱需要的增长,选举法的改变,政党,尤其是在国家级别上,不得不寻找另外的方法来资助它们的活动。

对投票人直接的吸引力。在60年代,伴随着"从邻居到邻居"的驱动,共和党的国家党采用了一种更加商业化的途径。共和党全国委员会与各州政党协调一致,培训组织者,鼓励他们将他们的支持者分成可以管理的单位,进行面对面的引发,保存以后几年里可能有用的捐款记录。用今天的标准来看,即使募集的数量并不是很大,这却是有系统地开发基层财政支持的第一步尝试。民主党"为民主党的美元"节目效仿了这种方法,但却从未获得过同样的成功。

劳动密集型的个人接触方法,让位于70年代更富效率的、有目标的直接投递技巧。基于以前的捐款者或者可能的捐款者名单,共和党,然后是民主党,都在寻求拓宽它们捐款者的基础。(参见布罗德,1986b;艾德萨尔,1985a)在1980年,拉利·萨巴特已经总结道,"直接的邮递将共和党从破产的边缘……拉到其历史上无与伦比的财政位置上"。(1981年,第294页)直接邮寄方法筹集经费在这个理论上运转:基于他们订阅的杂志或者他们属于的组织,你能够认出可能的捐款者。然后,你能够通过明智的信件来说服他们,宣称,如果某件事情没有被立刻做好,会有可怕的后果,并

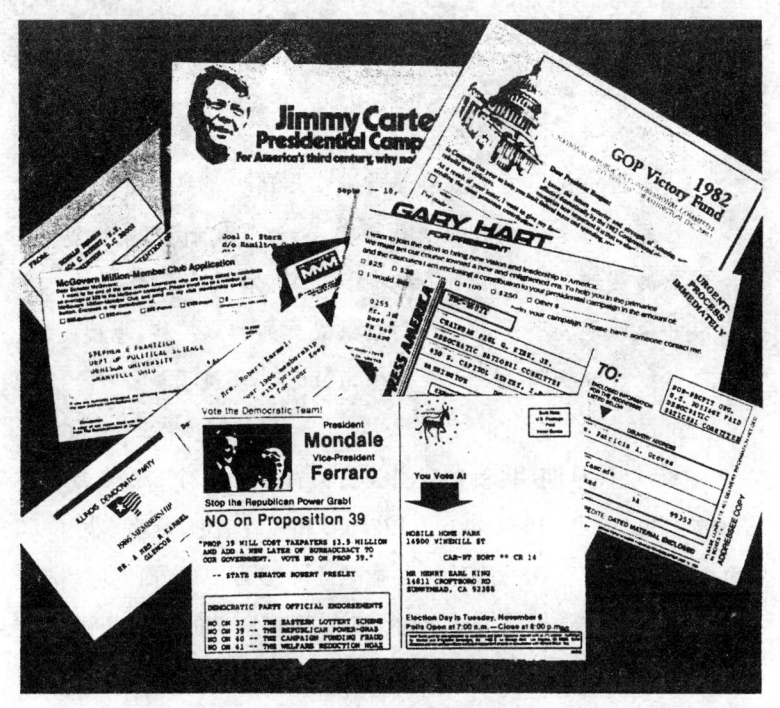

图 3.2 直接邮寄的例子

指出,他们的捐款将有助于解决问题。通常的情况是,发给不同类的可能的捐款者们的第一批信件的回信率比较低,但是,由第一波信件的捐款者构成的第二批名单可以被重复诱导,而且,这常常都很成功。语言极端、含有可靠的已被意识到的危险的集资信件最有功效。共和党 1981 年接手白宫以后,就没有什么威胁可指向了。正如一位高级竞选顾问观察到的,"你为反对什么而筹集金钱。再没有什么恶魔可让共和党写了……没有民主党的威胁"。(作者的访谈)参见图 3.2,那是政党和候选人利用直接邮递方法进行诱导的一些例子。

共和党将直接邮寄和名人俱乐部的方法联合起来,以重振大的捐款者基础。

> 通过将他们的捐款者注册进俱乐部……共和党委员会看似已经成功地让他们的捐款者觉得,似乎他们真的是共和党组织的一部分了。很明显,美国共和党委员会已经成功地适应并帮助形成了政治参与和组织成员的紧急风格,也就是"支票簿积极分子"风格。(海恩森,1986年,第4页)

到80年代早期,共和党全国委员会有一个拥有170多万名字的邮寄名单(赫西,1984年,第122页)和一个小捐款者(少于50美元)基础,后者有35万多人,共捐款500多万美元,而同时,国会委员会和州的政党运作一个较小的、却甚有意义的项目。民主党起步较小,而且较晚,但是它们的直接邮寄捐款不论在人数上,还是在美元总量上,都急剧地增长了。(参见海恩森,1986年,第4页)民主党的捐款者名单从1978年少于3,000,增长到1984年多于10万。(萨尔摩和萨尔摩,1985年,第215页)正如最近一位民主党财政部长指出的那样:"我们不得不像做生意一样料理我们的政党。我们不得不让美国投票人投资……共和党比我们做得好四到五倍。"(引用于布罗德,1985a,第A15页)

在可以预见的未来,尽管利用直接邮寄的方法筹集经费还将是政党财政的中流砥柱,但是,剧烈增长的日子看起来是过去了。大量的因素支持着这一结论。民主党潜在的、广大的、未被开发的捐款者库存,可能比其共和党的同类更不顺应直接邮寄方法,因为,通常来说,民主党的党员财富较少,参与倾向更低。更为常见的情况是,直接邮寄已经丧失了它的独特性。我们大多数人都被捐款的要求淹没了。共和党人早早就加入了,并获得了最大量的可能的捐款者,只剩下那些没有多少存款可给或者更难于达到的人。

直接邮寄方法的运用,已经产生了资源供应之外的影响。这在数以百万计的小的给付者和政党之间锻造了一种联合,(莱齐雷,1985年,第188页)这可能显示着它本身对政党事务增强了的兴趣,自愿付出时间和资金的意愿,以及在投票时提高了的支持的可能性。而且,直接邮寄的复杂技术和规模经济,已经为各州和地方政党提供了通路,来为它们的下级单位提供培训和资料。州和地方政党的计算机产生邮寄标签,以及指向地方党组织和候选人的信件。在不同的党组织之间协调邮件的需要和比较、交换名单的使用,导致了不同层次上的政党协调一致的行动。

直接邮寄方法的一个逻辑的发展,就是电话营销。利用已经建立起来的名单、自愿者数据库,以及常常都被支付报酬的律师,政党已经开始通过电话来个人化它们的请求。运用事先已经准备好的讲稿和一种"聊天式"的语调,律师直呼其名地找到自己的目标,交换几则幽默,就当前的问题询问对方的观点,暗示那个人,通过财务上支持政党,他可能将政治的目标变为现实。政党的领袖们把电话作为邮寄的一个技巧上轻微的曲折手法使用着,他们发现,他们正在获致一种新型的捐款者,他们现在能够发动直接邮寄方法已经浪费于他们身上的那些人中的一些。

*政府对政党的资助。*当需要资助政党的活动时,尽管政党主要地依靠它们自己,但是,某些政府的资助还是显而易见的。在颇受

怀疑的共和党全国委员会涉及公司捐款资助全国代表大会的活动之后,以及为了使水门事件之后竞选资金改革的罐子芳香一些,联邦政府为政党提供了它们全国代表大会花销的很有意义的一部分。

在州水平上,补贴政党的不同途径都已经被试过了。加利福尼亚的税收代扣系统,允许投票人在他们的税务表上向包括政党在内的、大量的、不同的组织捐款。在佛罗里达,因为所有的竞选归档费都流向政党这一事实,州政党的预算就提高了。正如以后所解释的那样,许多其他的州都通过政党来发放竞选资助经费。

表 3.3 政党的全国委员会的财政资源

	筹集的百万总量					
	1976	1978	1980	1982	1984	1986
民主党委员会						
民主党全国委员会	13.1	11.3	15.0	16.4	46.6	17.2
国会竞选委员会	1.0	1.0	2.1	6.5	10.4	12.3
参议员竞选委员会	1.0	1.0	1.6	5.6	8.9	13.4
共和党委员会						
共和党全国委员会	29.1	36.0	76.2	83.5	106.1	83.8
国会竞选委员会	12.2	14.1	28.6	58.0	58.3	39.8
参议员竞选委员会	1.8	10.9	23.3	48.9	81.6	86.1

来源:联邦选举委员会;马尔宾,1984年,第292页。
注:1984年的数字不包括民主党州主席协会筹集的580万美元,1986年的数字不包括他们筹集的760万美元。

(二) 政党可能得到的物质资源的总量

正如表 3.3 所清楚显示的那样,最近几年,国家级政党的收入总量急剧增长了,所有的共和党委员会都比它们的民主党同行筹集得多。这些经费被用来维持党组织,为筹集额外的金钱而提供资源,给政党的候选人以直接和间接的支持。过去筹集经费的成功,滋生了未来的成功的潜力,因为它允许雇佣更多的职员,得到打印、邮寄、电话库和文字处理设备。

在考虑政党金钱的来源的时候,其中的大部分都来自于个人的捐款。民主党比共和党更明显地依靠政治行动委员会(PAC)的捐款来支持组织;1984年,民主党的资金总量几乎10%来自于政治行动委员会(PACs),而共和党只有不到1%来自于政治行动委员会(PACs)。(联邦选举委员会数据)共和党在直接邮寄上的成功,较好地解释了该党对政治行动委员会有限的依赖。虽然共和党保持了物质总量上的优势,民主党加大了的努力却在缩小这个差距。与不是那么遥远的过去年代里5:1或者共和党更多的优势相比,目前3:1的优势看起来就不那么引人注目了。

州政党在物质资源和筹集经费的方法上的不同很有意义,但是,自从10多年前以来,资源总量常常还是显示出了剧烈的增加。平均少于5万美元的预算紧缩规则一直支配到60年代中期;到1984年,水平居中的州政党预算上升到了34万美元,而大量的州通常的花销是这个数量的两倍还多。中西部的各州政党持续性地有更大的预算,而在其他地区却极不相同。(《州际关系顾问委员会》,1986年,第113页)共和党显见于国家级上的优势在各州也重复出现了,这可以从表3.4中看到。

共和党全国委员会直接帮助各州政党的一致努力,可以解释大量的政党区别。到1984年,多于70%的共和党州主席报告,他

表 3.4　州政党的年度预算,1984 年

年度平均预算	共和党人(%)	民主党人(%)
在 25 万美元以下	26	63
在 25 万—75 万美元之间	39	2
高于 75 万美元	34	17
	(n=38)	(n=30)

来源:《州际关系顾问委员会》,1986 年,第 113 页。

们从共和党全国委员会那里得到了直接的财政帮助,而他们其中的 75% 获得了筹集资金的帮助。为了这种帮助,共和党全国委员会尤其指向南方,次之,是东北部——历史上共和党组织较弱的地方。同样,在这段时期内,只有 7% 的民主党州主席报告了直接的帮助,只有 20% 的获得了筹集资金的帮助。(《州际关系顾问委员会》,1986 年,第 120 页;史密斯,1984a,第 12 页)最近,尽管新的民主党已经主动增加了筹集资金的帮助,区别仍然意义重大。由于共和党各州的党组织常常具有一个坚强的财政立足点,共和党全国委员会发动了一个类似于其州的创意的项目,而且现在,它正有志于向某些选定的县级组织提供财政帮助和专家建议,这是民主党没有资源来如法炮制的一种努力。

各州和地方党组织筹集经费技术的不同,高于国家级政党支持的不同。民主党组织仍然主要依赖由来已久的、特殊事件的方法,比如,聚餐和社会集会,而共和党组织转向强调技术性更加复杂的技巧,比如,直接邮寄和电话说服。

州政党物质资源的不同,表现出了它们政党总部的状况。并

非随意、但却广泛地造访许多州的总部,看到州政党机关呈现出各不相同的景象:有的在那些只有一间屋子的破败办公室里运行,有的则拥有巨大的办公室套间、电脑、打印工厂和内部直接邮寄运作的空间时代的补足物,以及媒体中心。(参见方框,"州党组织的侧影")当说到物质资源时,各州和地方党组织不像它们国家级的政党那样,它们依然活得很艰难。在选举年和非选举年,还有相当多的改变。虽然说朝向永久性的总部、稳定的职员队伍、连续的预算、可得的装备——组织化——的前进是显而易见的,但是,这却并不普遍。

州党组织的侧影

即使衣服并不产生人类,物质的便利条件也不能完全地描述组织的能力和活力,它们也的确呈现出一条线索。在过去一年里,我有机会在全国拜访了各州的政党总部。大多数情况下,关于它们的物质特征的观察透露了政党一些生动的要点:它们的地位,它们的运营,以及它们效力的潜力。

★★★★★

在路易斯安那州,充当共和党州总部的、小小的、带金属屋顶的墙板农舍,正是老南方的形象。当你环顾带有修剪良好的草坪和苔藓覆盖的大树的社区的时候,这种印象会被加强。小小的"总部"标志,立在可能放置摇椅或者走廊秋千的前廊里。走进前廊,人们可能预料到,一碟核桃果酱或者一壶冰镇薄荷酒会突出起居室。往观景门里看一眼就会粉碎这种印象。计算机终端正在滴答作响,主要的室内陈设品是成堆的计算机打印件和产生于计算机的邮寄标签。人们可能做出结论说,这代表着南方的新政党的象征主义。一个讲究尊严的、旧南方特征的正面,伪装了一个技术上高度复杂的事务机关。这明明是一个"旧瓶装新酒"的例子。

★★★★★

佛罗里达州共和党,位于塔拉哈塞时髦的大房子和破旧区之间的缓冲区里一幢大的、新的两层楼里,它分发着一系列高科技竞选运动和政党建设资金。一位来访者很快就可以参观新的"寓所",这包括它自己的电话营销办公室,复印室,电脑中心,广播和电视制作间,以及传统的办公室。佛罗里达州共和党拥有430万美元的预算和25名全职职员,它吹嘘自己是全国最大的州政党,虽然,以政党的登记和当选的官员来论,它只是个小小的政党而已。基于在不断涌入的新的投票人中,共和党常常能够抓住其中的60%以上,它们正在计划本世纪末获得多数派的地位。由于该政党受到共和党全国委员会强烈的偏爱,又被一个引人注目的、筹集经费的基地所保佑,为了黄狗民主党人(对南方民主党人的称呼,即使他们与他们的政党没有联系,也会为一条黄狗投票,只要它带着民主党的标签)加入共和党将来的队伍而赋予它们多数派的那一天,它就需要比较少的资源,并在雄心勃勃地做着准备。

★★★★★

具有历史意义的陶乐屋大厦有六根柱子,大树都被苔藓覆盖着,佛罗里达州民主党就在这里。看起来,该党很适合离驻扎在塔拉哈塞的州政府只有几个街区的社区。25英尺高的天花板,奇特的树枝型的装饰灯,古老的家具,这些都是挂满政治战利品——那些彻头彻尾的民主党州宪法官员的画像——的那面墙的完美的环境。没有计算机的滴答声打扰这文雅却有条理的气氛。这里是新南方而不是昔日的南方的主要线索是,两种人种的职员。由于意识到佛罗里达民主党人不断增加的多样性,由于认识到佛罗里达民主党在州和地方选举中仍占优势、可是在国家级竞选中佛罗里达已经变成一个两党制的州,该政党就显示出了一种在技术上和组织上追赶共和党人的迫切需要。尽管一个新的、全州范围内投票人的数据基础正由一个局外的承包人完成,终端不久将进入前面的柱子之间,以帮助佛罗里达民主党与强烈充电的共和党保持一致,如果后者在数目上超过它的话。

★★★★★

明尼苏达州民主农工党(DFL),从其政党所有的、历史悠久的南明尼阿波利斯总部,迁移到了圣保罗商业区的一个时髦的、革新了的城市购物区,这有点创伤性。作为最早拥有它自己的大楼的州政党之一,转而成为租赁者,即使这意味着豪华的、更方便的区域,也得花些时间来习惯于此。一年的许多月里,走在户外并没有什么吸引力,在这样一种气候里,连接关键的商业区大楼的二层干线网络,提供了新的活动自由和交通方式的改变。迁移到位于主要散步路线上的二层的位置上,赋予政党更公开的可视性,而转移到圣保罗使其接近州的立法机关,"活动正在那里进行"。总部吹嘘,它有全面的服务能力,从计算机终端到内部的复印店和电话营销。这个组织良好、捐赠丰富的处所看起来更像典型的共和党州总部,而不是民主党的州总部;民主党急匆匆地复制共和党政党建设的努力,就是一种真正的恭维。尽管与最新的计算机技术一样摩登,民主农工党(DFL)还是显示了它的根基。在它最著名的党徒,休伯特·汉弗莱逝世几乎十年后,汉弗莱的遗产仍然保留着。从突出展示的塑像,到海报和预定将要来临的汉弗莱聚餐,汉弗莱的存在继续着。尽管目前的州主席,全国最年轻的一个,是第一个不知道汉弗莱的主席,她却很快地指出,"就算我们不能生活在过去,知道我们是从哪里来的却也很好。"就是休伯特他本人,也不能说得比这还好。

★★★★★

威斯康星州民主党在一幢位于麦迪逊商业区边缘的大楼地下室的、一组散乱的办公室套间里工作,该大楼属于工会(美国各州,城市和城市工人联合会)所有;该党为其在一个以反对党的态度和法律而著名的州的存在而奋斗着。与其进步的"民族政党"传统相一致,该政党的印刷品以来自于普通公民的认捐为特征,而不是以更典型的、敦促政党卷入的大人物的认捐为特征。州的法律并不规定政党登记名单,选举资助法让州和地方选举只在一个限度内运作(州立法候选人是16,000美元的限额),但是,该党正为以有限的成本提供竞选服务,比如投票名单,而不是做出有意义的捐款而奋战。

★★★★★

走进加利福尼亚州民主党在旧金山商业区一个相当时尚部分的套间,里面设施简朴但是功能齐全,带有五间办公室,如果没有通过开着的窗户飘进来的有轨电车悲哀的叮当声,人们就会觉得,这是在世界的任何一个城市里。职员们骄傲于让各种声音传进来,作为对来自这个城市之外的来访者的款待。有限的室内陈设品向来访者透露了该机构短命的状况,因为,当根据该州的法律,主席位置在两年之后将轮流到这个州的南半部时,该机构就将几乎消失了。

★ ★ ★ ★ ★

在多年不断拾起木桩、迁移到距离新当选的州主席(每两年一换的一个人,在来自加利福尼亚北方和南方的人之间轮流的一个位置)较近的地方扎营之后,共和党最终购买了一处永久性的总部。总部位于博斑克(一个比自由的洛杉矶更能被接受的地点),办公室为所有的职员提供了房间,除了政治领袖之外,他仍然呆在萨克拉门多,以靠近州政府的行动。靠着一溜小的器具、录音机和服务店铺,总部入口没有标记,没有任何特征。门上一块字体粗杂的标牌上写着,"共和党总部在另一个门洞的楼上"。走过安全摄像机,上到楼上,人们会发现一大套铺着豪华地毯、有沉重的木雕门的办公室。虽然说占领者几乎很尴尬于这些陈设品("我们得到了许多,我们就这么将它买下了"),这个环境倒是流散出了该政党正在追求的公司总部的形象。

★ ★ ★ ★ ★

如果意识到佛蒙特拥有美国最小的州府和大楼,它是人口最少的州之一,人们对那个按比例缩减的州政党机关就不会奇怪了。位于穿越州议会大厦的一个旅馆/购物建筑群一个小的地下室套间里,两党之间相距不足100码。对政党政治和问题的方法只是轻微地不同于它们地理位置上的接近。两党都反映了佛蒙特独立和尊重企业家的传统,这并没有被传统的意识形态的分法所囊括进去。加里(Geri)夹克、麻布鞋和 L. L. Bean 套头衫反映了实用性和自由的一种声明。因为有全国委员会的慷慨资助,共和党运行着复杂的、电脑化的政党。由于1984年成功(州长职位,州众议院和对州参议院的控制,且不论缺少一个明显的多数)的奔溢,民主党已经提高了它们在技术上高于其他大多数州民主党的领先地位。

★★★★★

佐治亚州共和党位于具有象征性的街道号码"1776"的一幢办公大楼里,它将其自己定位于,正好处于亚特兰大商业区上等社区之一的、它的赞助者们之间。办公室很精致,但是并不优雅,很多房间都被复杂的电话营销电话库系统所占据着,凭着这些,该党成功地建立了一个永久性的捐款基地。办公室里充满了年轻的、修理整齐的预科生,他们认为,对那些能够掌握现代科技和技巧的人来说,政治是一种令人尊敬的、有利可图的职业。那里有一种乐观主义的情绪,那就是,他们正在驾驶未来之波,他们在民主党内具有意义重大的领先地位,而民主党刚好正从威胁中醒来。

★★★★★

靠近州议会大厦、在商业区的边缘、休整了的"鸡肉小室"饭馆,是科罗拉多州共和党的总部,这流露出一个合适的、讲求功能实用性的形象。但是,这仅仅是故事的一部分。紧挨着的另一扇门的未做标记的办公室里,人们走过保安摄像机和上锁的门,才能够发现这个机构真正的心脏。两台电脑艰苦地做着名单,不仅仅是为该党,也收费地为候选人和在卖主基础上为其他8个州的共和党。通过变成其他党组织的卖主,它们已经发展了一个连续收入、减价为共和党同人提供服务的源泉。该州政党的职员花费大部分的时间,将总部的出游引向各州的政党领袖,后者正希望效仿科罗拉多州共和党技术上的领先地位。

所有层次上党组织经费的筹集,已经变成一项主要的组织活动和问题的来源。它能够演变成一个恶性循环,因为,发动新一轮的经费筹集需要增加职员和设备,这仅仅是为了保证大多数增加了的收入不得不被用来维持额外的人力和设备的一般花销。在一位积极分子看来,"政党结构倾向于通过让资源增加自己,然后在其内部运作中花掉的方法来吃掉政治经费。政党做着可怜的、尽其所能地输出而令其意味着选举上有所收获的工作"。(作者的访谈)

不论可以得到多少钱,政党传统性地寻找更多的金钱,而且几乎一直都存在一个现金流的问题。即使政党的持续性状态使得进行长期性的分析和重新为选举期间做计划成为显而易见的选择,很多潜在的捐款者也并没有什么兴趣,直到战斗白热化。因此,当需要金钱的时候,却得不到金钱。两个国家级的政党,尤其是共和党,已经比它们的州和地方政党更加有效地解决了这个问题。(参见表 3.4)

三、非物质资源

尽管因为它们的可视性,组织的人力资源和物质资源显得很突出,然而,组织却还带有另外一套资源,它们虽然并不能直接地被观察到,却可能非常重要。选民中政党支持者的状态和政党形象中的不同优势,是两个关键的例子。

(一) 政党支持者的本质

政党的最原始的目标是,发动投票人支持它们的候选人。政党带着不同的优势和劣势来开始这个过程。(第五章更详细地讨论政党的认同和不同的参与率)时常的情况是,一个政党可以最为成功地诉诸其选民的状态,就决定了它的成功。尽管全国有更多的自认的民主党人,共和党人却更有可能出现、去投票,而且更加忠实于他们的政党候选人。鉴于民主党必须力图抓住它们较大的投票基地,通过政治参与的约束(登记驱使,去投票的驱使,等等)来获得更多的投票人,共和党就必须找到方法,来成功地呼吁独立人士和处于摇摆之中的民主党人。

(二) 政党形象

政治一直被那些可能完美地,或者可能不完美地,适合现实的理解所深深地影响着。每一个政党,都携带着历史性的、由公众评价所组成的"包袱"。尽管这些评价随着变化中的表现和观察家世代的更替而转变,它们还是显示出了相当的稳定性,是投票人支持或者反对的基础。每一个新的世代都没有看到政治风景翻新,但却使它被家长、老师和前一辈其他代表们所呈现和解释。即使这种社会化并不充分,为当今事件和新解释的影响预留了空间,但它却更倾向于连续,而不是变化。

主要的历史事件会给组织留下不可磨灭的标记。哪怕只是为了部分地擦掉南北战争中冲突的记忆,政党们也花了许多世代,而共和党在南部的许多地区仍然遭到指责。从茶壶顶事件(Teapot Dome)到水门事件的丑闻时段,玷污了一个政党的声誉,尽管党组织倾向于比被卷入的个人更易于反弹回来。通过一种行动和花言巧语的模式,民主党已经被给予"小小伙子"的支持者的外号,而共和党更是犹豫不决地承认,它们是社会上"拥有者"保护人的角色。在当今许多选民的记忆里,民主党聚焦于大萧条时期努力解决失业问题,指引了社会和民权运动的方向。另一方面,共和党则宣称支持加强经济的商业基础的政策,并对社会项目的赠送方面提出了警告。

表3.5显示了更加广阔的政党形象。历史上,民主党作为大多数主要战争开始时控制政府的政党,它倾向于在保持和平上得分较低,而共和党在萧条和复苏之前的控制,使得公众对其有效地管理经济的能力更为敏感。这种模式清晰地进入了70年代,除了1964年提名戈登沃特给了共和党以战争的形象。在越南战争期间,和平的形象又有点混淆。共和党在经济领域里的劣势并没有转变,直到里根时代,但是,即使这个成功的理解也随着更谦和的共和党在和平问题上有所收获、却又被反伊拉克事件的阴云所笼罩而很快失去了光泽。共和党未来成功的一个重要因素将是,目前的共和党保持里根时代之后在经济领域里的优势的程度。

表3.5 最利于和平和最利于繁荣的政党形象比较(共和党优势)

	最利于和平的政党	最利于繁荣的政党
1952	+19	-4
1954	+7	—

(续表)

1956	+2	−1
1958	+6	−23
1960	+12	−15
1962	0	−23
1964	−25	−55
1966	+4	−21
1968	+15	−1
1970	+6	−15
1972	+8	0
1974	−8	−30
1976	3	−14
1978	−6	−18
1980	−10	−4
1982	−13	−10
1984	0	+12
1985	+6	+16
1986	+2	+14
1987	−10	+1
平均	+1	−10

来源：盖洛普报告，256—257号，1987年1/2月，第23—26页。数字代表着询问回应者指出，他们相信哪个政党能够最好地处理经济或者保持和平时的年度全国公众意见投票情况。

注：每条都指出，共和党的回应者的百分比减去指出民主党的回应者的百分比。正的总量意味着共和党的优势；负的总量，意味着民主党的优势。

第二节 政党结构

在我们从明显的混乱中锻造出秩序的努力中,很常见地,我们会通过依靠一个像图 3.1 那样的组织图表,来可视性地呈现政党的结构。即使这样一种陈述确认着基本的单位,它也很少揭示其活动,活力或者内部关系。而且,这样一种正式的模式,可能暗示着无意的、不真实的整洁和权力结构。有些作者认为,党组织不是一个特权阶级(*hierarchy*),而更是一个社会层次(*stratarchy*),

> 一个具有控制的层次,或者社会层次,而不是自高处向下的、领导权集中的组织……政党发展了这种模式——社会层次的,而不是特权阶级的——因为有必要与投票、金钱和人事合作,因为认识到了投票、金钱和人事的地方阶梯的必要性。(艾尔德斯威尔德,1982年,第99页)

正如一位州政党领袖所指出的那样:

> 其实,作为一个精致的、清楚的、特权阶级的政党的形象,是不存在的。全国委员会,州中央委员会,和县的政党,有不同的选民,并回应他们。在加利福尼亚,全国委员会委员由全国代表大会的代表选择,这样,在预选中胜出的候选人集团就控制了他们。州中央委员会由候选人和来自全州的当选官员指定。县委员会由预选中政党的支持者来选择。没有什么能

够将这些集团捆在一起。一个州政党所能做的最大的事情就是，协调这三者的努力，以避免重复和互相踩着脚指头。（作者的访谈）

一、地方政党

地方上政党的结构及其表现，比各州或者全国水平上的更多变化。理想地，政党在最低的政治单位（通常是选区）上有组织性的基层基础，而在行政区、立法区、县和国会区层次上还有协调单位。事实上，时常并不是那么回事。首先，当一个人意识到行政单位（县、市、镇，等等）与政治要素（市议会，立法区和国会区）并不相互连接的时候，组织图表的整齐性就折断了。当同一个行政区或者县的部分在同一个选举区，其他部分在不同的选举区里时，忠诚和努力也就被分裂了。其次，由于许多层次上都缺乏自愿者和空缺的职位，当人们能够现实地热望更高的职位时，就很难找到人来填补最低的政党办公室。在许多情形下，地方党组织的存在并不单单意味着强大的地方利益。很多州的法律要求选区有预备会议，在这个时间选择领袖，通过决议，选出行政区、国会区或者州政党代表大会的代表。在其选举之后，这些地方领袖对政党就无所作为了。

科耐利乌斯·科特和他的同事们在对地方政党进行广泛的调查后，总结道，"地方政党高度个人化，只有一点或者根本没有什么官僚结构"。(1984年，第44页) 约瑟夫·施赖辛格断言，地方党组织"是运用它们获得权力的那些办公室搜寻者的创造物"，特殊的职位提供了核心，以围绕其形成富有效力的政党。(1985年，第

1154页)如果县级选举是党派主义的,具有竞争性,那么,两个强大的党组织就将被保留下来。在非竞争性的领域,政党将主要是一具空壳,没有什么行动或者与其他层次上的组织合作的动力。典型地,在一个潜在的竞争性的地域内,两党中较弱的一方,将以强调加大它的组织阵容,提高它的活动水平,来作为增加它吸引投票人的可能性的一种方法。(科特以及其他人,1984年,第50页)

国家级的政党已经开始意识到地方政党的重要性。成功的俄亥俄州主席雷·布利斯在1964年获胜之后,接过共和党全国主席的位子,他谈到,"要从地下室向上,而不是自屋顶向下地,建设政党"。(引用于莱齐雷,1985年,第186页)在1976年共和党失败后,新的共和党全国主席威廉姆·布罗克重新强调了地方组织,他创设了一个独立的部门,来征募候选人和领导人,提供实地工作人员和引导经费。用他的话说,

> 我们不用改变我们基本的位置;我们不得不提供一个地方,让人们争论出他们的观点,磨炼和形成他们的观点。我们不得不在地方层次上建立那个基地。你将不得不有什么东西,让人们在每一个社区里参与。人最基本的需求是归属的需求,是与其他人一起加入到一个你能认同的团体里去的需求。如果你能够满足那个需求,在地方水平上建立起来,国家层次上的也就跟上来了。(引用于阿尔德里昔,米勒,奥斯特罗姆和罗德,1986年,第238页)

在全国许多地区,地方党组织的复兴很明显。塞缪尔·艾尔德

斯威尔德在审视了最近的关于地方政党的主要研究之后,总结道:

> 地方党组织的确存在,它们活跃好战,它们具有适应性,它们与选举的胜利相联系……[地方政党]不是空壳。它们在许多社区的动态的结构中,完成着富有意义的功能,意义重大地联系着公民和政治体制。(1984年,第17—18页)

政党机器

目前,尽管地方政党是"党组织链条中最为薄弱的环节"(凯登和马厄,1985年,第105页),但是,它们却也并非一直如此,而且,在全国一些地区看来,这种观念仍然很陌生。由于运行于一个具有明确的目标和有效率的运作的形象上,政党机器加大了党组织的高度。政党机器主要繁荣于19世纪后期和20世纪早期东北部的城市地区,通过控制候选人接近投票和大多数主要的竞选资源,它主宰了政治。政党提出了一系列忠诚于组织的候选人,由忠诚于党的积极分子——因为政党是他们政府公职的来源——来向候选人提供有效的、门到门的竞选运动。投票人运用他们的投票,不只是为了支持政党的地位,也是为了感谢政党在需要的时候帮助他们,或者,希望政党在需要的时候帮助他们。在需要工作的移民大量涌入的城市里,最有效的机器繁荣起来,它们会帮助解决法律问题,而且,时常是基本的生存必需问题。许多改革和变化削弱了这架机器,其中,包括随着适用民用服务法而减少的赞助性工作,反对某些机器的腐败的应对性措施,非党派主义选举的导入,增强了的公众教育和政府运营的福利项目的出现。党组织曾经是

城市地区的模范,但是,现在,有利于"机器"这个标签的党组织已经只是例外了。例如:

> 拿骚县(有)全国老式组织的最后堡垒之一的荣誉;该县的政治,是一个选举看起来日益成为电视和计算机技术的功能的时代的纪念物……拿骚共和党结构严密,多层的层次承载了一个大公司所有的记号……县的政党致力于招募年轻的积极分子;当地的共和党委员会委员们时常帮助少年们在当地的公园或者社区的游泳池里找到他们的第一份夏季工作。很多年轻人继续呆下去,使组织成为其整个生涯的基础。(沃森,1985a,第1623页)

二、州的党组织

虽然说选举的称号和方法会有变化,各州的党组织却是由一个代表州的不同地区的州中央委员会来指导的,其日常活动通常是由一名自愿者主席、一位执行领袖和职员们来完成。州中央委员会常常一年只开几次会,来做出大概的指导。大量的州政党执行领袖都同意,作为一个委员会,州委员会并没有做多少事情。它每年举行一次大的会议,这主要是为了满足州选举法的要求。很难找到一种方法,来把它作为一个组织使用。更重要地是,它选择它的成员作为个人来完成重要的任务,但是,这更是因为他们工作的能力和意愿,而不是因为他们碰巧是在州委员会里。

各州的政党组织各州的代表大会,刺激较低层次上的组织活动,而且,它们已经日益变成数据、邮寄名单和专家的贮藏所,这些在选举期间都可能被拖曳出来。珊德拉·凯登和艾迪·马厄总结道,"各州的政党更像国家级政党的小的翻版,而不像在组织梯子上位于其下的地方政党"。(1985年,第100页)在某些州,立法机构里的政党预备会议与州的政党,在职员、财政资源以及服务在职者或者有抱负的立法成员的需求的能力等方面,展开着竞争。

各州政党活动、组织结构和力量上的不同,既反映了历史的倾向,也反映了当今领导权的状况。正如一位负责振兴各州政党的国家级政党职员指出的那样:

> 大量的因素解释了各州政党的活动和资源的极大的不同。个人的领导仍然关系重大。富有效力的州主席,能够为一个有效力的州的政党分流出资源。政治上的潜力和过去的成功也起着作用。从来没有一名共和党州长的州,很少有强大的州的共和党。没有机会问鼎州长职位,州政党就没有什么存在的理由了。(作者的访谈)

在竞争性的情形下,所有组织都倾向于反对组织化,采取反对团体的特征,尤其是如果它已经胜利了。(科特和比比,1980年;报告于凯登和马厄,1985年,第91页)一个拥有被很好地组织起来的政党的州,将倾向于看到两大政党加强组织上的活动。假定个人的野心和政治目标不同,一党的州就容易分裂成内部的各种宗派。

各州政党以另一种方式在互相缠绕。因为政党由统一适用于两党的各州法律所规范,一个政党所发动的改革就会影响到另一个政党。1968年选举之后,由民主党全国委员会所激励的提名程序的改革,导致产生了大量既影响共和党、也影响民主党的法律。民主党坚持党内民主,而传统的制定政党决议和选择州中央委员会成员的方法就成为这个欲望的牺牲品。

三、国家的政党

(一) 全国代表大会和全国委员会

国家级政党最高的机构是总统提名全国代表大会,每四年举行一次。尽管全国代表大会赞成基本的党章,为全国委员会的成员宣布被提名人,但是,全国代表大会的中心却在于通过党纲,决定总统和副总统提名人;组织上的考虑常常是次要的。在全国代表大会之间,国家级政党由全国委员会指导,它轮流选择一位全国主席和执行委员,以监视那些职业职员。

最近几年,两个政党已经采取了不同的决定全国委员会委员的方法。共和党包括着各州的政党主席,来自于每个州和地区的一名全国委员会委员和一名女委员,总计是162名委员。作为民主党强调其"表现性"和内部民主的一部分,在1972年,民主党将其全国委员会的委员增加到300多名,不仅包括各州的主席,也包括基于对民主党的投票支持而被分配到各州的成员,还包括来自诸如民主党州长协会、市长协会和县官员协会和国会领导集体等的代表。即使全国委员会的委员仍然主要是白种的中年男性(参见表3.6),民主党章程和重心的改变也已经使女性、少数民族和青年成员都增加了。共和党并没有这种明显的转变。(龙雷,1979

年,第 364—367 页)

表 3.6　全国委员会委员的组成(百分比)

	民主党人		共和党人	
	1970	1975	1968	1972
年龄				
29 岁或者以下	0	2	0	0
30—39 岁	12	18	7	9
40—49 岁	37	37	44	39
50—59 岁	26	31	30	32
60 岁或者以上	25	12	19	19
种族				
白人	92	81	100	100
黑人	6	13	0	0
其他	2	6	0	0

来源:龙雷,1980 年,第 77 页。
注:因为约数的存在,每一栏的总数并非都是 100。

　　全国委员会每年仅仅聚会几次,但是,它的确为政党设置了总的方向,选择了主席。直到最近,国家级的政党主席常常都是总统提名人的政治上的同盟,并且,他们基于那个关系而赢得公职。尽管主席们仍然被希望为他们政党的总统服务,而且,如果被提名人失败,他们的位置就很渺茫,但是,现在却更加强调选择一位具有坚实的管理能力和政治资格、有兴趣于建立党组织的主席,尤其是在野党。一位成功的主席候选人的竞选经理解释说:

竞选全国主席就像大多数竞选运动一样,只不过选民少一些,相互更了解一些。许多竞选都是个人的,他在寻找那个可能制造支持者的特殊的"钩"(hook)。这些钩,包括过去曾经支持过你的人,你可能建立起信誉的问题,希望政党做点什么的人,等等。竞选的完全的总量包括,试图吓退或者阻碍潜在的对手的先占权。大多数竞选包括旅游、有目标的邮件、无数的电话和社会活动。为得到一个没有薪水的工作,我们花费了10万多美元。(作者的访谈)

政党主席主持着越来越多的职业职员,(参见表3.1)他们分成许多功能小组,比如研究、公共关系、筹集经费、组织上的支持、候选人培训和政治策略。每一个政党,尤其是民主党,已经设立了大量的联系办公室,它们有特别的少数派组织,如妇女、拉丁美洲人和黑人。传统上,两个政党都鼓励不同的分支组织,如妇女同盟和青年组织的发展,但是,最近几年,对这些组织的兴趣已经下降了,因为政党已经打开了直接参与的大门。

(二) 国会竞选运动委员会

60年代,国会里两个政党的在职者都创设了活跃的竞选运动委员会,来回应他们独特的需求和资源,回应全国委员会并不是为服务他们的利益而创设的感觉。最初,国会委员会主要是为那些决定他们成员资格的在职者服务,服务于他们筹集经费和政治策略的需要。渐渐地,随着他们筹集经费的成功,共和党在提供培训、捐款、专家和为在职者和挑战者服务方面已经领先,而民主党紧追其后。尽管国会竞选委员会和全国委员会处于同一个政党总部里,许诺协调彼此的努力,但是,国会竞选委员会很强调它们的独特性,它们知道,它们的力量将把国会里的政党从全国委员会的支配中隔离出来,并使国会成员更加注意国会竞选委员会,而不是全国委员会。

第三节 政党活动的层次

最近几年,政党,特别是在州和地方的层次上,已经增加了它们活动的种类和广度。在继续满足选择领导人、提名候选人和举行全国代表大会的法律要求的同时,党组织已经增加了筹集经费、征募候选人、登记投票人和力图保证选举法有利于政党的组织上的维持活动。在通过培训和直接提供资源或者职员来建立组织上,国家级政党已经投入了相当的努力和资源,而某些州的政党为它们的组成单位也做着同样的事情。因为政党已经变成越来越永久性的单位,它们已经被牵进连续性的研究之中,该研究创立投票倾向数据库、邮寄名单、民意测验数据以及其他类似的东西。政党的选举活动非常广泛,从确认和培训候选人到提供选举资源和驱动获得选票的活动。(参见第六章更详细的讨论)在一个政党已经丧失了它们某些积极的形象、而必须与其他中介组织进行竞争的时代,许多政党试图通过公共关系活动来改善它们的形象。这些努力,涉及从标准广告和为非党派事件提供发言人到为社区活动利用组织的资源的所有的事情。例如,密苏里州共和党有一个为低收入者修建住房的项目,而科罗拉多州民主党的"驴子项目"则允许个人买一头驴送到国外,以有助于反对世界饥饿现象。

表3.7和表3.8勾勒了州和地方政党活动水平的长期的变化。两种模式很突出:政党活动长期的增加;总体看来,共和党在活动水平上领先。解释这种领先的因素很多,包括,共和党拥有更多的资源,它们在大多数地区的少数党地位需要更大的组织上的努力,民主党能够更持久地依靠外面的组织,如工会,来推行某些活动,共和党各州和国家级的组织更有兴趣于增加它们组成部分的组织上的能力等等事实。

表3.7 州级政党活动的长期比较(报告活动的各州政党的百分比)

活动	1960—1964[a] 民主党	1960—1964[a] 共和党	1975—1980 民主党	1975—1980 共和党	1984[b] 民主党	1984[b] 共和党
维持组织						
投票人登记	35	42	58	80	—	—
研究						
民意测验	12	33	30	70	50	78
选举活动						
为候选人服务 c	53	63	87	96	76	100
捐款州的候选人	—	—	—	—	70	90
公共关系						
常规的新闻简报	71	63	70	82	—	—

a 科特以及其他人,1984年,第33页。这个数据基于对州主席的一个全国性的调查。历史性的数据依赖于以前的主席的回忆。
b 《州际关系顾问委员会》,1986年,第115页。数据来自于对州主席的一个全国性的调查。
c 为单一服务(竞选专题)提供的最高的百分比。这个数字可能高估了政党在任何单项服务上的工作情况。

表 3.8 县级政党活动的长期比较(报告活动的各县政党的百分比)

活动	1979 民主党	1979 共和党	1984 民主党	1984 共和党
维持组织				
投票人登记	56	45	78	78
研究				
民意测验	11	16	23	25
选举活动				
分发选举资料	79	79	89	91
有组织的竞选事件	68	65	88	88
为候选人捐钱	62	70	69	77
有组织的电话运动	61	65	78	78
买下的报纸广告	62	62	62	66
送邮件给投票人	47	59	66	75
买下的电视或者广播时间	33	33	36	35

来源:1979年:吉布森,科特,比比和哈克肖恩,1985年,第151页;1984年:吉布森,弗兰德莱斯和弗尔茨,1985年,第20页。

第四节 组织上的变化和政党层次之间的关系

一、政党的非集权化的传统

正如 E.E. 沙特施耐德 40 年前所写的那样,

"相比之下,分散权力是美国政党最为重要的一个特征。"沙特施耐德将国家级的政党描述为,仅仅是"各州和地方上的大人物为了有限的目的的一个松散的联盟"。相似地,当代最有影响的政党专家弗兰克·索瑙夫,在永远改变选择全国代表大会代表的一波规则改变之前就在写作,他观察到,"且不管美国党组织表面上显示着各种层次,任何国家级政党都不怎么有方法来限制州和地方的党组织。"(被阿特敦引用,1982年,第102—103页)

十年之后,主要的测试之一总结道,"总体来看,研究美国政治的作者们没有在别的什么地方能够如此意见一致地认为,我们各州和地方的党组织远比国家级的政党更有权力"。(兰内和肯达尔,1956年,第160—161页)现如今,人们很难发现任何一个仍然断言这种评价的人。今天,我们看到党组织振兴的程度,主要地,但也不是独一无二地,由国家级政党在领导着。有意思的问题,不是国家级的政党是否能够转变其仅仅比州和地方组织的松散聪明强一点点、并且被州和地方组织所领导的地位,而是国家级政党用来宣称它们新的支配力的途径。

一项广泛的观察肯定政党的集权化和国家化增加了:

> 20世纪后半期,一个"新"的政党正在出现,它在规模上更加国家化,更加活跃,在它的核心之间拥有明确的、更大连接的标志。(施赖辛格,1985年,第1162页)

在那些政党已经成功地现代化,并且,转变了它们组织上的衰败的地方,改革常常是由国家级的政党领导的。尤其是民主党,这看起来已经降低了该政党本身的分散化的相对程度。(康澜,1986年,第10页)

在国家层次上,美国政党的非集权化和虚弱的组织结构特征正在改变,而且,将继续改变,直到政党……变成具有特权阶级、劳动分工等等的国家官僚机构。(凯登,1980年,第276页)

可能是基于各州和地方政党更好地支持了民主的假定,很少有观察家为科耐利乌斯·科特和伯纳德·亨耐西1964年的著作——《没有权力的政治:全国政党委员会》——中的结论感到惋惜。20年后,在观察政党的状况后,《美国州议会之下议院》很快做出结论:"国家级政党必须投入它们的专家和资源,来滋养更为强大的州政党的成长,但是,在这样做的时候,它们必须不扩展它们的政治控制,以免降低当地的权威、主动性和优先权"(1982年,第9页)。

运用术语国家化(*nationalization*)或者集权化(*centralization*),我们并没有意味着州和地方政党的消失——远远不是这样。在很多情况下,相比历史上的任何时候,州和地方政党都占有更多的组织上的资源,实施了更多的活动。这种变化,包括州和地方政党在如何完成其任务上日益增加的统一性,这种统一性受到国家级政党的酬劳和较小程度的制裁等手段的刺激。它也反映了国家级政党没有州和地方单位的支持或者合作,而自行影响政治结果的程度。在某种意义上,可能做出这样的结论,20世纪下半期,政党的国家化只是其他社会组织国有化的另一个例子。很常见地是,人们谈论"行政优势的年代",这成就了总统和州长高于他们各自的立法实体的主宰地位;也很常见地是,要反映公众信息和看法的同质化,因为,国家媒体代替了地方性的新闻资源。虽然说这种倾向使政党的国家化易于理解,但是,朝向那个方向的许多运动却都来源于政党的领袖们有意识的选择。尽管这个结果的全部过程总是不清楚的,但是,国家级政党绝不是跌入它们当前的角色之中的。

60年代,两大政党走上了两条不同的国家化的道路。民主党强调全国代表大会代表选择规则的建立和执行,而通过向州和地方分支机构提供资源和服务,共和党全国委员会使它自己成为绝对必要的存在。

二、政党国家化的路途

(一)民主党:规则的国家化

对于1968年矛盾重重的全国代表大会和随之而来的竞选失败,民主党以所谓的麦克戈温—福瑞瑟委员会(以其主席的连任者命名)作为应答,紧随其后,该政党还有大致一打国家级政党委员会。意在民主化总统提名程序和增加妇女、黑人和青年的作用,这些委员会强调政党的"表现性的"角色。(参看第四章改变的实质)从某种意义上说,在变革政党领袖面目的同时,这些机构改革的重要性并不是在实质上,而是在国家政党制定州和地方规则的能力上。州和地方政党曾经是它们自己程序的主人,却发现它们自己被推向很多它们并不想去的方向。尽管缺乏任何清晰的先例或者特殊的授权,麦克戈温—福瑞瑟委员会"能够发射出一种权威的光

环,这实际上就导致了全部的成功"。(斯蒂德,1985年,第5页)

与一种道德的假设,即,保证少数派组织合适的代表是做了一件正确的事情,相结合,民主党最大的制裁是,挑战下次全国代表大会时代表们不具有代表性的代表的资格。许多州的立法机构开始改变与选举和政党机构有关的法律,以使它们和新的规则保持一致。偶尔地,新规则的反对者会走上法庭。在审查那些案件之后,查尔斯·龙雷(1980年,第75页)总结道,国家党组织"赢了三回,一次也没有败诉"。联邦法院已经采取了国家党章高于州的法律和地方党规的立场。即使一些州,尤其是在南方,反对侵犯州的权利,总体上看来,民主党也惬意于将它们在公共政策上保持全国一致性的历史模式运用到它们自己内部的运作之中。在试图构建提名程序以增加表现性之外,民主党试验了中期全国代表大会,在会上,它们将仔细地检查党纲立场。每一次这种会议花费150多万美元,而从组织上的冲突方面来说,可能更多。正如一位中西部州政党执行领袖认为的那样:"在上次全国代表大会上,正是金钱能够被较好地用来供应竞选运动和政党建设服务,以修复问题和意识形态斗争中的某些枯竭现象"。(作者的访谈)

(二) 共和党:通过服务实现国家化

共和党根本不管民主党对政党的表现性目标的关注,它以聚焦于全国努力提高组织上的能力,作为在选举中变得更具有竞争性的道路,来回应令人失望的表现。国家共和党并没有在一个早晨醒来,决定重新定向过去的努力,搜集资源,力图主宰州和地方政党。在某种程度上,共和党一直都在运用优越的组织上的工作和竞选的努力,来弥补选民对它们相对较小的追随。当代共和党的故事不是在努力种类上的变化,而是在程度和地点上。70年代,共和党加倍努力,以实施最新的组织建设技术,将国家政党作为主要的刺激和服务的提供者来运用。就像李昂·艾普斯泰恩刻画的那样,"通过类似于联邦政府补助金体制的方法,共和党人已经将他们的政党努力国家化了"。(引用于康澜,1985年,第40页)正如联邦的同类情况,很少有什么许可(grants)不受到附着于其上的束缚。直接的束缚,包括组织结构的变化,程序的标准化,资源如投票人和邮寄名单的共享,以及努力的协调一致。更为间接地是,在州或者地方政党觉得受到了国家政党关注的程度上,它们将避免挑战国家政党政策的主动性。(参见科特和比比,1980年,第1—2页)而且,那些曾经遵从地方党组织的利益,然后经历了一段绕开政党、建立他们自己的组织的时期的候选人,被重新吸引回到国家政党之中,因为它们能够提供新的资源。现在,国家级的政党在其候选人表述的信息中举足轻重:

> 最近的政党活动,已经激励了当今许多国会选举的竞选交流工具更加定位于全国,更加普通,更加职业化。它们也指出,现在国家级党组织有能力作为日常设置者来运作。(海恩森,1986年,第21页)

由于意识到了州和地方党组织的重要性,共和党力图扮演一个精细的平衡角色,在向州和地方组织提供资源和帮助进行政党建设的同时,它也通过提供服务和提供专家来加强国家党组织。

70年代后期,共和党全国委员会开始免费向各州政党发送实地工作人员,给予它们组织上的建议,让它们接近国家级政党的资源,比如,邮寄名单、电脑软件、研究、培训和专家。这起初集中于各州的政党,最近正努力通过类似的方法来建立某些地方单位。向州和地方政党直接地和间接地发散意义重大的资源,已经带走了许多关于地方政党自治的考虑的刺激。

对于那些怀疑国家级政党建设州政党活动的实用性的人们来说,《政党变革研究》给了他们一个清楚的答案。就在共和党致力于州级政党之后不久,这个研究显示了党组织力量的一个巨大的增加(由诸如计划能力和组织的复杂性等因素来测量),以及共和党和民主党之间一贯的区别,而这在早几年前并不存在。各州的共和党党组织更有可能投入到诸如培训候选人、向候选人捐款和对投票人进行民意测验等项目之中去,同时,它明显是更加活跃的、拥有永久性职员和巨大预算的党组织。在地方层次上,类似的政党区别还不明显,因为,共和党还没有开始这方面的努力。(科特以及其他人,1984年,第16页;吉布森,比比和科特,1983年,第198—204页)

(三) 民主党:过时的反应

尽管表现性的和竞争性的改革并不是必然地相互冲突,但是,民主党对表现性的目标而非竞争性的目标的追求却用光了政党的能量和资源来改革和执行规则,这意味着,只有较小的能量和较少的资源通过服务来建设国家级政党。正如一位关键的政党积极分子抱怨的那样:

第三章 作为组织的政党 131

当我们在我们自己之间斗争、疏远好的民主党人、就同样的规则反复地咬文嚼字的时候,共和党人正在收获现代竞选运动和组织建设的新技术里十年的经历。我们恰好向我们自己的脚上开了一枪。站在民主一边,给了我们好听的花言巧语,但是,看起来好像没有赢得选举或者加强组织。(作者的访谈)

正如美国劳联—产联的主席,民主党忠诚的支持者雷恩·科克兰德所指出的那样:

民主党面临的严肃的问题,并不根源于它的意识形态,而是它不能为了民主党候选人的利益而作为一个一致的、金钱和组织结构的"派送体系"而工作。(被珀尔引用,1985年,第A9页)

如果模仿是奉承的最真诚的形式,那么,现代民主党已经开始奉承它的国家级共和党同行。从提供特殊的服务到组织建设项目,民主党全国委员会几乎逐字逐句地从共和党书籍中拿走了许多篇章,只不过它推迟好几年之后才去运用。(参见表3.9)和共和党全国委员会一样使用同样的"萝卜和大棒"("carrot-and-stick")方法,民主党全国委员会最近已经做了一些事情,比如,向选定的一些州提供实地工作人员,支持直接邮寄运动,但是,只在州的主席已经签署了遵从民主党全国委员会的标准、一旦他们在位就接管项目的保证之后。

表 3.9　两党对技术应用和政党服务的采用比较

应用/年	共和党	民主党
直接邮寄（竞选运动）	1964	1972[f]
永久性的国家级总部[a]	1970	1984[g]
机构内部的电视广告	1970	1984
直接邮寄（筹集经费）	1978	1980
地方党组织的努力[b]	1978	1981[h]
组织性的广告[c]	1978	—
青年社区领导人项目[d]（一致项目）	1978	1981[i]
被指派到各州政党去的国家职员	1978	1984[j]
基本的捐款[e]（国家级政党）	1978	—
电子邮件网络	1982	—

a 布罗德,1972 年,第 236 页。
b 比比,1981 年,第 110—113 页。
c 凯登和马厄,1985 年,第 76 页。
d 同上,第 74 页。
e 同上,第 77 页。
f 麦克戈温选举。
g 萨尔摩和萨尔摩,1985 年,第 205 页。
h 州政党工作项目。
i 莱克星敦项目。
j 萨尔摩和萨尔摩,1985 年,第 215 页。

尽管共和党全国委员会作为服务提供者已经发展了国家级政党,而民主党全国委员会,在其州和地方分支机构的眼里,在最近几年里也已经走过了一段漫长的道路。幽默常常揭示出真实的感情。直到最近,各州的政党积极分子仍不太迷恋民主党全国委员会提供的支持。一则在党务会议上持续流行的笑话宣称,美国有三种经典的谎言:"支票在信笺里","我早晨仍将尊重你","我来自于民主党全国委员会,我到这里来帮助你。"在州和地方政党的积极分子仍然嫉妒地比较他们的国家组织和共和党的国家组织时,最近,民主党全国委员会的主动行动已经缩小了这个差距。

当民主党在主席保罗·柯克的领导下,为了竞争性的活动而节省资源,为了政党冲突"分贝水平的减低",(伯罗德,1985b)废除了预定的1986年中期全国代表大会的时候,对从表现性的目标上撤回来的强调,就已经最清楚地被显示出来了。且不论来自自由主义活跃分子代表团的压力,目前,国家政党的领袖已经开始强调党组织的建设和竞选服务的供应。

(四)解释党派的区别

在某种意义上,当意识到党组织的建设只有依靠一种对政党的活动非常具有地方特色的方法的时候,民主党——以其在政策领域的创新和不愿意强调地方利益对国家的控制而著名——将放弃它的创新爱好,这一点很能引起人们的兴趣。大量的因素凸显出来,解释共和党在提供服务领域的领先地位。

一个因素是*动机*(*motivation*)。作为大的政党,民主党由那些在职的公职人员所掌握,他们常常满足于传统的、其据以获得公职的政党活动模式;民主党因其内部的总体变革而热情受挫。(雅各布森,1985年,第171页)民主党几十年竞选的胜利创设了足够的沮丧,来激励共和党寻求变革。因为捐款者习惯于向目前的公职握有者施惠,作为个人,民主党的在职官员们都有很好的财政资助,他们就没有太大的动机来与政党分享一些慷慨。(参见海恩森,1985年,第16页;埃里克森,1982年,第4页;阿特敦,1982年,第109—110页)

民主党有能力利用比如美国劳联—产联的政治教育委员会的

资源和服务,有能力利用在国会担任公职的官员们的资源,这使它们进入"组织上自满"的睡眠状态。(萨巴特,1982年,第82页)

另一方面,共和党知道,它们"位居第二,不得不更加努力。"它们许多的地方积极分子把政党提供的技术和服务当作机会,而不是威胁。

另一个因素是资源(resources)。提供服务得支付金钱、时间和职员的代价。尽管民主党在职人员倾向于比共和党的挑战者花费更多,共和党组织传统上却已经比其民主党同行拥有更多的资源来工作。从30年代以来,那时共和党"比民主党提前几乎20年……开始生意般的、基础广泛的财政恳请活动",(科特和比比,1980年,第9页)至今,共和党已经拥有更多可以花费的资源,更少的要收回的竞选债务。

由于起步于较少的组织资源,又因为将意义重大的时间和资源转向程序性的改革过程之中,民主党的问题就加剧了。早在改革过程中,一个经费很少的民主党国家级政党,一直都在将其几乎全部的资源用在改革委员会上,用在不同的、代表妇女和少数民族的预备会议的运作上。

在大量意义巨大的态度和看法(attitudes and outlooks)上,两大政党也各不相同。70年代弥漫于党内的主要区别在于,主张政党的作用不同。鉴于民主党的决策制定人关注表现性的目标,以使民主党更加民主,以此来回应于被许多冲突的部分所关注的一个组织的伞的性质,共和党则接受了竞争性的目标。由于拥有更多的同质性的成员和一致的竞选目标,共和党更乐于接受集权化思想,这对于有效地提供服务是必要的。(索瑙夫,1980年,第77

页)党内宗派斗争的要旨降低了,这也允许共和党维持一种领导权的连续性,这就便利于长期的计划和计划的连续性。

有些人也会认为,许多共和党领袖实务性的生意背景,使得他们更加乐于试验新的方法。(萨巴特,1981年,第296页)假定共和党在更多的地区有竞选上的虚弱,这也可能说明共和党乐于利用一个机会,因为它们没有什么可失去的了。

无论道路多么复杂,在共和党组织内部国家级水平上,而且,很大程度上在各州和地方水平上,朝向服务——卖主政党的运动都非常清晰地开始了。

(五) 革新理论的某些运用

政党并不是第一个试图根据恶劣的环境来重新获得其位置的组织。人们可以将政党改革的过程与其他领域里的改革相比较,除非人们假定政党是完全独特的组织。

改革的动机(*The Motivation to Change*)。政党移向服务——卖主模式的历史,证实了这个常见的模式:当传统的技巧不能满足组织的目标时,组织就被惊愕得进入改革之中。与政党决策制定人的讨论清楚地指明,他们将竞选的失败当作革新的刺激物。在国家水平上,1964年共和党的失败导致了组织建设的第一波,1974年和1976年的失败动摇了该政党的根基,导入了现代的服务定位。对民主党来说,1980年失去总统职位和参议院的双重震惊,重新指示了它们努力的方向。一个基本的规则就是,获胜者很少革新。

"变革者"的角色(*The Role of "Change Agents"*)。"合适的时

间合适的人"的出现,对于大多数新的服务项目意义重大的运用来说,都至关重要。对于共和党来说,国家主席雷·布利斯(1965—1969年)和比尔·布罗克(1975—1980年)对重新指导政党的努力都很有功劳。民主党主席查尔斯·玛纳特(1980—1984年)也是一位类似的革新者。在州和地方层次上,富有远见的主席常常因对引入和成功运用新方法具有决定性而被指派出来。特别创意的时间安排很重要。在踏上野心勃勃的服务项目之前,州和地方政党需要建立它们的资源基地。正如一位负责改进州和地方政党改革的国家级政党工作人员所解释的那样:"技术的采用仍然更是被有远见的个人,而不是可得的资源或者组织结构,所推动。当那些个人离开现场,技术的优势常常就又陷入蛰伏状态"。(作者的访谈)

大体上,国家级政党已经充当了主要的改革者,尽管,正如一位国家级政党工作人员这样勾勒这个过程,"某些新技术在州上先试验,然后来到华盛顿,以便让国家级政党将之重新分配回各州"。(作者的访谈)在许多情形下,革新已经由国家级政党提供系绳服务的"萝卜和大棒"方法便利化了。

通过电子邮件网络和面对面的会见,国家级政党增加了政党积极分子和职员之间联系的鼓舞作用,也传播了新的思想。以一位州的政党执行总裁的话来说:

> 没有什么事情能够与此相比:和一位同事坐下来,面对类似的问题,看他的想法哪些有用,哪些没有用。任何时候,我都宁愿相信一个被第一线的人试验过的方法,而不愿意相信课本模式。分担我们的沮丧的精神发泄,仅仅比分享我们的

观点稍微重要一点。(作者的访谈)

在这个国家的一些地区,个别的州政党已经树立了典范的信誉。科罗拉多州共和党保持了连续的政党领导人队列,他们希望观察和复制其复杂的一揽子候选人服务项目。远远除了只作一个典范,它已经成为一个电脑服务中心,许多西部的州都使用其电脑,而以创设投票人名单、创设和管理有目标的邮件为代价。当谈到政治服务的时候,联邦体制下各州作为"新思想的实验室"的规定就特别富有生气和活力了。

革新和竞争(*Innovation and Competition*)。在一个竞争性的领域里,参与者一直都在寻找能够提供竞争优势的因素。朝着服务——卖主政党方向的运动,证明了科耐利乌斯·科特和约翰·比比(1980年)的断言:"政党"看到了共和党组织上优势的出现,所有层次上的民主党都开始模仿共和党的创新。从总体上看,那些共和党的努力更有限的地区,民主党的努力也会更有限。(参见吉布森、弗兰德莱斯和弗尔茨,1985年,第15页)

在比较政党进入服务——卖主政党的年代时,很清楚,作为革新者的政党和其他领域的革新者之间的相似性比那区别更为重要。政党经历了许多相同的过程,受到许多相同力量的支配。

三、仍然存在的组织上的冲突

在转向提供服务、减少对问题和意识形态的强调的同时,政党在政策偏好和个人的抱负上并没有避开冲突。

作为相对公开和民主的机构,又拥有设置良好的、阶段性地表达共同利益的程序(全国代表大会,选区预备会议,等等),政党能够应对宗派斗争。1964年,保守派接管了共和党,而1972年自由派在民主党那一边如法炮制。现今的共和党与"新右翼"组织有一个不稳定的联盟,这些组织具有明确的日程,包括反对堕胎和支持其他家庭问题。当今最明显的宗派主义已经在民主党内出现了,它花费了大量的时间和精力,来安抚和呼吁来自于从黑人、拉丁美洲人和妇女,到女同性恋者和男同性恋者的、大量的宗派和政党预备会议。正如一位新近的高级政党官员所哀悼的那样:

> 在其意味着一个国家事项的意义上,"民主党"是一个错误的名称。事实上,民主党就比一个不言而喻地只为他们成员的利益说话的地方主义的代表们的联盟强一点点。他们并不采纳他们作为民主党人的立场,而是采用作为用连字符连起来的民主党人的立场。(作者的访谈)

政党内的许多改革运动,已经被有利于特别的候选人或者问题追随者的策略薄薄地蒙上了,用以构建决策制定过程,来提升他们的候选人或者事业。一则古老的政治格言宣称:"当心带着礼物的改革者。"很少有人会对理论上变革中的规则和程序的价值产生兴奋。在大多数情形下,他们只看到对他们的目标来说一个直接的好处。

民主党面临着一个日益增长的问题:它们许多州的政党都不肯前进。南北战争以来,南部政党支持者一直忠诚于民主党,但是,他们中的很大一部分人变得日益不满于国家级政党的自由主义态度,尤其是自从它在 40 年代晚期拥抱民权事业以来。南部的政党积极分子,特别是在最近几年里,因为共和党制造了组织上的和选举上的损害,公开地称呼国家级的政党为"一堆自由主义的狂人","绕着我们脖子的障碍物","他们"而不是"我们"。在南方许多州,民主党在民主党旗帜下实施共和党的原则;这个策略变得越来越狡猾,因为共和党增加了它们公开战术的能力,而正在呈现的黑人和白种自由主义者又力争让各州的政党忠实于国家级民主党的原则。一位南方民主党州主席反映了他的同行的许多观点,他解释说:

> 基于国家民主党远远站开的位置和与每一个激进组织的联系,我们不能建设或者维持一个可以存活的政党。奥内尔,肯尼迪和法拉洛都不好卖。我们必须从基层开始,建设一个代表我们的人民的政党。在这里,从国家政党往下滴淌的方法不会奏效。我们将高兴地接受它们的金钱和帮助,而不是那些激进的精神负担。(作者的访谈)

第五节 组织的生气与力量

直到相当近期,政党观察家们已经假定,政党在选民和公职中的削弱也将折射出党组织的削弱。暗含在他们的论断中的假设就是,有一套外部的因素统一地作用于政党的所有组成部分,降低了它们的活力和重要性。日益明显地,有证据证明,"在政党体制改革的过程中,党组织它们自身是独立的力量"。(吉布森以及其他人,1985年,第1页)事实上,加强了的党组织力量可能是很好的方法,政党以此来弥补在选民中下降了的支持,并加强它们一旦进入公职后的潜能。党组织变成投票人、候选人和其他政党单位的服务提供者和协调人;这种转移,对于否则就会显得苍凉的组织上的承诺来说,正是一个很有创造性的回应。顺应变化了的情况,正是一个具有活力的组织的特征,而政党怀着复仇之心已经顺应了。这种更新的组织力量能否转化成政治上的成功,不是一个重要的问题,而是一个不同的问题——一个后面几章将要关注的问题。

第四章 政党和候选人提名

> 我确实并不在意谁在进行选举,只要我能够提名。
> ——坦慕尼协会(Tammany Hall)的
> 头领特威德(Boss Tweed)

选举的概念带来了思想标记、电视广告、讲演,以及所有的、与两个被提名人之间的竞争有关的蒙骗人的东西。政党积极分子和候选人通过经验已经知道,早在树起第一块草地招牌,或者举行第一次讲演之前,得胜者和失败者常常就已经决定了。设计候选人运作的选区,决定被提名人,这设立了竞选将要发生的环境,而且,这就是那些我们将要首先讨论的问题。

第一节 选区的设立

候选人通过从一个选区里竞争来为公职进行竞争,正是那个选区充当竞选战略的一个参考框架。对地方主义的承诺,弥漫于美国的政治思维之中。虽然对政府对我们生活的控制稍微有点犹豫,但是,美国人却更能够服从由那些假定对当地事务有更好认知的朋友和邻居所做出的决定。美国的选举法律为候选人设立了最低的标准,要求他们在投票所需的同一时间内,是他们正在进行竞选的那个州的居民(尽管不是必要地是那个区的居民)。非正式的希望更加严格一些,会威胁那些没有长期的当地友好关系的候选人说,他们将被看作"外来的政客"(这原本是对那些到南北战争之后的南方寻求个人收获的北方人的蔑称)。已故的参议员罗伯特·肯尼迪,他的家庭与马萨诸塞州联系最为紧密,当他在纽约竞选参议员的时候就碰到了相当大的麻烦。更近些时候,前篮球明星汤姆·麦克米兰(民主党人,马里兰州)仅仅在一个区居住了三年之后,就宣布自己是竞选众议院的候选人时,也激怒了一些政党积极分子。他老乡们在预选和大选中最终都以失败告终,才平息了这个事件。弗雷德·格兰蒂(共和党人,艾奥瓦州),因为是电视连续剧"爱之舟"中的一名演员而享有盛名,与好莱坞也有联系,他看起来尤其与他乡村的艾奥瓦地区相距甚远,但是,他克服了缺乏深刻的当地联系的劣势。尽管当地的联系依然有用,但是,今天,美国人口地理位置上的流动性允许比真正的过去更多的灵活性。

从被设立的地理区域中,挑选出当选的官员,地理区域的设立方法也就反映了地方主义本身。一些州已经试验了竞选国会的总体选举(at-large elections),在这种选举中,一个州范围内的选区选择一个以上的成员,某些城市让投票人从一个市范围内的名单上选择大量的市议会成员,但是,大多数当选的官员都来自于单个成员的选区。希望一名当选的官员能够对当地选民的需求和利益给予特别的关注,而且,该选区中的投票人对"他们的"代表的努力和地位也有特别的要求。

政治中地方主义的定位在我们大多数人的头脑中如此根深蒂

固,以至于我们发现其他体制的更加全国性的定位很是奇怪。例如,在英国的议会体制中,政党常常帮助它们主要的领袖转换选区,以保证他们一次安全的选举。一个主要的例子是温斯顿·丘吉尔,在他的生涯中,他从大量的选区中竞选并获得胜利。英国体制下的选区更是出于行政上的便利,而不像在美国,选区是投票人已经习惯了的、更可辨识的政治实体。

划定区界

设定美国地方主义的政治和法律的视角,划定选区的程序就变成一个重要的政治策略的一部分,其中,政党力图扮演一个积极而且具有决定性作用的角色。以特别的方法来划定界线,决定着投票人的类型,而该类型是政党必须吁请的,这些投票人也是可能的候选人必须向其声明当地联系的投票人。

宪法给予各州,而不是国会,决定大多数选举法和程序的基本责任,包括区界的划分。州的立法机关保留了决定它们自己的选区的权利,保留了国会的那些权利,它们将竞选那些较低级公职的选区的设立授权给那些相应的层次。在国家规模上,在每次普查之后,国会运用一个基本上根据国会中席位的数量(现在是435个)划分居民数目的公式,来指派分到各州的席位数。此后,州立法机关必须在它们的区域内划分界线。直到相当近期,州立法机关在划分界线时,还不得不只是应答本州内的政治力量。重新划区的计划也得走与所有立法同样的路线,需要由立法机关通过,需要州长签署。州内的党争越是不强劲,一党把持、并有一位同党派的州长的立法机关就越可能控制这个过程。政党试图从划分界线中获得尽可能多的东西,而这条界线将有助于它们以后的竞选。在一个民主的体制下,假定这样:所有的程序,应该朝着将个人对政治过程的控制最大化而运作。随着重新划区的过程在各州的控制下发展,两个相关的问题就出现了:选区相对的人口和选区实际的情形。

(一) 选区相对的人口

尽管通常都假设,一个州或者地方区域内的选区,都应该有相对同样的人口,但是,政治利益的现实却说情了。政党,在现有计划下运行良好的其他利益,尤其是那些不愿意在一个他们已经呆得很舒服的州里冒险的在职公职人员,都加入到妨碍在许多地区重新划区的行列中来。将人口从农村地区转到城市和郊区,再与老区界的维持相联合,这导致了选区人口上的极大的不平衡。一些城市选区的投票人发现,他们的代表对两到三倍多的公民负责,这因此就降低了城市公民投票的影响力。在职的当选官员和政党领袖都没有什么动机来改变这种体制。立法机关被乡村的立法者所把持,而他们没有什么重新划分那些保障他们位置的界线的愿望。来自人口均等愿望的自由,允许政党领袖追求更有党派色彩的分区计划。

许多年来,最高法院拒绝审理重新分区案件,将它们视作法院权限范围外的、纯粹的政治问题。最终,在"法律的不平等的保护"基础上进行论辩,最高法院在贝克诉卡尔一案(1962年)中认为,各区必须尽可能同等,以保证个人投票的力量。鉴于一人一票(*one-man, one-vote*)的规则,各州在每次普查之后都需要重新划区。因为普查数据只需要一定程度的准确性,竞争性的价值(比如,维持已被承认的位置的界限)也可能被支持,法院已经花了30年来更精确地定义平等的限制。在通过法庭寻求它们自己利益的斗争中,政党表现得很是积极。

因为每一种选举制度都体现一些形式的偏见——有意识的或者无意识的——就不可能找到一个没有不同主张的标准。尽管,诸如一人,一票;平等和公正的目标,几乎在每一次重新分区的讨论中都被四处传布,但是,每一个政党都从更有利于它们党派目标的角度上,接受一个不同的、对那些词语的操作上的解释。共和党常常认为,一个政党在立法选举中获得票数的百分比和该党赢得的立法席位的百分比之间,应该有一个相对紧密的关系。所以,在立法选举中获得全部票数60%的政党,就应该以60%的席位而告终。从表面上看,那是绝对公平的。但是,民主党很快就指出,由于它们党员的参与率较低,它们时常仅以相对较少的票数安全地赢得民主党的选区;这样,从整体上看,席位对票数的比率就提供了一种被扭曲了的公正。如果两个政党就重新划区的大致结果应该看起来像什么样不能达成一致的话,就难怪它们不赞同影响实际竞选结果的一区接一区(district-by-district)的决定了。(参见凯恩,1985年,第563—564页)

(二) 选区的构成

不同的法院判决增加了重新分区的活动数量,保证了人口的平等性,但是,对于减少划定界线的党派主义策略,这却无济于事。虽然说人口平等的需要,选区的相邻(选区必须由地理上互相接触的各个地区组成)以及保留已经确立界线的紧密地区的偏好,限制了参与者在重新划区中的自由,但是,他们并不是没有他们自己的战略。

擅自改区(gerrymandering)是指划定区界,以最小化一个政治组织的政治力量,而最大化另一个政治组织的力量的过程。这个术语来自托马斯·纳斯特的一幅卡通画,描绘一份19世纪早期由马萨诸塞州州长艾尔布里奇·加里签署的重新划区计划,该计划以这样一种方式结合了共和党的选区,以至于它看起来就像一只蝾螈。(参见图4.1)对一个在选民中占有明显多数的政党来说——比如说,A政党——擅自改区,就是,在每一个选区里,都设计A政党占据多数。在一个更具有竞争性的地区,就运用"包裹和破裂"战略。反对党——B政党——占有更多数的地区被"包裹"在一个区里,以保证B政党得浪费很多票数来赢得那个区;同时,B政党在其他地区的票数被"破裂"成小的组织,与A政党拥有力量的地区相结合,于是,A政党将舒服而又毫不浪费地获得胜利。(参见图4.2)

传统上,假设巨大的数据和选区可能被构建的无限多种方法,那么,重新分区就像是经验主义的分析那样大的一个"瞎猜"(guesstimation)事件。最近几年,政党都依赖计算机来对数据进行分类,基于它们特定化的标准来设计选择方案。正如政治科学家和首例成功的重新分区案中的原告戈登·贝克所总结的那样:

> 广为传播、四处弥漫的擅自改区最近的发展,是60年代后期司法上的抢先占据权,及其之后公正的代表同等人口选区的一个侧面的结果……同样的时间内,计算机技术的采用

图 4.1 原本的擅自改区

在看了马萨诸塞州州长艾尔布里奇·加里于 1812 年设计的重新分区计划之后,政治卡通画家托马斯·纳斯特杜撰了擅自改区这个词。他的卡通将党派主义的划区计划描画成一只蝾螈,命名为"擅自改区"。

带来了新的、边界控制上的复杂性。这些结果可能远比相对粗糙的猜测工作更具有耐久性,而以前,这些猜测工作曾经表示着政治制图法上哪怕最职业化努力的特点。(1985 年,第 551 页)

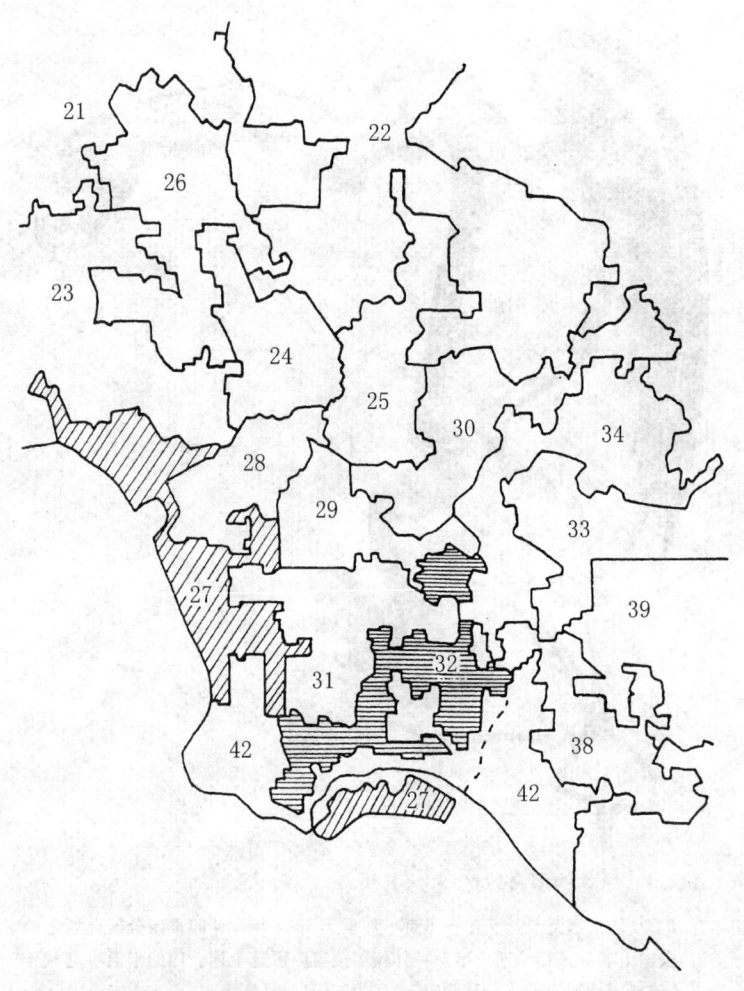

图 4.2 当今的擅自改区

1983 年,由民主党代表菲利普·伯顿设计的加利福尼亚重新分区计划,不仅制作了最大的党派主义分界,而且,终结于法院。因为试图加强民主党的地位而划出了奇怪的界线。例如,在第 32 区,政治设计者在中间创造出一个实质上的共和党"岛屿",和更强的民主党地区形成一个选区。同样地,第 27 区被设计得和民主党地区连在一起,它只是越过巴洛斯·外戴丝半岛,剩下一个延伸的、没有连接成分的地区。

当面对一个强大的在职者或者潜在的对手时，擅自改区可能包括强迫反对党的两名在职者进入一个选区，要求他们移动，退休或者面临一场面对面的竞争。在其他情形下，界线可能这样划定，以便在职者或者潜在的候选人将面临一个几乎全新的选区，将他们与他们传统的支持基地割裂开来。无论在哪一种情况之下，都有可能为你的政党创造出一个机会。（参见格罗夫曼，1985年，第544页）

决定擅自改区的存在时，必须考虑大量的因素。在最纯粹的意义上，一次擅自改区局限于一个计划，借此，一个政党在竞选开始之前就被广泛地歧视了，而选举的结果也并非仅仅是候选人或者竞选运动无能的结果。自从最高法院对莫比尔城诉伯尔登案（*City of Mobile v. Bolden*）作出判决以来，那些声言歧视的人已经不得不证明其对公共官员有明确的意图。

如果假定政党目标和个人目标混合在一起，那么，当事人们并不总是团结在一起固守重新分区计划（参见方框中文字）。州立法者往往支持那些通常会伤害他们的政党，但却有利于迎合他们个人的政治抱负的计划。在重新分区计划背后建立一个联盟的过程，包括在公正的基础上公开地出售计划，在有利于政党的基础上向同党们兜售计划，以及，如果为了通过或者公共关系而需要反对党的投票，使计划柔和让几个反对成员的位置更稳当以助于得到他们。

相互矛盾的党派动机和重新分区

冲突的政治动机明显地导致了重新分区斗争中奇怪的政治

伙伴关系。当印第安纳州民主党因确信一个重新分区计划歧视了它的候选人,而将印第安纳州共和党起诉到法庭的时候(戴维斯诉班德默,[1986年]),共和党全国委员会发现,它自己支持当地的民主党,而印第安纳州共和党发现,加利福尼亚州民主党正在申请一个摘要,并为它自己的利益雇佣了一名政治评论家。无论国家的共和党怎样关心印第安纳州,国家的共和党却更关心加利福尼亚州。在那里,一个民主党的计划导致了1984年的选举结果,在这次选举中,尽管共和党获得了国会投票的多数票,但是共和党只获得了国会45个席位中的17个。(参见泰勒,1985b,第A4页)在两方都不太满意的决定中,法院判决,政治上的重新分区是不符合宪法的,但是,它不能赞同决定一个提议是否符合宪法要求时的标准。很清楚,法院还没有看到政治上重新分区案件的最后一例。

政党往往避免为它们擅自改区的成功吹牛,而喜欢呈现出一个公共服务和关注的形象。然而,更近期,一些政党领袖已经试图通过吹嘘他们的成功,来加强政党在这个过程中的重要性。在加利福尼亚一次特别党派主义的、成功的民主党计划之后,一位民主党领导解释说:

> 我们对共和党所做的就是,充分利用支持控制州长职位和两院大会的力量,来创制曾经有过的最有利的重新分区计划。如果他们有机会,他们也将把这戳向我们。幸运的是,我们掌握着控制权。(作者的访谈)

从政党对 1990 年普查的事前行为的努力中,可以看出重新分区的重要性。1991 年国会的重新分区事关重大。几乎有 40 个席位可能改变状况。预计大的获胜者将来自于阳光地带,其中佛罗里达(+4)、加利福尼亚(+3)、得克萨斯(+4)和亚利桑那(+2)领先。大的输家将来自于包括纽约(-5)、宾夕法尼亚(-3)、密歇根和俄亥俄(-2)的严霜地带(布罗德,1985 年,第 14 页)。共和党全国委员会已经设立了一个长期的、侧面的攻击计划,试图选举更多的州立法人员和州长,来增加它将控制重新分区的可能性,它运作一个更有目的性的竞选运动,以在国会成员虚弱的选区里选择州立法人员。这不仅仅将一系列可能的候选人安插进来,他们具有路径记载和已经设立的组织,而且,也给予这些可能的界限划定者以动机,来划分共和党将于其中进行竞选的选区。

1990 年普查之后的重新分区,可能确实基于极其充分地利用技术的愿望。导致了戴维斯诉班德默案件(1986 年;参见前页方框中文字)的印第安纳州计划,根源于一个由州共和党授权的、产生于计算机的计划。运用先前竞选和普查期间信息的报告书,顾问们创造了一个计划,该计划导致了共和党只聚集了立法票数的 48%,却获得了 57% 的州立法席位。(泰勒,1985b,第 A4 页)

尽管重新分区很重要,但是,出于三个原因,政党已经失去了它们部分的控制权。首先,界限划定者不太愿意购入纯粹党派主义的计划,因为他们更可能不要政党的帮助而已经获胜,觉得他们欠组织更少。第二,持续地支持同一个政党的投票人下降了的倾向,使得一个选区里未来行为的预测更加不准确。最后,在职的公职握有者显示了更大的反对切割或者扩大他们的选区的弹力。许多在职者,尤其当重新分区的立法机构是在反对党的手中时,已经被迫在几乎完全由新的投票人组成的选区里竞选,他们倒也在政治上存活下来了。(参见伯恩,1985年,第305页)

第二节 招募候选人

虽然很少有候选人是被迫进入竞选小道的,倒也少有候选人没有来自于政治上积极的组织或者含蓄或者明确的支持的某些标记,就决定竞选公职。传统上,仅有的、真正算数的组织,就是政党。通过在政党内忠实、尽责地完成必须的任务来建立起自己的道路,一个人与政党的领袖产生了联系,被给予机会来考虑参加竞选。今天,作为招募者,大量的团体和组织都在和政党竞争,日益增多的候选人是自我招募的,他们把自己放在其他人将把他们当作可能的能生存的候选人的位置上。利益团体,不论地方上的还是全国范围内的,都在敦促候选人扛起它们的旗帜。新闻界打制或者粉碎了潜在的候选人,这就看他们是否被列入那些应该被当作空缺来考虑的人员之中。正如高级媒体分析家所表述的那样:

> 做一名能够生存的候选人,依赖于党组织的支持,还不如依赖于在媒体运动中推销自己的能力……政党的混乱越大,电视,作为缩短被用作正常的政治频道线路的一种手段,就越重要……电视给予拥有足够资源的局外人一个甚至比进入喧闹之前还更好的机会。(朗格和朗格,1984年,第220页)

在具有高度可视性的竞选中,竞选运动顾问和媒体一样都变成"事先的选择者……他们经常带着在一次竞选中对顾客所作出的唯一选择的声明,来鼓励和讨论候选人的资格"。(萨巴特,1981年,第34页)

尽管竞选公职的决定是高度私人化的事情,因为这囊括政治的、经济的和个人的综合考虑,政党却仍然起着重要而更加有限的作用。保罗·海恩森(1986年,第9—13页)区别了三种招募候选人的类型:"被动的","积极的"和"消极的"。*被动的招募*(*passive recruitment*)是指,政党努力让候选人明白竞选的机会和政党所能提供的服务。许多潜在的候选人出席了政党所资助的培训学期和候选人学校,却仍然没有决定他们是否可能竞选,或者竞选哪个职位。所提供的看法帮助他们决定他们可能作为哪种候选人,大致的政治气候和现代竞选技巧的状况。

积极的招募(*active recruitment*)是指,政党积极地寻求可能的候选人。尽管积极的招募在地方政党和相对无望的选区里更为常见,但是,在1978年,共和党全国委员会也开始靠其实地工作人员,来进行更加积极的招募活动。可能的获胜者被给予基本的支持。即使没有什么明显的成功,在国家支持的候选人输给了地方领袖支持的候选人的几个案例之后,规则也被改成这样:在预选中予以支持的政党即将出现之前,需要得到地方政党的同意。对于许多野心勃勃的、可能的候选人来说,积极的政党招募可能只需要一点点支持性的评论。在其他情形下,至少在大选中,意义巨大的支持的许诺,是必要的。

最近,共和党,尤其是在南部许多州,通过督促民主党在职的公职握有者更换政党，来将招募过程推向前进。因为认识到让一个已经被证实的赢者重新当选比开始一个可疑的挑战更加容易，政党领袖就向他们选中的民主党员出示他们选区的详细的人口图，来证明它对于共和党来说是可以获胜的。运用经典的"大棒加胡萝卜"方法，可能的转变者被告知，如果他们变成共和党员，政党将给他们金钱，以向选民发送邮件来解释他们的转变，并且，政党将在下一次竞选中全力支持他们；如果他们不改换门庭，他们就被要挟，他们下次竞选时将面临严峻的挑战。（泰勒，1986a，第 A14 页）通过仔细地挑选那些投票模式和观点与他们选中的民主党员不相匹配的各个选区，共和党让大量的官员更换了门庭，成功地在许多州增加了它们的州立法代表的规模。

消极的招募（*negative recruitment*）是指，试图劝说可能的候选人不参与竞选，制造一个分裂混乱的预选竞选。政党可能只是简单地提供证据说，另一个候选人有更好的获胜机会，或者，它可能为它不希望得到的候选人打通道路去竞选另一个职位。这样的挫败可能很困难。正如一位政党积极分子所指出的那样："这产生了一个自我的问题。你有两个或者更多的年轻而有抱负的政治家，但是你只有一个位子。每一个人都有他自己的支持者组织，每一个人都认为他能够赢得预选"。（引用于海恩森，1986 年，第 13 页）

更为间接地是，由政党把持着的公众爱好影响着谁可能竞选。虽然地方政党的支持和力量很重要，但是，国家级政党也倾向于施展影响。在选举前的秋天，可能的候选人会变得很严肃。如果政党很受尊重，就会有更多的候选人愿意试一试。（沃森，1985c，第 2049 页)在水门事件之后,1974 年,许多潜力很大的候选人决定不冒险,民主党就赢得了那些本来属于拥有更有力的候选人的共和党的各州。类似地,在 1980 年,许多潜力很大的民主党候选人看着吉米·卡特的评估,决定不竞选,将一些民主党的位子让给了共和党。1986 年,甚至还控制着参议院的平衡,大量很有潜力的民主党候选人却也不愿意拿安全的职位去挑战罗纳德·里根的声望,这在共和党和它的候选人身上已经磨掉了。到候选人为 1988 年做决定的时候,情形就大大地改变了。在反伊拉克的启示录之后,罗纳德·里根声望的下降擦掉了共和党,这给了大量可能的国会候选人一个中止的机会。

政党与为所有的职位上场候选人利害攸关,这显示着政党的活力,这也是为了利用一些非典型的事件(候选人死亡,后来发生的丑闻,等等),这些事件可能将一个本不可能的州送到它们的控制之中。基于过去的投票倾向,或者来自于反对党的在职者的声望,越是不利的选区,政党所起的作用就必须越大。在最有利的选区,问题刚好是,太多的候选人统统都在为同样的竞选运动工作人员、经费和投票人而斗争,在这个过程中使最终的获胜者失去了光彩。这种情形下,政党就应该陷进"消极的招募"之中。保证一组足够的、有能力的候选人,远比对政党的影响要重要得多。看起来,政党最适宜于搜求可能的、有能力的候选人,让他们在一定程度上服从"同伴们的观点",再把他们呈现给选民。没有一个活跃的、持续性地参与这个过程的组织,保证想要的选择是值得怀疑的。长期看来,"人民的判断的质量,取决于他们从中做出选择的可能性的质量"。(凯奇和马修斯,1979 年,第 203 页)

第三节 提名非总统公职候选人

美国的选举法基于这样一个前提，那就是，投票人只在相对受限制的一套选项之间，才有可能做出有意义的选择。提名程序被设计用来压缩上场的候选人，以使选择成为可能。在下面的部分里，区分了总统提名和所有其他的提名。尽管这些过程和程序是相互缠绕的，但是，美国的总统提名还是独特得可以在这一章的后部作为一个独立的论述。

一、提名程序的历史发展

提名程序长期的趋势，反映了加入到这个过程之中的个人基础的加宽，反映了候选人增加了的自治性。这个过程揭露了政党大量的现状和组成情况。

早期的提名，是由当时当选的官员通过立法预备会议而做出的。宪法的制定者们并没有预见到作为一个独立实体的政党，而现有的政党，主要局限于分享政治观点的当选官员们的组织。因为选区扩展了，被提名人不得不呼请更为广泛的投票人，于是，政府之外的党组织的作用开始增加。政党的预备会议和全国代表大会成了提名候选人的论坛，尽管，当交易就在那不名誉的、充满烟雾的房间里达成的时候，最后的决定比它看起来可能的少一点民主性。由于有法定的权利可以将个人投入选举，那个阶段的政党就运用它的力量拓宽了它的吸引力，通过包括不同种族和政治组织的代表和四处传播政治好处来平衡选票。

政党对于单个候选人的力量生动地出现于19世纪,那时,两个政党轮流占据国会席位的事情很常见。亚伯拉罕·林肯,他在屈服于每次选举之后,从一个县到另一个县地转换候选人的党务实践之前,只在众议院里任职一期。政党在将提名转移到另一名政党的忠实分子之前,以公职中的一个或者两个任期来奖励它的忠实分子。虽然说在职者可能恼怒于这种待遇,但是,他们没有什么资源,只好听从政党的意愿,因为,不这样做就将意味着选举上的失败。(参见普赖斯,1971年,第19页)这种政党控制只在那些拥有强大的政党机器的地区一直持续到进入20世纪,而实际上已经随着它停止活动而消失了。在国会一级上,组织上的变化影响了提名程序。资历体制给予那些连续服务期限最长的成员以领导者的地位,随着这种体制的发展,地方政党发现,不断地向华盛顿输送新人越来越不明智,对在职者的几乎自动的重新提名做法就兴起来了。

到19世纪末期,公众对政党的不信任增加了,候选人的策略选择增加了,不被现有的程序偏爱的组织也增加了,这导致了采纳预选制度作为政党提名的主要手段。因为是从一小组积极分子到一组更广大的、对政党没有什么明显承诺的会员,预选制度就极大地重新定义了政党的本质。

二、直接预选

虽然代表大会——而且在很多情况下,是由一小组政党领袖亲手挑选了政党提名人——主宰了美国制度第一个世纪的提名程序,但是,进入20世纪后,发生了提名程序的极大修改——直接预选。当威斯康星州的罗伯特·M.拉福莱特作出如下断言时,反映出了他对政党领袖的不信任,他抓住了激进派的民主动机和当时主要的新闻工作者们:

> 废除预备会议和代表大会。回到民主的第一个原则上:回到人民那里。以直接预选代替预备会议和代表大会。(1913年,第198页)

在1902年第一部直接预选法的20年里,除了四个州之外所有的州,对大多数职位都采纳了某种形式的预选,而康涅狄格州最终在1951年将预选制普遍化了。即使某些州的法律依然允许代表大会对某些公职进行提名,很清楚,作为受欢迎的提名方法,直接预选制也已经流行起来。

(一)直接预选的类型

因为选举法由各州掌握着,直接预选法在投票人的资格、时间安排和候选人的影响上极不相同就不足为怪了。每一部法律都反映了政党在通过它们时的力量和已经意识到的自身利益。尽管常常是害怕预选,政党们还是发现,最初很难反对它们,而它们一旦在位就又不可能扔弃它们。因而,政党采取更加现实主义的态度,试图以最不具有威胁性的方式来构建预选。

虽然基于预选将使提名的控制权回归于党员的信念,但是,对如何定义成员和参与权,却没有什么一致的意见。人们可以想象一个排列不同类型预选的连续区,一头代表着最受限制的参与,在那里，可能的参与者必须对政党做出一个真实的、公开的承诺；而在该连续区的另一头，预选只是一个在任何一个阶段上都对任何合格的投票人公开的两级选举。大体上，党组织支持更受限制的预选选民，这给予它们以政党的选区和一个更可预测的、可以诉求的投票人团体的某种感觉。

封闭式的预选（closed primary）对投票人规定了最多的限制，大多数州（38个州加上哥伦比亚特区）已经选择了一个投票人资格的限制性的定义，常常要求可能的参与者在预选之前具有意义的时间内，公开地登记他们的政党联系。在某些州，注册入党需要签署一个过去支持政党或者将来支持政党的誓言。尽管法律并不强制，这种确认却给了真实的独立者一些休憩，加强了投票人的亲和力。在直接预选的那一天，被政党登记过的投票人只能为在他们党内竞争提名的候选人投票，独立者必须坐在预选之外。

公开的预选（open primary）给予投票人一个政党初选（party primary）的选择。9个州（夏威夷、爱达荷、密歇根、明尼苏达、蒙大拿、北达科他、犹他、佛蒙特和威斯康星）已经采取了这种更广泛的党员的观点，允许投票人秘密地决定他们打算参加哪个政党的预选。因为不受制于登记到一个特定的政党，这些州的投票人出现于选举日里，被秘密地引向两个政党的投票箱（体系不一样，从分离的、用过的和没有用过的投票箱，到在一次政党预选之内，一旦投票人开始投票，就将他们关在外面的投票机器）。即使程序各不相同，投票人却可以选择参与哪一个政党的预选，但是，也就受制于那个政党的预选了。

公开的预选除了否认政党的一个可以辨识的跟随者名单之

外，它还将提名向其他政党成员的交叉投票(crossover voting)公开。从一次选举到下一次选举，参与一个政党的预选的投票人数目的剧烈转变可能自然地发生，因为，投票人被吸引到一个有更有趣的竞争的政党预选之中去了，或者，这可能是有组织的"侵略"的结果，借此，一个候选人或者政党鼓励其跟随者参与到反对党的预选之中去，以影响它的结果。

总括预选(blanket primaries)，在3个州(阿拉斯加、路易斯安那和华盛顿)进行，为投票人提供了甚至更多的选择。不需要登记入党，或者在预选日表明政党偏爱，在预选期间，这些州的投票人可以从一个政党跳到另一个政党，为每一个公职在不同的政党预选中投票。在这样的一种体制下，投票人可能帮助挑选民主党的候选人竞选州长，但却越过民主党关于国会提名的竞争而帮助共和党的竞争。在这样的一种计划下，党组织和候选人对预选的选民都没有一个牢靠的感觉。即使他们让"他们的"候选人去投票，也不能保证在每一个分立的预选竞争中谁会取胜。

随着共和党力量在南部的增长，路易斯安那州的民主党为了它们的利益调整了预选的规则。不和的民主党预选越来越频繁，而共和党的候选人却避开预选，养精蓄锐以备战斗，而其背后又有统一的政党的支持；面对这种情形，民主党人努力完成了一个预选计划，那样，两个政党所有的候选人都得参加预选竞选，最后的竞争对手进入大选。这就降低了共和党的优势，以至于从那以后，民主党一直控制着州长的职位。

无论其适格性需要些什么，预选的选民都不是政党投票人或者普通投票人的一个忠实的例子。封闭式的预选，自动地排除了那些最终在大选中只为政党中的一个候选人投票的独立分子,而更公开的预选选民在组成上不停地在改变。总体上,与大选的选民相比,预选的选民数量更小些(除了那些一党制地区,在那里,预选实际上就是竞选),受过更好的教育,生活更加富足,更具有意识形态,更加党派主义。(参见波尔斯比,1983b,第 697 页)

(二) 直接预选的时间安排

关于预选和大选之间时间的规定,各州的法律都不一样。即使假设一项预选制度存在,政党领袖关于时间安排的想法也混成一团。看起来,大多数政党领袖都偏向于一个早期的预选,这给予他们足够的时间来治疗伤口、搜集资源、做好准备进入大选,但是,一些领袖也附和他们威斯康星州同事的话,那就是

> 我们晚期的预选为政党提供了一个间接的好处。从预选到大选仅仅 7 周,赢得预选之后,大多数竞选组织都因筋疲力尽而在几周内崩溃一团。我们插进来填补这个空当,重新联合政党,捡拾碎片,帮助筹划一个向大选冲刺的战略。(作者的访谈)

(三) 直接预选对候选人的影响

以预选代替由一小组可以分辨的政党积极分子把持的代表大会,这极大地改变了候选人着手在投票上寻找一个位置的方法。对政党活动的长期承诺,让位给了个人的候选人组织。野心勃勃的候选人利用了党徒们的弱点,并试图把他们自己定位于挫败他

们的候选人资格上,或者在预选中向他们挑战。由于在预选期间缺乏来自于政党的财政支持和技术支持,候选人就变得习惯于从顾问们、非党派自愿者和利益集团那里寻求外部帮助,这建立起了一个很快就延续到大选竞选运动中去的模式。正如珍妮·柯克帕特里克所认为的那样,预选允许候选人"有能力直接呼请投票人,这使得不只仅仅越过政党的领袖成为可能,而且越过主要的政治阶级也成为可能……预选也倾向于通过聚焦于党内的不一致而使政治个人化"。(1978年,第6—7页)

预选中输或者赢的概念,各州不一样。尽管大多数州宣布,获得最多票数的候选人为获胜者,而在9个南方的州,如果候选人没有获得50%以上的选票,则需要一次预选决赛;如果没有人获得35%以上的选票,艾奥瓦州和南达科他州就把提名发送到一个代表大会。

在某些州,失去预选比在其他州意味着更多。26个州有"伤心的败者法律",禁止预选中的失败者在大选中以独立者的身份,或者在另一个政党的旗帜下,参加竞选。预选的获胜者不仅获得了一个投票上没有竞争的地方,这常常包括政党的指定,而且,也法定地即将获得政党所能提供的物质帮助和象征性的帮助。

(四) 直接预选对党组织的影响

由于采纳直接预选制,党组织从几乎完全控制着谁有权竞选公职,变成只是这个游戏中的一名选手——一个被过去已知的违法行为所玷污的选手。实际上,每一个人都把预选当作一种有意识地惩罚政党、警告它们不要试图在将来获取太多控制权的制度。

珍妮·柯克帕特里克总结道,"预选是美国人对组织的持久的怀疑在制度上的体现"。(1978年,第7页)因为力图消除首领对提名程序的控制,预选也消除了政党的控制。(兰内,1975年,第129页)

缺乏对被提名人的控制而在政党旗帜下开展竞选运动,可能为政党制造一个大的尴尬。最近几年,三K党的一名成员在圣迭戈赢得了民主党国会提名,而所有政党领袖能做的事情就是,鼓励投票人支持共和党候选人。(雷恩,1983年)在1986年伊利诺伊州预选中,与林敦·拉罗奇的极端主义政策有联系的两名候选人,赢得了副州长和检察长的民主党提名。阿德莱·史蒂文森,州长预选的获胜者,被迫作为一名独立者参加竞选,而不是在民主党候选人名单上参加竞选,因为,该名单上有其观点被他痛恨的两个人。史蒂文森和州民主党不得不请求投票人将支持史蒂文森的政党和支持新当选的副州长和检察长候选人分开,然后,再为较低的职位回到党界投票上去。在一个长期被库克(Cook)县(芝加哥)民主党机器把持的州,该机器将党界投票制成一个忠实条款,这样的要求听起来很是异端邪说,导致了对一个竟然能够让这种事情发生的政党嘲弄性的评价。在1986年的州长预选中,法院帮助了亚拉巴马州民主党组织。检察长,他以前是一位共和党人,鼓励共和党人在预选决赛中支持他,他审批了一封警告当地选举官员的信,信中说,如果他们不让共和党人以民主党人的身份投票,他们就将面临来自于他办公室的追究。法院判决,他已经滥用了作为检察长的公职,允许州的政党将提名授予他的对手。(彼得森,1986b,第A4页)

由于采纳直接预选制之后没有了对提名的控制,政党就保留了很少的组织活动诱因。潜在的候选人意识到，政党只是一个公民活动的比武场，在那里，他们可以成就他们的名声。不太有野心的自愿者往往发现，一旦被撤销提名候选人的权力，州和地方政党代表大会就只是相当空泛的活动。对于自愿者来说，看起来，更加个人化的、参加到一个候选人探求公职的活动之中的诱惑，比在党组织的葡萄园里匿名地辛苦地工作，更加具有吸引力。这样，政党不仅失去了一个存在的基本理由，而且发现，它对自愿者的支持的某些刺激也降低了。

在预选存在之前，政党更为成功地驾驭了冲突，至少在大面上是如此。潜在的候选人被激励，或者被挫败，而且，在被首肯参与竞选之前，要努力平衡候选人名单，考虑民族、种族、宗教和意识形态等因素。那些具有令人满意的表现记录、对政党忠诚的在职者，将自动地获得提名，除非该政党有兴趣转换，而新的、可能的候选人被评价为对政党很是忠诚。采纳了预选制，冲突就在两个竞技场内增加了。在政党控制之外，提名的斗争变成一个公开的游戏。剧烈的预选斗争因为更多的职位而迸发了。预选变得更像是为那些空缺的位子而竞争，它们没有在职者，而反对党的在职者对政党的忠诚或者其虚弱，预计着在大选中获得选举上胜利的一个好机会。这不仅仅是伤害了政党的政党控制权的直接丧失，而且还是这样一个事实：竞争性的预选听任候选人用尽了资源，他们不得不和政党支持者一起面对大选，而他们彼此在预选阶段曾经互相冒犯，互相攻击。这些冲突并不终结于选举日。如果个别人自我开道进入选举，而作为成功的预选被提名人通过大选而进入了公职，他们就不太注意政党。他们意识到，政党过去在选举上没有保证他们一个位子,将来也不可能这样做。因此,他们必须树立个人的政治策略,这可能或者不可能与政党对组织及其原则的忠诚的需要相一致。

在另一种意义上,预选降低了竞争。在预选存在之前,政党有明确的责任,保证所有的公职都有候选人,而预选便利了这种角色的废止。1900年,在有预选之前,少于5％的国会区没有来自于两个政党的候选人。在这个世纪的头半期,这个比例停留于20％左右;在南方,民主党的预选就相当于选举,而且占有没有竞争的大选的一部分,但是不是全部。当没有竞争的竞选的百分比下降到大约10％而保持在这个水平的时候,政党更新的努力和南方两党制的发展开始在60年代后期出现了。(参见施赖辛格,1985年,第1159—1160页)

(五) 政党的回击:预选前的认可和服务

不得不等到预选之后才能直接进入选举运动的沮丧和暗示,倒是鼓励了党组织将它们自己正式地卷入到预选的过程之中去。在采纳预选制以来,虽然政党领袖对喜爱的候选人非正式的帮助和激励也曾发生过,但是,党组织却在寻求直接影响预选结果、把它们自己作为重要演员树立起来的方法。两种手段凸显出来,这就是预选前的认可和竞选服务的提供。

预选前的认可(*Preprimary Endorsement*)。政党越早进入提名游戏,它的作用就可能越重要。即使是在直接预选中,通过提供一些额外的消息来影响投票人的决定,或者允许该政党为被认可者的利益而筹集组织资源,比如捐款、自愿者和服务,党组织在

预选之前正式地认可一位候选人的权利,也可能激励没有被认可的候选人退出。17个州的一个或者两个政党,利用或者法律上允许利用一个州代表大会来认可州范围内的公职候选人。只有两个州(加利福尼亚和佛罗里达)禁止这样的认可,其他各州不用这种做法。(康澜,1986年,第四章,处处)

在国家级别上,在70年代后期,共和党国会委员会开始非常有选择性地支持预选候选人,民主党在几年之后跟随了这种追求。现在,两个政党的认可都需要州和地方政党官员完全的赞同,这认可是例外,而不是规律。

犹豫不决于是否运用预选前的认可,部分地来源于政党缺乏对预选结果的控制力。预选前的认可是一把双刃剑。在被认可人赢得了预选、认可被看作一个关键性因素的意义上讲,在候选人和公众的眼里,它们加强了政党的掌握力。(参见曼,1981年,第51页)另一方面,比如在明尼苏达州和威斯康星州的许多州政党,已经经历了它们认可的候选人在预选中失败的尴尬,而这比没有认可可能造成的结局更加损害了政党的形象。正如一位州政党官员所指出的那样,"对那些具有高度可视性的州公职,比如州长的认可,我们已经变得越来越谨慎了。确实有太多的被推翻的机会"。(作者的访谈)

预选前的服务(*Preprimary Services*)。对政党不太具有威胁性,而且有点有助于让候选人觉得受关注的是,政党向候选人提供预选前的服务。尽管,州和国家级的政党都一直向任何可能的政党候选人付费地敞开它们的候选人学校(参见方框中文字),但是,现在,大量的州政党却提供了广泛的服务,这包括从生成邮寄名单

和民意测验到广告材料的制作。以一位州政党执行总裁的话说：

> 我们不能让政党只是坐在那里摆弄大拇指，直到提名完成。在那之前，候选人将在别处找到他们需要的服务。我们提出一个服务的目录，把它们提供给任何候选人，与他们建立起事务料理联系。在大选中，那些获胜者将回到我们这里来提升服务，而且，一旦他们进入公职，他们将记得，当他们需要的时候，是我们在这里帮助了他们。（作者的访谈）

握手 101：竞选运动学校

尽管竞选公职的许多方面要么是常识，要么是天生技能的产品，却有成千上万的候选人、竞选运动管理人、财政董事和夫妻参加由政党资助的特别课程，来学习那些关键点。培训常常包括角色扮演模拟、坦白的能力评估和播放录音磁带，它将讲座和实践体验混合在一起。话题包括媒体技巧、筹集经费的技术、竞选运动电脑软件、向公众推销你自己、避免来自家庭的尴尬、管理自愿者和工作人员、树立问题立场。在共和党竞选运动管理学院或者新近设立的民主党培训学院学完 1—5 天的课程之后，参与者将被展示最好的、从在职的政治家、政党工作人员和竞选运动顾问那里可以得到的建议。培训的部分和典型的建议包括：

握手 101

● 微笑。

- 直接看向你对象的眼睛。
- 不要低垂着头。
- 让他们记住一个有力而又不让他们的骨头发青的握手。
- 没有伤害地、大面积地握手。

电视露面 410

- 电视服装。深色的套服传送着一个更有力的形象,浅蓝色的衬衣拍照更好。
- 永远不要说"无可奉告。"面对一个尴尬的问题,要么不理它,要么以另一个问题来应对。
- 从你一踏进制作间,就把你自己想作是"在播放中"。不要说任何你不想让千百万人听见的东西。
- 电视是一种交谈的媒介。假装你是在你的起居间里对一位好朋友说话。

  不要发怒。

  不要尖叫。

  不要在摄像机和采访者之间瞻前顾后。那样,你将看起来要么显得紧张,要么像一场网球比赛的观众。
- 在你到达之前,试图尽可能多地了解你的采访者和他或者她听众的兴趣。

这些技巧和其他许多教导的技巧都不能保证成功,它们也经不起个性、技巧和任何候选人竞选的特殊性的检验。但是,它们向竞选运动的主要工作人员提醒,什么在别的环境里起作用了,避免哪些大的错误。(参见格拉纳特,1984 年)

三、政党预备会议和代表大会的持续性的作用

只有 8 个州允许或者需要利用政党的代表大会,来为所有州范围内的公职指定候选人,另 4 个州至少对某些州范围内的公职有同样的做法。(康澜,1986 年,第 73 页)尽管在大多数情形下(除了总统级别上),政党预备会议和代表大会不再有提名的正式权利,它们却仍然执行着许多重要的功能。州和地方政党是开发问题和测试候选人的场所,指导党组织的管理,为政党积极分子提供机会互相作用,使其对彼此热心,而且,通过给予特殊候选人预选前的认可,大量的州在其背后筹集政党的支持和资源。

通常地,地方预备会议或者代表大会每年至少聚集一次,从它们的级别上挑选代表到更广阔的政治区域上(行政区、国会区、州、等等)。许多州举行常规性的区域预备会议,这对任何感觉与该政党有联系的个人开放。两个政党的预备会议常常是在同一个晚上举行,以不让同样的投票人两边都参与。例如,明尼苏达州,在 1986 年,共和党有将近 30 万人参加,而民主党有将近 60 万人参加。珊德拉·凯登和艾迪·马厄报告了地方政党预备会议的数目和参与上的增加,这"朝着将生命吹进地方政党的方向,已经走过了漫长的道路"。(1985 年,第 113 页)

尽管预备会议和代表大会为大多数有兴趣的公民提供了一条直接参与的途径,但是,从总体上看,他们却不能代表所有的人口或者党员们。代表大会比预选更容易被宗派所控制。(参见方框,"控制代表大会的大厅")

> **控制代表大会的大厅**
>
> 明尼苏达州一位多年的共和党积极分子,如此详细讲述了原教旨主义基督徒在州代表大会大厅里日益增加的作用:
>
> 有一位年轻人,他坐在一个通道上,戴着一顶那种稻草的圆顶硬礼帽。当他戴上他的帽子的时候,每一个人都投赞成票;当他摘下他的帽子的时候,每一个人都投否决票。观察投票精确地跟随着他的帽子走,真是一件令人惊异的事情。在 300 多票中,我们只有不到 100 票。他们是在完全的控制之中。(艾德萨尔,1985c,第 9 页)

第四节 总统提名:一个特殊的案例

尽管大多数公职提名都只涉及一个阶段——直接预选——总统提名却牵涉到大量的阶段和不同的程序。

一、政党和候选人的出现

因为在职的总统几乎都有保障重获提名,而且对国家级政党具有相当的控制,政党就成为他们重新提名战斗的工具,如果应该有一场战斗的话。没有政党在职者参与的竞争,将更好地表现出政党的作用和潜力。

被击败的政党提名人,尤其是,如果他们并没有被选举所伤害,首先就声明自己是政党的"名义上的领导"。通常,政党提名人都有机会选择全国委员会主席和高级工作人员。让他们的人来运作全国委员会,有利于他们政党发言人的角色。

被拒绝的被提名人和那些对重获提名没有什么兴趣的提名人,对政党的控制就弱一些,他们可能发现,对"他们的"政党主席的挑战变成了潜在的被提名人之间的战斗。在竞选之间关于政党主席职位的竞争,往往就是对候选人力量最初的检验。

在竞选之间,政党有机会展示候选人。国会中的政党领袖,获得作为政党发言人的曝光权和合法性,现在,对两院来说,这都是一个日益重要的、在有线电视(C-SPAN,公共行政有线卫星网络)上可得的"木槌对木槌"("gavel to gavel")的因素。由政党鼓励的州长和其他当选官员的研讨会提供了一个论坛,潜在的候选人就可能出现在那里。就在1976年提名程序正式开始之前,民主党全国委员会委派吉米·卡特到全国各地,就一系列豆子饲料和烤牛肉问题代表政党发言。这些旅行传播了他的名字,建立了他后来编织进竞选组织的联系。雄心勃勃的总统候选人排成队列,呈现政党对主要的总统讲演的回应。主持政党和政党提名大会,或者充当政党提名大会主调发言人的机会,为未来的候选人提供了一个早期的测试。1948年,休伯特·汉弗莱在民主党全国代表大会大厅里的民权发言,不可磨灭地标志着他就是块总统材料,36年后纽约州长马里奥·廊默的表现也是同样。竞选运动的责任也能实施同样的功能。1964年,在政党支持下,在大选之年前,罗纳德·里根支持共和党候选人的恳求,就建立了里根作为政治力量的合法性。

二、积聚全国代表大会代表

总统提名由每个政党每四年一次的全国代表大会完成。这些代表大会的代表由许多不同的方法选出来。传统地,选作代表是对长期而忠实的政党服务的酬劳,代表们对选择他们的州党组织也表其忠诚。获得提名意味着与代表领袖打交道,这常常指州长或者其他高级的当选官员,以及建立一个代表们的联盟。被几个大的代表领袖"充当掮客"的代表大会是标准,在那里,个别的代表时常并没有什么发言权,尽管掮客们确实不得不考虑候选人的普遍支持情况。

相比较低级职位的直接预选对民主所提供的直接灌注而言,对总统提名的延伸了的公民控制就进展得慢多了。相当早的时候,许多州以预选代替了州代表大会,来选择全国代表大会的代表,但是,在这个世纪的头50年,只有不到20个州和不到一半的代表是在预选中挑出来的。公众和媒体对预选的偏爱,以及1968年竞选之后来自民主党改革委员会的压力,导致了预选数目和以那种方式当选代表的百分比的剧烈增加。甚至更重要的是,这个阶段,通过预选程序正式地向一名候选人承诺的代表的百分比也剧烈地增加了。(参见表4.1)

表4.1 预选作为一种选择全国代表大会代表方法的增长

	年	预选次数	代表数目	预选中当选代表的百分比	预选中承诺代表的百分比
民主党	1952	17	1,230	46	18

(续表)

	年份				
	1956	21	1,372	50	38
	1960	17	1,521	45	20
	1964	18	2,316	51	41
	1968	17	2,623	49	36
	1972	23	3,016	66	58
	1976	29	3,008	75	66
	1980	31	3,331	71	71
	1984	25	3,933	55	51
	1988	31	4,160	77	61
共和党	1952	15	1,206	46	24
	1956	18	1,323	47	43
	1960	15	1,331	41	35
	1964	17	1,308	48	35
	1968	16	1,333	45	36
	1972	22	1,348	53	41
	1976	28	2,259	66	54
	1980	33	1,993	75	69
	1984	24	2,235	57	52
	1988	33	2,277	77	58

来源:1952—1980年:波尔斯比,1983a,第64页;1984—1988年:《国会季刊每周报告》,1984—1987年。

(一) 预选程序

在总统的提名程序中,预选的作用已经极大地改变了。直到最近,由于很少有代表是在预选中选出,他们绝大多数也没有支持一名特别候选人的合法承诺,作为一种聚集支持性的代表的直接手段,预选还不是非常重要。总统提名,更是候选人声望和党性的公共测试根据。那些克服了巨大的力量对比差额的候选人(比如德怀特·艾森豪威尔,他在1952年明尼苏达州预选中赢得了投票给非候选人的胜利),受到认真得多的对待;而表现得不如预想那样好的候选人(比如林登·约翰逊,他在1968年新罕布什尔州预选中缺乏明确的委任契约)发现,他们的候选人资格受到严格的质疑。候选人经常运用预选来测试水位,或者克服已经察觉到的弱点(比如,1960年肯尼迪的年轻和天主教主张,或者1968年尼克松的败者形象)。

运用和解释总统提名的策略非常狡猾。许多州的候选人可以选择是否竞争。从候选人名单上拿掉一个名字、避开竞争,常常比遭遇打击更好些,但是,绕开可能产生意义重大的支持的预选,可能也一样具有伤害性。候选人之间不完全的匹配,也恶化了许多与阐释总统提名有关的问题。赢得或者输掉一次总统提名,就正如一个观念与现实一样多。尽管囤积投票的大多数就常常被认作获胜,但是,微弱的多数却不是好得足以让媒体和公众都认为一个候选人是强大的;同样地,比多数少的一些东西,反而被认作那些开始于许多不利条件的候选人的"获胜"。在新罕布什尔州反对一位在职总统的预选中,罗纳德·里根做得就和乔治·麦克戈温1968年(42%)已经做的一样好,但是,因为里根被指望做得更好,以至于这就不被当作一次"获胜"。观念因素出现于1980年,当时,来自艾奥瓦州一个预备会议的乔治·布什声称"大势"(势头),

这只是为了相比新罕布什尔州的里根来说，他比预计的做得更糟，而且，布什的竞选运动开始收拢。1988年的"预计游戏"消灭了两边大量的候选人。

远在投票的数量之外，某些预选的时间安排提高了它们的重要性，而且，特定状态的情形引来了结果代表着什么的疑问。新罕布什尔州为举行第一次预选持续的战斗，保证了相当的媒体的报道，而且，这些结果已经制造了或者摧毁了大量的候选人。但是，无数的疑问仍在关注，在一个明确地没有追随国家级的组成或者政党的组成的州里，每个政党里几个投票人的结果是否应该有这样一个过度的影响。加利福尼亚预选传统的时间安排，对在预选时节晚期分出最后几个候选人有最大影响，这也引起了类似的问题，尽管最近几年，在加利福尼亚竞争之前，提名就已经决定好了。因为不能保证要么第一要么最后的位置，大量的南部州在1988年结合起来，举行一场"超级星期二"地方性的预选，来提高它们的影响力和候选人投向它们的注意力。

且不论预选作为测试场仍然重要，现在，几乎四分之三的代表是从预选中选出的，而且，事实上，他们所有的人都是由一个他们在其中向一位特定候选人允诺的程序中选出的，这个事实鼓励了候选人聚焦于预选。

成功地参与一次预选，需要相当的努力和资源。联邦选举法为那些在许多州已经筹集到数目可观的小额捐款的候选人提供配套经费，来完成他们的竞选运动。通过接受联邦经费，候选人同意基于一个考虑到各州选民规模的公式，来限制他们在每一个州的支出。由于缺少大选中可得的政党支持的典型基地，候选人必须设立他们自己的组织,直接与投票人联系。在小的州,像新罕布什尔,面对面的联系,既是可能的,也是在预料之中。折射着候选人对新罕布什尔州第一次预选时节的关注,投票人实实在在地这样说就不是不平常的了,"我将永远不会投票给一个我没有握过手,而他也从没有看过我眼睛的总统。"考虑到联邦提供的预选配套经费对每个州的金钱消费限制,从对新罕布什尔州的强调这个事实中就可以看出:在竞选运动后期,当金钱变得紧张的时候,为了节省他们在新罕布什尔州有限的补贴,候选人和他们的随从常常深夜冲过边界,到佛蒙特州去住汽车旅馆房间。在大的州,预选运动重重地依赖大众媒体和有目标的邮寄活动技巧,而不是面对面的接触。在这些情形下,金钱就变得更加重要。

(二) 州政党预备会议和代表大会

那些不是来自预选的全国代表大会代表,来自于州和地方的代表大会。在一些州,全国代表大会代表是在地区代表大会上,与州的代表大会上其余的人一起挑选的;在另外的州,所有的代表都来自于州代表大会或者州中央委员会。大量的地方、地区和州代表大会,给了候选人组织巨大的负担,它们必须监控和组织大量的自愿者。代表大会的复杂性和数量,除了带来媒体报道之外,什么也没有带来,除了某些不太可能的特别情形。1976年,艾奥瓦州以一套早的选择代表的区域预备会议吸引了公众的注意。新闻界对吉米·卡特的获胜、罗纳德·里根对在职总统杰拉尔德·福特的强烈反对的关注,改变了竞选运动的方向,而艾奥瓦州的预备会议现在已经变成一个被接受的、有野心的候选人的主要战场。1988年,当密歇根州建立一个挑选候选人的预备会议程序的时候,提名日程被推到远在大选之前两年就开始了。当副总统乔治·布什被问到,为什么他那个还不是正式的竞选运动组织,在那个程序中已经花费了百万美元时,他辩论道:"我不得不在那里做得好。新闻界希望这样。如果我做得不好,标题上就会这样写,'布什的竞选运动蹒跚而行。'考虑到新闻界将给予我们的关注,我们只是没有选择而已。"(NBC-TV,"今天",1986年8月)

最初,尽管政党预备会议是为了聚集政党的忠实分子,便利达成折中决议以增加政党的力量,但是,今天的情形常常是正好相反。由于对预备会议作为总统竞争者之间战场的关注日益增加,现在,预备会议常常挑起了宗派主义。一个极端的例子,是明尼苏达州的"行走的次级预备会议"的规则。在区域预备会议集会之后,每个候选人的支持者都形成一个独立的次级预备会议,然后,运用一个复杂的公式来划分将被选到下一级代表大会上的代表。没有人试图找到共同的理由,或者琢磨出一个折中的意见。

三、全国代表大会

全国代表大会是国家级政党合法的决议制定机构,它将规则合法化,提名候选人,树立政治立场,给定政党努力的方向。除了产生正式的捐款之外,全国代表大会还是对积极分子的一份酬劳,为建立政党热情提供一个环境,而且,特别地,在大众媒体时代,为政党提供了一个制造新闻的场所。

(一) 代表

每一个政党都控制着分配代表和挑选代表的程序(许多情形下受制于州的法律)。决定给予每个州的代表数目的分配公式,因各个政党而大为不同。民主党的分配公式直接基于人口,而共和党的分配公式则给予共和党投票区额外的代表。(参见哈克肖恩和比比,1983年,第659—666页)民主党全国代表大会远远比共和党全国代表大会规模大(3,000多对共和党的不足2,000)。最近的民主党改革(参见本章后面的讨论)已经导致黑人、妇女和青年投票人百分比的猛烈增加,但是,共和党全国代表大会的代表性增加得慢多了。在剧烈地减少了民主党全国代表大会(尤其是在1972年)当选官员数量的第一波改革之后,为当选的高级官员(州长,国会成员,等等)而增补的特别代表位置,又在某种程度上颠倒了这个倾向。(参见表4.2)尽管民主党改革委员会意在增加其组织的代表性(黑人、妇女和年轻投票人),共和党和民主党的全国代表大会代表却都没有从整体上反映人口总数。托马斯·艾德萨尔在比较了1984年全国代表大会代表的调查之后,总结道:

> 以收入和教育来论,民主党和共和党的代表大体上远比选民们要好得多。但是,以意识形态来论,比起全国的投票人来说,民主党全国代表大会的代表们……更加自由,而共和党的代表们……则更加保守。(1984a,第A7页)

表 4.2　全国代表大会上高级当选官员的代表性

	年	参议员当代表的百分比	众议员当代表的百分比	州长当代表的百分比
民主党	1956	90	33	100
	1960	68	45	85
	1964	72	46	61
	1968	68	39	83
	1972	36	15	80
	1976	18	15	47
	1980	14	15	76
	1984	62[a]	67[a]	94
	1988	80[b]	80[b]	100[b]
共和党	1968	55	31	88
	1980	63	40	74
	1984	49	43	81

来源：1956—1980年：波尔斯比，1983a，第114页。
a 反映了由于为当选的官员保留"超级代表位置"的增加。
b 基于1988年超级代表的规定。

表 4.3　全国代表大会代表变化的状况

		每种代表的百分比			
	年	妇女	30岁以下的	黑人	大学程度
民主党	1968	13	4	7	63
	1972	40	22	15	56
	1976	33	15	11	71

(续表)

	年份				
	1980	49	11	14	66
	1984	51	9	17	72
各类民主党人的总人数	1980	56	27	19	12
共和党	1968	17	1	2	—
	1972	35	7	3	
	1976	31	7	3	65
	1980	29	5	3	—
	1984	49	—	4	63
各类共和党人的总人数	1980	53	27	4	18

来源：克罗蒂,1983 年,第 129 页,第 137 页；杰克逊、布朗和布朗,1980 年,第 208 页；凯福,1987 年,第 108 页；米托夫斯基和普利斯勒,1980 年,第 37—40 页；苏斯曼和约翰,1984 年,第 A6 页。

表 4.3 揭示了全国代表大会代表大致的人口统计情况,也指出了某些长期的变化。尽管规则的改变清楚地改变了组成图式,但是,作为一组独特的公民,代表大会的代表们却清晰地凸显出来。明显地,他们更加卷入政治,他们也倾向于来自于社会上较高的社会经济组织。虽然代表们的意识形态依赖于不同的总统竞争者的成功,但是,代表们的政治观点却倾向于比普通公民或者政党追随者更加极端。

(二) 程序

政治性的全国代表大会的历史,充满了无数关于成员、规则、党纲和提名的冲突。传统上,在一周热情的演讲、党派主义刺激和聚会中,代表们代表着州的党组织,而大多数的决定却由运转和处理他们的代表集团的代表团主席们来制定。一些提名由于热情的、席卷群众的大厅游行示威而摇摆,但是,大多数都由远在公众视力之外的决定做出。全国代表大会保留了通过它们的资格委员会来批准它们自己的成员的权利。传统上,候选人和意识形态组织运用资格委员会竞争,来拒绝反对代表们的参与权。(如果想得到一个历史性的考察,可以参见戴维、戈尔德曼和贝恩的著作,1960年)

与它们原先相比,当今的代表大会显得很温和。那种为30年而需要不止一次投票的提名斗争,已经没有了。新闻媒体发现,要想在典型的、已经被预先决定和刻画好的代表大会上分辨出一个合法的真相,那是越来越困难了。即使是"自然的"候选人游行示威,那也是事先安排好、受到控制的。大量的因素可以解释这个变化。倚重于预选,意味着一个明显的前线竞争者趋向于早一点出现。电子媒体的刚好在场,阻碍了党徒们以整个国家的就寝来"清洗他们肮脏的亚麻布"。自从电视报道全国代表大会以来,主要的网络第一次没有连篇累牍地报道1984年的全国代表大会。这次全国代表大会已经承受了它的代价。"现在,全国代表大会是一个被候选人积极分子和利益集团代表所掌握的机构,他们开会批准一项主要由预选选举决定了的选择。"(波尔斯比,1983a,第76页)

(三) 纲领

在美国政治中,政党的政治纲领是最受诋毁的文件之一。作为相对广泛、彼此观点不同的组织之间可以被接受的折中意见的体现,它们一定包含着重大的模糊性,但是,它们也并不是毫无意义的。通过全国代表大会之前的听证来创制党纲的程序,向全国代表大会起草提议,大厅里的投票,这些在合意和不一致的领域里都教导了政党,而且,在党纲委员会之前郑重宣布的个人和组织名单,指示着关于该政党会听从谁、吸引谁的某些东西。在提名没有被决定或者政党内部冲突不清楚的情况下,在委员会之内和大厅里的党纲投票就是对力量的考验。

即使党纲长于花言巧语,短于新思想和明确的辩驳,它的实质,确实也标志着那些控制着全国代表大会的大多数人通常的政策偏好。党纲微妙的和不是太微妙的转变,都可能意义重大。1980年,当共和党人放弃前些年对平等权利修正案的支持的时候,这就提供了一个更加清晰的、里根多数派的图景。

党纲是作为用来参加竞选,而不是必然地用来统治的文件而被设计出来的。它们包括大量的对目标和事业的承诺,而这些不可能酿成大的争论,并且能够证明该政党对什么是"好的"和"正确的"的认同。(参见方框中文字)且不论竞选上花言巧语的优先考虑,两个政党采取的立场之间确实也有区别。在1944年和1976年之间,尽管只有8%的政党保证处于直接的冲突之中,但是,在立场的不同方面却有着长期的增长。(波姆普,1980b,第168—170页)党纲远远不是花言巧语,其承诺中重要的部分发现,它们自己被获胜的候选人实施了。正如杰拉尔德·波姆普断言的那样:

> 从大量的数据中得出的最重要的结论是,保证确实被履行了……在政府行动的最后一个十年之内,所有保证中的几乎三分之二都以某种方式实践了,而其中的30%由国会或者行政指引直接实施。……我们应该认真对待党纲——因为,

政治家们似乎在认真对待它们。(1980b,第 161 页,第 176 页)

1984 年国家政党党纲——选集

民主党

一个基本的抉择等着美国——一个两个未来之间的抉择。这是一个介于解决我们的问题和假装它们不存在之间的抉择;团体精神和自私的腐蚀之间的抉择;为了全体的公平和某些人的利益之间的抉择;……军备竞赛和军备控制之间的抉择;领导和托辞之间的抉择。
美国站在一个十字路口。

朝着一个方向前进,指派詹姆斯·瓦特的总统将会指派最高法院的大多数……在中美洲发

共和党

今年,美国人民将从美国应该是什么的两种正好相反的观点中做出选择。共和党看着我们的人民,看到了美国精神新的曙光。民主党看着我们的国家,看到了美国灵魂的黄昏……共和党美国未来的观点始于这样的基本前提:

　　自由产生机会;
　　机会产生增长;
　　增长产生进步。

民主党根本不懂这些。它认为,我们的国家已经越过了它的巅峰。它向美国人民提供重

动了隐秘战争的总统,将决定我们的人权政策……自从炸弹爆炸以来反对每一项核武器控制条款的总统,将被委以地球的命运。

我们提供一个不同的方向。

新分配,而不是扩展;紧缩而不是增长,失望而不是希望。在外交政策上,它宣称自由的花言巧语,但是,在实践上它又追随退缩和孤立的政策。

今天,我们宣布,我们自己是希望的政党——不是为了某些人,而是为了所有的人。

并非每一个问题都呼喊联邦的解决……仁慈最大的任务必须由真正关心的人们来完成,由助长经济增长的政策来完成。

★★★★★

里根政府以花费的美元来衡量军事力量。基于完好的计划和对威胁的现实主义的估计,民主党寻求一个审慎的国防……我们需要一个这样的总统,他能理解,人权和国家安全利益是相互支持的。

我们外交政策的最高目的,必须是维持我们在和平的国际环境中的自由,在这个环境中,美国和我们的联盟和朋友面对军事威胁都是安全的……我们要通过保持我们的国家比任何潜在的敌人强大来维持和平。

★★★★★

在80年代,民主党将强调两个

对美国生活方式来说,自由企

基本的经济目标。我们将在我们的国家恢复上升的生活标准。而且,我们将向每一位美国人提供安全、有用的就业机会。

业是基本的……经济增长使所有的公民能共享国家巨大的物质和精神财富,而且,通过给予他们最充分的参与经济活动、得到他们的劳动所得的机会,来使这财富最大化。

★★★★★

民主党政府最优先考虑的事情,将是批准没有修正的《平等权利修正案》。

共和党是平等权利的政党。自从它于1854年创立以来,我们已经改善了机会的平等。共和党重申它对多元论和自由的支持。

★★★★★

我们支持对顶端扁平的手枪的制造、运输和销售实行严格的限制,它没有正当的体育上的用途,而且被用在很多暴力犯罪中。

共和党将继续保护占有和提供武器的宪法权利。当这个权利被滥用,持枪犯罪发生了,我们坚信严厉的、强制性的判决。

★★★★★

民主党党纲确认它对宗教自由、宗教宽容和教堂/各州分离原则的支持,对最高法院禁止

共和党支持学校里自愿的祈祷者,并且极力主张,联邦在教育里的作用应该局限于推倒那些

| 违背那些原则的判决的支持。 | 具有集权方向的、灾难性的实验。 |

★★★★★

| 民主党承认生育自由是一项基本的人权。因而,我们反对政府干涉美国人的生育决定……民主党支持最高法院 1973 年关于流产权利的决定。 | 未出生的孩子具有不能被侵犯的、基本的、个人的权利。因此,我们确认我们对《人类生命修正案》的支持……我们反对将公众财源用于流产。 |

(四) 公共关系

在全国代表大会召开之前,随着提名,一个先行的结论常常就开始了,而且,在很大程度上,全国代表大会都接受被提名人对副总统和政党主席人选的口头表决,由此,政党就日益试图将全国代表大会刻写出来,以求最大化的、积极的公共曝光。最有激励性和象征性的发言人被找来,尽量地向全国描画政党,好让大厅里的群众激动起来。可视的、圆滑的、宣布该政党过去的英雄和当前的被提名人的介绍,就是竞选运动的第一道媒体火力网。每个政党不仅力图集结出它的政治明星,也包括了来自支持它事业的体育圈和娱乐圈的名人。由于电视的引入,全国代表大会变成了最大的媒体事件。从"自然的"展示到演讲,所有的事情都被慎重地雕琢,并被安排到黄金时间段。1972 年,乔治·麦克戈温允许党纲辩论拖延到深夜,因此,使得他的接受演讲只能在早上极少的几个小时内做出,他这种意愿常常被当作他拙劣的媒体竞选运动的示范,而不是被作为一种公开辩论和民主的表达来称颂。

全国代表大会代表着政党说话,它向全国呈现了一位总统被提名人,他有权佩戴政党标记,有权获得分配给候选人的联邦竞选经费。尽管从党组织的角度来看,总统提名已经远远迷路了,不再是政党的活动。政党充当一个事件的一位主人,为了这个事件,客人们被别人通过预选"邀请"而来。尽管政党影响着于其下邀请受到保证的规则,这个邀请却是一种远远的、来自于在它之前、由政党控制的程序的哭泣。

在评估政党的作用时,《美国州议会之下议院》总结道:

> "改革了的"提名程序,尤其是在民主党一边,已经削弱了政党和它们的全国代表大会……这个潮流应该被堵住,而且……如果其他常规的政党提名程序出错了,预选的作用应该更被看作一个安全阀,而不是像它们现在已经变成的这样,是主流的提名程序。(1982年,第8页)

即使这个观点被很好地采纳了,在很大程度上,它又由政党领袖和总统竞争者们遗失了。1988年的竞选没有显示出在这个过程中预选作用的减退。

四、民主党提名改革

政党,就像大多数的组织一样,以反省和公开改革来回应失败。对民主党来说,街上有暴乱、大会大厅里有激烈冲突的灾难性的1968年全国代表大会,(参见方框中文字)不仅导致了不太全心全意的休伯特·汉弗莱的竞选运动,而且,产生了改革委员会系列里的第一例。作为对1968年全国代表大会数量上疏于代表民主党的大多数组成部分的指责的回应,民主党采取了主要的一步来重新定义政党。尽管政党"成员"的观点一直都是一个模糊的概念,它却常常是被视作那些付出了努力、进入了预选、预备会议和代表大会的个人。麦克戈温委员会(正式地称为政党改革和代表挑选委员会,后来,当参议员乔治·麦克戈温的总统野心让他将主席位置放弃给国会议员唐纳德·福瑞瑟的时候,又被称作麦克戈温—福瑞瑟委员会)开始了一个非常广泛的政党的定义,形成了将为黑人、妇女和年轻人增加参加代表大会机会的规则。由于对年代久远的政党机器的不信任的驱使,被达利机器(Daley machine)加剧了1968年芝加哥全国代表大会上的冲突所例证,以及逻辑上几乎反对党组织的任何形式,改革者们声称,强调更加公平的代表的表现性目标,不仅正是需要做的正确的事情,而且还将会在选举利益中获益。这个麦克戈温—福瑞瑟委员会大概繁殖了一打后续性的委员会,每一个都常常紧随着一次竞选上的失败,这些委员会形成和重塑了影响挑选代表的规则。(参见斯蒂德,1985年,第4页)

民主党的自我毁坏:1968年全国代表大会

1968年的芝加哥全国代表大会震惊了该政党,使其开始一系列的机构改革,因为,它给政党留下了很深的伤口,将巨大的视觉上的冲突、抑制和讽刺的形象,嵌进了成千上百万美国人的

记忆之中。其中,最引人注目的是:

- 在全国性的电视上,哥伦比亚广播公司(CBS)的一位记者被市长理查德·达利(Richard Daley)的一位保安重重地打倒在地上;瓦尔特·克罗凯特,"美国最受信任的新闻记者",以公开谴责"达利的打手"而再现了他一贯的客观性。
- 学生、穷人、激进分子和狂热分子辱骂警察,被警棍猛击头部,受到催泪气体的猛喷——这些场景,将使"艺皮士"(青年国际党)从一个巨大的模仿组织(PUT-ON)转变成为一股真正的政治力量,而且,在以后的几年里,这些形象将难以磨灭地把警察们标注为"猪"。
- 在全国代表大会的大厅里,理查德·达利被他的追随者们庆贺,而与此同时,他不仅被大街上的人们所唾骂,而且也被大部分媒体和公众所谴责。
- 参议员亚伯拉罕·瑞比科夫(康涅狄格州民主党人)谴责达利市长和"芝加哥大街上的盖世太保行为",而理查德·达利却坐在礼堂前面,给出"关掉"电视的信号。
- 休伯特·汉弗莱在他的重大胜利之夜,以颂扬"快乐政治"的演讲,接受了其政党的总统提名,而乐队正在演奏"快乐时光于此重现";所有这一切只是为了让电视网络剪掉大街上的游行者、工职队伍的不服从以及变得著名的"警察暴动"等等这些场景。

以上形象,以及其他许多类似者,给了民主党很多教训,其中,最首要的是这种感觉:某种程度上,在全国代表大会大厅里

> 发生的事情与大街上发生的事情脱节了,而且,更为重要的是,与许多民主党人的关心脱节了。这次教训,打通了使代表挑选程序更加民主、保证代表更为广泛的人口的道路。

(一) 麦克戈温—福瑞瑟委员会(1968—1972年)

麦克戈温—福瑞瑟委员会,主要开始于脱离过去挑选代表的程序,它允许候选人绕过预选;很清楚,预选不能代表那些在代表大会上占有数量上的重大意义部分的人口,它包括了不可否认的、故意的政治歧视的模式。后来的委员会主要都是回应于它的初衷。

被委员会完善了的15项指南,强调了向基层党员公开总统提名程序,需要挑选代表的公开的会议和程序,需要潜在的代表公开地声明他们的候选人偏好,阻拦由州中央委员会来挑选代表,鼓励更多的地方层面上的代表挑选。(参见克罗蒂,1984年,第50—51页)最直接、很好地公开化了的规则,确立了妇女、黑人和青年投票人的配额。一个更不直接的后果从这个事实中产生出来,那就是,那些选择预选选举方法来挑选代表的州,将使它们代表团的组成趋向于较低的评价。这就刺激了数量可观的州蜂拥向总统预选制度。(参见表4.1)

和改革的延伸一样令人吃惊的是,这个委员会可以带来顺从的事实。这个委员会大胆地引入了其强迫顺从的权利,其后果很引人注目。州政党修改了它们各自的规则,抢先努力改变了可以适用的州的法律。14个州采用了总统预选方法,来直接回应这个委员会的指导。(哈克肖恩和比比,1983年,第661页)到1972年的全国代表大会,多于98%的代表是从预选或者公开的预备会议和大会选出的,黑人和妇女代表的百分比翻了两番,而与1968年的数字相比,年轻代表的百分比增加了4倍。(克罗蒂,1983年,第62页)

尽管结果只是对民主党可以直接适用,共和党却从麦克戈温—福瑞瑟委员会那里感受到了余波。非正式地,共和党发现它们的挑选程序可以与民主党人相比,它对歧视问题变得更加敏感,但是,它没有改变正式的规则。更为直接地是,由于民主党的改革需要立法行动,共和党发现,它们自己处于同样的、需要预选和公开的决策制定过程的各州新法之下。

(二) 迈库尔斯基委员会(1972—1974年)

在很大程度上,1972年的全国代表大会是基于麦克戈温—福瑞瑟委员会指南的一次胜利:不过,民主党人遭受了美国选举历史上最为惨重的失败之一。全国代表大会的公开性的出现,以减少那些政党"常规分子们"(被选举的官员,政党领袖,劳工领袖,等等)的参与机会为代价,而他们曾经主宰了以前的全国代表大会。(参见表4.2)选举失败之后,他们很快就说,"我这样告诉过你们",而且赞成建立一个由女国会议员芭芭拉·迈库尔斯基(马里兰州民主党人)牵头的委员会,来消解这些改变。

迈库尔斯基委员会并没有实现政党常规分子们的目标。它基本上认可了麦克戈温—福瑞瑟委员会的改革,只是为了抚慰最为激烈的批评,做了适度的调整。(斯蒂德,1985年,第7页)配额系统,被代之以一个不太严厉的、更加模糊的、非强制性的、肯定性的行动纲领。州的政党委员会有机会选择更多的代表,以希望能够为当选的官员和少数民族提供位置。为了仅仅允许民主党人参加的选择程序,公开的预选被搁置了。通过吸纳预备会议和预选决定应该考虑代表们的分配比例,而不是赢者卷走一切的这种规定,改革者们获得了很大的胜利。为了鼓励竞争和增加政治上的少数民族的权力,做了这样的设计:给开始就获得了选票的20%的候选人以相称比例的代表,而不是把它们都保留给获胜者。(参见克罗蒂,1983年,第71页)那些有兴趣于更多地探讨政党事务的人们的关注,导致了中期政党集会的创立。

(三) 威诺格拉德委员会(1975—1978年)

因为不满意于迈库尔斯基委员会发布的改革的程度,而且,特别地不安于预选——它削弱了党组织对提名程序的控制——不断增加的重要性,政党的常规分子们激励着国家主席罗伯特·斯特劳斯,悄悄地指定了威诺格拉德委员会来制止预选的影响。

虽然没能成功地减少预选的数目,或者反转公开提名程序的许多努力,但是,通过为公务官员和政党官员保留州代表团的10%,威诺格拉德委员会确实满足了政党常规分子们的一些需求。这个委员会也发布了一项规则,来将代表们和候选人连接在一起:候选人被保证在代表大会上至少获得一张选票。1980年,在输掉代表选择程序之后,爱德华·肯尼迪挑战了代表团的束缚,他认为这降低了代表大会的灵活性,但是,他当场就失败了。

(四) 汉特委员会(1980—1984年)

一系列的改革委员会和大会之间规则的不确定性,开始遭受损失。媒体和公众没有什么兴趣,改革者和政党活动分子们也厌倦了在规则上付出相当的努力。汉特委员会讨论了广泛的问题,但是只做了很有限的建议。约束代表的规则被放弃了,但是更重要地是,通过从被选举者和政党官员们(州长、国会议员,等等)中抽出更大一组的"超级代表"——他们可能被增加到每一个州代表团中——政党常规分子们的作用就被提升了。

增加政党职业人员数量的想法,并不仅仅是政党常规分子们保证他们位置的一种努力,这也以一种论点为前提,那就是,他们的经历允许他们"成为一种理性的、调和更为极端的提议的声音"。(克罗蒂,1983年,第98页)曾经希望这些超级代表在大部分提名程序中不受约束,但是,他们早期的选择"施加了很大的压力令他们早日行动,并且,形成一个有力的集团好给潜在的候选人一个心理的冲量"。(库克,1985C,第2159页)在1984年,沃尔特·蒙戴尔提早的工作让他在大部分预选进行之前,就已经成了明显的赢家。

(五) 公正委员会(1985年)

在准备1988年全国代表大会的过程中,一种观点在不断增长,那就是,政党已经在规则上花费了足够的时间,而到了致力于更为有用的活动的时候了。公正委员会决定快速完成工作,只是解决以前规则变化的最繁重的、未预计到的后果。它的建议微量地增加了超级代表的数目,但是将他们的选择大大推迟到提名程序之中,以鼓励他们保持不受拘束。在为预选中按比例地划分代表数目而降低门槛(必需的最小百分比)方面,它也做了小小的改动,它放弃了比如在威斯康星州禁止公开预选的试验(参见库克,1985C,第2158页)。

(六) 民主党改革的结果

评价改革的结果时,很自然地,一个人要被吸引着去强调这些改革的实质。尽管很清楚,特别的改革影响了被提名人的选择,一般的改革影响了全国代表大会的组成,但是,民主党强调改变政党的代表性的二十年却可能由于其他原因而更显重要。可能,意义最重大的直接后果不在于实质,而在于国家政党制定规则的能力。虽然没有明显的先例或者特别的授权,麦克戈温—福瑞瑟委员会和后来的委员会都能够"放出权威的光彩,事实上,这就将引向全面的胜利"。(斯蒂德,1985年,第5页)

尽管表现性的改革(关注政党决策中的民主程度)和竞争性的改革(关注政党赢得选举胜利的能力)本质上并不互相冲突,但是,更为间接地从竞争性来讲,1968年和80年代早期之间,民主党对表现性而不是竞争性的追求看来已经损害了该政党。一方面,这些改革,哪怕是它们过时的修改,削弱了政党对提名程序的控制,"使得那些以问题为中心的热情分子和候选人忠诚分子,而不是政党活动分子和公共官员,更易于控制政党的提名机器"。(赫西,1984年,第137页)于是,被疏离的政党积极分子和支持组织就以减少他们对政党及其候选人的支持来发泄他们的怨气。

正好同样重要的是,民主党用于改革规则和实施规则的精力和资源,意味着运用较少的资源和较少的精力来为竞争性的目标提供直接的支持。(参见哈克肖恩和比比,1983年,第662页)金钱和努力被用于安排会议、从事研究、起草咨询意见和保证运用,这就意味着,那些金钱和资源不能够被用来支持候选人。

第五节 结论

政党丧失了对提名阶段的完全控制,是这个世纪主要的政治变化之一。一旦被迫放弃了控制,党组织就只能从那个边缘切走一小片,以树立一个更新的作用。总统以下层面的候选人征募和预选前的认可,提供了一些机会,虽然这很有限。在这个以候选人为中心的时代,党组织在总统任职阶段的作用就更受限制了。在非常之多的情形下,党组织宿命地接受了提名程序,而将其努力集中于大选之上。

第五章 投票人:政党意欲影响的目标

尽管政党拥护影响到全社会的综合性的目标,但是,在做出决定的日常层面上,它第一位的目标仍然是制定策略,来抓住大多数投票人的想象力。主要的政党,首先是试图通过选举来控制政府人事的选举组织。假定投票人在这个过程中具有主要的作用,因而,政党花费了相当的努力,来控制全体选民的规模和组成,理解投票人的动机,制定在选举日可能导致成为大多数的策略。"投票人"或者"选民"的概念,比真正的事实暗含着更大的稳定性,因为,其规模、组成和动机总在不停地变化。尽管当年长的投票人离开选举、年青的投票人进入选举的时候,选民的组成总是出现整个世代的转变,选民的动机也程度稍低地出现整个世代的转变,但是,最近几年来,传统的转变和特别影响到选民的规模和动机的一套新力量却都扩大了。在某种程度上,因为考虑到投票参与和行为的转变,而又不能控制社会的和技术的改变,政党仍然是这个过程的观察者,但是,在大量的关键性领域,政党还是发现了引导有利于它们的变革的方式。

第一节 谁投票？选民的规模和构成

尽管被包裹在民主和公民义务的花言巧语之中,持续地投票行为也只是由少数的合格公民们去实践。阿瑟·哈德利著作的标题《空空的投票箱》(1978年),表白了这个问题。紧随着清偿债务、保持房屋状态良好、抚育孩子和追求个人的职业和爱好的日常需要,拿出时间来准备投票和实际地去投票,就遇到了严厉的竞争。法律的界限挫伤了一些潜在的投票人,但是,巨量的非投票人(nonvoters)还是选择了不参与。

一、参与投票的水平

到现在为止,我们大多数人都习惯地尴尬于美国投票人显示出的相对较低的投票人出席率。1945年以来,平均来看,合格的投票年龄人口的58.5%在全国性的选举中投了票,而其他西方民主国家的比较数字却呈现了更高的投票参与率(澳大利亚,95%;西德,87%;法国,79%;英国,77%;加拿大,77%;日本,73%;等等)。(参见奥伦和沃巴,1983年,第13页;鲍威尔,1982年)关于合格性要求和选举的频率,各个国家都不一样。较长期的居住要求、较高的年龄要求和较少的选举,都有助于较高的出席率。尽管缩短居住要求、降低年龄要求和相对的频率以号召美国人去投票,这些都能够部分地解释我们较低的参与率,但是,它们并没有对此做出完全的解释。比全国大选不合格的参与水平更加令人泄气的是,在非总统选举中,参与水平更低,以及投票参与中总体的下降

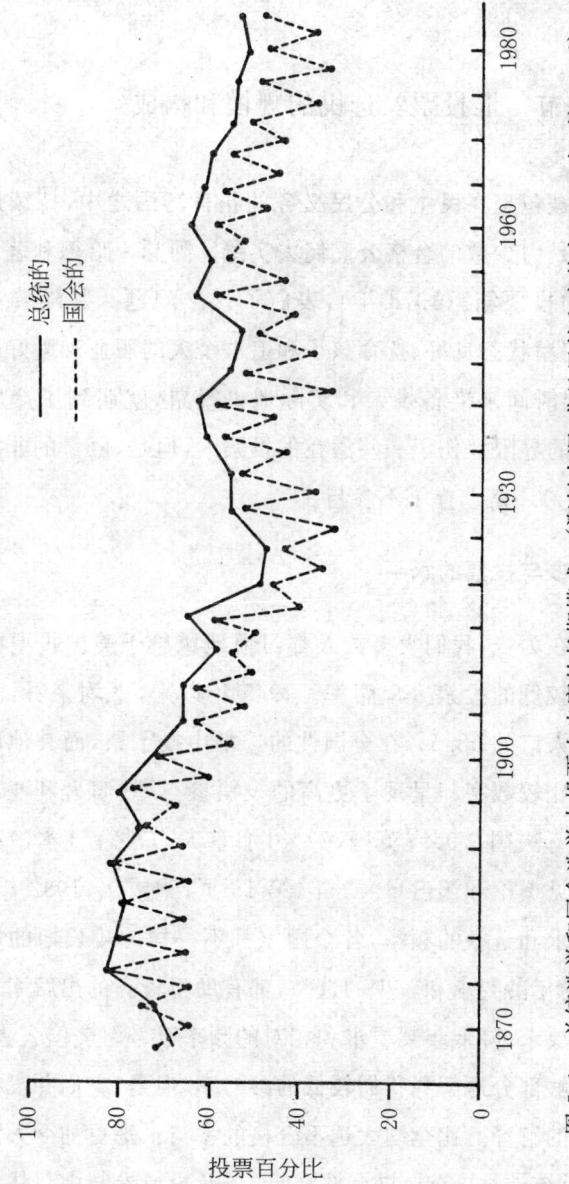

图 5.1 总统选举和国会选举中投票人出席的长期模式。(资料来源:弗兰尼甘和辛格尔,1987年,第14页)

趋势。正如图 5.1 所示,中期的国会选举只吸引了不足 40% 的选民,而且,自 60 年代以来,总统选举和国会选举的参与率都下降了 10 多个百分点。

长期以来,投票人出席率降低的一个因素在于,总体上,公民对政治、对特别的政治组织和过程的远离在不断加剧。(康威,1985 年,第 54 页)在这段时间的中期,最为巨大的降低可以部分地归因于 1972 年参与性较低的、18—21 岁年龄组的输入,但是,其他年龄组也经历了重大的下降。大量的因素解释了过去几次选举中轻微的倒转趋势。对南方黑人降低了法律上的歧视和社会上的歧视,以及在南方加大了的两个政党之间的竞争,这些在增加参与的动机和报酬方面起了作用。一个更为乐观的标志来自于这种迹象:参与率并非在我们的控制之外。正如本章后面所描述的那样,看来,由政党驱动的扩展性的投票人——登记(voter-registration)和得到选票(get-out-the-vote)的做法,正在结出果实。

出席率的总体模式,掩饰了一次选举到下一次选举中的许多意义重大的变化。一般说来,从高度可视性的总统选举,到较少刺激的地方选举,再到预选,参与水平在依次下降。在任何层次上,选举的竞争性越猛烈,可能出席的投票人就越多。这可以部分地被以下因素所解释:日益增加的公民兴趣和知识以及激烈的竞争本身,在这个竞争中,候选人和政党投入了相当的资源来让人们投票。尽管预选通常只是吸引微少的选民,但是,在那些维持一党制的南方地区,预选的出席率却时常都高于普选,因为,预选的胜利就等于选举的胜利。

二、选民的组成

各州法律对投票的限制相对较少,事实上,每个年满18岁、没有被认定有罪的人都有投票权。大多数州都将投票权限制于那些已经在本州居住了一段时间(通常是30天或者60天)的人。随着美国公民的流动性不断增加,等候合法居住的期间已经远比前些年低多了。

尽管人口中的某些组织(即更具活动性的投票人)发现他们更加难于符合法律的要求,但是,投票参与中的大多数变化却包括着信息和动机。

(一)投票人和非投票人的社会的人口统计

区分投票人和非投票人最通常的方式是*社会经济地位*,这是一个人的受教育程度、收入和职业地位的合成物——高度地相互影响的三种因素。(参见图5.2)一般来说,一个人的社会经济地位越高,他就越有可能去投票。许多的阐释很突出。接受教育增加了对政治问题的理解,教会了参与的程序,提高了人们的觉悟,让他意识到他的投票将起到作用。增加了的金钱富足状态,使一个人对当选官员的税收和支出决定具有更为敏锐的利害关系,也常常提供了灵活的工作日程和休闲时间,以利于参与。

社会经济地位在解释投票参与变化中的流行,掩盖了其他许多的因素。(参见图5.2)黑人和其他少数派比白人的投票率低得多,但是,这反映了平均较低的社会经济地位,而不是某些种族的成分。事实上,最近几年,随着黑人们不断地觉醒,在某种程度上,黑人比相似社会经济地位的白人投票更多。

出于很多种原因,年轻的投票人比年长的投票人参与得更少。尽管教育和工作的变化造成物质的流动性不断增加,从而致使登记更加困难,但是,有限的经历和资源却降低了他们在政治结果中可以认识到的利害关系。中年之后,参与率再次降低,因为,年长的投票人发现,由于身体的问题更加难于去投票了,而且他们也丧失了对未来的政治决策的某些兴趣。

不同的出席率并不仅仅是学术上的兴趣,因为,政党和候选人利用这个数据来筹划策略。由于意识到人口统计编组有支持不同政党的不同癖好,这就导致政党有兴趣在它们的支持者中增加参与率。例如,黑人中较低的参与率给民主党人发出了信号,因为,他们远比共和党人更加仰仗于黑人投票人的支持。认识到了潜在的问题,民主党人就实施战略,增加黑人的参与率,以弥补他们总体上比较低的参与趋势。然而,黑人投票人总体上的不可靠性,却将他们在民主党中的影响降低到了他们的数量比例之下。

(二) 投票人和非投票人的政治的人口统计

政治的社会化(*Political Socialization*)。对于许多潜在的投票人来说,实际投票的倾向可以追溯到他们的政治社会化这个非正式的过程,于其中,一个人从家人和朋友那里非正式地学到了特有的行为模式。来自于把投票当作一件事来完成的家庭的孩子,比那些早早地认为政治活动要么不相干、要么根本不受欢迎的孩子,更有可能发展这种模式。(康威,1985年,第47—48页)很清楚,与政治参与有关的态度,并非随意地分布在人口当中,或者分布在两个

教 育

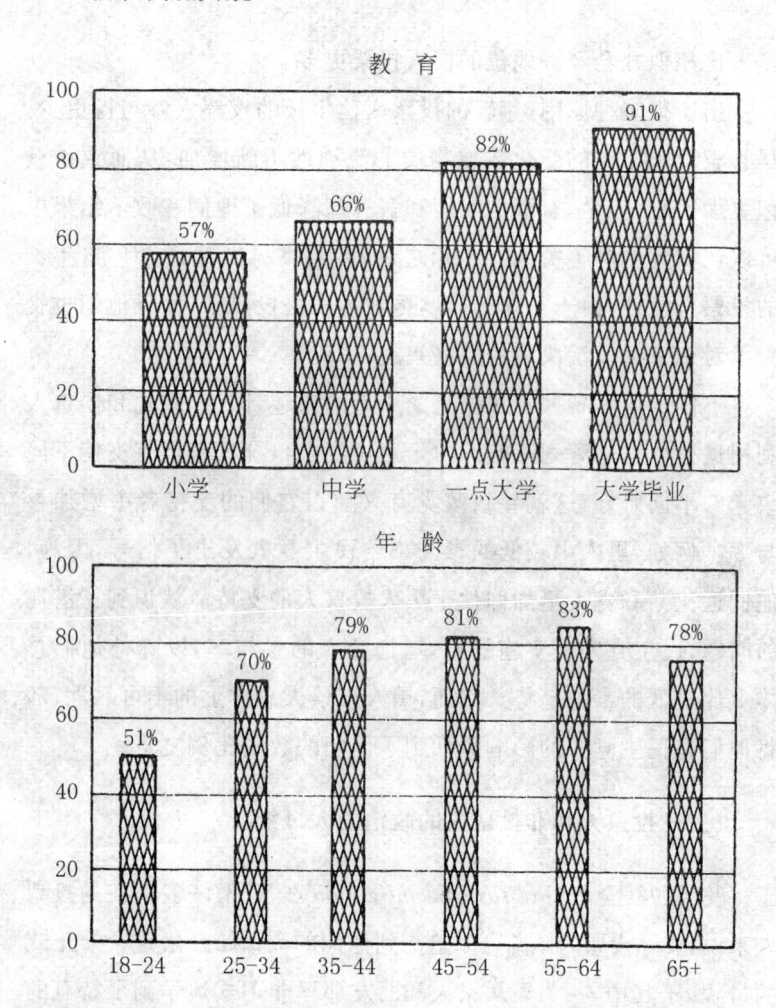

[教育柱状图：小学 57%，中学 66%，一点大学 82%，大学毕业 91%]

年 龄

[年龄柱状图：18-24 51%，25-34 70%，35-44 79%，45-54 81%，55-64 83%，65+ 78%]

图 5.2 报道的投票人出场的比较，1984 年

注：报道的投票水平比实际的投票水平稍微高一点。较高的社会经济组织更可能稍微高于报道地去投票，（参见哈德利，1978 年，第 28 页）但是，忠诚上的不同并没有完全解释社会经济组织之间的不同。（资料来源：1984 年美国大选研究数据，政治研究中心，密歇根大学。通过政治和社会研究校际共同体可以得到数据。）

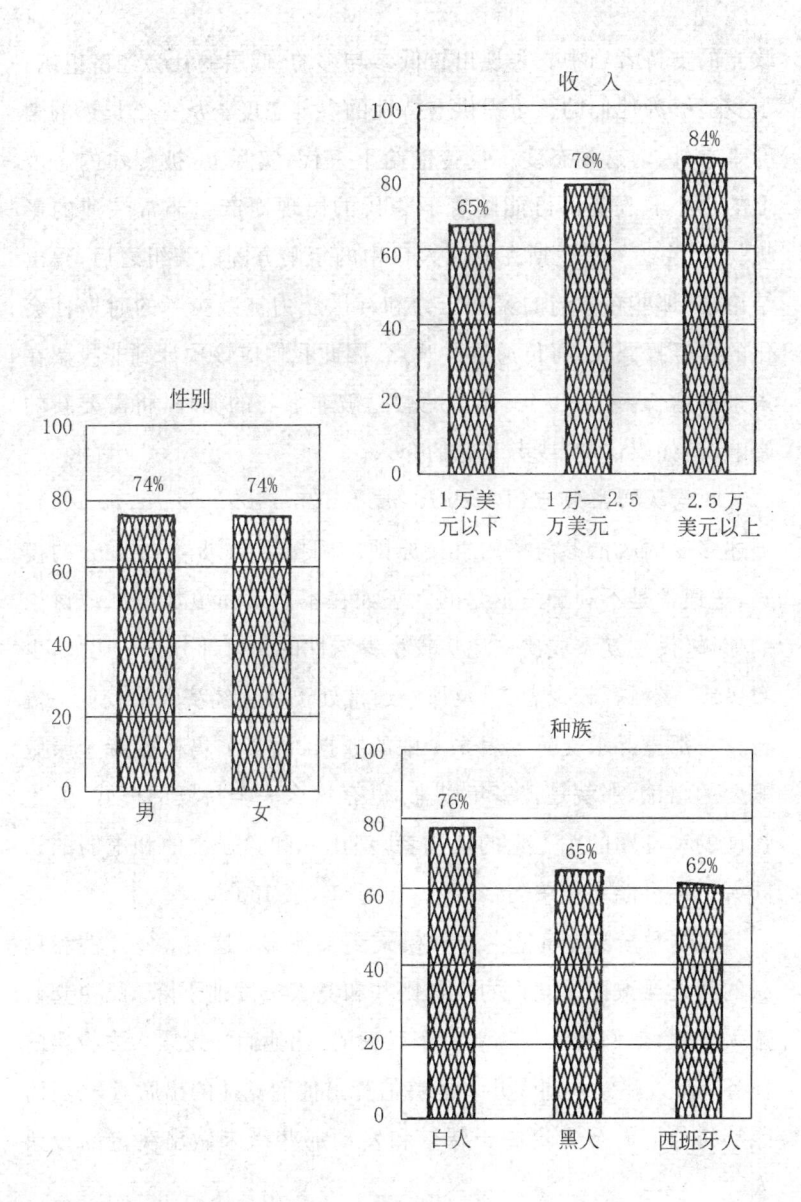

第五章 投票人:政党意欲影响的目标 203

收 入

性别

种族

1万美元以下: 65%
1万—2.5万美元: 78%
2.5万美元以上: 84%

男: 74%
女: 74%

白人: 76%
黑人: 65%
西班牙人: 62%

政党的支持者当中。表现出较低参与率的、低层的社会经济组织，很少能够为他们的孩子提供支持性的参与态度。从一个长远的角度来看，因为这种态度一代传输给下一代，实际上，被传输的态度上的小小的改变都可能随着下一代的出现而产生非常快速的影响。V.兰斯·塔兰斯在研究人口中的年龄方阵的编组之后，得出结论说，那些在参与的家庭压力和社区压力被减少了的时期社会化的年轻投票人，将传递这些观点，因此我们应该预计到非投票在未来的增长。(1979年，第83页)打破非参与的循环，将需要新的影响，诸如媒体和/或者政党的介入。

政党认同和参与（*Party Identification and Participation*）。上述多变的政治参与率的直接原因的间接后果，是党徒区分的模式，这通常是不利于民主党的。正如在本章后面更加仔细地讨论的那样，民主党不成比例地从较小参与性的人口部分——比如，少数民族，受教育较少者，以及那些通常处于社会经济天平较低一端者——那里寻求支持。表5.1中的数据，证实了玛格丽特·康威概要的结论，那就是，"多年以来，也有这么一个持续的模式：无论强硬的和虚弱的民主党的认同者，都比共和党强硬的和虚弱的认同者更不可能去投票"。（康威，1985年，第133页）

在非总统选举年里，这种模式更加明显，这时，公开性和刺激的缺乏导致民主党人的投票比共和党人极度地下降。民主党候选人发现，他们自己面临着一个巨大的、让他们的投票人去投票的任务，而共和党候选人几乎能够估算出他们党徒的出席量，并且，能够将他们的努力集中于转变和发动那些尚未做出决定的投票人。

表 5.1　党派主义组织在总统选举和期中选举中的出席比较

政党认同	合格投票人投票的百分比				
	1876年(总统)	1978年(期中)	1980年(总统)	1982年(期中)	1984年(总统)
强硬的民主党人	83	55	86	76	92
虚弱的民主党人	70	36	67	60	69
独立分子	63	27	54	36	64
虚弱的共和党人	76	51	77	60	78
强硬的共和党人	93	65	90	80	89

资料来源:1976—1984年:改编自康威,1985年,第131页、134页。
注:数据中不包括南部各州。

不同选举的党徒混合(*The Partisan Mix of Different Elections*)。从预选转到总统选举和非总统选举时,投票人的数量和类型都在改变。在大多数的州,从法律意义上说,预选只限制于那些正式注册的党徒,并且,包括那些对政治具有更大的兴趣、具有更加极端的政策立场的个人。大多数预选并不怎么吸引媒体的注意,很少做什么去刺激广大的参与。另一方面,总统竞选运动散播了大量的信息,获得了媒体广泛的报道,这引发了更大的激动和更外围、较少党派主义投票人的投票浪潮。这些不爱表态的投票人,被不成比例地吸引到最受欢迎的总统候选人政党这一边来,这使得他或者她的投票总数膨胀,并帮助了该政党较低层面上的候选人。中期的国会选举和地方选举中,信息和激动都减少了,这就导致了被充分发动起来的积极分子的参与,而使得党派主义的划分又归于正常。(坎贝尔,1985年,第25页)从这个事实本身,投票人上升和下降的选举上的含义被揭示出来,这就是,赢得总统候选人常常就增加他们在国会中同党的数量,然而,在过去七期中,总统的政党在众议院中平均丢失了将近 29 个席位。这种升降模式更为通常的含义是,政党及其候选人必须针对不同的选举类型,运用不同的策略。因为预选缺乏党派线索,局限于已经被发动起来的积极分子,它就得更是基于问题或者候选人个人的品德,来展开斗争。总统选举,将政党作为投票线索重新引入,但是,却又包括了更高比例的虚弱党徒和独立分子。期中选举,为候选人提供了更可能的场所来沿着党派界限进行战斗。

三、克服投票的法律障碍

(一) 投票人登记

竞选运动试图激活和动员投票人,而最富有成效的竞选技巧之一就是,直接控制合格选民的组成。在大多数的州,投票参与包括一个两个步骤的过程:在选举之前就作为一个投票人登记,在选举日去投票。让人们去登记,是让他们投票的关键性障碍。1984年,虽然只有 68.0% 的合格投票人登记了,但是,登记者中的88.0% 却都实际地去投票了,因为报道的所有合格投票人的投票率是59.9%。登记的百分比和投票数字的百分比都夸大了,因为它们是基于报道的、来自于民意测验的行为,而回答者都倾向于夸大他们的参与水平,以使他们自己看起来像是更好的公民。基于选举数字,1984 年实际的出席率是 53.0%。(美国商业部,1985年)关于登记的容易程度和登记程序,各州的法律规定大不相同。政党和候选人,支持那些他们认为对他们的党派主义事业最为有利的登记程序。

最近几年是趋于更不严格的登记条件和程序。登记所需要的居住时间一般都减短了,而一些州允许在选举日里登记。很多州允许流动的登记员在农村集市和购物中心设置店面,而不要求潜在的被登记人在上班时间到政府办公室来。一些州允许政党工作人员充作代表,去有选择性地登记支持者。另有一些州简化了程序,允许通过邮件或者"投票人—汽车"程序来登记,后者能使投票人在申请驾驶执照时进行登记。传统上,登记名册会清除掉那些从未参与到一系列选举中的投票人,但是,许多州都转向永久性的登记,藉此,投票人并不会因为没有投票而被从当前的名册中自动地删除出去。在开放登记程序的过程中,两种类型显示出来了。州中的大的政党,往往相当犹疑于改变它们曾据以繁荣起来的程序,而期待一个新鲜的生命呼吸的小政党则拥抱变革。在意识到大约三分之二未登记的投票人常常投票给民主党后,共和党经常是反对使登记更为容易的计划。尽管政治家们几乎通常都依据增加了的出席率有助于民主党这个前提来行动,但是,一些研究却认为,情况远比这复杂得多(德纳多,1980 年;塔克,弗德利兹和德纳多,1986 年)。在一个选区内,那些能够从大党那里获致大量脱党分子的小党,比大党从大量的出席中的获利还要多。

无论是何种程序,两个政党总是以不同的方式来对待登记动机。共和党惯于作为非登记者之间的小政党,它倾向于运用"来复枪"方法,把那些可能的共和党人作为目标,并个别地引导他们去登记。这可能意味着,一名政党工作人员带着一份表明政党倾向的"选民名册",要么通过电话,要么守候在门口,只对那些被认定的共和党人进行追踪、探访或者打电话,来鼓励或者推行登记。由于电脑能够创制和监测联系名单,这个过程的效率已经大大地提高了。另一方面,由于意识到非登记者更有可能大力地支持他们的事业,民主党人运用"机关枪"方法:通过媒体鼓励登记,在交通集中区设立登记员,他们知道他们将自然地得到比民主党份额还要多的投票。1984年,当发现福利办公室被利用的时候,里根政府在州代理机构挑战了登记程序。"他们假想——而且可能正是如此——大多数的福利受益人都会登记为民主党人"。(凯恩和麦克佑,1985年,第5页)

1984年变成了强调投票人登记的主打年。杰西·杰克逊的竞选运动,登记了成百上千个黑人投票人,特别是在关键的城市地区。共和党奋起还击,动用了数百万美元来发动全国性的登记和投票活动,不过,"在某种程度上,共和党的登记浪潮是自然自生的……只有33%的新登记的白人被组织做了记号,而对方新登记的黑人达到了47%"。(卡瓦瑙夫和桑德奎斯特,1985年,第48页)

在1984年,扩大了的登记的影响倒转了总统选举参与中的下降趋势,将1980年出席人数历史最低点的52.6%提升到53.3%。共和党在登记战役中的成功,由此可见一斑:1984年,罗纳德·里根在新登记者中比在普通投票人中做得更好,而且,新登记者将他们投票的54.0%给了共和党的众议院候选人,尽管民主党在那些公职的所有投票人中取得了胜利。(莱齐雷,1985年,第194页)

由于被1984年的胜利所鼓舞,在1984年,共和党启动了一项进攻性的登记竞赛,其宗旨在于诱惑南方那些终身的民主党人加入到共和党中来,现在,这就代表着他们相信的原则。"开门"运作获得了混合的评价。共和党人指向着目标州的100,000名转变者,对此,他们觉得力不从心,但是,他们确实也有了一些令人瞩目的收获。的确,54,000多名投票人转而登记为共和党人,而其他43,000人做出了也如此行动的承诺。(彼得森,1985年,第A3页)共和党表白,它有成千名新登记的共和党投票人,但是,民主党指出,共和党并没有实现他们所说的目标,而且,许多新登记的投票人都是新居民,或者,他们以前也不是民主党人。

在一个命运更加不济的项目中,在对1986年的选举预期中,共和党全国委员会启动了一个"投票保险"节目。信件被送给罗纳德·里根在1984年获得不足20%选票的选区的那些投票人,或者,公开地、自认为有理地将那些到当时为止没有保持投票记录的投票人从投票名册上清除出去。如果信件因为在那个地址不能发送而返回来,这就成为申请清除那个投票人名字的理由。在公开化之后,集中于民主党、尤其是黑人选区的关注引发了极大的尴尬,最终这个项目就被搁置了。(泰勒,1986b,第11页)

在很多地区,政党通过承担起任务,比如,登记投票人——它们曾经错误地将此下放给了候选人——来重新抓获它们政党建设的作用。洛杉矶一项深入的研究表明,党组织登记了大多数新的投票人,共和党比民主党登记得多,而且,与以前的猜想正好相反,这些新登记的投票人都很有可能去投票。(凯恩和麦克佑,1985年,第16页)

(二) 让投票人到达投票场所

如果投票人从不到投票场所那里去投出他们的那一票,让强劲的候选人上场、向投票人说明他们的价值,也就根本无济于事。表5.2勾画了1980年非投票人不去投票的理由。尽管个人可能有些犹豫于真实地描述他们不去投票的原因,这些数字还是引来了一些关注。大约30%的非投票人表明了缺乏投票的动机,他们还反映出一场具有其刻意影响的竞选运动的失败,与此同时,将近25%的非投票人特别地认同投票程序和机制的问题。给出的许多理由,提示着政党可能试图增大参与性的策略。虽然两个政党在它们的行列中都被非投票人困扰着,但是,非投票的问题倾向于更加影响民主党,而不是共和党。(康威,1985年,第130—133页;关于相反的意见,可以参见德纳多,1980年;塔克,弗德利兹和德纳多,1986年)三个分离的、动员投票人的方面,涉及政党和候选人:简化投票程序,让他们的投票人去投票场所,利用不在场者投票(absentee-ballot)的规定。

表5.2 登记了的投票人所陈述的不投票的理由,1980年(百分比)

动机上的因素	
没有兴趣/不关心	11.2
不偏爱任何候选人	16.0
小计	27.2
投票机制	24.4
无法到达投票场所/选举日时在城外/不能从工作中抽出时间/等等	
不能	
生病/家里有急事	17.1

(续表)

| 其他原因/没有什么特别的原因[a] | 31.3 |

资料来源：美国商业部，《当前人口报告》，"1980 年 11 月选举中的投票和登记"，系列 P—20，第 370 号(1980 年)：7。

a 因为审计署削减资金，1980 年之后，这个问题就不再问了。

便利投票程序。虽然很少有政治积极分子会公开地宽宥为投票施加更多的障碍，但是，政党却是拥护相互冲突的花言巧语，以便最有利于它们事业的政治策略能够合理化。民主党申明它们对民主的信仰，它们支持扩大了的、更加方便的投票选区（经常坐落于政党颇有力量的地区，比如，低收入社区或者获得公共资助的高级居民公寓）、较长的投票时间、简化的程序——所有这些，意在增加民主党的出席量。民主党超越了公开的投票立法，通过鼓励公司允许它们的计时制雇员带薪花费时间去投票，来鼓励出席量。在某些情形下，这变成了集体合同的一部分。这种强调很有意义，因为，计时制雇员更有可能投票给民主党，而同时，拿薪水的雇员中更高比例的是共和党人，而且，他们已经拥有更多的自由来安排他们的时间表。虽然说这有利于民主党，该政党领袖却看似采取了相反的立场，他们反对关注不同政府级别的频繁选举，意识到，他们必须集结他们的投票人的次数越多，每次让他们去投票场所就越困难。民主党人更宁愿把联邦、州和地方选举都集合在同一天，致力于让他们的投票人比较不频繁地出来。

鉴于民主党强调民主，共和党则声称投票人责任的花言巧语。共和党领袖知道他们的支持者更有可能出席，于是就申辩道，公民不应该被迫违背他们的意志去投票场所。共和党人自鸣得意地断言,过于简化投票,选民及其决定的整体素质就将下降。按照共和党的理解,拥有足够的责任而努力去投票的投票人会努力使他们自己熟悉情况,而且他们会更负责任地投票。建立于投票人责任的花言巧语之上,共和党人又增添了财政责任的话题,他们认为,增加投票选区和时间会不明智地花费税金,民主党鼓励花费时间去投票和使选举日成为公共假日的提议将降低美国的生产率。共和党领袖采取了看似不一致的方法,他们更加乐意赞成将联邦、州和地方的选举分开,这要求投票人更加频繁地来到投票场所(而且需要额外的支出),并保证更多的地方竞争不至于在主要竞争的喧闹中丢失。

尽管可能造成一种最大化民主或者最大化责任的情形,但是,这些花言巧语的一齐发射都掩盖了真正的动机。每一个政党,都赞成那些为保证混合的投票人更可能支持它自己的候选人的选举法律。在两个政党势均力敌的州,竞争的力量导致对哪个政党也不排他的有利的选举法律,但是,在那些一党制的地区,情形就不是这样的了。例如,一党制的大政党就倾向于鼓励这样的方法,比如,移动的登记员(不需要潜在的投票人到办公室来登记)、明信片登记或者选举日登记。在这样的规则下,他们可能比小的政党聚集到更多新的投票人。

驱动出投票人。 对大多数公民来说,选举行为与大量其他的责任相竞争:在办公室工作到较晚,在小汽车堆里去接上学的孩子,急忙赶向第二份工作,在住家附近完成项目,经历着不能到达投票的场所,或者,仅仅只是忘记了选举。虽然,这些竞争性的责任同样冲击了两个政党的支持者们,但是,民主党感到了更大的、

来自这种障碍的冲击力,进而在选举日做出了更为密集的努力。民主党及其竞选运动支出的更大比例,用于提醒投票人去投票的电话、确认非参加者的投票场所观察员、让人们到投票场所的交通工具。

不在场者选票(*Absentee Ballots*)。很多投票人发现,由于旅游或者健康问题,他们不可能亲自去投票。直到最近,政党只是零星地利用他们所能起的作用,刺激不在场者选票(absentee-ballot)的选举。1982年,加利福尼亚州长选举的共和党不在场者选票战略,被视作胜利的赢利,并且成为其他党组织的一种模式。共和党,利用计算机和政党邮件名单来确认那些可能的、在共和党的地区的、需要不在场者选票(年老的投票人、销售人员、军事人员,等等)的投票人,它们发出了上千份不在场者选票的申请。那些返回的申请被登记,并被送出一张选票。后续的电话接踵而至,以保证他们确实投票了。正是基于一个非常狭窄的、完全可以由共和党在不在场者选票上的优势来说明的理由,乔治·丢克迈健,成为加利福尼亚州的州长,而最近,该州刚刚选举出了民主党人在州和地方公职中的大多数。

第二节 了解美国的选民

民主,给广大的民众确立了大量的责任。不像作为一个忠诚的主体,从一个假定明智而且有一定权威的领导那里接受指示那样,民主制中的公民,被希望决定他或者她自己的偏好,收集广泛的、有关可能的领袖的能力和立场的信息,评价在一次选举中选择这个候选人而不是那个候选人的实用性。虽然观察家们总是很清楚，预想投票人独立地、理性地、无遗漏地分析每一个选举决定，是不现实的，但是，也只是到本世纪中期，现代投票技术出现了，我们才开始获得一个更加牢靠的、关于投票人如何做出决定的图景。

投票人首要的特征：确定投票人的捷径

由于意识到对投票人的希冀是不真实的，早期的研究就开始寻找投票人可以借以简化选举决定的捷径。两条彼此相关却又相互独立的研究道路展开了。一条道路，关注投票人获取和运用信息来指导他们的投票抉择的程序。另一条道路则更加深入地考察投票选择背后的动机。在每一种焦点之中，勾勒出某些相似的、替代性的、他或者她作为投票人去做一个投票决定时的形象。最为常见的早期形象，描写了一个依赖性的投票人（*dependent voter*），（参见波姆普，1975年，第5—9页）他们总是带着一套相对固定的社会的和经济的特征，走进每一次选举，这些特征早在选举之前就已经形成，相对不易改变，它们既是选举行为的预兆，也能够充作选举行为的解释。研究就集中于判断那些固定的、最能预测大多数投票人选举行为的因素。研究结论认为，"黑人倾向于投票给民主党"，或者，"生意人通常支持共和党候选人"。尽管，诸如社会地位和对政党的忠诚这些固定的因素提供了全体选民的大致轮廓，但是，它们却意味着一种静止的模式，没有考虑到跨越时间的改变，或者从一次选举到下一次选举中投票行为的巨大变化。回应性的投票人模式（*responsive-voter model*），则关注选举多变的一面，强调诸如问题和候选人形象这些更为短期的因素，借以超越长期的模式,并启动令长期的模式崩溃的程序。研究更有可能得出这样的结论,"不满意于伊朗人质事态处理的投票人抛弃了吉米·卡特,投向罗纳德·里根",或者,"公众更相信罗纳德·里根,而不是沃尔特·蒙戴尔。"

尽管,远不能说研究者们对哪一种模式最代表现实达成了一致,但是,后来继续关注两个主要焦点(信息处理和投票人动机)的讨论,在两个方面却达成了一致。第一,研究的方法影响结果的本质。向一定类型的投票人询问一定的问题,决定着最后的调查结果。早期关于个人的研究,使用了狭窄地理区域里的少量的样品,来收集关于投票人的背景和行为的密集的信息,(拉扎斯菲尔德,伯莱尔森和高德特,1944年;伯莱尔森,拉扎斯菲尔德和麦克菲,1954年)或者,强调固定的社会和政治因素。(坎贝尔,康弗斯,米勒和斯托克斯,1960年)后来的研究,则更广泛地分析那些脱离他们被预定的系泊点的投票人。第二,一种共识在增长,那就是,自从1940年代和1950年代早期的研究以来,为了增加回应性更好的投票的必要性或者机会,美国选民的本质和政治的通信技术已经大大地改变了。

(一) 信息加工和投票

由于认识到与选举有关的、巨大的信息支出,早期的研究评估了普通的投票人收集做出投票决定所需要的信息的方法。不论通过报纸、杂志和收音机获取政治信息的能力相对地多么广阔,该研究还是发现了一种"两步"的信息流,(拉扎斯菲尔德和其他人,1944年;伯莱尔森和其他人,1954年)于其中,那些更为明白的人向他们消息不太灵通的熟人传递政治线索,这时常就伴随着他们有偏见的评价。可能因为早期的研究者们是工作在政治领域里的社会学家,"观点领导"(opinion leadership)的过程就强调社会的环境。因为具有相似看法的个人易于保持长期的联系,观点领导人就影响了大批的投票人,而且,向他们灌输了相对一致的看法。投票可以由易于聚集大批投票人的人口统计变数(即,教育、收入、职业、种族等等)来解释。地方上的观点领导人经常充当政党领袖,比如,选区或者行政区的主席,他们在贬低另一个政党的时候,毫不犹豫地赞颂本政党的优点。报纸,作为观点领导人基本的信息来源,时常抱着一种党派主义的姿态,而且,投票人也关注那些用一种更受欢迎的形式、有选择性地散播党派主义看法的观点领导人。

不仅信息的来源影响着对信息有偏见的选择和呈现,而且,信息的接受者(投票人)也在发展有选择性的、收集和评价信息的模式。被模糊的候选人或者政党忠诚所武装,投票人搜寻(*有选择性的注意*)、偏爱地回应(*有选择性的观念*)和记忆(*有选择性的再注意*)对"他们的"候选人或者政党具有支持意义的信息。(斯托克斯和米勒,1962年)因而,一个模糊的偏爱被支持性的信息所支撑,而这反过来强化了偏爱,并鼓励更加有选择性的信息获得,后者能够被用来向他自身和他人证明其合理性。拥有最多信息的投票人,远远不是客观的分析家,他们可能通过最为偏见的方式才获得了这些信息。关于某人政治偏见的捷径线索,变成一个人选择运用的信息来源列表。《国家评论》忠实的读者,或者"保罗·哈威新闻"的收听者,常常是保守的、思维不开阔的、广大范围内新闻的搜求者,而《新共和国》或者《堡垒》的读者则运用资料来支撑他们自由主义的观点。在政治运动期间,共和党人倾向于阅读共和党候选人的材料,收听共和党的广告,而民主党人对他们政党或者候选人生产的材料也是如法炮制。即使在这样的情形下,比如,候选人彼此有争议、而又不能产生有选择性的关注,党派主义者也乐于更能记住他们候选人所说的话(*有选择性的注意*),把他们的候选人看作辩论的"胜利者"(*有选择性的观念*)。(参见亚伯拉摩魏兹,1978年,处处)总统辩论的胜利者,他最后的决定被媒体本身深深地影响着。1984年,且不论事先的民意测验就显示了沃尔特·蒙戴尔"正在赢得"对罗纳德·里根的第一场辩论,媒体越是报道这个事件,就有越大比例的公众把蒙戴尔当作"胜利者"。(莱特和莱克,1985年,第101页)

通信的可得和技术的改变,影响着投票人获得政治信息的过程。朋友或者政党工作人员之间面对面的交流,让位于不太个人化的媒体,而后者不太可能提供一致的党派主义提示。

随着电子媒体(尤其是电视)的发展,越来越少的公民需要观点领导人来引导他们的信息。多于75%的投票人报道说,电视是他们首要的政治信息来源。那些倒霉的、打断一个电视节目的政党选区工作人员,"必须要么安静地呆着看电视,要么为他自己辩解,赶快走人"。(班菲尔德和威尔逊,1963年,第122页)尽管电视也并不免于党派主义和意识形态的偏见,但是,涌现出来的大众媒体的"大众性"却抵制着极端的观点。要想电视新闻或者娱乐节目被它不同的观众所接受,并且满足联邦通信委员会领取执照的要求,那么,客观性的目标,如果暂且不谈客观性的现实,就凸显出来。不像由一个特别的政党拥有或者深受其影响的许多报纸那样,电视台和广播网都避免党派主义的标签和显现。在 1956 年和 1980 年之间的每一个大选年里,75％以上的主要报纸都认可了共和党的总统候选人。(海恩森,1981 年,第 244 页)虽然电视台并不正式地认可某一位候选人,但是,人们仍然相信它们具有一致的党派主义偏见。对选举报道的仔细分析,也没有找到电视新闻中支持一个政党或者另一个政党的党派主义的一致模式。(参见海恩森,1981 年;帕特森,1980 年)依赖电视的投票人得面对更多的信息,而不是直接的投票提示。关于投票人在选择、解读和记忆由电视新闻节目传输的政治信息方面的成见的研究指出,是报道的容量和本质,而不是投票人的选择决定着沟通什么。(帕特森,1980 年,第 84—86 页)随着向较少党派主义新闻的转变,人们更易于得到与对地方的候选人和地方性问题报道相关的、州的和全国性的新闻。虽然一份地方报纸能够提供对社区政治的关心,大量的广播设备成本却鼓励了电视台和广播网利用规模经济,覆盖具有更多不同质观众的、更大的媒体市场。更加广阔、更多不同的地理区域,鼓舞了电视台着重于那些常见于最大部分观众的政治方面。

电视,转而成为政治新闻主要的来源,这不仅仅改变了地理的重点,也改变了新闻报道的实质。因为认识到在强调视觉形象和激动的媒体中,很难刻画一个问题的细微差别,关于选举的新闻报道就集中于政治的"赛马"方面——谁会取胜？正在运用什么策略？竞选运动之间冲突的真正故事是什么？(参见帕特森和麦克卢尔,1976 年;帕特森,1980 年)

早期关于投票人信息处理的选择性的研究,以及大量的、大众媒体疏于向投票人提供其做出投票决定所必需的问题种类和候选人的表现的信息的证据（和批评），强化了这个常识，即，竞选运动并没有改变投票的意向。充其量，竞选运动被看作强化了先前的意图，将投票人发动到他们会真正地去投票的地步。在这一点上，关于竞选运动信息处理的研究大大地支持了依赖性的投票人模式：要么是观点领导人构筑了选举信息，要么是投票人以那些被设计出来赞成事先已经存在的偏爱的方法，来吸收政治信息。通过从根本上拒绝将政治的大众媒体报道当作一种可以成立的、对导致投票决定的解释，那么，对于发端于1960年代、在后来几十年里达到新高的、日益增加的投票人的多变性，聚焦于信息处理就做不出什么解释了。

关于大众媒体——即使是在很受限制的电视领域——变化的细致观察，得出了一个与信息处理有关的说法。尽管电视新闻可能太概略、不以问题为中心，从而不能改变投票人的看法，但是，付费的电视广告，尤其是简短的、不属于收看者选择性关注的现场广告，却占据了所获取信息的重大的比例。（帕特森和麦克卢尔，1976年；帕特森，1980年；尤斯林，1984年，第216页）收看者习惯于广告现场，以至于不将它们（有选择性的不关注，确实困扰着较长的政治广告）关掉，他们很少看见它们就有兴趣去看，而且，它们能够以一种简单的、易于理解的方法，来呈现候选人之间和政党之间巨大的差别。虽然现场广告只在资金充足的主要官员的竞选运动中可行，而且，能够被呈现的信息总量也都有限，但是，"从竞选运动交流中收集的哪怕非常少的、有意义的信息，都可能很重要，因为，这可能是投票人所不得不面对的全部"。（尤斯林，1984年，第216页）

(二) 投票人的动机

投票行为代表着一个复杂的过程。投票人可能或者不能说出,甚或理解,他或者她做出投票决定所经历的过程。"动机"的概念暗含着一个基本的假设,那就是,人类的行为总是定位于一定的目标。投票行为被看作归因于一个或者许多目标。也假设,投票人至少主观上是理性的。*主观的理性*意味着,投票人能够以他们的投票具有意义来使他们自己满意。很少有,如果有的话,投票人离开投票亭的时候说,"好家伙,我刚才做了一件愚蠢的事情。"大多数人都能够对他们的行为做出一个解释。然而,这个解释可能不能满足场外观察者提出的客观的理性标准。在罗纳德·里根希望增加政府支出的误解下而支持他的投票人,不会被看作客观上具有理性,但是,直到被证明他们的看法有错误,他们的投票仍然被看作主观上是理性的。投票上任何其他的看法都意味着,投票是缺乏合理模式的一个反射性的反应,或者,是一个具有特癖性质的行为。许多潜在的动机可能有助于解释一个个人的投票。虽然动机是相互联系的,投票人却可被看作是基于工具主义的、社会的或者心理的目标而做出决定。

那些从*工具主义的角度*(instrumental perspective)来做出他们的选举决定的投票人,把他们的选举决定视作一种通过影响政府的人事而影响政府的政策和表现的方法。工具主义的投票人最符合投票人的民主理想,面对每一次选举抉择,他们都拥有他政策目标的明确观点、关于政治立场和候选人可能的作为的相关信息。工具主义的投票人不受先前个人投票决定的约束,他们将对候选人过去表现的评价和当前每一个候选人的诺言相联系,把票投给那个最有可能帮助投票人实现他或者她的政策目标的候选人。这个评价,既包括候选人的政策方面,又包括他们在任职中可能的表现。任职中的表现,可能意味着从成功地追求所偏好的政策的能力,到通过干涉官僚来获得投票人的个人帮助的任何事情。例如,国会里的委员会主席公开地把他们的权威位置当作他们功绩潜力的一种尺度来炫耀,而更低级的成员则宣称,他们愿意满足他们选民的生活环境调查的需要。

通过鼓励投票人不"中途换马",或者"停滞这个过程",在职者鼓励投票人酬劳他们过去的业绩,而挑战者则声称,"我不会对你撒谎",或者问道,"今天,你的境况比那些在职者被选举的时候更好了吗?"诸如候选人的政党这些因素,为可能的表现提供了线索。莫里斯·费奥里娜(1981年)断言,一个候选人的政党标签,会将他和该政党过去记忆中累积的成败联系起来。候选人先前的政治经历和政治领袖和社区领袖所赋予的保证,为投票人的抉择提供了附加性的、评价性的信息,但是,这些因素却没有一个能够单独地、对所有的投票人都产生决定性的意义。如果获胜者表现得令人满意,而且追求了投票人的政策兴趣,那么,他们可能在下一次选举中再获支持,但是,这也是新的一轮竞争,投票人的支持是偶发于一个反对者相对的立场和表现潜力。工具主义的投票人是"回应性"选举的一个明显的例子。因为人事的偏爱、候选人的立场和业绩的评价都在变,投票人就对新一套选择做出回应。

社会性的投票人(social voters)被他人的印象所发动。人类作为一系列复杂的、社会互动的参与者而存在,这些互动,包括从原始组织比如家庭,到工作或者学校这种二级组织,再到某种成员意义上的种族的、宗教的、地域的以及其他组织。相当数量的研究表明,通过社会化过程,我们形成了我们基本的看法、价值观和态度,而其中一些是政治性的。年轻的孩子非正式地热心学习朋友和家人的看法,而社会组织更是试图直接地教给它们的成员"合适的看法"。与我们身边的人保持一致,既让生活更加愉快,又是对那些我们获得其价值观和看法的人的智慧的赞颂。脱离组织观念的个人,得冒遭遇冷眼、特别的指责甚至排斥的风险。传统上,新近社会化的个人可能指望与具有相似看法的人长期相处,社会组织的成员经历了相似的生活体验,并且拥有相似的政治需求。假定这些看法上的相似性,假定社会组织可能会传递那些支持常规性组织思想的信息,那么,他们会以相似的方法来投票,就可以理解了。对社会因素的依赖,导致了将投票人看作某种力量的"依靠者",而早在当前的选举之前,这种力量就塑造了他们的看法,并且能够由社会组织非正式地实施。

虽然没有任何一种组织社会化理论能够假设态度和看法的完美传递,但是,最近的社会变化还是已经影响了传统的社会化过程。朋友和家人的影响已经受到了其他看法来源,尤其是大众媒体的挑战。(康威,1985年,第48页)不断增加的物质流动性,打乱了组织的互动性,社会流动性给年轻的组织成员提供了广泛的、新的生活体验,这组合起来就降低了社会化的简单模式。在当今的社会,大众媒体已经代替了社会组织之间的信息交换,大约五分之一的人口每年都搬离朋友和家人,更多的公开教育和职业模式允许更多的个人脱离过去,这样,简化预测的社会关系就不再适用了。个人依然寻求社会组织的指导和支持,但是,对于个体的投票人来说,他们留意的特别的组织随时都在变化。投票人日益发现,他们自己被他们不同的社会同盟在不同的方向上撕扯着。对于那些工人阶级的移民、没有上过大学、不做生意的父母来说,当选举来临的时候,他们的儿子可能彻底地处于双重压力之下,而且,也没有明确的证据证明,一般说来,是早期的看法抑或是目前的交往将会占上风。

在投票亭里,"社会性的投票人"唯一的特征在于,他们以自己的投票来取悦于他人的意图。尽管导向一个特别的政治定位的原始情形可能记不住了,但是,这种投票人的类型总是携带着一个投票的模式,这个模式要么可以追溯到早期的社会化,要么可以追溯到当前联系的影响。

一些投票人被心理的认同(*psychological identity*)所发动。每一个人都带着他或者她在政治和其他领域内的形象而经历生活。虽然,搜求某人的身份永远没有尽头,但是,不断增加的年龄和阅历总倾向于强化一个人的自我意象。这些意象,既包括我们描述自己的标签(共和党人、自由分子、民主党人、温和主义者、独立人士、保守分子,等等),也包括我们认同的事业(共和党、民主党、环境保护主义者、反共产主义者,等等)和我们试图吸收的行为模式(即,诚实、一致、深思熟虑、明智)。政治,为我们提供了验证我们自己的自我意象的机会,这是一个满足心理的重要活动。因而,自我认同为共和党人、投票给共和党候选人的那个人就感觉很好,因为这证实了他自己作为一个共和党人的标签,因为他支持了共和党的事业,因为他维持了一致的行为。

到目前为止,这一点应该是很清楚的了:同样的行为,可能源于无数不同的动机。政党界限的共和党人可能在每一次选举中都已经独立地做出判断,认为,共和党的候选人最能够服务于他们的政治目标。或者,他们可能正力图讨好家人或者朋友的爱好。或者,他们可能正在追随一个自我意象,它带有一个不再具有直接影响力的、远距离的来源。在心理性的投票人是他们自我意象的俘虏这一点上来说,他们是依赖性的投票人。

在投票亭里,心理上被发动的投票人因为投票人和候选人的标签之间相匹配而支持那个候选人。这些标签,可能最初已经通过组织社会化过程而形成,或者,通过判断哪一个政党或者哪一项事业将有助于个人实现他的或者她的政治需求而形成,但是,随着心理性的认同走到前台,那些动机就隐退到幕后了。

第三节 选举研究和政党

对投票人行为的广泛分析开始于1940年代的总统选举。尽管关注于信息流和观点领导人,他们的发现却强调了投票的其他社会性的成分。(参见拉扎斯菲尔德和其他人,1944年;伯莱尔森和其他人,1954年)运用人口统计的变数,比如教育、收入和职业,保罗·拉扎斯菲尔德创造了"政治预测的指标",这是被设计来预测人口之中不同组织的投票行为的。大量的工作被用来追踪投票人集团,比如天主教徒、黑人和不同的教育组织的投票模式。随着学者们在密歇根大学调查研究中心展开了连续的系列调查,研究就更加直接地转移到了政治科学家的手里。以1960年《美国的投票人》的发表为开端,这些调查结果给了我们关于投票行为的变化和连续性的第一长瞥。

最早的研究确定了一个直观的假设,认为,很少有投票人把每一次选举都建立在仔细分析所有信息和选择余地的基础上。相反,大多数投票人都以一种"长久的决定"(一种依赖性的投票人方法)——这主要与他们对于能够提高其利益的、最好的政党的自我感觉联系着——来靠近选举。虽然特别的、短期的力量,比如一个问题,候选人的人格,或者历史性的事件,可能已经让几个投票人离开了他们党派主义的基点,但是,他们大多数还是和他们的政党呆在一起。

在对 1956 年选举的研究中,很少有投票人(11.5%)以意识形态的术语来解释他们对一个政党而不是另一个政党的偏爱。更多的人(24.0%)在年成有利于他们的时候就支持执政党,当年成变坏的时候,他们就转离它们。最大比例的投票人(42.0%)把关键组织的利益和他们归属的这一个或者另一个政党相联系起来,其他人(22.5%)要么盲目地跟随政党,要么不在问题或者意识形态立场的基础上投票。(坎贝尔和其他人,1960 年,第 216—265 页)

政党认同的首要性

尽管投票人被看作总在改变他们的动机,但是,早期经验主义的选举研究的基本主题却很重视个人以党派主义的术语对其自身认同的主要地位。政党认同(party identification)的概念弥漫于我们关于选民和政党的很多知识之中。

作为"身份",而不是"成员"或者"附属",加标签于政党,是有意识地、清楚地确认关系的界限和实质的尝试。当一个人与一个组织或者机构认同的时候,这更是一个心理的而不是物理的连接。政党认同者看到,政党的立场值得吸收,因而接受它们对政治世界的定位,而且像其他政党成员看待它们一样地看待它们。通过过滤出政治事件的信息和解说,通过给予人们受到偏爱的行动方法,政党认同就简化了政治领域里的抉择。(瓦腾伯格,1984年,第12页)

作为对"你认为你自己是一位共和党人,民主党人,独立人士,或者其他什么人?"问题的回应,政党认同被看作具有方向;在一个人觉得附着于一个或者另一个政党的程度上,政党认同又被认为具有强度。

在其社会心理的意义上,"政党认同"意味着"感觉是其一部分"或者"与其相似"。个人认为他们自己是机构的一部分,而他们与这些机构又没有正式的联系。通常,正是在这种认同的基础上,我们说某个人是民主党人或者共和党人。(魏斯比,1970年,第313页)

政党认同的重要性,不太在于它的大小,更在于它宣称作为一种行为的标尺的心理认同。在最明确的模式中,政党认同导致某人的投票选择;以不太严格的观点来看,政党认同至少预示着投票,而且,可能要么基于社会的动机,要么基于工具主义的动机。

(一) 个人的政党认同的起源

在最精确的定义上,政党认同是一个不含有其他动机的心理依附状态,但是,没有一个人天生就是民主党人或者共和党人。两种通常的过程帮助在投票人中养成一种依附意识。

出生于特定社会环境(social setting)的孩子吸取他们朋友和家人的认同,并且发现,支持那些特有的认同激发了那些他们想给其留下印象的人的赞同。五岁的约翰尼对其父母的党派主义姿态鹦鹉学舌,他被拍着头说,"你是一个多么聪明的小男孩呀。"做出不适当的党派主义陈述的孩子,要么被忽视了,要么受到了谴责。社会提示的本质和一致性都在变化。与来自党派主义看法较弱,或者父母双方政党约束不一致的家庭的孩子相比,出生于父母双方都具有强硬的、一致的党派主义态度家庭的孩子,他相当可能是党派主义者,并且将沿袭其父母的看法。尽管常识都认为,父亲比母亲更是政治角色的模范,实际的证据却指出,这只是对过去受教育较少的孩子们而言的;(詹宁斯和兰顿,1969年)最近的情形已经大为颠倒了,母亲变得稍微多地影响了党派主义的选择。(参见表5.3)父母亲可能是政治社会化最早的、最有效率的代理人,但是,很清楚,他们并不是唯一的力量。在任何年龄,取悦于他人的愿望都会横加干涉,但是,最早的社会力量倾向于具有更为持久的力量。

关于工具主义的动机(instrumental motivations),党派主义的认同也能发端于投票人累积的、对政党及其对问题的传统态度的评价。每一个政党的政策都是在吁请全民中不同的组织。在许多选

表 5.3 政党认同的社会传递,1980 年

孩子的政党认同	母亲和父亲的政党				
	都是民主党人(%)	都是独立人士(%)	都是共和党人(%)	父亲民主党人/母亲共和党人(%)	母亲民主党人/父亲共和党人(%)
民主党	64	14	11	29	29
独立人士	26	80	29	39	34
共和党	9	6	60	30	21

资料来源:改编自索瑞夫,1984 年,第 142 页。
注:表中省略了哪些人,他们没有回答,或者没有为他们自己或者其父母指定共和党、民主党或者独立人士的政党认同。

举中都一致地带着自我的利益来投票,这引导了一个人对一个特定政党一贯性的支持的发现;这两者实际上导致一个人形成对那个政党的忠诚意识,形成一种运用政党标签作为投票的简洁提示的意愿。在选民之间,由不同的人口组织所分享的、关于该政党最能够为他们的利益服务的共同的认识,就反映到了这些分组的党派主义忠诚之中。在当前的政治中,黑人极力支持民主党,而且,比起全体民众来,工会成员和低收入者多是民主党人。与生意有关的个人和富裕些的个人,对共和党提供了较强的支持。假定每一个政党支持不同类型的政策,这样连续的忠贞就很能够说明问题。

很少有投票人仅仅只是基于社会性的或者工具主义的动机,而形成一种政党认同;在现实生活中,存在动机之间的相互作用(interaction of motivations)。被社会化后支持一个特定政党的孩子,在以后的生活中,他们主要是与那些拥有与其父母相似观点

的人打交道,并且强化他们的社会性动机。而且,孩子们容易形成与其父母相似的生活风格和政治需求,他们发现,由社会需求锻造的政党认同也能够满足他们工具主义的需求。基于工具主义的需求而选择一个政党的个人,往往更加频繁地与具有相似政治看法的人们打交道,从而通过社会力量来强化他们的认同。且不论党派主义选择的原始动机,

> 一个人,一旦获得了某些胚芽的政党系属,他就很容易发现,这个含糊的政治世界中的大多数事件都回响着对他所选择政党的赞同。因为,以这种方式,他的政党的优点取得了冲量……未来的事件也将会以支持他的党派主义倾向的方式来被解释。(坎贝尔和其他人,1960年,第165页)

这个强化过程,被以党派主义的方式来收集和评价信息的倾向所支撑。民主党人更有可能阅读支持他们政党的材料,共和党人也正是这样。

当前,最清楚的模式之一是,愿意认同为一个政党的投票人比例下降了,而独立的投票人增加了,(参见图5.3)这指出了身份传递过程的衰竭。最近几十年里,美国政治的社会性和工具主义的环境都大大地改变了。

> 在我们国家历史的早期,公民们过着更加简单的生活,他们系属于相对少而且相互支持的组织,而且,透露给他们的信息也有限。(克拉博,弗兰尼甘和辛格尔,1980年,第283页)

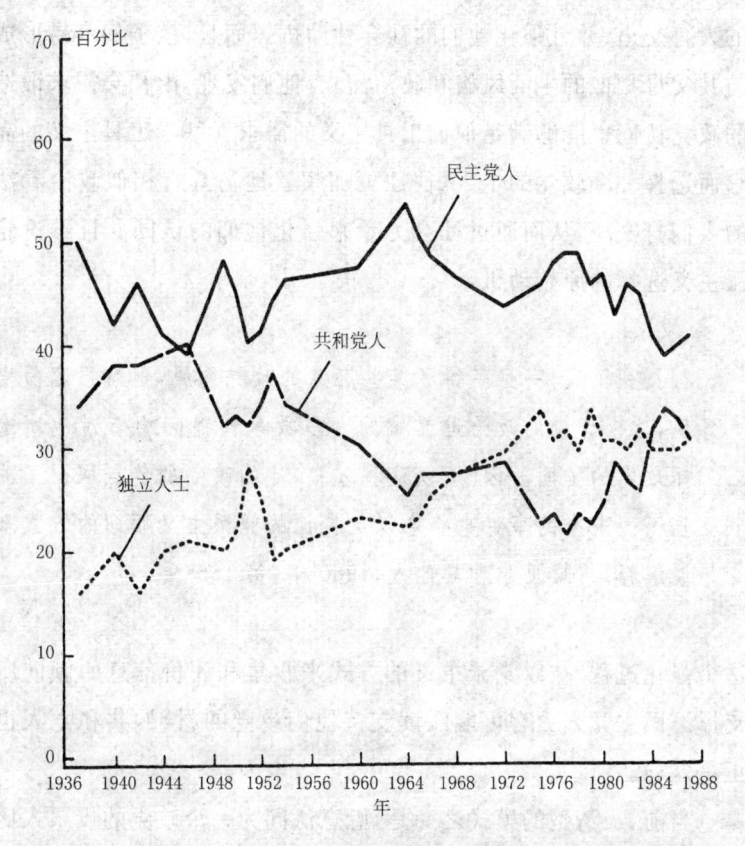

图 5.3 政党认同者和独立人士的分配（资料来源：斯坦利和尼米，1988 年，第 126 页）

注：问题："当今，在政治中，你认为你自己是一名共和党人，一名民主党人，或者是一个独立人士？"回答者的答案超出民主党人、共和党人或者独立人士之外的，被排除在外。

当父母提供特定的党派主义线索的时候，当孩子们没有被展示与其父母完全不同的社会组织的观点的时候，当孩子们没有被引向极其不同于其父母的生活风格的时候，当历史事件和新的信息来源没有对所选定的政党具有支持性的观念的可信度造成紧张的时候,政党认同的传递就进行得非常之好。最近几年,上述每一个因素,都朝着降低党派主义选择和行为模式的效用和可预测性方向改变了。在对一个世代的父母及其子女监测30多年之后,M.肯特·詹宁斯和格雷戈里·马库斯得出了结论:

> 1965年的高中年级……引人注目地,比他们的父母少受政党约束地开始了他们的成人政治生涯,而且,他们已经保持少受约束几乎20年。(1984年,第1015页)

历史事件,比如水门事件和越南战争,已经动摇了个人对所有的政党和某一个特定政党的信念。个人物理性的和社会性的流动,使得投票人比起他们的父母和早期的熟人来,更加可能以一种密集的方式与持有极为不同政治看法的个人进行社会交往。来自小城镇的第一代大学毕业生,现在正作为政府或者大公司的经理层雇员,养着一个家庭,拥有一套与早些年更加传统的模式相比非常不同的社会交往;那时候,一个人出生、受教育、养活家庭和工作都在同一个社区,与临近区域里同一组朋友和亲戚在一起。有了新的地理位置和生活风格,不同的问题在政治上就变得很重要,旧的政治认同就不能满足当前的需要了。由于有了一套更不一致的社会性的和工具主义的动机,不仅个人以较少的党派主义约束来面对政治世界,而且,作为父母,也给他的或者她的孩子不太喧哗的党派主义指导。在作为一个整体的社会里,因为党派主义约束不再是一个标准,就很少有人会感到社会的压力,而做出党派主义的承诺。当今的选民越来越多地来自政治上的反政党年代,他们没有看到政党认同对他们自身有什么用处,于是,他们就踌躇于将一个承诺传递给他们的孩子。(凯登和马厄,1985年,第176页)因为候选人甚或政党是明显地基于非党派主义来吁请投票人的,轮子就有了另外一种旋转。

看起来,父母的社会化决定着孩子的政党认同的论点,似乎没有给党派主义变化留下多少的余地。很难解释,为什么1920年代和1930年代之间在共和党家庭里成长起来的一代人,会在1940年代成为民主党人,或者,在1960年代和1970年代之间由民主党父母抚养长大的一代孩子,怎么能够在1980年代轻易地转向共和党。在"事实胜于雄辩"的前提下,菲利普·康弗斯(1975年)提出了一个有趣的解决方法。因为观察到他们的共和党父母在1930年代和1940年代投票给民主党,孩子们可能就已经全然错过了他们对共和党的口头承诺,而在1980年代,同样的现象就发生于相反的党派主义阵营里。

(二)政党忠诚的分配

且不论最近几十年里政党认同的总体下降,大多数投票人仍然宣称他们有政党认同,而且,最近的证据暗示着,既存在认同的意愿稍微增加的可能性,也存在党派主义优势重新联盟的可能性。一般性的常识认为,"向前推进的政党分解"是不可避免的,这由全民中政党认同者的比例日益减少所证实,而这个常识在1970年代中期受到了挑战,那时候,这种趋势第一次停止,然后又倒转过来。(桑德奎斯特,1983年,第589页)表5.4和5.5确认了这个结论,那就是,"还没有超越一个永不回复的点,在该点之外不再可能加强对政党的认同了"。(克拉博和其他人,1980 年,第 288 页)

表 5.4 政党认同跨时代的分配(百分比)

	1960	1964	1968	1976	1980	1982	1984	1985	1986	1987	1988
民主党	47	53	46	47	46	45	40	38	39	40	43
共和党	30	25	27	23	24	26	31	33	32	30	29
独立分子	23	22	27	30	30	29	29	29	29	30	28

资料来源:盖洛普民意测验,1960—1988 年。
注:每条显示每年的平均数。

表 5.5 政党人口统计跨时代的变化,1976—1985 年

特征	共和党人			民主党人			独立分子		
	1985	1976	不同的%[a]	1985	1976	不同的%[a]	1985	1976	不同的%[a]
总计	33	22	+11	40	46	−6	27	32	−5
性别									
男	34	20	+14	36	45	−9	29	35	−6
女	31	24	+7	44	48	−4	25	28	−3
年龄									
18—24 岁	36	15	+21	30	40	−10	33	45	−12
25—29 岁	33	15	+18	36	44	−8	31	41	−10
30—49 岁	30	20	+10	40	49	−9	30	31	−1
50 岁以上	33	29	+4	46	48	−2	21	23	−2
地区									
东部	31	24	+7	43	45	−2	26	31	−5
中西部	34	24	+10	36	39	−3	30	37	−7
南方	32	15	+17	43	56	−13	25	29	−4
西部	35	28	+7	38	44	−6	27	28	−1

(续表)

种族									
白人	35	24	+11	36	43	−7	29	33	−4
黑人	6	5	+1	81	76	+5	13	20	−7
教育									
大学	40	27	+13	33	36	−3	28	37	−9
高中	31	20	+11	41	48	−7	28	32	−4
非高中生	23	19	+4	52	59	−7	25	22	+3
职业									
专业人员	40	28	+12	32	37	−5	28	35	−7
职员和									
推销人员	35	24	+11	37	40	−3	28	36	−8
熟练工人	32	18	+14	36	49	−13	32	33	−1
体力工人	26	15	+11	44	52	−8	30	33	−3
不熟练者	27	14	+13	46	53	−7	27	23	+4
宗教									
新教徒	36	28	+8	39	43	−4	25	29	−4
天主教徒	30	15	+15	44	54	−10	26	31	−5
劳动工会									
工会	25	15	+10	39	43	−4	26	31	−5
非工会	35	24	+11	38	44	−6	27	32	−5
收入									
25,000 美元以上	38	—	—	32	—	—	30	—	—
25,000 美元以下	29	—	—	46	—	—	25	—	—

资料来源：盖洛普观点索引，第 244—245 号（1986 年 1—2 月），第 131 号（1976 年 2 月）。

注：数字与表 5.4 所用的年度平均数稍有变化。

a 1976 年和 1985 年之间政党百分比的不同。

这个回归政党的转变虽然轻微,却不仅仅包括着个别投票人对政党认同日益增加的愿望,因为,日益增加的认同更有益于共和党,而不是民主党。到1980年代中期,共和党的认同几乎与民主党的并驾齐驱。这转变了1940年代政党认同中民主党占据着优势的模式,那时候,对政党认同的科学测量刚刚开始。(参见图5.3)对共和党人来说,哪怕解构(dealignment)(脱离政党认同的运动)也是净赚,他们为反对民主党的多数派已经奋斗很多年了。(泰勒,1986a,第A14页)关于共和党有所得、民主党有所失的解释,变化很大。起初,分析家们,尤其是民主党的积极分子们,把政党认同中的转变,解释为与最近的历史事件有关的、短期的过渡情形的结果。民主党政府没有令人满意地处理好越南战争,颇遭非议;伊朗人质问题,被比作极受欢迎的罗纳德·里根政府——"弯曲它的军事肌肉、引诱爱国主义的精神,主持了最强壮的经济复苏之一"(诺伯斯,1985年,第5—6页)——这两者结合起来,从政党肩上转走了许多谴责。把最近政党认同的增加及其分配的转变,看作一个纯粹的、正在消逝的、可能随着罗纳德·里根的离开而蒸发掉的阶段,并不能够解释为什么共和党并没有因为水门事件遭非议而过于失去战斗力,也不能够解释那些更为长期的迹象和更为深刻的趋势。

很多关于政党认同的研究,把它,比如宗教联系,看作是对一个特殊的事业或者机构的全球性承诺。越来越多的证据表明,投票人(马吉奥托,1986年)甚或政治积极分子(哈德利,1985年)能够根据问题中的政府级别,来对他们的党派主义身份做出分离的计算。特别是在南方,做一个全国性的共和党人和地方性的民主

党人的现象被广泛地认可。一些观察家断言,"劈开层次的再联盟"已经发生了

> 而且,现在,在总统职务水平上,这个国家的共和党人占有常规性的大多数;在参议院里,彼此势均力敌;在众议院和联邦层次以下,民主党人占有优势。(卡瓦瑙夫和桑德奎斯特,1985年,第40页)

虽然历史事件一定影响着所有种类,尤其是政党认同的政治概念,但是,一些长期的趋势却指出党派主义身份上更为基本的转变。很可能正是这样,水门事件"可能已经停止了共和党的大多数应该已经成为的自然出现……[而且]提供了一个虚假的休息期间"给民主党。(艾德萨尔,1984a,第34页)评估民主党的弱点和共和党的强项,可能解释共和党的转变。在民主党一边,该政党

> 部分上是它自身成功的一个牺牲品。1930年代的失业人员已经变成(连同他们的孩子)1980年代的中产阶级,所以,不必奇怪于他们许多人都失去了他们对民主党纲领传统的忠诚,这纲领从他们那里取走了税款。(海登,1985年,第4页)

汤姆·海登是1970年代反战积极分子、加利福尼亚州当今的立法人员;正如他所说的那样,"那些婴儿时期就到新兴繁荣地区定居者的父母,曾是制衣工人和铸造厂工人,他们受助于新经济民主党

人,为此,那些定居者心怀感激。但是,他们自己并不能够忠诚于怀旧"。(1986 年,第 C4 页)

日益不断地,当曾经更为坚固的次级组织分裂的时候,由富兰克林·罗斯福打造的南方人、蓝领工人、少数民族、城市居民、天主教徒和犹太人的新经济联盟,在其自己的阵营中也面临着多样性。

并非确实有了一系列新的划分社会的问题,而是,曾经联合在一起的次级组织有了更多的不同的观点。

> 在 1984 年,两个政党之间的争吵,集中于那些与促进新经济联盟同样的系列问题:政府合适的角色是什么?它应该多大,多活跃,多昂贵?在从更受惠顾到较少受惠顾地重新分配财富、收入和机会之中,在保护公民反击生命的危险之中,政府应该多么积极?(卡瓦瑙夫和桑德奎斯特,1985 年,第 36 页)

民主党的问题是,在这些问题上,工会成员、城市居民、南方人、天主教徒、犹太人以及新经济联盟的大多数其他成分(少数民族显著地除外了),从内部就各不相同了。

新经济联盟最稳定的成分,黑人,正在开始表达某些沮丧。一些领导人认为,"在本世纪剩下的时间里,黑人投票人被想当然地认为会维持原样,除非他们显示出有一张真正的'黑人'投票,而不仅仅是碰巧是黑人的、可以预测的、给民主党的一票"。(科尔曼,1985 年,第 B5 页)共和党领袖声称,作为"民主党的奴隶",黑人已经被监禁了 50 年,(丹尼尔,1985 年,第 A21 页)黑人投票人似乎看不到任何选择地在行动,他们投给民主党候选人选票的比例正在增加。

在共和党一边,它曾经是一个各种各样利益的组织,包括生意人群体,尤其是那些在政府规则中寻求更多自由的、阳光地带的企业家们,也包括传统的拥有反共产主义者和有限政府目标的意识形态右翼,以及对反对流产和支持家庭问题很感兴趣的宗教权利,它们与共和党绞结在一起。(参见桑德奎斯特,1983年,第579页;艾德萨尔,1984a,第73页)虽然共和党没有能够在黑人之间造成侵蚀,但是它却并没有放弃种族的投票人。它一直定向于新移民(亚洲人、古巴人和东欧人)之后经济上最为成功的组织,关注他们的爱国热情和反共产主义。目标是,通过为他们在政党内提供一个位置而锁定这些移民组织。希望他们的孩子和他们孩子的孩子,将承继他们的政党忠诚,正如民主党人在19世纪得利于他们对犹太人、爱尔兰人和意大利人所给予的关注一样。与一个世代之前民主党的新经济联盟相类似,当前,共和党联盟各不相同的成分也不是在所有问题上都保持全体一致,但是,每一种成分的领导人都认同相互的利益,鼓励他们选民的支持。

当今共和党联盟持久的权威,已经被质疑了。在许多地区,温和的共和党人对观念学家和宗教的右翼都日益感到不舒服。出于对最近民主党候选人自由主义的社会价值和道德价值感到恶心,宗教的右翼被吸引到了共和党这一边,尤其是在全国的层面上。罗纳德·里根1980年胜利的激动很快就让位给了沮丧,因为,新的政府没有能够非常集中于"家庭问题"(流产,学校祈祷者,色情,等等),这些都是宗教右翼政治性议程的一部分。通过电视传播福音的帕特·罗伯特森,进入了1988年的共和党总统竞选,这意味着相信他人的花言巧语所感到的沮丧,以及获得更多的直接权威的愿望。宗教右翼可能正好向共和党人提出了一个明确的挑战。

共和党在政治上不用怎么费力,就能够网罗到大量的保守的天主教徒投票集团的日子,可能已经过去了。要么原教旨主义者共和党的支持将会销蚀,要么这种支持将以共和党在选民的其他地方付出尖锐的代价才能来到。(菲利普,1986年,第 B4 页)

有关当今政党认同实质的两则信息,为这个论调增加了可信度:最近的转变,并不仅仅是历史性事件的简短反映。在批评政党都代表着同样的东西几十年之后,投票人开始观察到日益增加的区别。在 1952—1976 年间,相对稳定的 46%—52% 的投票人看到了政党之间的政策区别。到 1980 年,58% 的投票人看到了区别,而且,在 1984 年,这个数字跳升到 63%。"公众对两个政党之间哲学上的区别有了更好的认识,这可能正是里根时代以来政治体制里最长期地持续着的变化之一"。(瓦腾伯格,1985 年,第 5 页)同样重要的是这个事实,虽然对民主党的认同下降而对共和党的认同有所上升,但是,虚弱的认同者大大多于强硬者的趋势却已经开始倒转了。(凯登和马厄,1985 年,第 160 页)

共和党人和民主党人混合中变化的发生,可能是通过投票人由独立转向党派主义,从一个政党转向另一个政党,或者是通过特异的比率,以此比率,每一个政党发动了新的投票人,或者因为死亡或者政治上的不作为而失去了支持者。最近研究的共识指出，特别的、对新的投票人的招募，以及对以前不太积极的投票人的发动是主要的因素，而不是什么两者选择其一的解释；共和党人更加善于维持选民中的支持者，或者，更加善于倒转以前的民主党人。（克拉博和其他人，1985年；克拉格特，1985年）

政党认同严重地依赖于人口统计学，或者说人口的特征，而考察共和党和民主党的社会特征，政党联盟的实质就显著地出现了。（参见表5.5）通过特异的社会化，通过对最可能服务于某人需求的政党进行独立的、经验主义的评价，美国大多数的社会组织都显示出了一个明显的党派主义轮廓。通常，较低收入、受教育较少、职业不太有威望的个人，还有妇女和少数民族，都更有可能是民主党人。但是，随着政党认同的共和党复兴几乎影响到除黑人之外的所有组织，今天，这些组织之间的区别却比十年前要更小一些了。

表5.5中的数据揭示了许多富有意义的因素。回答这些全国性调查的个人被分成很多的小组，这些小组时常带有个人的组织联系的结合。例如，一个非熟练工人更可能只受过有限的教育，并且不是白人。如果你有兴趣运用这些数据来预测个人的倾向，那些被确认为具有许多强化的分组（即，非白人，受教育较少，非熟练工人）——它们所有的都显示出对一个政党坚强的支持——的个人，比那些与具有相互矛盾的党派主义倾向（即，受过良好教育、有专业工作的非白人）、横穿的分组有联系的个人，也更可能认同那个政党。同样，这份表格中报道的两个民意测验，基本上是"运动图景的一张快照"。没有及时地在两个点采访同样的人，因而造成

难于决定变化的过程。因为,基于政党认同长期变化中的不可归因特征(人们没有多少控制力的那些因素,比如性别和种族)的分组,主要来自变化中的政治偏向。基于成绩特征(那些随着时间而自然改变的因素,比如年龄,和那些个人有一些控制力的特征,比如获得更多教育和迁移到这个国家的一个新地方的决定)的分组可能发生变化,因为组织的成员改变了看法,或者,与那个分组有联系的人群种类有了巨大的转变。因此,在南方共和党认同者的急剧增加,可能缘于本地的南方人转向了共和党,或者,由于共和党思想占优势的新居民不断地涌入南方,或者,二者兼而有之。

虽然表 5.5 并没有明确地解释变化的过程,但是,政治的暗示却是清楚的。在过去几十年里,共和党的认同在所有的组织中都增加了,而同时,除了在非白人中之外,民主党在所有组织中的认同都下降了。这个阶段中最大的转变,发生在年轻的投票人、天主教徒和南方人之间。最近的过去,因为日益增多的投票人选择"独立的"标签,共和党有所得也就并不必然地意味着民主党有所失。针对以前独立人士的党派主义的发动,使民主党阵营转向共和党的怀抱,这看起来最常适用于那些中年的投票人集团,他们在 1970 年代早期的反政党时代在政治上走向了成熟。这将包括男人、南方和西部的居民、受教育较少的投票人、非专业性工人以及天主教徒。对于其他的分组来说,独立投票人的比例下降就较好地解释了共和党的收获。

传统上,共和党被看作受过良好教育者、富人和生意职业人员们的政党,它已经变成年轻投票人最为喜爱的政党,而还有一段明显的距离它才能成为男人、中西部人、西部人、职员、熟练工人、新教徒和非工会家庭的所爱。(参见表 5.5；库克，1985b，第 1929页)年轻的投票人和南方人这两个特别的分组显示了巨大的转变，这可能具有长期的、最为重大的意义。

尽管从整体上看，年轻的投票人从未像其他成分一样成为民主党联盟的一个部分，但是，当他们在 1960 年和 1970 年之间进入选举的时候，就以整体上更加倾向于民主党和更加独立而引人注目。部分基于从这些投票人处获得政治利益的期望，民主党在 1972 年推动着将投票年龄下降到了 18 岁。直到 1980 年，以政党认同的观点来看，最新进入选举的人比所有的投票人都稍微更加倾向于民主党，而且，相当地更有可能支持民主党的总统候选人。从那以后，两种趋势都倒转了。目前，与整体的人口相比，最年轻的投票人(18－24 岁)稍微多些的是独立人士和共和党人，民主党人大大地少一些；而与新进入的以前几代人相比，他们更多的是共和党人，少一些独立人士，少一些民主党人。

解释年轻投票人的政党认同，似乎是在挑战社会化的作品，它们断言，在政党忠诚方面，孩子们将像他们的父母一样。可能是新的工具主义的动机，或者是转变了的与新伙伴的联系盖过了家庭的影响。菲利普·康弗斯(1975 年，第 143 页)可能部分地解释了这个谜团，他提醒我们，在当今时段被社会化的孩子经历了他们父母更彻底的党派主义自由，看到了比例日益增加的父母们口称的政党忠诚与他们的政治行为背道而驰。在过去五次总统选举中，大批的民主党人四次有功于共和党的胜利，这可能证明了在政治领域也正如在其他领域一样："事实胜于雄辩"。由于来自传统的民主党家庭的孩子，不听从他们的父母而支持一个强硬的党派主义标签，由于他们生活在一个被鼓励着"做他们自己的事情"的历史时期，由于他们看到了父母投票给共和党，这样，他们发现共和党很受欢迎就不是很奇怪了。虽然难于决定究竟是对政党的工具主义评价导致了一种政党认同，还是政党标签影响了一个人的评价，迹象却是很清楚的：年轻的投票人把共和党看作那个最有可能带来和平、繁荣和一个更好的将来的政党。（布罗德，1985a，第 A8 页）

关于年轻的投票人党派主义转变的长久的重要性，解说各不一样。虽然年轻的投票人比年长的投票人参与得少，因此减少了他们的投票威力，但是，很多人却把他们看作一个"预测人小组"，它提供了迫近趋势的天气风向标。（拉德，1985b，第 59 页）不管他们的观点是否会感染选民中的其他部分，最近几年他们不断增加的参与和老一代人的离去，将增加他们在选举中的作用，而且，在他们保存自己的党派主义特征的程度上，他们的存在将日益影响到政党忠心的全局分配。过于强调年轻人投票的危险，在于其潜在的波动性。年轻的投票人还没有通过人生历练而变得轻松自在，如果不论除此之外其他什么理由，他们的生活风格、生活目标和行为模式就都还不太固定。对于党派主义倾向的政治含义的评价，年轻投票人采用一种党派主义的风格。共和党全国委员会主席弗兰克·法伦科普夫，把这看作一个主要的分离点，而且，他可能有点乐观地断言，"历史上，终其一生，人们都呆在他们起初登记的那个政党内"。（被库克和沃森引用，1985 年，第 2427 页）民主党分析家赞同这些基本的数据，但是他们"指出政党认同变得越来越没有意义，而总统选举中的共和党认同和州以及地方选举的投票之间，存在着真正的区别"。（艾德萨尔和约翰逊，1986a，第 A4 页）

实际上,多少个世代,形容词强硬(solid)都为南方政党行为的每一次讨论增添了光彩。南方民主党忠心的根源,来自于对共和党人的仇恨,他们被看作南北战争的煽动者、歧视性重建政策的炮制者。多少个世代,南方的共和党人发现,他们自己在选举的时候得再次参加到过去的战斗中去。通过社会化的过程,通过野心勃勃的政治家不断将其实现的过程——民主党政治是城镇中唯一的规则——南北战争置下的划分就得到了巩固。一党制考虑到政党内部的宗派主义,时常还考虑到预选阶段富有意义的选择,这就避免了显见于全国其他地方的经济界限的划分,并且"保留了白人的控制和优越"。(拉密斯,1984a,第6—7页)虽然大萧条导致全国其他地方经济状况较好的投票人被吸向共和党,工人阶级喜爱民主党,但是,"在南方,这个过程被推迟了三十多年,而种族问题继续统治着民主党的团结"。(第8页)当全国民主党被迫开始民权事业的时候,一党制南方的基础就烟消云散了。南方人,第一次以克制他们对总统职位的民主党投票、并且时常支持共和党的候选人来作为应答,但是,他们保留着他们民主党的认同和在地方上的投票模式。变化中的态度造成了南方民主党积极分子的生活困难:

> 南方的民主党领袖们在走拉紧的绳索。他们的言行不得不足够地先进,以保住黑人的忠贞,黑人的投票对他们的选举很关键,而同时,他们的言行又不能过于地自由,以致得到了本是为北方人贮存的反感。(卡瓦瑙夫和桑德奎斯特,1985年,第58页)

虽然一个崭新然而脆弱的民主党联盟依然控制着南方的许多地区,但是,

> 今天,老联盟的 11 个州最为多变,是美国政治的重要战场。没有其他地区拥有如此不稳定的、新的政治联盟,而且,看起来没有一个地区更加乐意放弃旧的投票习惯。(布罗德,1986c,第 A1 页)

日益增多的南方投票人已经意识到了,民主党再也不是"南方传统价值的贮藏所"。(斯蒂德,1985 年,第 17 页)尽管某些问题仍然是种族主义的,其他经济的、意识形态的视角的重要性却已经增加了,这正在为南方民主党人转变成为共和党人加油。(普赖斯,1984 年,第 13 页)

当南方人的转变正在发生的时候,南方选民的组成极大地变化了,因为,具有强硬的民主党连接的黑人迁移出去了,而年轻人、受过良好教育的专业人员和白领工人追随着工作机会,到了南方的阳光地带各州。一个研究发现了多于三分之一的新共和党人,他们从南方之外迁徙而来,并带来了他们的政党身份。(普赖斯,1984 年,第 13 页)自从 1956 年以来,所有迁移到南方的白人中有 49% 的已经成为共和党人,这几乎是本地白人共和党人比例的两倍。(泰勒,1986a,第 A14 页)正如佛罗里达州一位共和党官员所说的那样:

> 政党认同趋势界限是在我们这一边。十年以前,我们有 40 万共和党人,现在,我们有将近 200 万。每天涌入接近

1000名投票人,而我们能够将他们每5个中的3个登记成为共和党人,这样,我们就能够看到,在远远的地平线上,共和党将成为多数派。事实上,我们的标语宣布,"一个正在出现的大政党。"(作者的访谈)

虽然不全然知其原因,事实仍然是,南方,曾经是民主党政党认同的一个特别的堡垒,现在却拥有与这个国家其他地区大致相同的政党划分情形。(参见表5.5)其后果不仅仅在于更多的共和党人的选举,也在于被选举的官员愿意转换他们自己的忠诚,这是一个很少伴随过去的政治成功的现象。通过"开门"行动,共和党主动地搜寻出了民主党官员,并鼓励他们转换门庭。在所有层面上,相当数量的官员都走了这一步。正如一位南方共和党官员所指出的那样:

在民主党控制被选举的公职多年以后,面对相对稀少的、可能的共和党候选人"席位",比起试图击倒一个早已树立起了支撑的人来说,让他转换政党就容易得多了。在那些具有基本的共和党情结、但是民主党却占据着政府的地区,我们并不害怕威胁他们说,除非他们转换,否则,我们再也不能任由他们不受挑战地行事了。转换之后,我们出售我们的位置——连同转换过来的官员的个人的支持一起——的能力,时常令一个一度稳固的民主党的位置变成一个难以定夺的位置,甚或成为一个共和党的位置。这具有深远的影响,可以让更多的投票人把他们自己想象成为共和党人。(作者的访谈)

虽然谛听人民的意愿或者"把原则置于政治之上"很有道理,不过,一项关于政党转换者和他们选举上胜利的细致研究却得出结论说,政党转换可能是良心之举,但是,它看起来也有积极的选举上的利益。大多数政党转换的例子"需要良心和计算两者"。(卡斯特和费特,1985年,第14页)

在南方,民主党仍然领衔于政党认同,但是,相当大变化的时机已经成熟了。老的模式很顽固,但是,首次出现于总统选举中的民主党正面的裂缝已经开始侵蚀较低层次上的公职了。(布罗德,1986a,第A8页)

(三)政党认同和投票

对政党认同广泛的强调假定,对投票人来说,对政党的心理上的承诺是一个标尺。连接投票人的政党认同和投票选择的机制各不相同。对于缺乏其他信息的投票人来说,一种盲目的、几乎本能的认同感迫使他们支持他们的政党"同事"。更加明白的投票人则保持着"对政党在政府中过去表现的连续记录",(费奥里娜,1981年)并且,他们把候选人的政党用作预测哪一个候选人将最好地服务于他们需求的重要因素。对于一些投票人来说,政党认同是一个屏幕,通过它他们过滤和评估信息,给予其同党所提起的问题和论点更多的信赖。对于其他投票人来说,引导他们做出一次投票选择的同样的问题和论点,将他们导向政党选择,他们的政党认同使我们能够预测他们的行为,但是不能够必然地解释它。人类决策过程的复杂性,确保个别的投票人可能正受到上述因素的综合影响,确保个人因素的混合也随着时间而改变。确认一个人的政党认同到哪种程度上解释着投票而不是预示着投票,这种尝试成为难于让投票人表达他们真实动机的牺牲品。很少有投票人乐意承认他们是基于盲目的政党忠心而投票;相反,他们以社会上更能够接受的偏好和候选人的表现,来掩盖他们的根本理由。虽然我们不能够准确地解释政党认同与投票之间的联系,但是,估价政党认同作为投票人预测者的长期效用,将告诉我们极其多的、关于政党标签重要性的东西。

关于投票人最早的研究,强调政党认同——作为个别的人投票的预测和解释——的重要性和持久性。正如《美国的投票人》表达的那样:

> 对于我们全国性的选举来说,很少有什么因素比千百万美国人对一个政党的持久依附更加重要。这些忠心树立了选举力量的基本划分,于其间,特别的竞选运动的竞争就[如此]展开了。(坎贝尔,康弗斯,米勒和斯托克斯,1960年,第121页)

正好同1950年代以来的民意测验数据一起,政党依附和政党忠心的断言与证据极其相符。80%以上的投票人投票给他们政党的国会候选人;在总统选举中,90%以上的共和党人和80%的民主党人支持他们各自政党的候选人。(参见表5.6)在总体水平上,相对少见同时给几个政党的候选人投票,只有不到1/4的国会选举区或者州投票给一个政党的国会候选人或者州长,而投票给另一个政党的总统候选人。(参见表5.7)30年后,总统选举中以政党分界的个人投票下降了,在州和地方上分裂政党的后果却急剧增大了。在同样的时段内,在非大选的国会选举中,个人投给不同政党候选人的票数从10%上升到20%多,而在州和地方选举中则从27%上升到50%多。(普赖斯,1984年,第15页)在1984年的选举中,54%的投票人报告说投票给了不同的政党。那些最不可能投票给不同政党的人是黑人(30%)、南方人(49%)、受教育程度低于高中的人(42%)、低收入阶层(38%)。与以前的发现正好相反,共和党人(52%)比民主党人(44%)更多地报告说投票给了不同的政党。正如预料的那样,自我确认的独立分子主要独立地行事,其中的76%投票给不同的政党。(盖洛普报告,第230号,1984年11月,第14页)越来越多的共和党人投票给不同的政党,这可能根源于伴随着共和党总体上的收获而共和党认同者的异质性在不断增加。白人、中上阶级的新教徒是老套的共和党人,而蓝领的南方人、宗教上的传统分子和其他人都加入进来,形成了一批更加多样性的党派主义选民。

表 5.6　个人的政党分界投票,1956—1984 年

	总统选举[a]		众议院选举[b]	州和地方选举[b]
	(投票给政党候选人的政党认同者的百分比)		(投票给政党候选人的政党认同者的百分比)	(始终投票给一个政党的政党认同者的百分比)
	共和党	民主党		
1956	96	85	91	72
1958			90	74
1960	95	84	88	71
1962			90	62

(续表)

1964	80	87	85	60
1966			85	66
1968	86	74	82	64
1970			85	64
1972	95	67	82	45
1974			82	44
1976	91	82	81	—
1978			79	—
1980	86	69	77	49
1984	96	79	70	46
平均	90	79	83	60

a 盖洛普观点索引，1956—1984年。
b 改编自普赖斯，1984年，第15页，基于来自于密歇根大学政治研究调查中心的数据。

表5.7 投票给不同政党候选人的总体投票，1900—1984年

	具有政党分裂后果的地区的百分比[a]	
	总统/众议院	总统/州长
1900—1908年	3.9	10.5
1912—1924年	12.7	18.8
1928—1940年	15.4	22.2
1944—1956年	20.4	24.5
1960—1972年	33.9	44.0
1976—1984年	34.7	35.0

资料来源：奥恩斯泰恩，曼，马尔宾·谢克和比比所作的国会统计，1984年，第56页。州际关系顾问委员会所作的州长统计，1986年，第55页。
a 由一个政党的总统候选人和另一个政党的国会或者州长候选人带来的地区或者州。

投给不同政党候选人的选票,并不必然地意味着政党认同没有关联:

> 政治加盟很像教堂加盟。做一名民主党人或者共和党人,就像做一名天主教徒或者洗礼教徒或者长老教会教友,这是一个人身份的一部分。一旦获得,那个隶属就不会很快、很容易地改变。一个人可能不是很有规律地去做礼拜——偶尔甚至会到另一个教堂去——但是,他将仍然是其那个派别的一名成员。同样地,在选举日,一名党员可能被音乐、或者布道、或者牧师的神授的特别气质所吸引着去访问另一个政治教堂,但是,他却没有转换而获得一个新的政治身份。(卡瓦瑙夫和桑德奎斯特,1985年,第39页)

虽然有证据表明,在最近的选举中,政党认同的重要性有轻微的上升,但是,党徒身份日益降低的大概模式却显现出来了。以较早的选举研究的术语来论(坎贝尔和其他人,1960年,第40—44页),今天,在投票人选择中,问题和候选人评价这些"短期力量"所起的作用远远比过去要大得多。诸如组织和政党忠心这些更不可变的因素,曾经导致着在一次又一次的选举中对同一个政党可以预测的、支持性的"永久性的决定",它们的重要性已经降低了。(哈克肖恩和比比,1982年,第87页)

虽然我们不能够完全清理出导致投票人抛弃政党忠诚、作为个人来支持候选人的意愿日益增加的所有因素,不过,几个很有帮助的因素还是凸显出来了。

一个因素是社会性的。人口中日益增加的物质和经济的流动性,减低了传统的、巩固党派主义认同和行为的社会关系的影响力。那些迁移到没有什么党派主义历史、少有或者没有党组织的郊区的投票人发现,没有什么来鼓励党派主义的行为。(桑德曼,1984年,第514页)更为常见的是,迁徙到新的地理环境或者社会环境的个人常常会打破他们与过去党派主义的联系,不用保证在新的环境里朋友和邻居们会鼓励他们建立新的联系。

在没有其他的信息来源时,政党最为有效地提供了投票的线索。日益增高的教育水平使投票人更有能力理解问题,而且,使他们更有可能搜罗出新的信息来源,并且能够吸收和评价它们。(拉德,1985b,第60页;克拉博和其他人,1980年,第287—288页)能够对问题做出他们自己的回应、能够评价候选人的投票人,较少可能全盘同意其政党提出的选择物。与最近的过去相比,今天,更多的公民拥有一致的问题立场,而且,这些立场指导着他们的投票。(克罗蒂,1984年,第48页)

党徒之间的分歧,是基于问题的分歧。出现于大萧条和新经济时期的党徒分歧,根源于美国经济体制应该如何运转、如何被管理的不同视角。这些经济的视角,"仅仅是目前投票人中最老的那部分人的个人经历的一部分"。(赫西,1984年,第24页)产生于1960年代及其以后的问题——种族、越南战争和"社会性问题"(法律和秩序,毒品,许可,等等)——穿过了政党分歧之间现存的界限……这些问题使得大党之间的区别模糊了,造成了极端相反的力量,这些力量从那些政党那里没有发现什么令人满意的表白。(桑德奎斯特,1979b,第349页)

自从1950年代和1960年代的选举不太以问题为中心以来,研究表明,投票人已经变得对政党之间问题的界限日益明晰,已经开始以与其对问题的立场更加一致的方法来投票。没有证据表明,政党掌握着受投票人偏爱的一整套一致的问题。(皮尔森,1978年,第275—278页)面对同时支持他们所赞成的问题和所反对的问题的政党,投票人必须好的坏的一起接受,而支持那个在最大的问题上与他们相一致的政党。全体投票人的承诺和投票人减少了的、关于政党站在哪里的困惑这两种可能性,还不会出现,直到政党和问题分歧之间日益增加的一致性出现了。那些对从政府控制那里获得经济自由感兴趣的保守分子的引力作用,害怕来自国内和国际的、对我们的生活方式的威胁,而且,对于当前的社会问题(赞成家庭、反对流产、控制地方学校,等等)朝着共和党方向的明确的立场,则是一个开端;虽然说并不完全是这样。经济上不太有优势的个人,往往更加优先关注朝向民主党方向的社会公正和平等,与此结合在一起,这个过程有助于增加政党和问题分歧之间的联系。

投票人也受到媒体和信息技术的影响。在不是很远的过去,政治联络和竞选说服的发生,主要是依靠面对面的基础。候选人指望政党提供工作人员去传达信息。从一个地区到另一个地区,同一个政党的候选人所推销的信息却大不相同,这些信息都反映着当地居民的信念和价值观。大众媒体和复杂的通信技术手段的来临,鼓舞了候选人绕过政党,靠他们自己去呼吁投票人。日益增加的对全国性媒体信息的接近,使得一个政党很难能够颇有说服力地发送本地化了的信息,而不存在被抓到正说着两件不同事情的尴尬的可能性。担心全国性信息的候选人小心地将他们自己与政党的信息分离开来,而作为一名独立人士来竞选。(参见莱特,1984年,第97页)这个过程强化了它自身。那些看到投票人不太显示政党信息的候选人,以不太党派主义的语词来呼吁,这甚至更加降低了政党的特征。(瓦腾伯格,1982年,第217页)意识到他们自己能够自行其是之后,候选人就开始自如地运用资源。

就其自身正好就有的本质来说,电视强调个人的特征,迫使问题退为背景,而其他技术,比如,有目标的邮寄和有线电视上小范围的播送,则试图冲破政党标签而吁请一个更为狭窄的基础(参见第六章)。在职者,尤其是国会里的在职者,找到了与投票人沟通、直接服务于他们的方法,这样就巩固了他们个人的权威基础。(参见梅修,1974年;芬诺,1978年;弗兰泽奇,1986年)并不是依赖党组织与投票人交流,国会议员和国会女议员不断地设立邮寄名单,来分发他们个人的时事传报,增加个人到各地旅游的政府资金,并鼓励投票人请求他们个别地帮助解决他们与政府之间的问题。很多这种行动发生在非选举时期,而且运用了政府资金,这个事实增加了信息的威力,减少了资源的限制。

还得需要很多年,才能够判断政党认同和政党分界投票中适度的增加是否不只是临时的倒转。直到最近,仍然假设,由党组织的活力和选民对政党的支持来测量的政党力量正在手挽手地前进。表面上党组织复兴了,而政党在选民中的下降意味着

> 正是因为党派主义依附的减弱,才使政党很有必要变得组织得更好,变得在发动和说服投票人上更加富有效率。(吉布森,科特,比比和哈克肖恩,1985年,第140页)

第五章 投票人：政党意欲影响的目标 255

比起创立一个一次一票的投票联盟来,一个政党,更加易于依靠一系列固定的支持者来把它的候选人推进到政府之中去。在当今的政治环境中,想什么都不做、只是挥舞政党旗帜、等着忠诚分子聚集过来的党组织,它们注定要失败。还不知道组织和资源承诺能够在多大程度上弥补正在下降的政党忠心,但是,变化中的政治环境却要求党组织或者适应或者面临灭绝:

> 事实上,当其正是通向持续胜利的道路的时候,开发新功能,减少旧功能,或者以新的方法来实施旧的功能,可能被误认作功能的下降。(弗兰德莱斯,吉布森和弗尔茨,1985年,第11页)

竞争性政党体制一个主要的贡献者是不安全,(斯莱辛格,1985年,第1167页)而且,选民目前的波动为政党提供了足够的不安全。用珊德拉·凯登和艾迪·马厄的话来说:

> 政党认同的下降已经鼓励了政党更加努力地工作;就像经纪人业务办公室一样,他们现在被迫去赢得老派的方法:"他们不得不挣得它。"(1985年,第93页)

暂不论投票中政党线索不断下降的趋势,在社会中组织的投票中,它们依然采用唯一的党派主义的特征。为了减少任何一次选举中的特异性,表5.8平均了两个时期总统选举的结果,并比较了过去30年里不同组织的党派主义偏见。虽然共和党在最近的总统选举中做得更好,但是,总的来讲,在大多数的人口组织中,投票偏爱的不同与政党认同中的不同正好相符合。妇女更多地投票支持民主党候选人。非白人对共和党候选人显示了很少的支持，而黑人和白人之间的距离正在加大。受过大学教育的投票人和专业人员更多地倒向共和党，而受教育较少的投票人和那些蓝领工人支持民主党，但是，共和党在这些组织中已经提升了它们的支持率。共和党某些最有意义的收获来自于工会家庭的成员，尽管这些投票人仍然主要站在民主党这条线上。年轻的投票人比年老的投票人更多地支持民主党的总统候选人，而共和党在年轻的投票人和中年的投票人之间谋得了收获。在总统选举中，东部是这个国家唯一一贯性地民主党地区。新教徒和天主教徒之间曾经巨大的区别已经减少到了这一点：两个群体几乎在彼此相似地投票。大体上，共和党在几乎所有组织中的增加已经导致了不同的投票模式的模糊化。投票人的社会背景仍然为他们的投票行为提供了线索，但是，标签的意味少多了。

表 5.8　总统选举中社会组织中的政党投票，
1960—1984 年（平均百分比，共和党投票）

	1960—1972 年		1976—1984 年		早期（1960—1972 年）晚期（1976—1984 年）平均数的区别
	%	总票数的变化[a]	%	总票数的变化	
总计	49	—	53	—	+4
性别					
男	53	+4	54	+1	+1
女	49	—	52	−1	+3
种族					
白人	52	+3	58	+5	+6

（续表）

非白人	16	−33	13	−40	−3
教育					
大学	57	+8	57	+4	−
高中	49	−	52	−1	+3
小学	43	−6	44	−9	+4
职业					
专业人员和生意人	57	+8	59	+6	+2
体力人员	40	−9	47	−7	+7
年龄					
30岁以下	43	−6	48	−5	+5
30−49岁	48	−1	54	+1	+6
50岁以上	52	+3	54	+1	+2
宗教					
新教徒	57	+8	56	+3	−1
天主教徒	33	−16	50	−3	+17
地区					
东部	45	−4	49	−4	+4
中西部	50	+1	53	−	+3
南方	51	+2	53	−	+2
西部	50	+1	55	+2	+5
工会家庭	36	−13	42	−11	+6

资料来源：盖洛普报告，第230号，1984年11月。

a 对共和党的组织支持和总体支持之间的区别。正数反映共和党的优势；负数代表着民主党的优势。

(四) 再结盟终于来到了吗?

几十年来,政治分析家们已经发动了一次再结盟"观察",他们仔细地研究图表上的每一个影像,把它当作长期过时的现象可能发生的可能的指示剂。历史上,政党已经再联合了大约 40 年(伯恩海姆,1970 年)。托马斯·杰斐逊的选举(1800 年)招致了联邦党人政党控制的终结。安德鲁·杰克逊(1828 年)引入了一个边界民主的时代。亚伯拉罕·林肯的选举(1860 年),目睹了由于南北战争的划分而加剧了的、作为全国性力量的共和党的诞生。威廉姆·麦金利的选举(1896 年)抛弃了威廉姆·詹宁斯·布赖恩的农业的平民主义,反映了美国重工主义的成长中的优势。更近期,富兰克林·罗斯福(1932 年)引导了一个民主党占主导地位的时代,以及我们得以寄希望于政府的、福利国家的自由主义。(参见布罗德,1972 年,第 189 页)虽然没有人希望一次自动的再结盟会没有理由地发生,但是,大多数观察家预测,到 1970 年代,一系列主要的冲突和新问题将以新的方式来划分政治,并对政党划分会有一个长久的影响。

标志有点混乱,这部分地是因为,过去再结盟的描述和当今的再结盟看起来应该像个什么样子的定义都在变化。在严格的意义上,再结盟需要(1)主要的社会组织投票方式的转变;(2)权力的党派平衡里一次意义重大的改变;以及(3)一个新的多数派政党的出现。

关于以前再结盟的分析指出,再结盟包括着大量的阶段,而且,在各个社区前进得并不平衡,而并不代表着与过去剧烈的、立刻的决裂。(桑德奎斯特,1979b,第342页)对于许多投票人来说,历史事件促进了一些投票人进入党派独立或者政治上不作为(political inactivity)的中间地段,这就是采取最后的一步并改变政党忠心的标尺。(参见克拉格特,1985年,第1页;克拉博和其他人,1980年,第256—260页;拉德,1985b,第18页)可以得到大量的数据、可以采访实际的参与者,这使得大量的研究聚焦于1930年代的新政再结盟。解释那些急剧转变的三种模式出现了。*转变模式*(拉德和哈德利,1975年;埃里克森和泰丁,1986年;桑德奎斯特,1983年)宣称,"在1930年代,数百万投票人把他们的政党认同从共和党转向了民主党"。(桑德奎斯特,1973年,第3页)*世代更替模式*(坎贝尔和其他人,1960年;詹宁斯和尼米,1981年)断言,再结盟发源于具有独特政治观点的年轻投票人进入选举,而同样独特的一组年长的投票人离开了。*动机模式*(安德森,1979年;克拉博和其他人,1980年,第259—260页)宣称,危急的事件刺激了相对不积极、非党派的投票人,让他们采取了类似的党派主义定位并且参与了。在1930年代,刚刚被给予选举权的妇女(1920年)和移民提供了这样一批非政治的、"免疫的"(安德森,1979年,第18页)投票人,他们被民主党的新政俘获了。看起来,这些过程的每一步在1930年代都在运作,而且,今天也还在运作。已经有相当多的人从民主党转向共和党,尤其是在南方。当选官员的政党转向是政党命运转向的一个重要指示,这种转向在过去党派主义再结盟时期也曾经系列地发生过。(金和本杰明,1985年,第21页)

同时,具有不太清晰的总体含义的世代更替过程正在发生。

最老的那队投票人,他们主要是新政之前的产物,比整体上的人口反映着稍许多一点的共和党定位,他们正在被那队表达了极大的共和党定位的最年轻的投票人所代替。这个转变的重要性依赖于年轻投票人政党偏见的持久性,以及,他们能够在多大程度上颇有成效地将这些定位传递给他们的孩子们。(诺伯斯,1985年,第8页)在1970年代期间,随着投票参与水平的下降,不愿意表白其党派主义认同的投票人的比例剧烈增加,而党界投票在下降,那时的标语是*解盟*(*dealignment*),而不是*再结盟*(*realignment*)。对某些人来说,解盟意味着,政党与投票人和当选官员之间联系的重要性在稳定地、不可逆转地下降。民主党全国委员会主席保罗·柯克认为:

>　　再结盟是一个谜……里根总统帮助共和党克服了其50年在美国选民中的小党地位,只是为了发现党派纽带对投票人不再意味着很多了。(被布罗德引用,1986a,第 A1 页)

其他人断言,解盟可能正好是再结盟的标尺。因为受挫于选择,不满意于先前的身份,投票人漂离了他们党派主义的系泊点,但是,他们已经准备好被另一个政党所发动。(米勒和瓦腾伯格,1983年;克雷格,1985年)这确实是新政再结盟之前的情形。(克拉博和其他人,1980年,第275页)1970年代中期以来,投票参与率稍微提升,政党认同和政党分界投票更加重大地增加了,这提供了一种"迹象:解盟的时期正在向一个再结盟的时期迈进"。(克拉博和其他人,1980年,第275—276页)

新的技术环境可能受到信任,因为它影响着再结盟发生的方法。改变个人层面上的政治定位包括,使投票人相信,他们以前的偏爱已经不再满足他们的需要了。通信上日益增加的有效性改变着政治信息的效率,可能也改变着政治信息的潜力:

> 在已经存在选民的再结盟的意义上,它正如一次转变一样多,这次转变基于现金和技术——以及它们所收买的广告和公众观点——因为它是美国投票人一次散播的、自发的、发起于基层的巨变,产生了具有1932年、1896年、1856年和1828年政治革命特征的、成型的忠诚类型。(艾德萨尔,1986b,第D2页)

专家之间关于再结盟是否已经真正发生了的争论,盛行于基于不同的标准、分析方法、关于哪个政党"应该"是大党的个人偏好上的不相一致。很难分析一个我们如此接近的过程,而且,关于它有太多的数据。毫无疑问,过去危急时再结盟的合意不会立即出现,也不能够受制于这么复杂而精确的分析。如果一次完全的再结盟被定义为(1)不同以往的投票的社会组织,(2)权力的党派平衡里的一次重大的改变,(3)一个新的多数派政党的出现,那么,比起最后一项标准来,在最先两个标准上就会形成更有意义的大的一致。(拉德,1985b,第58页)虽然有些人会宣称,组织投票的转变和民主党主导地位的下降都是暂时性的,这种看法却难于保持,因为,这个模式就在以新一套数据中轻微的变化来重新断言它自身。一个新的大党没有能够出现,这就挑战了我们过去再结盟的观点,那个时候,一个新的政党的巨大后果是控制了政治风景几十年。为了接受再结盟的存在,"为什么一个政党不得不有一个超越其对手的、清楚而存留的边界,这没有必要的理由"。(拉德,1985b,第60页)可能正好是这样:正在出现的再结盟意味着,拥有新政联盟的民主党优势转向一个政党平分的时代,这时,党派主义的认同和日益增加的、在所有政府层次上和跨越所有地理范围的选举竞争,都由两大政党来平分(卡瓦瑙夫和桑德奎斯特,1985年)——对于那些相信政党通过提供富有意义的选择、投票人能够从中做出选择的人来说,这个转变是一份不错的剧情说明。

第六章 政治的竞选运动：最终的考验

对于候选人和政党来说都是这样,对于效力的尖酸考验,来自于选举之夜胜利者得意扬扬地鼓掌庆贺、而败北者悄悄逃去舔舐他们伤口的短短几个小时。不论体面的败北者如何明言很是值得恶战一场,私底下,大多数竞选参加者都相信这句古老的更衣室里格言："获胜不是所有,获胜就是获胜。"这一章,将揭示政党在胜负决出之前的选举运动中的作用。

第一节 法律的环境

带着冲锋和反击、竞选集会以及赋予许多竞选以特色的公众关系的所有戏剧性和喧闹,在选举过程之中开始分析,这是一种巨大的诱惑。尽管这种方法疏于认识到竞选的各不相同,而且,理解特殊类型的竞选和通常的竞选在其中运作的境况也很重要。正如在第四章中所解释的那样,选区界限的划分给予来自特定政党的候选人更好的选举机会。竞选的境况为决定运作中的竞选类型设置了舞台,这也许可以很好地预定可能的结果。政党时常都会意识到不同的游戏规则对于本党派的有利和不利之处,从而力争制定最有利于自己的法律。

一、固定的选举

没有美国政治家以把一位同事拉到一边,悄悄耳语,"你想知道下次选举什么时候举行吗?"而赢得威望。不像议会体制下确定选举的时间源于多数党精细的策略,或者,无论何时政府失去议会中多数派的支持时自动地发生,美国两大政党的政治家们都清楚地知道何时举行下一次竞选。第二次世界大战期间,反映着议会制经历的温斯顿·丘吉尔问富兰克林·罗斯福,何时将宣布由于战争而延迟1944年的竞选,但是,罗斯福从未考虑过这种可供选择的方法。

固定的选举有些党派主义的含义。不像在议会体制下,多数党可以秘密地增加它的支持者,举行一场令人惊奇的选举,让反对派防不胜防,美国体制下的在野党却可以进行长远的谋划。资源的聚集,招募候选人,政策优先权的计划,所有这一切都围绕着已知的竞选日程而展开。在政策范围内,强硬而可能不受欢迎的方针可以离选举尽可能远地做出,而在接近选举日的时候宣布广受欢迎的决定。吉米·卡特砍掉公共工作项目,杰拉尔德·福特在其任期内尽早地辞退理查德·尼克松,这不仅仅是个巧合,因为,他们预见到了公众的不满意;另一方面,在大选年里,社会安全利益的增加和税负的削减则会引起更大的兴趣。

二、单一成员选区的体制

事实上,所有我们选出的官员只是被选出的代表某一批特定选民的个人而已。这不仅经由候选人培育了地方主义,而且致使各个政党难于协调竞选,尤其是在地方水平上。不同的选民规模意味着,为了每一次选举,政党得力图在边界彼此互相重叠的选区内竞争。众议员选区跨越许多完整的州参议员选区和其他部分。县特派员专区(commissioner districts)包括许多州立法区以及其他部分,如此等等。围绕已经建制的地理单位(县,镇,等等)成立的党组织,必须在除了纸面并没有其他什么特征的选举区内竞争。这就鼓励候选人个人直接去找人民,而阻碍了政党协调一致的运动。

三、实际运动中最低限度的政府干预

在提名候选人、资助竞选和选举的管理方面,即使联邦的尤其是各州的法律大有文章可做,但是,到了说服和发动投票人的时候,候选人和政党也就可以自行其是了。不像在议会制下,没有官方的日子在这里就标志着竞选的开端。法院认为候选人应该免于侮辱诽谤的控告,相信公众能够对付令人不快的控告。电子媒体必须遵守"平等时间规定",这要求它们向所有的候选人提供免费的时间,如果这被提供给了任何一个人;以向任何人出价的同样的价格向所有的候选人出售时间。但是,政府并不提供或者限制竞选的公共关系。在这样一种体制下,为了赢得注意,为了赢得投票人的支持,候选人不只是彼此之间竞争,他们还得和其他潜在的劝说者(商业广告人,不同事业的支持者,等等)竞争。创造性举足轻重。为了建立合法性和招徕投票人的注意,近期的候选人发放了看起来像正式的政府通讯一样的邮件,制作了看起来像电视新闻

节目一样的广告,利用可以怀疑的事实性的根据得心应手地攻击了他们的对手,却又丝毫不必担心法律的反响。

四、选举的类型

本世纪之交发端于预选制度的反政党运动,也裹挟了许多地方官职、司法职务和两个州的立法机关(明尼苏达和内布拉斯加)的选举向非党派主义转变。因为,非党派主义的选举被认为可以改善不被党派主义考虑所染指的公共服务的质量,并指引着政治更加关注地方的问题而不是全国的问题,它已经具有了两个意想不到的后果。政党总是找到正式或者不正式的方法来认可特定的候选人;而共和党投票人较高的参与率意味着,以共和党为中心的、非党派主义的候选人,比料想的赢得了更多的选举。共和党在非党派主义的体制下统治了几十年之后,政党对明尼苏达州立法选举的重新选派导致了民主党立法者的剧烈增加。

运行非党派主义的选举,需要一个不同于党派主义环境的选举类型。没有党派的暗示来简化选择,投票人就更加不稳定,候选人个人的认同和评估因素就显得突出了。

五、选举机制

因为不能够解决关于投票人适格性的固有的矛盾,开国元勋们就给了联邦各州几乎关于选举法律和机制的独有的控制权,仅有几个主要的变化,如对妇女、少数民族和年轻人开放程序,蚀刻进了联邦立法。

（一）选票的类型和投票程序

民主的理论在投票人的能力中狂欢,而并不怎么在意诸如选票的设计和投票程序这些世俗的因素,但是这些因素却也很有关系。

在共和党的早期,关于口头投票或者各个政党相互区别的选票的规定的传统,允许旁观者监控单个的投票人,这就便利了选票的买卖。在许多区域中,所谓的塔斯马尼亚诡计(Tasmanian dodge)是一种确定的做法。投票人会被交给一张已经填好的选票,而被希望交回一张由选举官员所给的空白选票,以证明他们在得到报酬之前已经按照政党所希冀的那样投了票。到本世纪之交,由政府提供的秘密投票通行了,而且,正如所预料的那样,因为在政党观察员视野之外投票,秘密投票导致分裂选票的投票(split-ticket voting)剧烈增加了。(腊斯克,1970年)

更近期,投票机器和各种各样基于电脑的打孔卡片的适用,日益取代了纸面的选票。当这些被作为提高选举效率、减少欺诈的手段而发扬光大的时候,一些地区的党组织因为担心这可能反过来影响其支持者就予以抵制。大多数情况下,由于民主党组织明白自己有较大的受教育少而技术上不精通的支持者队伍,它们已经就可能威胁它们更多的支持者的程序上的迅速变化发出了警告。

组织选票上的名单和公职寻求者的两种方法成为主流。公职集团选票(office-bloc ballot)依据寻求的职务将候选人组织起来,而未来的投票人必须从每一份名单上搜寻出自己喜欢的候选人。大多数的州运用将一个政党所有的候选人列在一栏内的党一栏选票(party-column ballot),因而便利了党界投票,因为,投票人只需要简单地勾下所有的集团,或者在一栏中拉动所有的标杆。更受党组织欢迎的是在 21 个州使用的选票形式,(合众国名册,Book of the States,1982—1983 年,第 104 页)这允许拉动一个标杆或者勾画一个方框,来进行明确的政党选票。虽然这种鼓励将全部选票投给同一政党候选人的选票形式,对具有高度能见度的州或者国家公职的竞争没有什么影响,而那些对高居选票之首的候选人很有印象或者以一个特定的政党为中心的投票人,却会转而在他们少有或者没有什么外部消息的低层次的竞争中进行党界投票。

对于能见度较低的公职,看似无关的因素,如选票的位置,可能闯入。面对一系列候选人,投票人显示了不匀称的、支持名单上第一个名字的倾向。(泰伯尔,1975 年)一个州的多数党时常争辩着要列放在前面,以保证它们的优势,而少数党得为选区内的名单的旋转而斗争。

知晓选票的形式,就指引了候选人接近投票人的方向。公职集团选票,没有将全部选票投给同一政党候选人的规定,这就鼓励了人人为己的方法,而党一栏选票,尤其是有将全部选票投给同一政党候选人选项的,则在鼓励协调一致的努力。

(二) 选举团

对于总统选举,选举团体制影响到主要的竞选策略的决定。因为不相信普通公民的能力,开国元勋们就在投票人和总统的选择之间设置了一组竞选人。进入投票棚,投票人在与分配到各州的众议员和参议员总数相等的两列或者多列选举人中进行选择。记录一个州的选票的简单多数的单子,就投射出了该州总统选举的票数。最初的设想是,竞选人应该运用他们自己的判断,由州立法者根据他们的能力和信誉做出选择。在这个过程的早期,政党和它们的总统候选人联合支持者以竞争做竞选人,这些竞选人公开地致力于支持政党的候选人。虽然竞选人并不受法律的约束,但是,成为一名竞选人是对积极的党徒的酬劳的事实,以及反对政党的总统候选人会带来政治反响的威胁,致使大多数的竞选人保持一致。相对少数不忠实的、没有坚持支持候选人的竞选人对最终的结果没有什么影响。

选举团赢者获得一切(winner-take-all)的方面给予获得多数的候选人整个州的选票,这就鼓励了候选人勾销那些他们确信输赢的各州,而致力于拿不准的各州。为了鼓励在那些投票传统使其不可能影响结果的各州的支持者,总统候选人会做些礼节性的停留,但是,大多数竞选努力和就某些问题的战略性决定都反映了在更加具有竞争性的各州获胜的必要性。表面上,有比例地划分一个州的选票或者拆毁整个体制的提议听起来既有效率而且公平,但是,却在许多方面招致了反对。一些反对者断言这种体制的基本成功,并退回到这则格言:"不破,不修"。来自具有大的竞争性的各州的政治活跃分子们担心失去影响,策略性地定位的组织则顾虑失去权力。比如,尽管黑人领袖常常支持使政治程序更加民主的方法,但是,他们却不愿意改变选举团,因为黑人集中于具有大的竞争性的各州,能够利用这种形势来增加他们在民主党内的影响。在这些具有大的竞争性的各州,党组织也无心于改变什么。当前,它们可以寄希望于总统候选人和副总统候选人重复的访问;这种关注鼓舞了党组织。组织集会,分发宣传品,提供策略建议,这些活动给了党组织更新的目的,而接近总统的竞选资源则提供了实现竞选目标和组织目标的必要资金。

第二节 政治的环境

一、党派主义的形势

尽管有重要的证据显示,多数投票人把他们的选票投给了不同的政党,而少有选区对一个政党的候选人来说绝对万无一失,但是,所有的候选人都起步于一个忠诚的政党支持者的基地,而且,大多数的候选人都在一个其忠实的支持者多于另一个政党支持者的地区展开竞争。忠诚和优势特定的混合框定了竞选运动的任务。被大多数忠诚的党徒支持的候选人,关注于巩固这个支持、发动那些具有倾向性的人。候选人如果面临一个不支持他的大多数,他就更加关注那些没有做出决定的投票人,力图蚕食其对手的党派基础。竞选运动期间在全国各地游历,观看竞选运动的告示板,常常就可能发现不同地区的党派主义形势。在强硬的民主党地区,对候选人的民主党关系的提及时常甚至盖过了候选人的名字,共和党在它们的强力地区也运用同样的战略。战斗在其政党没有党派多数的地区的候选人,则低调地宣扬他们自己的党派标签,强调"投票给个人,而不是政党",或者类似的信息。

在大多数情形下,政党竞争强烈的地区也有更加强壮、更加积极的党组织,尽管仍然不能清楚地确定是组织上的强大导致了投票支持,或者,反过来也是如此。一个实际的党组织的存在,鼓励了候选人在竞选期间更加依赖它,这反过来也激励了一个被加强了的组织。

二、任期因素

比起与现职人员竞争甚或竞争一个没有任职者的职位来说,从那个职位竞选那个职位就容易多了。1986年,95%以上的众议院现职成员和75%以上的参议员再次竞选都获胜了。众议院成员倾向于不太脆弱,因为他们在不太引人注目、资助得不是很充分的竞选运动中竞争。虽然现职人员必须防卫他们在政府中的个人记录,他们是消极的政治气候可能的受害者,但是,在竞选运动中,他们拥有一系列先天的有利条件。现职人员通常是在一个他们的政党已经占据先机的地区,开始他们的竞选运动。由于先前的竞选运动和持续的公开亮相,实际上,现职人员比任何挑战者都具有高得多的知名度,而且,在其他信息缺位的情况下,投票人会支持其知道的人而不是不知道的人。现职人员拥有相当高的动机恋栈,这可以为他们的记录做辩护;而且,为了再次竞选的目的,他们可以间接地利用他们的工作人员和公职资源。要想在为了官方的代表功能和为了竞选的目的而运用政府配备的资源之间划分界限,这已经被证明是不可能的。例如,为了让公共官员与他们的选民保持联系,免费邮寄权利或者免费的邮寄特权(参见方框中文字)是必要的,但是,很难划出一条界线,来确定什么时候这样一种资源被不适当地用于选举的目的。(参见弗兰泽奇,1986年)在州和地方层次上,官员有以他们的名义来颂扬公共工程项目的权利,有权利通过宣言以使他们的名字一直在公众的眼里——相对大多数候选人很低的知名度来说,这可不是没有意义的优势。

一个签名的威力:国会的免费邮寄权利

虽然大多数美国人为了寻找一枚邮票得翻查书桌抽屉或者皮夹子,但是,国会的成员们却只需要简单地在信封的右上角签上名字,就可以把它们发出去了(这甚至已经被简化为在信封上印上签名的一个过程)。

在共和国的最早时期,允许国会成员能够免费地与他们的选民交流——这是最近几年里每一年他们要用上 5 亿多次的一种特权——,自那以来,免费邮寄的特权——*免费邮寄的权利*(*frank*)——就一直存在着。决定什么可以在免费邮寄特权下被免费邮递出去的操作界标一直都是官方的事务,但是,如何定义那个界标则主要是各个成员的责任。

免费邮寄权利的政治性运用的间接证据,比如这样一些事实:在选举年里邮件大大地增加了;随着电脑化邮件处理的到来,外行邮件(outgoing mail)的体积已经极大地增加了;以及存在臭名远扬的滥用,例如,事实上是在恳求竞选运动资金和推销在职者,这些证据已经导致了一些限制。在现行的规则下,议员在选举之前的两个月内不允许发送批量的邮件,禁止运用免费邮寄权利来请求资金,不能运用免费邮寄权利发送非官方的信件(圣诞卡、同情卡、贺喜信),在他们的新闻通讯中不得不限制个人照片

第六章 政治的竞选运动:最终的考验

的数目和运用代词我。

且不论这些限制,免费邮寄权利依然是在职者一个有力的工具。作答"共同事业"组织(Common Cause)挑战当前对免费邮寄权利的运用而提出的一个诉讼时,法院认同了这个问题,但是不同意加以干涉:

> 我们不认为,免费邮寄权利从来不可能被显示出造成竞选过程中这样的一种不平衡,以至于形成了对重要权利可以辨别的侵犯。我们只是认为,这个案子中影响的程度没有显示得很充足,而以至于需要我们承担起重新起草法律或者宣讲规章的责任。(区法院判决,被弗兰泽奇引用,1986年,第30页)

虽然法院决定,免费邮寄权利的后果不是重大得足以改变现行的法律,但是,很少有在职者会乐意放弃这个特权,或者将它延伸到他们的挑战者身上。在职者的国会办公室就像邮件订单生意并不是很小的邮政屋,它们推销的只是一件产品——那些在职者。

在选举中有利于在职者的条件,并不只限于那些与公职和在职者他们自己有关的因素。由于意识到在职者的传统优势,提供竞选资金的个人和组织就看好在职者,加强他们的优越地位,而这反过来又使传统永恒化。希望维持在公职中的存在的政党会挫败对它们政党的在职者的挑战,并且,常常通过挫败反对已经被侵犯的在职者的竞争,来有效地利用它们自己稀少的资源。例如,在1986年的众议院竞选中,60%以上的众议员在普选中面临着没有反对。那些在职者,时常没有大党的帮助就已经首次赢得了公职,而且几乎都被保证增加对其个人政治上的支持,他们开始把政党看作竞争其关注和支持的许多竞争者中的一个。

第三节 政党和竞选资源的集积

以候选人为中心、而不是以政党为中心的竞选运动日益增加的可能性,出现在直接预选法案之后,而当候选人发现了大众媒体和新技术的时候,这种日益增加的可能性就加速了。虽然政党仍然与竞选运动有关,但是,政党变成只是很多影响其方向和结果的组织中的一个。下面的讨论勾勒了现代竞选运动的通常的实质,关注于——但不局限于——政党作为组织的作用。

竞选运动基本上是发动资源的任务。为了达到选举的目标,候选人必须做下面的一些事情:发动那些有倾向性的人,化解那些有敌意的投票人,说服那些还没有决定的人,转化最初的敌意。每一项任务都要求设计出具有说服力的信息,传递这些信息,检查回应,便利所需要的行为。在实际层面上,这包括这样一些事项,比如,拉拢投票人或者对他们进行民意测验,设计竞选广告,购买媒体时间,散发小册子,以及驱动人们去投票。以时间和金钱来论,这些任务中的每一项都很昂贵。

一、组织资源

当初创立党组织是为了管理个人的竞选运动,协调在政党旗帜下进行的不同的竞选运动。在很多地区,候选人几乎与这个过程无关,他们依赖党组织引导其场地工作人员大军,以劳动密集型的方式去和个别的投票人进行一对一的交流。竞选广告由打印好的候选人名单卡片和劝诱政党"团队"的政党广告组成。但是,因为

> 面对面的交流让位给了大众媒体,而且,竞选运动技术上的复杂性也增加了,候选人正在转向其他地方获得支持、获得资金,因为,接近媒体并不仰仗于政党,而是仰仗于技巧和金钱。(阿格拉诺夫,1979年,第233页)

当然,自从1950年代以来,这一点已经变得日益清楚:党组织不能够提供赢得选举所需要的一切资源。由于意识到政党的这种无能为力,又坚持认为没有什么希望能够快速重新定向,候选人就转向他们自身,创立在他们自己控制之下的、个人的竞选组织。以候选人为中心的竞选组织,因地区和不同的公职而不同,但是已经变成了规范。1972年,以候选人为中心的竞选运动的趋势达到了全国性的水平,当时,理查德·尼克松不仅降低了共和党全国委员会在竞选运动中的作用,而且,设立了一个完全独立的、根本不假借依赖国家政党的再次选举委员会。他甚至阻拦共和党在一些南方地

区上场国会的候选人,这反映着他自己个人的目标:只是为了不使那些保守的民主党在职者们感到不安。(库克,1985b,第1929页)

一人一票(one-man-one-vote)的规则,以及随后的重新分区,也有助于以候选人为中心的竞选运动和竞选组织的发展。严格数目限制下的重新分区意味着,新的地区界限将与可以分辨的政治单位不在同一范围。政党发现,传统的农村或者城市界限被大量相互重叠的地区横切,这使得它更加难于设立一个服务于许多候选人的党组织。为了自卫,候选人创立了个人的组织,它完全听命于他们个人的政治利益。(参见施赖辛格,1985年,第1163页)

在党组织将它们的方法现代化,并证明其致力于必要的竞选技术之前,很少有候选人乐意放弃他们对他们的竞选组织的独立的控制。候选人开始更加依赖党组织来执行日常的——但是重要的——登记投票人和将投票人驱动去投票的任务,他们把党组织当作一个有关潜在的自愿者和支持者的信息储藏所。

恰好在许多观察家正在将党组织划掉的时候,它们却拒绝死亡。虽然它们只是少有地重新获得它们原来的角色,但它们在很多方面却正在发起反击。为了试图重新获得重大的作用,党组织很像其他卖方一样,不断地提供复杂的竞选服务,充当候选人和卖方之间、候选人和政治行动委员会之间、竞选不同公职的候选人之间的掮客。(参见科特,吉布森,比比和哈克斯勒和其他人,1984年,第46页)当一个人从地方层次移向全国层次的时候,被提供服务的范围倾向于增大,但是,最近对地方政党竞选活动的调查也揭示了富有意义的、不断增加的努力。正如表6.1所指出的那样,共和党地方组织更加主动,但是,在最近几年,政党之间的区别已经大大地缩小了。

表 6.1 1984 年选举中地方政党的竞选活动

	有所作为的地方党组织的百分比	
	民主党	共和党
散发竞选材料	89	91
安排筹资活动	84	85
组织竞选活动(集会等等)	88	88
组织电话竞选	78	78
指导登记活动	78	78
捐钱给候选人	69	77
协调县级竞选运动	67	72
有组织的挨户招徕投票人	67	68
发送邮件给投票人	66	75
购买报纸广告	62	66
购买广播或者电视时间	36	35
运用舆论调查	23	25

资料来源:改编自吉布森,弗兰德斯和弗尔茨,1985 年,第 20 页。基于"政党发动项目"上的数据,它提供县级党组织纵向的调查数据。

政党在竞选运动中的作用处于变动之中。还将有很长的时间——如果有的话——候选人才会重新把他们的竞选运动完全托付给党组织,但是,要划掉党组织,尚为时太早。

二、人力资源

(一) 自愿者

没有外面的刺激,没有经验的自愿者会把他们的时间贡献给运行竞选运动,贡献给提升他们所选择的候选人,虽然这个神话与民主的理论甚相符合,但是,事实却很少是这种情形,除了为了选举最小的公职。在政党掌管竞选运动的时代,政党的职业人员定下了绝大多数的调子,而自愿者往往与选举将带来的惠顾有着利害关系。随着竞选运动技术上日益复杂化,自愿者很少有技巧来完成最为重要的任务,比如,民意测验、电脑数据输入和处理以及电话营销。尽管那些受过适度培训的自愿者也能够实施重要的功能,但是,全民中劳动力比例的增加和日益增加的闲暇时间的多样性,却减少了潜在的、可靠的自愿者的数量。那些还呆着的自愿者与他们的前辈非常不同。当今的自愿者,不是依从对一个政党的忠诚感或者收获胜利果实的愿望来牵引他们的动机,他们更可能个人致力于特定的候选人,或者,在为一种意识形态或者一个问题的工作中找到满足感。

(二) 顾问

因为候选人意识到竞选运动在改变,而他们自己又不理解电脑定向、时间购买、民意测验等等的神秘性,他们已经日益被吸向竞选运动顾问们去购买这些服务。拉里·萨巴特在研究这个过程之后,做出结论,"顾问们已经代替了政党领袖的关键性的竞选作

用"。(1981年,第7页;也可参见波尔斯比,1983a,第73—74页)

顾问们的出现并不是一件纯粹的幸事。虽然他们中的大多数提供了有用的服务,但是,他们的运用已经增加了竞选运动的成本,而且对产品的质量也没有什么保证。"顾问"的头衔是一个自封的资格,而以一位全国性政党顾问的话来说:"那边有许多骗子艺术家正在和候选人做交易,(候选人)他们没有专门的知识来判断质量,但是,他们太害怕输掉以至于他们不敢不用他们(骗子艺术家)"。(作者的访谈)

也许更加令人害怕的是这个事实:竞选顾问对任何人都没有什么责任。不像政党,其名声由于一名不负责任的候选人而可能遭受非议,顾问们则主要依据公众的观点来工作,他们可以从他们放在政府中的"失误"边走开。(参见波尔斯比,1983a,第75页)

政党已经在试图间接地迎头面对顾问们的挑战。虽然最后的目标是通过提供不太昂贵的、更好的、必要的竞选服务来"移开和代替顾问",(萨尔摩和萨尔摩,1985年,第221页)但是,短期而且可能长期看来,这却都自然地不现实。当代替顾问已经不可能了的时候,政党又试图间接地控制他们。许多情形下,政党充当一个掮客,将候选人引到一个特别的顾问那里,尤其是那些将其支持限定于一个政党的候选人、并为那个政党工作的顾问,而不是进行"重击政党"(party-bashing)的竞选活动。日益地,政党正基于一个长期的考虑与顾问们建立联系,它们以较低的价格为大量的竞选运动签订合同,而且,要么减价提供服务,要么把它们捐献给候选人。这样的安排给了政党对顾问们工作的一定的控制权,为政党提供了长期谋划的信息,降低了成本,而顾问们也能够受雇于非

选举时期。(参见海恩森,1986年,第8页)

面对更为直接的挑战,政党,尤其是在国家级别上,已经创立了内部顾问服务,它们的候选人可以减价获得。1986年,共和党国会竞选委员会媒体中心直接参与到了150多次竞选设计、制作和散发竞选广告的活动之中,就像任何全方位服务的广告机构一样,而它只收取了市场价的一个零头。民主党国会竞选委员会则提供了很多同样的、规模稍小一点的服务。

(三) 政党的实地工作人员

美国的党派政治和竞选政治,特别是在更加地方的层次上,一直都缺乏真正的职业性的指导。大多数的竞选组织,尤其是在州和地方上,都由好心而没有经验的工作人员组成。越来越多地,国家政党已经在提供受过职业培训的实地工作人员,来咨询和协调竞选活动。正如一位共和党实地工作人员的指导员所指出的那样:

> 直到相对近期,共和党全国委员会的实地工作人员是该政党在实地上唯一的职业人员,所以,他们参与到从政党建设到竞选运动的所有事项。随着各州政党和竞选人员的素质日益提高,我们就更加能够集中我们的努力。(作者的访谈)

国家的政党实地工作人员变成了竞选运动的集体记忆,他们帮助竞选运动避免过去的失误,为它们提供诸如谁将支撑草地标语这样的信息,充当自愿者,或者主持竞选事项。他们在候选人和卖方之间充当掮客。正如一位竞选运动管理人所指出的那样:

当需要签订服务合同的时候,实地工作人员就特别有用。他们有合同样本,知道该寻找点什么。他们干脆和我们一起坐下来,帮助我们和卖方协商。虽然生意场上全都是些骗子,有他们在身边我们就不会时常"受骗"了。(作者的访谈)

作为国家政党的看门狗,实地工作人员充当为候选人提供竞选帮助的通道,而候选人们才是为了促进政党的利益付出了真正的努力。他们的忠告捎带着一点威胁受到了抚慰,因为,听从这些忠告的候选人都需要另外的资金和服务捐助。

尽管有点好处,但是,地方的政党和竞选组织——极度捍卫它们的独立性——并不总是欢迎这些帮助。一位资深的共和党实地工作人员认为,州的积极分子和实地工作人员之间的关系常常都经历了三个阶段:

最初,我们被看作"那些从华盛顿来的知道答案的精明小伙"。当各州政党的积极分子受过了较好的培训、知道我们没有神奇的答案的时候,对我们权力的某些愤恨就产生了。不断地,我们划分了责任,并且找到了一个被当地人接受的位置。(作者的访谈)

共和党优越的资源允许它们启用一个更为广泛的实地工作人员队伍,让他们在非选举时期也呆在各州以建设党组织。1986年,民主党开始了一个试验性的项目,为16个州提供领薪的民主党全国委员会工作人员,但是,它向受益人强求了真诚誓言。州的党组织被要求保证,在获得国家政党最初的支持之后它们将永葆政党建设项目。受益于该项目的候选人被要求追随——而不是反对——国家政党的原则和候选人来进行竞选。(参见布罗德,1986a,第A23页)

(四) 竞选运动学校

随着竞选运动的策略和技术日益复杂,候选人和他们关键的竞选成员需求培训和更新。两个政党都为候选人、竞选运动经理、资金筹集者、甚至候选人的配偶提供当地的研究生班和成熟的华盛顿课程。共和党竞选运动管理学院将潜在的候选人和本领域中一些最好的职业顾问们牵到一起。竞选运动研究生班远远不只是被动的演讲;很多包括角色扮演部分,甚至完全放开的竞选模拟,或者"战争游戏",竞选人在其中彩排他们已经学到的东西。(参见赫西,1984年,第140页)揭露竞选运动的理想方法就让国家政党间接地控制了它的候选人所运用的方法,创立了政党所能够提供的、现在为人们所熟悉的服务的需要。(参见海登,1985年,第10页)国家政党认为它们的努力具有"涟漪效果"。正如一位培训人员所说的那样,"国家政党曾经承担了培训的担子,现在,这些工作很多都由我们培训出的州和地方领导人做了。重要的事情不是国家政党做了这件事情,而是只有政党做了这件事情"。(作者的访谈)

且不论以候选人为中心的竞选运动的增加,在所有层次上,尤其是在国家级别上,政党正在为保持其提供人力资源的角色而奋斗。

三、物质资源

发动那些有倾向性的投票人和处于摇摆之中的投票人,需要支付相当数量的资源。虽然某些地方竞选仍然依靠口头的言词和个别候选人的努力,但是,大多数的竞选运动还是依赖购买来的广告和一些领薪的工作人员。

作为一名机敏的观察者,阿伦·艾伦哈尔特这样表述:"在……选举中取胜有许多已经清楚地标出的路线。金钱是最好的"。(1985a,第1739页)金钱是最"能够转化的"资源,使一个人能够购买其他资源,比如组织力量、知名度和公众支持。虽然资助得最好的候选人并非总是取胜,但是,经济状况不好的候选人却都起步于一个明显的劣势。金钱太多常常会被浪费掉,但是,金钱太少又很少能够施展开手脚。

至少在国家级别上,我们正在达到这样一个点,在那里,金钱不再是一个主要的因素,因为,大多数有活力的候选人都有足够的金钱来运作一次令人满意的竞选运动;这是可能的。在某些点上,增加了的金钱不能够被有效地运用,而且,在竞选运动中它的效用显著下降。(参见威尔,1986年,第A19页)这在参议员竞选中最为明显。1986年,无论哪个政党的参议员候选人在普选中都没有受到严格的资金掣肘。虽然共和党全国参议员委员会花费了民主党全国参议员委员会将近8倍的资金总额,这帮助共和党候选人在16场竞争最激烈的竞选中比民主党候选人具有100多万美元的金钱优势(381万美元对280万美元),但是,共和党候选人还是输掉了这16场竞争中的11场。(参见艾德萨尔,1986e,第A46页)

(一) 竞选运动的代价

没有多少夸张地,克里斯托夫·阿特敦写了《竞选运动支出军备竞赛的性质》(1983年,第59页)。昂贵的、新的竞选运动技术,是作为传统手段的增补而不是替代出现的。候选人花费了他们所热望职位的年薪的很多倍。1986年,尽管15%以下的众议院竞争很紧张(被55%以下的赢得了),获胜的候选人却平均支出25万美元以上。很难精确地分离出原因和结果。大多数时常很昂贵的新技术,比如电视和电脑处理的邮件,被指责为开始了向上的螺旋(the upward spiral),(拉德,1986a,第6页)但是,在某种程度上,正是大量金钱的可得性才把技术卖方吸引向了竞选运动,而不是相反。

(二) 竞选运动财政的法制环境

传统上,竞选运动的资金筹措主要依靠自愿者的努力。对一个候选人感染力最初的测试,就在其说服朋友和邻居来支持他的或者她的竞选运动的能力。直到1970年代,候选人和政党都是主要靠他们自己的策略去筹集资金。事实上,法律禁止公司和商业的直接捐款,但是,限制和监测候选人花销的努力却面临着不好执行的困难。关于1968年尼克松竞选运动中巨额的支出泄露后,联邦的工作开始了,这又因水门事件的泄露而加剧了,后者与毫无控制地筹集和消费金钱是如此紧密地联系在一起。主要的关注集中于巨大的利益集团的捐款,它的活动拍响了购买入门和支持的大门。联邦的努力在《联邦选举竞选法案》(FECA)这儿达到顶点,该法案最初于1971年通过,1974年作了重大修改。各州和地方的情形表现得更是多样化。直到1970年代,每一个州都颁布了一些类型的法律来规范竞选财政,比如限制捐款和支出,要求公开,而且,在某些情况下,提供公共的筹集资金。

在全国水平上,国会竞选和总统竞选的待遇不一样。由联邦选举委员会执行的、精确的公开规则和关于允许来自组织和个人捐款的特别限制,(参见图6.1)使国会的竞选运动面临着日益增加的公共审查。在国会竞选运动中,个人限于向每一名候选人的竞选运动捐款1,000美元(预选和普选分别计算)。有组织的集体和政治行动委员会,可以向每一位候选人的每一次竞选运动给出5,000美元。国家政党可以向众议员候选人和参议员候选人分别提供5,000美元和17,500美元的直接捐款,但是,这与它们所能够造成的间接捐款相比就大大地相形见绌了。(参见下面的讨论)对于总统竞选来说,当一名候选人通过其筹集资金的能力显示出最初的普遍支持的时候,联邦的配套资金就支持其预选竞选,而且,这个支持将继续下去,只要候选人在预选中显示出投票人持续性的支持。在全国代表大会之后,两个政党的候选人得到一笔固定的联邦补助金用来竞选,他们被禁止独立地去筹集另外的资金。

尽管大多数州都追随了国会的模式,依赖公开的揭露来影响竞选资金的性质,但是,17个州还是各自为州的公职提供了某种形式的公共资助。(参见表6.2)在这些州里,重大的争论都围绕着政党在资金分配中的作用而发生。8个州完全绕开了政党,直接向候选人提供资金,其他州为政党提供了在分配中的某些作用。(R.琼斯,1981年,第345页)在资金分配中绕过政党的做法,有助于以候选人为中心的竞选运动的发展,而不是加强了政党的作

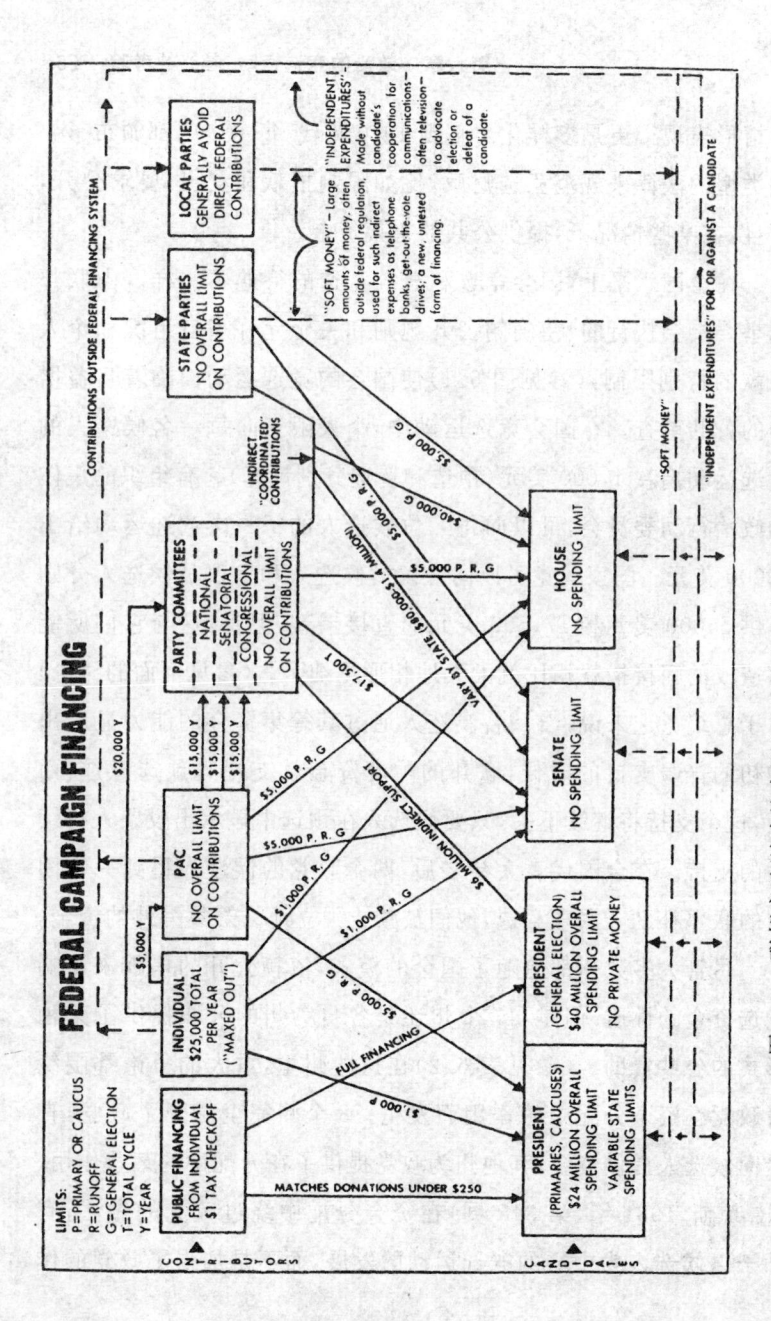

图 6.1 联邦竞选财政的来源（基于盖尔·麦克罗里的图表，《华盛顿邮报》）

用。因为州的资金主要来自指定支持一个政党的纳税人,一个州里的大政党通常就获得绝对更多的美元总数,但是,小政党经常获得的比其选民数量上的比例所保证的还要多。(第342页)威斯康星州直接精巧地设计了它们的公共资助法律,阻拦利益集团通过政治行动委员会(PACs)进行捐款。选择公共资助的威斯康星州候选人必须受到严格的支出限制,但是,他们能够获得个人捐款的配套资金。在首笔来自政治行动委员会的5,000美元捐款之后,额外的政治行动委员会捐款将降低总体的支出限制。选择不走公共资助道路的候选人没有支出限制,但是,这将授予其对手在接受公共资助的同时也享有没有限制的权利。给定这样一个刺激性的结构,大多数的候选人便都在公共资助规则之内活动了。

表6.2 州竞选资金分配程序

资金分配[a]	资金筹集		
	政党	政党或者普通资金	普通资金
只给政党	艾奥瓦	爱达荷	蒙大拿(1975—1978年)
	肯塔基	北卡罗来纳	
	缅因	罗得岛	
	俄勒冈		
	犹他		
给政党和候选人			俄克拉何马
只给候选人		明尼苏达	夏威夷
			马里兰
			马萨诸塞
			密歇根

(续表)

蒙大拿(1979年)

新泽西

威斯康星

资料来源:鲁思·琼斯,《州公共竞选财政:党派主义政治的含义》,《美国政治学期刊》,第25期(1981年5月),第347页。得克萨斯大学出版社出版。
a 在资金只分配给政党的各州,政党领袖对公共资金的用途,包括竞选运动中的用途,有相当大的决定权。罗得岛例外,那里的立法禁止政党为了竞选的目的运用任何公共资金。在金钱只分配给单独的候选人的各州,根据所包含的使用公共资助的竞选运动的数量,从最少到最多可以如此排列:密歇根和新泽西州仅仅资助州长竞选;蒙大拿,资助州长和最高法院竞选;马萨诸塞和俄克拉何马资助所有宪法上的职位竞选;明尼苏达资助所有宪法上的职位和州的立法职位竞选;威斯康星资助所有宪法上的职位、州的立法职位和最高法院的竞选;在马里兰和夏威夷,公共资金可被用于竞选主要的州的职位,也能够用于竞选地方公职。

资金法律主要的目的在于降低大的捐款人的影响,削减竞选成本,增加来自于小的捐款人的基层支持的重要性。但是,很多观察者都相信,这些法律过度地妨碍了政党。

> 总统竞选的公共资金直接到了候选人的手里,这进一步把候选人从政党那里解放出来。法律规定的捐款和支出限制鼓励了运用媒体和直接邮件。当严苛的支出限制或者由于捐款限制很低而资金不足迫使候选人缩减支出的时候,他们通常是缩减地方上的竞选运动和集会这些支出,而这些方面对政党的影响和党派主义的风味又最为敏感。(奥伦,1982年,第37页)

因为意识到了内在的对政党的不利,1979年对《联邦选举竞选法案》的一系列修改就试图减少某些损害。现在,允许州和地方政党花费几乎没有任何数量限制的金钱来发动自愿者活动,在得到投票和登记的活动中也不约束它们的支出。(科莱拉,1984年,第17页)国家政党能够为各州和地方政党筹集所谓的软钱(soft money),并且,能够传导那些在联邦和很多州的竞选中通常是不允许的金钱(公司资金,超过法律限制的个人捐款,等等)。(参见赫西,1984年,第138页)虽然,这次修改是被作为增加各州和地方政党参与到竞选运动中的一种方法来促进的,但是,很多观察家都把这种软钱的运用看作国家政党绕开资金限制的一种方法,这也是公司和其他利益集团可以无度地加强它们的政治力量的一个过程。(参见德鲁,1983年,第14—18页)

(三) 改革筹集竞选资金方法的政治策略

再没有其他竞选运动的改革能够如颁布资金法律的时候那样,将党派主义的目的意义重大地隐现出来。在最近法律的草拟中,来自大党的在职的公职人员确认,第三党和独立人士将因为不能够补助他们前期金钱而处于不利的地位。来自两大政党的总统候选人,一旦他们已经在一定数量的州筹集了必要的小额捐款,就获得配套的资金。第三党和独立的候选人,只有在普选中达到了5%的选票的起点之后,才能够获得金钱。那些已经习惯了主要依靠他们自己来竞选的国会的政治家们保证,通过避开公共资助——这可能通过政党来导向——和限制政党捐款,使政党对它们自己选举上命运的影响保持为有限。尽管一个更强大政党的提议者通常都断言,加强政党最保险的方法仍然是让它们成为竞选资助活动中的一个中心角色,(参见波姆普,1980b,第16页;艾迪·马厄,被海弗利塞克引用,1982年,第177页)但是,决定他们自己命运的当选的官员们却持有一种更为狭隘的观点。共和党,由于拥有资金状况更好的党组织,更愿意政党卸掉那些限制,而民主党,因为担心共和党压倒性的优势,则支持公共资助和对个人、政治行动委员会和政党的严格限制。(参见萨尔摩和萨尔摩,1985年,第238页)

> 真正的、关于为什么应该加强政党在筹集资金运动中的作用的理由,有一打……[但是]由于现在共和党在筹集资金方面占有明显的优越性,由民主党控制的众议院将不会通过一项"改革",来揭开政党对候选人捐款的最高点。(布罗德,1985d,第C7页)

(四) 现代竞选运动资金的来源

总体的图景。大量清晰的模式浮现于竞选财政的当今模式。用于竞选运动的金钱总量,每年都比通货膨胀增长得要多得多。筹集资金能力的关键变量是任职,因为,在职者聚集的支出总量是挑战者们平均花费的两倍。因为民主党的在职者比共和党的在职者多,总体的花费总额指示着民主党的优势,但是这很误导人。在比较相似的情形时(在职者和在职者比较,挑战者和挑战者比较),共和党候选人几乎总是能够募集到更多的资金。虽然说政治行动委员会资助明确的增长已经得到了相当大的关注,但是,个人的捐款仍然提供了竞选资金的大多数。有利于候选人的政党捐款和支出只占所有竞选资金一个非常小的部分,而共和党的候选人又总

第六章 政治的竞选运动:最终的考验 291

是比民主党的候选人更有可能获得意义重大的政党资助(参见图 6.2 和 6.3)。

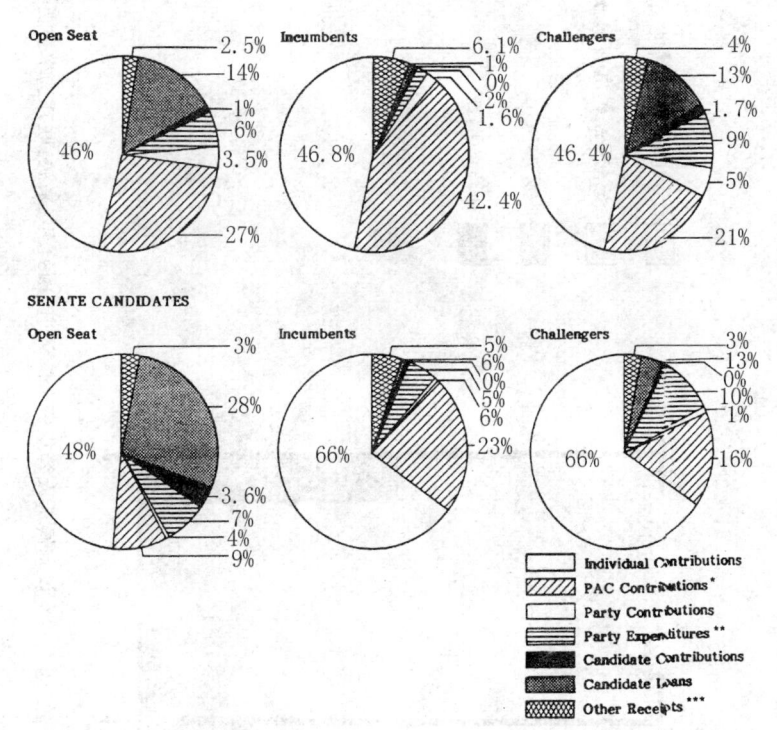

注:图表包括参加 1984 年 11 月普选的所有候选人的所有支出(预选、决定性竞选和普选)。参议员竞选中来自特殊来源的收入比例,可能极大地受到了小数量竞选运动的影响。

★ 政治行动委员会是一个政治委员会,它既不是候选人委员会,也不是政党委员会。
★★ 政党支出是政党委员会在普选中为了联邦的候选人而做出的有限支出。2U.S.C.441a(d)。
★★★ 其他的收入包括贷款、减免之款项、退还款、来自未登记的实体和其他竞选委员会的捐款、利息和股息。

图 6.2 竞选资金的来源,1984 年(来源:联邦选举委员会,记录 11,1985 年 7 月,第 7 页)

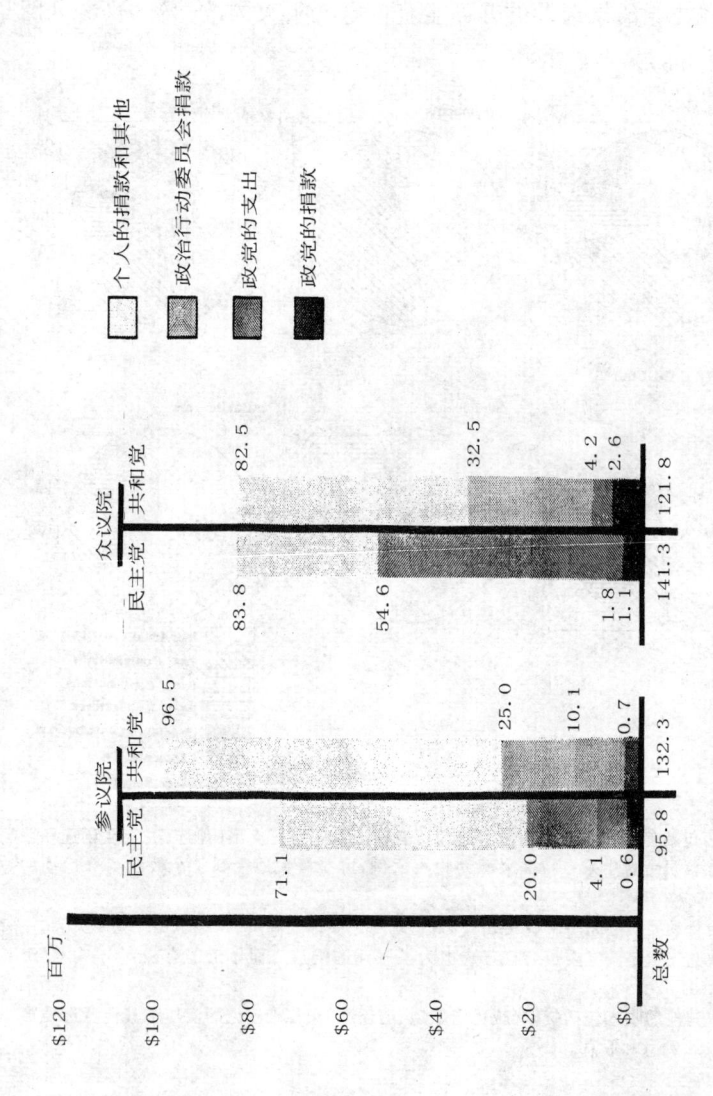

图 6.3 政党为众议院候选人和参议院候选人筹集资金的渠道，1984年（来源：联邦选举委员会）

（五）个人的捐款

公职的级别越低，来自朋友、亲戚和候选人他们自己的小额捐款就越是重要。虽然总统级别上的公共资助鼓励了党组织，尤其是政治行动委员会把它们的资源用于较低级别的职位上，但是，大多数的地方竞选并没有能够抓住外面组织的注意力。中层、上层公职的竞选成本日益增加，这使得候选人去追求来自个人和政治行动委员会的较大的捐款更加具有成本效益。1974年，46％的众议院竞选捐款和38％的参议院竞选捐款来自于1,000美元或者更少的捐款。十年以后，这么少的捐款分别只占众议院资金和参议院资金的19％和23％。（参见安德森和斯比尔，1985年，第B15页）虽然小额捐款仍然是竞选运动资金很有意义的一个来源，但是，越来越多的捐款人都在接近联邦竞选运动中5,000美元的限制，而且掩饰其基层支持者的类别。一些竞选已经成功地运用了直接邮寄的技术来鼓励小额的捐款，但是，这种方法倾向于对有组织的事业和政党更为有用。

（六）政治行动委员会

一朵冠以其他任何名字的玫瑰

尽管每天的政治谈话中都惯常使用政治行动委员会这个词，但是，依照法律却没有"政治行动委员会"这么一个东西。《联邦选举竞选法案》定义了两种通常被认作政治行动委员会的组织。

　　独立且分离的基金,是一个由公司,劳动组织或者法人的成员组织设立的政治委员会。它能够接受来自有限类别的个人(成员,雇员,股东,等等)的自愿捐款,能够运用组织的资金和资源设立不对候选人捐款的、独立且分离的资金。

　　独立的政治委员会,不与其他的组织相联系,必须以它们筹集的捐款来支付它们自己的行政开支。独立的政治委员会可以自由地从广大公众那里筹集资金。

　　通过创立政治行动委员会,(参见上面方框中文字)《联邦选举竞选法案》将有组织的团体向政治性的竞选运动捐款的方法特定化了。通过设立政治行动委员会,某些组织获得了影响;看到这个最初的成功,一些竞争性的组织受到鼓励都跃上了这辆乐队花车。图 6.4 勾勒了近些年来政治行动委员会的巨大增加,目前总数已经接近 5,000 个。最大的增加,发生在公司的政治行动委员会和推动特别的事业和意识形态的、互不联系的组织之间。1986 年,政治行动委员会的捐款几乎占了众议院和参议院所得全部款项的 1/3(32%),而几乎一半(45%)的众议院获胜者从政治行动委员会那里获得了一半以上的款项。

　　政治行动委员会能够以它们选定的许多方法来支持候选人。在联邦选举过程(预选、决定性竞选、普选)中的每一个阶段,直接捐款最多 5,000 美元是大多数政治行动委员会的主要支持手段。由于受制于对直接支出相对较低的限制,意识形态的、以事业为中

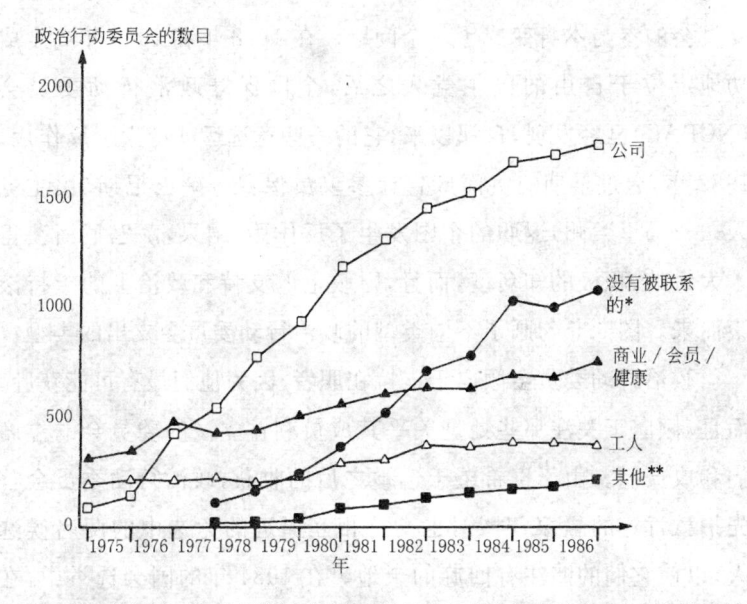

政治行动委员会的数目

[图表：显示1975—1986年各类政治行动委员会数目变化，包括公司、没有被联系的*、商业/会员/健康、工人、其他**]

* 从1974年到1976年,除了公司政治行动委员会和劳动政治行动委员会之外,联邦选举委员会没有再确认政治行动委员会的其他亚类。所以,没有商业/成员/健康政治行动委员会和没有被联系的政治行动委员会的数字。

** 包括由没有资本股票的公司和合作社成立的政治行动委员会。没有1974年到1976年这些类型的政治行动委员会的数字。

图6.4 政治行动委员会的增长,1975—1986年(来源:联邦选举委员会,记录13,1987年2月,第6页)

心的政治行动委员会已经将它们的资源转向"独立的支出",这既能够支持候选人又能够反对候选人。只要花销不是通过一个候选人的组织来协调的,就可以不受限制地购买广告时间、发送直接邮件,或者运用其他竞选活动的形式,来鼓励一个特定候选人的选举,或者推动一个特定候选人的失败。虽然一些候选人公开地否认反对他们对手的负面的竞选活动,或者为了他们而作出的巨大的支出,但是,却很少有人对它们的出现感到失望,除非政治行动委员会的参与本身变成了一个问题。在1978年和1980年高度成功地定位于自由的民主党人之后,全国保守政治行动委员会(NCPAC)已经发现,自那以来,它的一些竞选运动产生了反作用。1982年,通过早期的负面广告让参议员保罗·萨巴尼斯(民主党人——马里兰州)退职的企图发生了反作用,结果,萨巴尼斯获得了大量的、积极的知名度,而且,财政上的支持和政治上的支持滚滚而来。图6.5勾画了不同类型的政治行动委员会支出的类型。

政治行动委员会倾向于支持在职者,因为他们最有可能获胜,而且,倾向于关注那些处理关乎其成员利益立法的委员会的主席们和成员们。由于寄希望于选举之后的收获,政治行动委员会首先捐款肯定的赢家,时常,也支持相互逼近的竞选中的两名候选人,以使它们的赌注有回旋的余地。在1984年的国会选举中,在职者获得了全部政治行动委员会捐款的72%,而挑战者只获得了16%,用于根本没有在职者的公开职位的只有11%(联邦选举委员会的数据)。每年,在职者都仰仗于政治行动委员会,为他们提供更大比例的资金。在1982年和1984年之间,在职者将他们对政治行动委员会捐款的依赖从他们总款项的37%提高到44%。政治行动委员会的捐款模式,戳穿了在职者刀枪不入、自我实现的预言。由于挑战者们开始于艰难的战斗,他们从政治行动委员会那里只是获得了很少的、有效地传递他们的讯息所需要的金钱;相反,他们的在职者对手已经筹集了足够多的资金,却还能够从政治行动委员会那里得到另外的财政进项。大卫和哥利亚的斗争变得更加一边倒,圣经似的结果就很不常见了。选举结果显示了一个更新了的在职者优势,政治行动委员会管理人对他们过去集中于

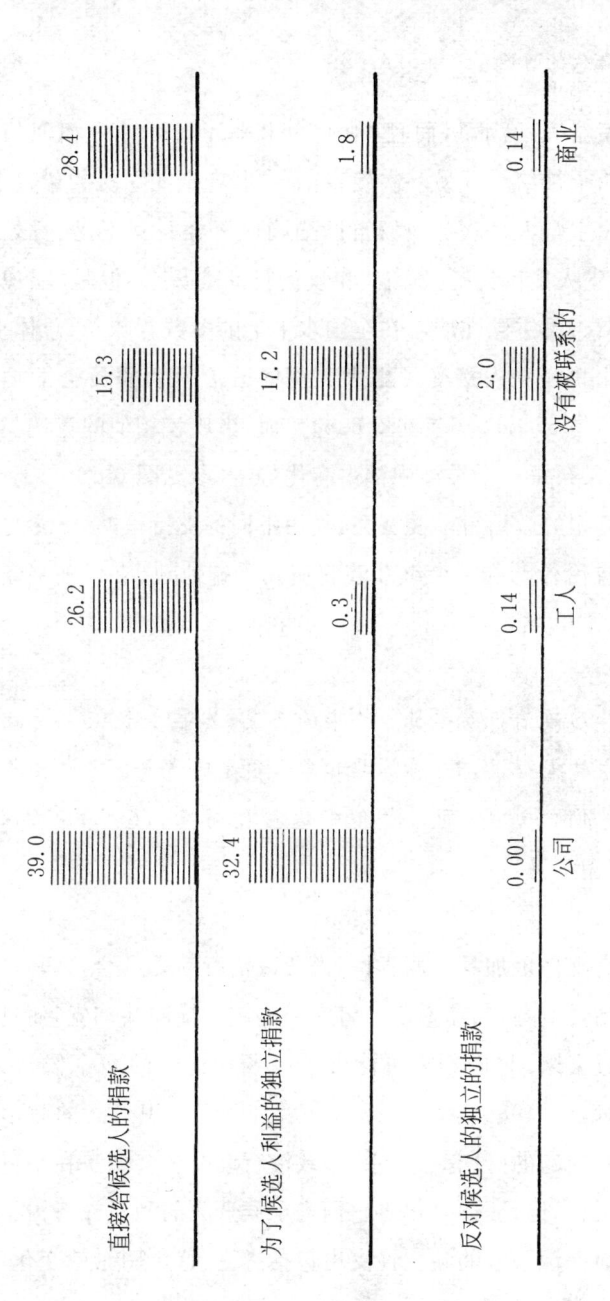

	公司	工人	商业
直接给候选人的捐款	39.0	26.2	28.4
		15.3 (没有被联系的)	
为了候选人利益的独立捐款	32.4	0.3	1.8
		17.2 (没有被联系的)	
反对候选人的独立捐款	0.001	0.14	0.14
		2.0 (没有被联系的)	

图 6.5　政治行动委员会捐款的种类,1984 年(以百万美元计算)(来源:联邦选举委员会,通讯稿,1985 年 11 月)

在职者的策略表示满意,而且,他们为未来计划了一个相似的方法。这个轮子被给予了另一次旋转,而在职者坐在司机的位置上。

虽然民主党人喜欢把他们自己描画成资金极其不足、身处劣势,而共和党人能够接近"肥猫"和政治行动委员会,但是,图像却是更为复杂。民主党在职者在全国水平上的多数意味着,总体上,民主党人比共和党人接受了更大比例的政治行动委员会的捐款(在1984年是57%)。(参见图6.6)然而,当比较相似的竞选类型时,共和党人在每一个类型中都占有优势。(参见图6.7)

不同类型的政治行动委员会,采用不同的支持策略。(参见图6.6)劳动政治行动委员会继续着它们几乎排他地、支持民主党的长期传统:

> 劳动政治行动委员会给出的金钱,其中多于95%的都到了民主党人那里。友善的共和党人更是时常受助于劳工们不支持他们的对手,而不是他们直接的帮助。(克罗蒂,1984年,第207页)

虽然其支持更加具有两党性,商业政治行动委员会,尤其是公司政治行动委员会,却在不断地将它们的支持导向共和党,而且比起最近的过去来,它们不太可能支持一场竞选中的两个候选人。(参见艾德萨尔,1984a,第77页;图6.7)起初,意识形态的政治行动委员会和问题的(没有被联系)政治行动委员会似乎在平分它们的党派支持,但是,如果你将它们为了候选人的利益或者为了反对候选人而深深陷入的独立性支出包括进去,这个图景就变化了。

这些组织更加有可能运用独立性的支出,来大大地帮助共和党的候选人。

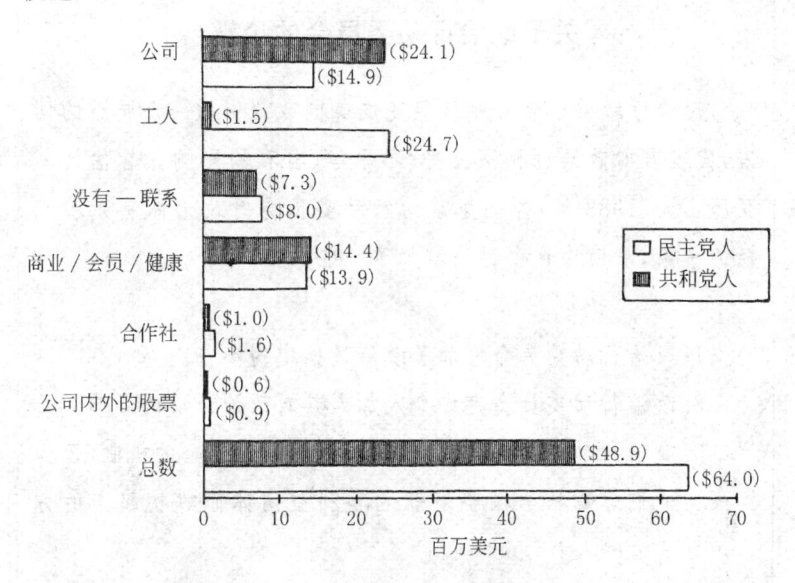

类别	民主党人	共和党人
公司	($14.9)	($24.1)
工人	($24.7)	($1.5)
没有—联系	($8.0)	($7.3)
商业/会员/健康	($13.9)	($14.4)
合作社	($1.6)	($1.0)
公司内外的股票	($0.9)	($0.6)
总数	($64.0)	($48.9)

百万美元

图 6.6 政党给予候选人的非党的政治委员会捐款,1984 年(来源:联邦选举委员会通讯稿,1985 年 12 月 1 日)

政治行动委员会的支持者们认为,在一个日益复杂的政治环境里,很难围绕着广泛的问题来发动公民,较小范围的个人联盟的支持才是发动公民们参与到选举过程中来的唯一途径。(亚历山大,1983 年,第 29—30 页;参见方框中文字,"关于政治行动委员会的论辩")他们断言,捐款给政治行动委员会,是当前行使"祈求政府补偿冤情"权利的合法途径。这个观点具有相当大的公众支持度,这已经被这个事实证明了:在最近的选举中,更多的人声称捐款给了政治行动委员会,而不是捐给了候选人或者政党。(坎托

尔,1984年,第158页)

关于政治行动委员会的论辩

政治行动委员会几乎已经变成美国政治中的一个肮脏的词语,代表着对政治过程不公平、不平等、自私的影响。赫伯特·亚历山大(1983年)勾勒了政治行动委员会对政治体制六种积极的贡献,从而为这个讨论增加了一些平衡:

1. 政治行动委员会增加了政治过程中的参与。
2. 政治行动委员会允许个人加大其对政治活动的影响。
3. 政治行动委员会是受欢迎的、筹集政治资金的机制,因为它们尊重社会围绕着职业和利益团体而建构起来的方式。
4. 政治行动委员会和它们所代表的利益团体,是反对政府或者媒体过度的影响的保障措施。
5. 政治行动委员会已经使政治竞选运动可以得到更多的金钱,因而保证候选人的观点能够广为人知。
6. 政治行动委员会有助于选举运动中的财政的更大的可靠性,它以建立起来的一个报告商业捐款的程序代替了狡猾的手段。

虽然很多观察家将会同意上面的意见,特别是当说到将支持他们所信仰事业的政治行动委员会合法化的时候,但是,他们却意

第六章 政治的竞选运动:最终的考验

识到了潜在的危险。政治行动委员会向竞选运动输送了大量的金钱,因而提高了竞选公职的成本。(博伦,1985年,第S16605页)政治行动委员会和它们所代表的利益,能够对当选的官员们有着意义重大的影响,这些官员引致了可能被最高的投标者所控制的决策;能够对"金钱所能购买的最好的公共官员"的选择有着意义重大的影响。在一个更为广泛的层面上,争论集中于政治行动委员会对政治的影响。一些观察家把政治行动委员会看作政党下降的原因,"使政党在行使它们传统的调和人的作用方面日益地无能为力",(坎托尔,1984年,第155页)促进候选人"对他们的州和地方政党没有什么义务感"。(哈克肖恩和比比,1982年,第91页)弗兰克·索瑠夫(1982年,第34页)建议,我们需要像政党那样地考虑政治行动委员会,因为"公共的效用"服从于相当数量的公共控制。虽然没有一个人认为政治行动委员会帮助了政党,一些观察家却指出,早在政治行动委员会最近的增长之前,使政党权威下降的力量(媒体在竞选运动中日益增加的作用,党界投票的下降,等等)就有了,而且,事实是,"政治行动委员会正在变得越来越强大,而政党正在变得越来越虚弱……这[是]最大程度的一种巧合"。(坎托尔,1984年,第155页)

虽然争论在继续,政党却已经做了一些努力来驯化它们假想的竞争者,并且利用政治行动委员会现象。正如民主党全国委员会政治总裁安·路易斯看到的那样:

> 如果你从纸面上来观察,似乎政治行动委员会和政党会是对手。但是,实际上,它们已经达成了一个非常重要的和

解……我们的政党已经变成了一个掮客,一个促进人,而且有时候是政治行动委员会的媒人。(被萨巴特引用,1985年,第141页)

政党向政治行动委员会发出信号,强调值得它们注意的竞选。间接地,官方的赞同或者政党资源投注到一个特别的竞选运动之中,就意味着一个"重要而且会赢的"竞选,因而诱惑政治行动委员会更多地参与。正如前民主党国会选举委员会主席、众议员托尼·科罗所解释的那样:

如果我们不赞同某一个人,我们就可以让政治行动委员会避开他。我们现在可以贴上赞成票。实际上,我们[国会选举委员会]就是政党。(被艾伦哈尔特引用,1985b,第2187页)

更为直接地,国家政党发出实情单,告诉政治行动委员会它们相中的竞选运动。共和党参议员委员会保持着一条免费的电话线,让政治行动委员会获得关键性竞选的更新资料,得到促进它们的支出策略的建议(萨巴特,1985年,第146—147页)。共和党国会选举委员会已经为所有的政治行动委员会建立了一个电脑化的捐款记录。无论何时,如果一个民主党在职者为反对一个支持他或者她的政治行动委员会的利益投票时,该政治行动委员会就会得到一则信息,称,"这里就是你的小伙子在过去六个月里如何投票的情形,你真的确信你这次准备再给他5,000美元吗?"(艾德萨

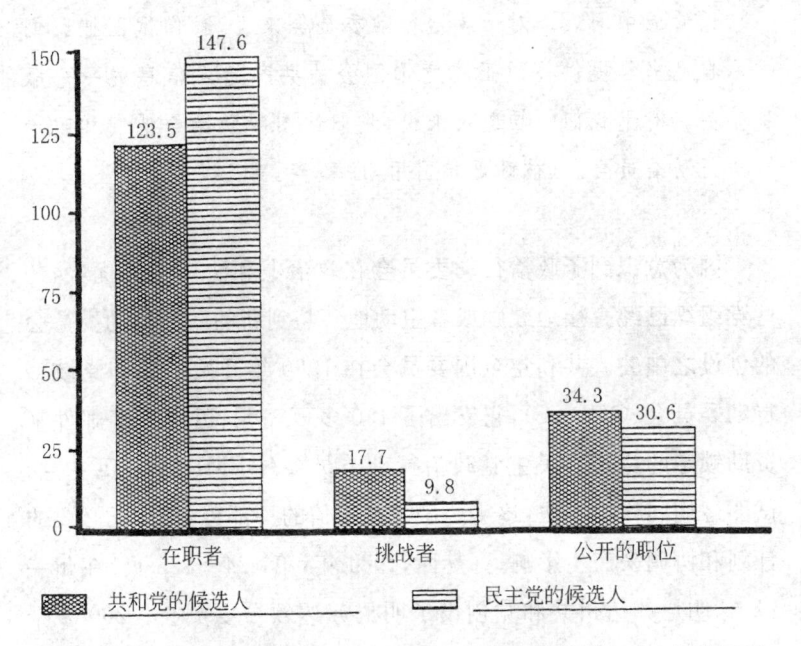

图 6.7 政治行动委员会给不同类型的国会竞选的捐款(1984 年以百万美元计算的政治行动委员会平均的捐款)(来源:联邦选举委员会通讯稿,1985 年 12 月)

尔,1984a,第 A7 页)。

不断地,政党官员充当着"婚姻掮客",他们教导候选人接近哪些政治行动委员会、如何接近它们,告诉政治行动委员会谁需要什么类型的帮助,而且,实际上,他们把政治行动委员会和候选人单独地或者通过大规模的"牛群展示"而纠合到一起。在共和党全国国会委员会执行总裁乔·盖洛德看来:

> 如果我们曾经是对手,我们不再是了……我们把我们自

己看成中间人。对于政治行动委员会来说,我们试图把我们自己当作提供关于正在竞选国会的共和党人信息的一个服务。对于我们的候选人来说,我们试图帮助撮合他们和政治行动委员会。(被萨巴特引用,1985年,第141页)

因为意识到了政治行动委员会在政治上和法律上的优势,一些党组织已经直接地鼓励或者主动地参与到新的政治行动委员会的创设之中去。共和党全国委员会在1980年开始了共和党政治行动委员会(GOPAC),它支出了150多万美元、运用直接邮件来资助锁定的竞选。民主党政治行动委员会(DEMPAC),民主党,试图运用同样的方法,逐字照搬了征求信的一部分,却缺乏必要的计划和协调来产生影响。(赫西,1984年,第124—126页)在州一级上,明尼苏达州共和党创设了明尼苏达领导委员会。200多个成员都许诺平均资助1,000美元,并且同意支持由该政党提议的候选人。为了得到首肯,候选人同意追随政党在组织和推行竞选运动方面的建议。这不仅给了政党对竞选运动的某些控制权,而且也允许它为赢得竞选而赢得一些信用。

虽然政治行动委员会和政党们为许多同样的资源和获胜候选人的忠诚而竞争,但是,并肩作战的兼容性却已经建立起了来之不易的休战。

看起来,两个政党都被退职给了政治行动委员会的时代。就像威力·萨腾抢劫银行,"因为那里是存钱的地方"一样,政党开始把它们的注意力指向政治行动委员会充沛的财富。

(萨巴特,1981年,第273页)

(七) 竞选运动财政中政党的作用

随着竞选运动成本的巨大增长和政治行动委员会的成长,政党在直接资助竞选运动中所起的作用相对更小了。(参见图6.2)在联邦一级,根据不同的竞选,总数只占竞选总支出的5%到6%。(赫西,1984年,第121页)不过,当你将政党(特别是共和党)花费到间接竞选运动,比如调查、投票人登记、广告和工作人员上的大量金钱考虑进去的话,政党的作用则具有另外的重要性。(参见艾德萨尔,1984b,第A10页)政党支持的重要性随着不同的竞选而改变。最近几年里,州长和参议员候选人发现,政党的财政支持不太重要,但是,在众议院和州立法竞选中政党的参与稍微多一些。(参见科特和其他人,1984年,第22页)比起他们的民主党挑战者来说,共和党候选人体验着一个更为可靠的政党花销基础。正如一位政治顾问分析的那样:

> 至少从第二次世界大战以来,政党就已经不是候选人非常可靠的资金来源了。曾经是这样,你真正只能通过政党捐款给候选人。现在,政党金钱只占候选人筹资总数相对较小的比例。捐款人们发现,为了一个理由而直接捐款给候选人更加令人满意。通过支持一个获胜者,他们让他们的自我得到了按摩。(作者的访谈)

单单集中于政党捐款在所有的财政捐款中的比例,可能过分地减少了其已经被认识到的重要性。在竞选运动早期最需要的时候,政党捐款时常作为"种子金钱"而到达。政党更加乐意支持那些试图竞争所有的竞选的、长线的候选人。这甚至迫使强硬的在职者也得实施合情合理的竞选运动。政党资助也能够帮助打破"败者圈子",这是大多数挑战者都要面临的,他们需要金钱来证明他们还有机会取胜,(萨巴特,1982年,第 75 页)但是,他们却难于从政治行动委员会和个人那里筹集到这些钱。对于候选人来说,政党金钱可能也比一系列政治行动委员会或者个人的捐款更具有"可视性",因为不同的政党根源(州的,地方的,国家的,等等)发现,至少在接受者的思维中,它们的捐款"被捆绑在一起"。另一方面,政治行动委员会的捐款是作为有限的、分离的支持"包裹"而到达的。最后,尽管政党捐款仅仅是许多支持来源中的一个,政党支持的不同形式累积起来却远远不是微不足道的了。

筹集竞选运动资金的技术与政党通常筹集资金的方法有点儿不同。(参见第三章)大多数情形下,尤其是对国家政党来说,直接的、面对面的恳请信赖竞选事项(烤牛肉,100 美元一碟的正餐,豆子饲料,等等)已经让位于直接邮寄和电话营销了。(参见下面方框中文字)。

叮!叮!这是总统在打电话

看起来,每次选举期间萌发出来的电话营销"锅炉房"有点像传统的选举总部。一排排消过毒的电话和电脑终端很少被装饰成红色的、白色的和蓝色的颊白鸟或者竞选海报。比起那些没有被代替的、对政党或者候选人没有什么特别承诺的领薪工人来,过去那些自愿联系投票人的小老太太时常更多一些。电话营销员们不像政党集团工人那样休闲地挨家挨户去提供信息,恳求资金,阐说政治,他们并没有什么时间来做懒散的谈话。他们开始他们预备好的手稿,力图完成他们每小时30个电话的定额。电话营销被用来筹集资金,确认可能的支持者,以及让人民去投票。1986年,200多万投票人收到了来自总统的自动电话,"咳,我是罗纳德·里根,我想提醒您周二去投票"。(参见彼得森,1986d,第11页)在更加复杂的运作中,最初的电话联系伴随着产生于计算机的信件,该信件提到了那个电话,并且时常包括被操作员得到的信息(财政保证、有关利益问题的立场文件,等等)。在某些情形下,这个程序的很多部分都是自动的,电话营销操作员在通话当中推动计算机上的按钮,以立即出现后续性的信件。

电话营销员开始于从投票人名单、汽车登记表、杂志订阅人、组织成员和其他地方中收集电话表。在每次联系之后数据库都要被更新,这能够得到更加仔细的目标信息。过去的捐款者被一次又一次地联系,而最初的投票人"民意测验"就提供了推动其出去投票的活动所需要的信息。

所以,谁知道呢,下次,当你的电话响起来的时候,可能是总统在百忙之中抽出时间来发现你的观点,鼓励你捐款给那个政党,或者在他的投票亭事业中获得你的帮助。

共和党的资金筹集一直都超出民主党的努力,但是,有关的解释仅仅部分地局限于共和党支持者较高的平均资源和党组织的努力。共和党支持者和候选人相对的同质性使得筹集金钱更加容易:

> 共和党的捐款人不必担心哪一个共和党人会得到这些钱,所以他们乐意让政党去决定。民主党的捐款人有更多的理由来关心哪一个民主党人将得到他们的捐款——候选人遍布所有意识形态的图阵。(雅各布森,1985年,第157页)

尽管共和党在筹集金钱和花费金钱的总数上继续领先,但是,民主党不断扩大的努力却已经有益于缩小两个政党之间在开支方面的差距。

接起你的电话,里面有总统或者其他国家领导人的讲话录音,说着"我们一定能够运用您的帮助来让好的共和党人(或者民主党人)被选举进入政府",然后,在寻求你这次的捐款之前,会有一位操作手提醒你以前的捐款。这种事情正在变得更加普遍了。

利用以前的捐款者的名单,或者,在选区内强烈地支持政党、登记了的投票人的名单,计算机自动地拨一个预期捐款者的号码。当电话响起的时候,已经知道的前景的所有方面,从姓名、地址到先前的捐款和组织上的归属,都在屏幕上闪烁。自愿者,或者更可能是领薪的操作员,运用一种轻松愉快的、非正式的话语,说出当前的财政需要。1986年的一个办法是,告诉接受者,那个晚上将和一位非常受欢迎的即将退休的在职者有一次非常重要的战略性

第六章 政治的竞选运动：最终的考验   309

聚会,而且,"我们今天晚上需要您的捐款,以便我们能够向玛乔里(霍尔特)报告您的支持"。一旦一个承诺做出,操作员敲打一些键,一封带有允诺担保的"个人化的"信件就被计算机打印出来了。

虽然积极的回应率相对很低,但是,每个联系低廉的费用就使这项技术很有优势。1986 年,共和党利用 17 个电话中心联系了 25 个州里 110 多万投票人,在这个过程中筹募了上百万美元。(参见彼得森,1986d,第 11 页;艾德萨尔,1984c,第 A6 页)

政党拥有许多不同的道路来支持它们赞成的候选人。不仅政党的每一个地理层面能够扮演角色,而且,在每一个层面内,政党又可以以不同的方法来资助候选人。

直接的金钱资助是政党能够支持它所赞成的候选人最为明显的方法,但是,这种捐款被严格地局限于联邦和许多州和地方的选举中。因为共和党的资源更加丰富,(参见图 6.8)在国家级别上,它就能够为竞选众议员的每一位候选人在每一个阶段(预选、决赛前的选举、普选)支持到上限 5,000 美元,为竞选参议员的候选人支持 17,500 美元,而同时,民主党就不得不更加有选择性。直到相当最近,民主党在其资助方面仍然显示了较小的战略敏感性。

> 民主党很多的金钱都被浪费在了那些稳坐钓鱼台的在职者身上……民主党对稳当的在职者的严重倾斜,易于保护目前的党派地位,但是,这没有鼓励不知名的挑战者赢得新的席位,而且,当投票人转而反对该政党的时候,就让其边缘的在职者们特别容易受到攻击。共和党集中于紧逼的竞选。(艾德萨尔,1984b,第 A10 页)

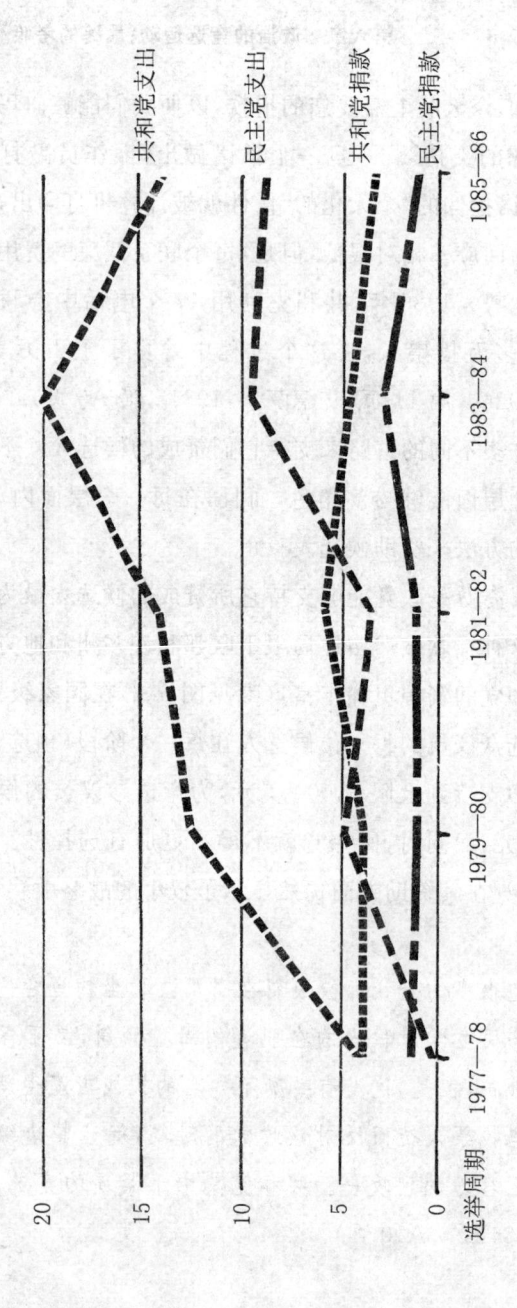

图 6.8 提供给国会候选人的主要的政党支持，1977—1986 年（百万美元）（来源：联邦选举委员会，记录 11，1985 年 7 月）

第六章 政治的竞选运动：最终的考验 311

共和党在全国水平上多于二比一的优势也适用于州和地方水平。（参见阿特敦，1982年，第111页）随着两个政党在关键性选举中直接捐款的"最大化"，民主党不断增长的努力缩减了两个政党在国会选举中直接捐款之间的差距，现在，最大的区别在于共和党在间接花费上的优势。

共和党的捐款者们相信该政党能够很好地使用他们的金钱；共和党全国参议员委员会和一些州的共和党委员会（最著名的是明尼苏达州）利用这种心甘情愿，并试图提高它们作为竞选筹资过程中关键性角色的可视性，已经在竞选筹资法律上钻了一个空子。在向每一个竞选捐献了所允许的最大量之后，该政党把它们自己作为"捆扎"捐款的管道树立起来。单独的捐款人被鼓动着通过政党委员会捐钱给特别的竞选。该政党把这钱（1986年共和党全国参议员委员会有近600万美元）传递给特定的竞选，而在这个过程中，该政党在候选人之间的信用就上升了。（参见艾德萨尔，1986d，第13页）

远在直接的捐款之外，联邦法律还给予政党在协调性的或者共同的支出方面很大的活动余地，这种经费是为候选人提供诸如民意测验、广告、投票人登记、驱动投票和计算机时间等服务的。法律允许政党为众议院选举提供这些服务而花费40,000美元，而在最大的州参议员选举中提供此类服务可以花费140万美元。（参见史密斯，1984a，第18页）正如在直接的捐款方面一样，在这些地区，共和党也有财源大展手脚。（参见图6.8）事实上，这些花销的价值被提高了，因为，政党通常都以比市场价低得多的价格来为这些同类的服务定价，而且，它们常常能够与大的卖方签订削价合同。

因为与大多数的州和地方政党相比,国家级政党财政上相对富足一些,它们就寻找方法,来扩大它们的支出机会和在竞选中的作用。日益不断地,国家的党组织正在与州和地方党组织签订代理合同,该合同就它们担任那些政党的代理人之事达成一致,因而,它们不仅可以花费到它们自己的法律限制点,也可以花费到那些较低级政党的法律上的限制点。(参见哈克肖恩和比比,1982年,第92页)例如,国家政党在预选和普选中可以捐款5,000美元,在众议院选举中可以间接地投资20,200美元,然后,可以代替州的党组织如法炮制一回。这样,总体的捐款就可能达到70,400美元。在参议院选举(这里,政党捐款因州的规模而变化)中运用同样的技术,自己捐款同时又代替那些州的政党捐款的国家级政党就可能是这样:在最小的州捐款108,300美元,在最大的州捐款超过150万美元。(参见雅各布森,1985年,第155页)

(八) 筹集竞选资金方法的改革

大多数的筹集竞选运动资金改革的偏向,反映了改革者们的党派主义的目标。共和党官员已经比民主党人更有创造性地开发了《联邦选举竞选法案》。民主党人,因为其资源基础不太可靠,通常支持限制竞选运动的花费和公共的筹资,而共和党人发现这些方法不太受欢迎。尽管公众对竞选筹资相当关注,但是,民意测验却指出,普遍都不赞成为总统竞选而公开筹资,而支持为国会竞选公开筹资的更少。在公众当中,共和党人更有可能不赞成国会竞选的筹资。(民用服务有限公司,1985年)限制政治行动委员会捐款的一致更加难于达成,因为,控制改革的在职的官员们都受惠于当前的制度。自从最高法院判定(巴克利诉瓦里欧[1976])竞选捐款被当作一种表达方式保护以来,控制支出的能力已经被大大地减小了。因为有法院的同意,个人,尤其是政治行动委员会,就可以如其所愿地花销任何数量的金钱,只要这与候选人相分离。

对竞选财政的关注并不仅仅局限于国家级别上。1958年以来,州议会选举成本已经上升了百分之三千多,而目前这些宽限中的90%以上都来自于这个地区之外的资源;加利福尼亚的一个公共委员会引用了这些数据,做出结论认为:

> 增长惊人的花费和转换中的金钱来源已经扭曲了立法的程序,改变了选举竞争的本质,破坏了公众对州立法机关的信任。(加利福尼亚竞选财政委员会,1985年,第5页)

对加强政党有兴趣的观察家们大体上都同意,对政党捐款的限制需要提升,(拉德,1986b,第33页)而且,公众筹资应当通过政党来疏导。但是,民主党人在他们的筹资能力与共和党人平行之前,总是犹疑于支持这些改革。

第四节 竞选的技艺

一、传统的方法

传统上,美国的政治竞选运动会发动大的党派集团,通过劳动密集型的手段来发动摇摆中的投票人。政治性的党组织充当有用的工具,它们通过竞选运动集会来发动忠诚分子,运用挨家挨户的集体工作形式、在面对面的状况下说服投票人,传递有关候选人的信息。在某种程度上,在地方的各级竞选运动中,这种个人化的、劳动密集型的竞选方法仍然很流行,而最有意义的区别在于,候选人个人的组织而不是政党,时常去进行各种联系。

二、利用大众媒体

随着大众通信技术,尤其是电子媒体的出现,更多的候选人已经看到了,它具有以高质量、标准化的信息、高效率地达到相当数量的投票人的潜力。大众媒体方法的效率优势,同时也蕴涵着其主要劣势的种子:信息需要太普通而不冒犯任何一个组织,以至于它们丧失了许多影响力。候选人开始相似地做出回应,他们中的大多数人都缓和了他们的党派主义纽带,寄希望于把独立分子和其他政党的党徒吸引到他们这一边来。

电视和其他早期使用的大众媒体对民主党传统战略的破坏,要比对共和党的破坏更加厉害。民主党新政联盟包括着,将一些背道而驰的少数派拉进来而形成选举日时的大多数。这需要将不同的信息传达给每一个团体,而"特别指向这些组织中的任何一个的电视竞选运动都很困难,因为指向一个组织的东西可能被所有的人都看到"。(艾德萨尔,1984a,第 94—95 页)

依赖由新闻媒体提供的自由报道,可能深深地影响着竞选运动的日程。意识到时间的限制,明智的候选人就用几句话来表述主要的政策,而希望能上晚间新闻。候选人的日程越来越多地包括"照片机会",这让候选人为电视的摄像机做点什么可以看得见的事情,这与从事那工作的能力是否有关系并不在论。媒体无济于事于帮助候选人表达一则实质性的信息。认识到公众对复杂问题的兴趣很有限,比例不断增加的媒体报道就都集中于竞选运动的"赛马"方面:谁在民意测验中领先?谁筹集的钱最多?谁的竞选组织工作良好而谁的又不好?(参见帕特森和麦克卢尔,1976年;帕特森,1980年)在设置了有限的吸引注意力的节目之外,媒体,而不是候选人,控制着报道的实质。

三、利用新技术

虽然自由的大众媒体——很大程度上不受候选人的控制——占据着优势,尤其是在主要公职的竞选运动中,但是,所有级别上的候选人却都在日益试图利用新技术,来将大众传播技巧个人化。正如一位国家政党战略家所指出的那样:

> 技术在中等规模的国会选举和州议会选举中最为有用。在地方性的竞选运动中,仍然可能与投票人进行直接的联系。在大的竞选运动中,大众媒体占据着支配性的地位。正是在中等规模的竞选运动中,候选人的信息被排挤在媒体之外,而传统的个人联系又不可能,技术才有了它很大的作用。大多数公职的预选也是新技术肥沃的土壤,因为它们允许候选人突破相互竞争性信息的不协调声音。有时候,新技术的恰好运用变成了描绘候选人老练和"拥有它"的一个新项目。(作者的访谈)

在无精打采的大众吸引力之外,现代的竞选运动购买了新技术,来以正确的方式将正确的信息发送到合适的人那里。有了买下的广告,候选人和他的或者她的支持者就重新获得了一些对传递什么、向谁传递的控制权。实现这些目标所需要的技术上的复杂性,为政党提供了一个开端。30多年以前,领薪的竞选顾问进入了政治领域,开始帮助候选人设计和发送竞选信息。更近一些时候,政党重新搏击进入了这个游戏当中,宣称,通过以更好的、更有成本效应的方式提供同样的服务,它们能够在它们自己的游戏中击败那些顾问们。眼前,决定这些服务的受惠资源的"赛马"场地正在被展开,而党组织的命运很大程度上还没有确定。

(一) 发送正确的信息

信息(*messages*)的复数形式是故意的。现代的竞选运动人意识到,公民怀着各不相同的动机走向投票亭,而这些动机是可以被服务的。*工具主义的*问题投票人,显示出公民们的民主理想,他们支持那些与他们自己持有相近的问题偏爱的候选人,并且拥有将其实现的技能;这些人可能不是大多数。*心理型的*投票人,运用投票选择来证明他们自己作为一个自由分子、共和党人、南方人或者其他类似的自我形象,他们投票的时候不需要有什么问题在前头。*社会型的*投票人,受到他们所尊敬的那些人的偏爱的深深的影响,主要是运用投票来反射他们的尊敬。吸引每一类投票人和混合的群众,则需要不同种类的信息。

*获得工具主义的投票人。*工具主义的投票人需要以他们的投票来影响("于其中是工具主义的")公众政策的方向,但是,政策偏

爱的变动很大。越来越少的候选人会盲目地行动,或者对投票人的偏好做有根据的猜测。公共舆论的民意测验让候选人可以决定投票人的普通动机,对他们自己的公众形象有个感觉,估计被不同类型的工具主义投票人所偏爱的问题类型,并决定怎样获取他们。

因为竞选运动变得越来越不以政党为中心,私人的民意测验人就成为候选人最先雇佣的顾问之一。最近几年,政党已经通过直接向候选人提供民意测验能力,而力图重新获得某些控制权。通过与一个顾问就许多民意测验签订合同,或者通过协调许多竞选运动中的民意测验活动,政党廉价出售了私人的卖主。公众的民意测验是很昂贵的(一次典型的、州范围内的民意测验花费 5 万多美元),在选举法中,把结果提供给候选人就是一种捐款,这得记入政党被允许的捐款总数之中。由于意识到民意测验中价值的主要来源在于它的及时性,法律就许可政党经过一段时间来降低成本的价值。政党通过运用详细的民意测验结果立即给出大体的建议(这不被计入捐款限额之中)来节省一些捐款限额,而等到金钱价值很低了的时候,才把整个的民意测验结果给候选人。(参见史密斯,1984a,第 17 页)

民意测验以大量的表格出现,而且实施着很多功能。短短的标准问卷(*benchmark polls*),只评估一个特定时间的观点和信息。通常,它们中的大多数在竞选运动的早期被用来大致感知公众对问题抱有什么立场,或者,用来测量有关特别候选人的知名度和看法。因为民意测验是"运动中图景的抓拍",这些民意测验就不能够用来测算趋势。在竞选运动的时段里,专项研究(*panel studies*)向同样的回答者提出类似的问题。它们能够得出趋势的评估,但是,它们相当地更为昂贵,而且还得大受其内含的劣势之苦:在接受了大量的询问之后,回答者们已经不同于普通的大众了,后者的看法没有由于不断重复的提问而受到刺激。共和党领导了足迹民意测验(tracking polls)的发展,运用少的每日的样本来筹划竞选运动趋势,并且允许竞选策略立即重新定向。不像专题研究那样,每一个样本的一部分是来自于新的回答者,这就降低了重复测试的影响,也降低了跟随同样人群的成本。

政党所提供的专业性的民意测验结果,不仅帮助候选人做出战略选择,提高他们获胜的几率,让他们觉得蒙恩于该政党,而且,还为影响问题的日程提供了一种可能性。正如一位国家共和党的积极分子所解释的那样:

> 1982年,我们想把竞选运动集中于经济问题上。我们以大大降低了的成本,向许多竞选运动提供了复杂的民意测验的能力。我们创设了在所有地区重复的基本问题,而允许候选人只可以在他们的地区内问他们自己的几个问题。我们的问题重重地强调了经济问题。当结果回到候选人那里的时候,他们对他们的选民的经济偏好就比对其他问题得知的多很多。因为候选人喜欢从知道的领域而不是从无知开始工作,他们就被吸引到这些问题上来,这样,国家政党在讨论什么上就有了微妙的作用。(作者的访谈)

不管民意测验的结果如何,候选人对于他们在一次竞选运动中能够可靠地代表什么总是缺乏完全的控制。投票人希望一段时间内保持某种程度上的连续性,而反对者则仅仅是乐意于指出主要问题上的转变。所有层面上的党组织都陷入到反对研究(opposition research)之中。基于经历了时间考验的"了解你的敌人"这个策略,政党保留了预期对手的公众声明、官方决定甚至个人特征的记录。共和党全国委员会复杂的计算机检索着全国范围内的报纸,这就是技术能够做什么的一个例子。一名候选人几年前的评论通过 REPNET——共和党的电子邮件体系——立刻就能够查到,并立即被用到当前的辩论之中去。

通过确立其个人的政党认同的过程,候选人也受制于他们的问题立场,至少是间接地。引导一名候选人变成一名共和党人或者一名民主党人同样的因素,会导致很可以预测的问题立场。虽然共和党和民主党候选人覆盖了广泛的意识形态领域,这在很多情形下反映了地方选民的偏好,但是,在特定的竞选中,在大多数问题上,共和党候选人比民主党候选人却都几乎不变地更加保守。

在候选人必须运用大众媒体方法来传递他们的问题立场的意义上,在对一个问题的普通的公众偏好被两个候选人都知晓的意义上,他们的立场将倾向于相似——两者都冲向公众偏爱的立场。正如在主要大街上或者购物区相互竞争顾客的两家商家,为了降低交通区别而选择临近的地点一样,候选人采用相似的立场位置,这样,大多数投票人就不用走很远来接受他们的立场。(参见霍泰灵,1929年;毛瑟,1983年,第140—148页)在划分选民的矛盾性问题上,明智的候选人试图让对手首先采取一个立场,寄希望于利用对方的失误。当投票人的偏爱还不能够得知的时候,候选人会倒向温和的立场,假定这对大多数投票人都具有最小的冒犯性。

最近几年,负面的广告在急剧地增长。虽然从不提及你的对手曾经是一个广被接受的战略,但是,现代的竞选运动却在有规律地运用攻击性的广告。(参见方框中文字)正如一位顾问所指出的那样,"人们会说他们不喜欢负面的广告,但是,我们的民意测验显示,它们改变了人们的思想"。(引用于彼得森,1984年,第C4页)

拿着雏菊的小女孩

1964年,经典的负面广告根本没有提及巴利·戈登沃特,但却成功地把戈登沃特和战争联系在一起,而把林登·约翰逊与和平联系在一起。

录像

摄像机拍到一位田野里的小女孩,她正在揪雏菊的花瓣。

女孩惊奇地抬眼张望;定格于女孩;推进到她眼睛的瞳孔,直到屏幕变黑。

切入原子弹爆炸。推进到爆炸的特写镜头。

录音

小女孩:"一、二、三、四、五、六、七、八、九,九——"

男人的声音,非常大,听来仿佛是从一个试验场地的扬声器里传出来的:"十、九、八、七、六、五、四、三、二、一——"

爆炸的声音。

传来林登·约翰逊的声音:"这些都事关重大——打造一个所有上帝的孩子都能够生活于其

第六章 政治的竞选运动:最终的考验 321

切进黑色背景上的白字:"11月3日,去投票给约翰逊总统。"	中的世界,或者他们都进入黑暗之中。我们必须要么相互仁爱,要么死去。" 播音员:"11月3日,去投票给总统约翰逊。事关紧要,你不可以呆在家里。"

获得心理的投票人和社会性的投票人。心理上被发动的投票人,对符号和标签有反应。为了努力改进政党标签失去了光彩的形象,在最近的竞选运动中,两个国家级政党都增加了候选人广告,其中带着促进政党的"工具主义的"广告。例如,

> [在 1980 年],共和党国家政党所赞助的最为可见的项目是它的电视广告,这督促公民们"为了改变而投票给共和党"……设计这些"工具主义的"广告,是为了提高作为一个整体的政党的公共形象,总体上增加对民主党有针对性的批评……共和党全国委员会的民意测验记录了公民们对这些广告非常高的回忆率,广告使国会发言人显得很滑稽……第一次,大众电视广告被带到为一个政党而不是为一个候选人的服务当中。(阿特敦,1982 年,第 106 页)

民主党国家政党跟随了这种模式,所以,现在,支持政党的广告已经变成大多数选举年的常用品。在这个领域里,财政状况较

好的各州政党从全国的记录中拿走了一页。明尼苏达州的共和党人运用他们普通的广告,来催促民主党人支持政府里的一项改革,他们终于成功地获得了州议会中较低的席位,而这是自从州议员在政党标签下竞选以来的第一次。

为了试图改进政党标签的形象,各州和地方的党组织已经将它们的活动扩大到了严格意义上的政治领域之外。加利福尼亚的共和党人已经开始着手于住房和亚洲难民的整合问题,而其他州的政党为无家可归的人经营避难所(科罗拉多),为饥饿的人筹集钱款,帮助修建高级居民住宅,为残疾人修建游泳池(新墨西哥)。(参见凯登和马厄,1985年,第107页)设计所有这些公关的和社会的服务活动,都是用来加强各个政党迫切需要的支持水平,并且,鼓励远在问题之上进行政党标签的投票。

被社会性因素发动的投票人更加难于通过竞选运动来获得。有威望的保证鼓励了一些投票人支持特定的候选人,而且,政党为其支持的候选人提供接近高级政治领导人的拍照机会,为其提供官方的保证。在更为重要的竞选运动中,总统或者关键的当选官员的探访时常都是通过政党来协调。朋友和邻居的社会影响难以控制。成功地获得那些基于工具主义的或者心理基础的投票人的竞选运动,得到了一项附加的利益:它树立了一批投票人,他们可能社会性地影响他们的朋友和亲戚。长远看来,政党正在努力使支持它们的候选人变得在社会上能够被接受。很长一段时间,在南方的很多地方,社会上不接受投票给共和党。"黄狗的民主党人"(如果他是一位民主党人,他就要投票给黄狗)很流行。共和党正在努力工作,它得到了被很多南方人所反对的全国民主党候选人和政策的支持；从总统竞选开始，它在南方缓慢地发展起来一个根据地。虽然一个两党制弥漫的南方尚远不是现实，但是，投票给共和党却不再带有曾经有过的耻辱了。

(二) 和合适的人们交流

把政治信息投向风中，希望某些信息会落在肥沃的土壤上；这是越来越少的现代竞选运动所具有的特点。竞选运动不再运用具有广泛诉请力的"机关枪"方法，而是正在更多地运用一种范围较小的"来复枪"方法，仔细地确定获得特定信息的特别的观众。

确定目标的一些普通的考虑。虽然没有绝对的竞选运动的科学，但是，三种策略已经变成了常识的一部分。首先，关注那些具有影响力的投票人。并非所有的投票人都是平等的，尤其是在总统竞选中。选举团制度以其胜者获得所有的方面来酬劳在一个州获得绝大多数的胜者，他将会获得那个州所有的选票。总统候选人花费很少的时间，与他肯定会赢或者输的州的投票人交流，因为增加一个百分点算不了什么。总统候选人在投票人的利益问题上花费大部分的时间和注意力，这些投票人身处那些难以定夺的、拥有很大的选举团选票的州。总统候选人给予力量深厚或者虚弱地区的关注，很大程度上是为了提高党组织长期的活力，这是大多数总统候选人都要避开的一项活动，除非他们在民意测验中遥遥领先。

在所有公职的预选中，明智的候选人都会把他们的努力集中于那些合格的、可能在预选中投票的投票人。在实行封闭式预选的大多数州里，没有在一个政党登记的投票人没有资格在预选中投票。在所有的投票人中建立一个广泛的支持基础,而因为不关注政党的积极分子又在过程进行当中失去预选,这并没有什么益处。经验表明,在党徒们之间,那些具有较高的社会经济地位的人和那些具有更加极端观点的人将花时间去投票。

第二,到"鸭子们"呆的地方去。在寻求支持的时候,候选人在当前有力量的地区确定可能的投票人。把对一个人的支持从70%提高到75%就比从20%提高到25%更容易一些。被一个候选人的支持者们包围着的投票人发现,他们自己处在社会压力之下与那些支持者们保持一致,而且,他们自己对那个信息也更易于顺从。

第三,认识投票人,到他们所在的地方去会见他们。说到社会性的、工具主义的和心理的因素发动投票人去投票,他们是各不相同的。虽然,可能可以改变不同动机的重要性,但是,发展他们当前的需求和兴趣,这个工作量就会小得多。(阿特敦,1983年,第43—44页)不同的定位回应不同的信息。关于定位的技术本身,并没有什么新鲜的东西。当前任纽约市市长菲奥莱罗·拉瓜地亚在不同的社区品尝不同民族的食品,并谈到他们独特的需求的时候,他正在散布这样一个信息:他重视每一个组织,并且理解他们的利益。在当今的竞选运动中,战略依然是同样的,尽管确认合适组织的技术和交流的手段有所不同。

定位于大众交流。现代的投票人发现,他们自己在竞选运动阶段被政治信息轰炸了。一位政治顾问估计,一个人平均每天面对3,000多条信息,而主要的活动就包括扫除那些无关的、相互矛盾的信息。(马特·利斯,作者的访谈)新闻里的政治故事和候选人购买的广告,得和来自于新闻媒体和广告的大量非政治性的信息竞争投票人的注意力。投票人有选择性地和那些服务于他们个人利益的信息相协调。信息简短的现场广告,给予候选人获得特定团体的投票人的注意力以最大限度的灵活性。虽然现场广告大受诋毁,认为它过分简单化并且误导人,但是,目前的研究却强调,很多投票人正是从这种30秒和60秒的演讲中获得重大的、以问题为中心的信息,并且,在他们的投票决定中运用这些信息。(帕特森和麦克卢尔,1976年)

设计最大限度效果的现场广告本身已经变成一种职业,而两个国家级政党都在运营巨大的媒体生产服务中心。与设计现场同样重要的是它被运用的方法。重大的努力被放在为合适的观众选定现场上。这可能正如基于其听众而选择一个特别的广播站(比如,在受高级公民们喜欢的、轻松收听的广播站讨论社会安全问题)或者选择一个特别的时间点(在通勤者被塞在交通中的下午"驾驶时间"讨论公共运输问题)一样简单。对于电视节目来说,更为广泛的观众轮廓就指示着谁在什么时间观看什么节目,这甚至使信息的定位更加精确。被尼尔逊收听率所收集的数据决定了商业广告的成本,让传统的广告人选择他们的听众,而且,政治广告人也可以得到类似的数据。改进了的民意测验技术和生产高质量电视广告的能力的改进,已经使得候选人在一夜之间改变行动方向都是可能的,以回应来自他对手的攻击,或者努力堵塞来自选举团一个特别部分的增长中的疏离。(参见艾伦哈尔特,1985b,第2259页)在更大一些的竞选运动中,职业性的时间购买人辛勤地从事他们的业务,收取昂贵的费用:

时间购买人运用计算机为电视节目和广播节目分析调查得来的统计数据和听众的情况,他们就能够准确地投射出哪一种投票人在哪一个时间段可能会看哪一种节目。正如一位媒体顾问所指出的那样,"我们所有的人都在冲向计算机。我们不得不这样做,因为,电视成本已经攀升得这么高,而浪费掉选票的可能性又是如此之大。你就是再也不能在屁股兜之外行动了。"(彼得森,1986c,第 A8 页)

虽然广播仍然是一种主要的通信工具,但更多的重点正在被放到小范围的播放(narrowcasting)上。有线电视,只需商业电视成本的一小部分却针对更加有特色的观众播放节目。(阿特敦,1983 年,第 16—17 页)候选人、政党和利益集团已经开始在竞选运动中运用卫星转播。通过预报选民中少数却很重要的一部分人具有特定兴趣的节目,他们建立了他们自己选定了的观众队伍。

到了现在,政治家们已经运用电视来向大量的观众散发更短的、通常是更有吸引力的信息。新的电视将意味着定位于更小量观众的、更长的信息。(纽斯塔特,1982a,第 220 页)

例如,商会的业务网络"商业网络"(Busnet)把主要的商业领导人和候选人联系在一起,而且,他们自己的说客指导他们如何做出捐款和投票的决定。一些候选人运用有线电视来举行州或者全国性的会议,以此来激励他们地方上的支持者。在 1982 年,

第六章 政治的竞选运动:最终的考验 327

在全国范围内……共和党在施用新技术上远远胜过民主党。为了深夜之用,他们租用了卫星时间来向地方电视台散发共和党参议员的电视影像(footage)。(纽斯塔特,1982a,第219页)

对于许多竞选运动来说,广泛地运用有目标的电子通信并不是花费得很有价值。比如,大多数国会选区并不与一个特定的媒体市场相一致。那些跨越一个以上市场的选区发现它们重复花费了,相反,那些只包括一个媒体市场的一部分的选区就浪费了它们的很多资源来与那些不能为它们投票的投票人交流。在这样的情形下,其他的定位方法必须占优势。

有目标的邮件(*targeted mail*)。比起依赖普通的新闻报道或者买下的电子广告来说,有目标的邮件提供了不太昂贵、时常又更为有效的、与投票人交流的方法。竞选运动积极分子的每一个新生代都相信,他已经发明了新的技术。直接邮件拥有相对悠久的历史。伍德罗·威尔逊在1914年发出了30多万件竞选邮件。德怀特·艾森豪威尔启用了《读者文摘》的专家,来设计他的直接邮件的恳请。但是,让直接邮件成为现代竞选运动的主要成分却带来了计算机的导入。虽然大宗的邮件可能手工处理,但是,运用计算机却具有一种"释放的效果",扩展了确定目标组织和便利大容量交流的方法,而这运用传统的方法明显地是不可能的。正如一位竞选运动管理人所指出的那样,计算机定位允许人们作为一名外科医生工作时是用"外科医生专用的小刀而不是机关枪……大多数地方上的竞选运动支付不起大众媒体,而且,如果它们能够支

付,它们的信息也都被更加华丽一些的竞选运动所淹没了。有目标的邮件和电话银行是为了得到我们想要的人所偏爱的选择"。(作者的访谈)

创制名单是成功的邮件的关键,而一个有目标的邮件竞选运动不比它所基于的名单会更好。在某种程度上,一份名单的质量依赖于机制的方面,比方它的准确性(名字拼写正确,地址正确),及时(删除已经死去的和其他不合格的投票人)和效率(删掉重复的名字),但是,这只是问题的一部分。一份名单的效用,仰仗于它能够告诉你关于投票人和他们的利益的信息总量。

> 在更早的时期,分权的党组织把这个任务当作恳请投票的一部分来完成:公民们由认识他们的选区工作人员来个别地联系。今天,很多通信、信息收集和保留都电子化地发生了。(阿特敦,1983年,第20页)

创制名单的艺术有如执业者那么多种。在那些计算机记录上已经有了登记了的投票人名单的各州所进行的竞选运动,开始的时候就占有一种优势。通过以专门杂志的订阅人名单、特殊种类汽车的拥有者、住在一个特定的邮政编码地区内的人们的种类的调查信息等等来进行"整合和净化",这些名单就被提升了。(参见图6.9)在那些没有全州范围内的登记名单的地区进行竞选运动,就得以与商业上同样的方法去解决创制名单的问题。他们购买、借用或者交换那些看起来包含潜在的捐款人或者支持者的名单。因为手头拥有的任务不一样,不同名单的使用也不一样。设计出的恳请捐款的名单必须测试它的回复率,因为,任何名单上都只有非常小比例的人会捐款。最初的第一代名单要运用不同的呼请方法来"勘探"。在制作出一批范围更宽泛的邮件之前,名单的质量和呼吁都要在名单的子集上进行测量。首批邮件的回复者变成削减了的第二代名单的一部分,组成了强大的支持者。这些提炼出来的名单要一遍一遍地联系。资金筹集顾问认为,"筹集资金的秘密在于,最有可能的捐款人就是那些以前已经给过钱的人"。(史密斯,1984b,第23页)大量的观察家认为,共和党在以有目标的邮件筹集资金方面的优势,可能永远不能被民主党复制出来。因为拥有较高的教育水平和在问题上的同质性,共和党人似乎比民主党人更多地回复书面的文字。而且,在邮资还比较低廉的时候,共和党的组织一度在制造有用的名单方面抢先起步,而方法的发明则加大了它的成功。(萨巴特,1985年,第153页)

只是被设计用来影响投票人的名单并没有评估效用的机制,而且,定位(targeting)也是基于更加具有创造性的预感。通过从邮政编码的统计数据中得知的居住地来勾画投票人,可以提供关于他们收入、受教育程度和种族的线索。围绕着政治性地划分人口普查地域的能力,已经发展起来了一整套人口统计定位的顾问系统。汽车登记的数据提供了关于收入、可能还有意识形态和兴趣的附加的信息(沃尔沃的拥有者倾向于是雅皮——城市里年轻的职业工作者)。正如一位邮件名单的主管所描述的那样:"那些被以西班牙姓氏称呼的个人所得到的信息,与那些由他们选择以称呼'女士'(Ms)来确认的年轻妇女所得到的信息,就会不一样。"(作者的访谈)

330　技术年代的政党

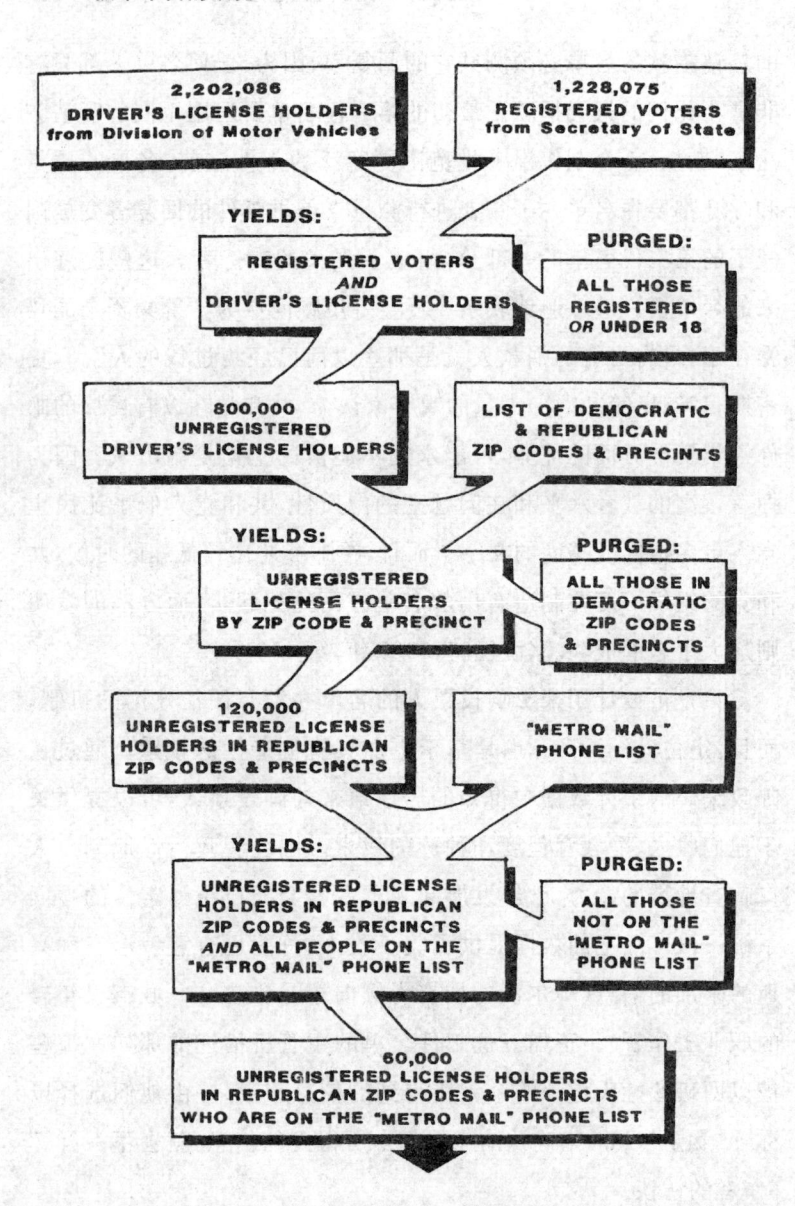

2,202,086 DRIVER'S LICENSE HOLDERS from Division of Motor Vehicles

1,228,075 REGISTERED VOTERS from Secretary of State

YIELDS: REGISTERED VOTERS *AND* DRIVER'S LICENSE HOLDERS

PURGED: ALL THOSE REGISTERED *OR* UNDER 18

800,000 UNREGISTERED DRIVER'S LICENSE HOLDERS

LIST OF DEMOCRATIC & REPUBLICAN ZIP CODES & PRECINTS

YIELDS: UNREGISTERED LICENSE HOLDERS BY ZIP CODE & PRECINCT

PURGED: ALL THOSE IN DEMOCRATIC ZIP CODES & PRECINCTS

120,000 UNREGISTERED LICENSE HOLDERS IN REPUBLICAN ZIP CODES & PRECINCTS

"METRO MAIL" PHONE LIST

YIELDS: UNREGISTERED LICENSE HOLDERS IN REPUBLICAN ZIP CODES & PRECINCTS *AND* ALL PEOPLE ON THE "METRO MAIL" PHONE LIST

PURGED: ALL THOSE NOT ON THE "METRO MAIL" PHONE LIST

60,000 UNREGISTERED LICENSE HOLDERS IN REPUBLICAN ZIP CODES & PRECINCTS WHO ARE ON THE "METRO MAIL" PHONE LIST

第六章 政治的竞选运动:最终的考验 331

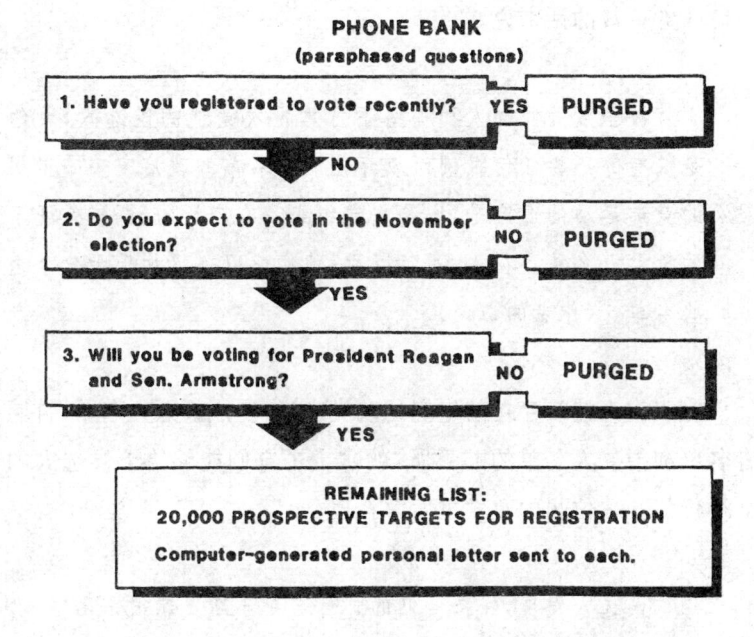

PHONE BANK
(paraphased questions)

1. Have you registered to vote recently? YES → PURGED
   NO ↓
2. Do you expect to vote in the November election? NO → PURGED
   YES ↓
3. Will you be voting for President Reagan and Sen. Armstrong? NO → PURGED
   YES ↓

REMAINING LIST:
20,000 PROSPECTIVE TARGETS FOR REGISTRATION
Computer-generated personal letter sent to each.

图 6.9 通过"整合和净化"来定位投票人

在其直接邮件项目中,共和党全国委员会运用一种"种族—姓氏档案"计算机程序。计算机梳理它巨大的投票人登记名单,寻求具有特别兴趣的、潜在的投票人。这个程序至少是 90％ 的准确,能够摘出意大利人、犹太人、爱尔兰人,甚至还有塞尔维亚—克罗地亚投票人,能够自动地将他们编进特别的邮件之中去。(萨尔霍尔兹,1984 年,第 13 页)

当政党想接管名单的管理或者试图协调名单的制造和运用的时候,邮件名单的价值就显现出来了。普通的投票人名单有点小问题,但是,自愿者名单和捐款人名单就变成一个棘手的话题。以

一位政党总裁的话来说，

> 被击败的候选人和那些不打算再次竞选的候选人，大约是仅有的不要任何报酬而放弃他们的名单的政治家……里根的竞选运动的遗产是，留给州党组织一套广泛的、电脑处理了的投票人名单。在1984年以后，他们比以前更加乐于分享这些名单。（作者的访谈）

对于作为持续存在的组织的政党来说，变成投票人名单、自愿者名单和捐款人名单的贮藏所，就赋予了它们能够给予候选人的某种价值。一位州的政党主席解释道：

> 候选人发现，保持他们的邮件名单不断更新很是困难，而我们就成了自然的工具。现在，有了计算机，投票人名单就不像以前那样被扔掉了。拥有好的名单，让我们可以招募到更加有活力的候选人，使我们能够很好地回答当选官员的提问："最近，你们都为我做了点什么呢？"（作者的访谈）

里根的两次竞选运动最为重要的遗产之一就是，由电脑处理了的、广泛的、依据人口统计分组的投票人名单。共和党人保证，他们的名单将变成州的党组织的财产。民主党在这个领域里的努力已经被更加通常地用来帮助特别的竞选运动，而获得的信息时常在选举之后就丢失了。共和党较早地懂得了这些资源对党组织的连贯性和力量的贡献。（艾德萨尔，1985b）

合适地设计信息,是成功的邮寄中另外一个重要的因素。不仅信息必须吸引锁定的组织,而且,它必须以人们会打开它的这样一种方式来设计。所有直接邮寄的呼吁中,75％以上的没有被打开就被扔掉了。(参见施兰姆,1982 年,第 A2 页)地址的个人化(而不是"亲爱的住户")和内容的个人化会增加效果,正如在信的正文里提到那个个人一样("我确信,钟斯家会分享我对……的关心")。随着政治领域内外更多的组织在运用直接的邮件,战术已经变得更加极端了。送给高级公民的宣称"内含:关于您的社会保障的紧急信息"的看起来很官方的信件,或者是送给生意人的"内含官方的税收调查表",增加了它们将被打开的可能性。与普通的常识相反,信息看起来越富意识形态和互相冲突,比起对这个问题的理性讨论来就越有效用。(参见科特和其他人,1984 年,第 167 页)顾问们这样认为:

> 有目标的邮件比攻击性的广告更好一些。这很安全,因为你能够更加明确地将你的观众特定化……潜在的受攻击的对象时常运用"先发制人的信件"。勾画你对一个敏感问题的立场的一封先发制人的信件,能够使你避开投票人未来可能获得的消极的信息。(作者的访谈)

有目标的邮件的未来是什么?虽然有目标的邮件仍然在起作用,可是,运用它的组织和个人在不断繁衍,相对标准化了的名单的可得性也很广泛,这就降低了它的效用。正如一位政党领袖所指出的那样:

我们很畏惧每天得看到上千封指向具有狭窄兴趣的个人的信件。未来的挑战是,谁能够以最低廉的价格获得最多的投票人。到目前为止,我们还不是很划算。我们知道如何运用技术;现在,我们不得不降低成本。(作者的访谈)

虽然很少有观察家质疑定位(targeting)的效用和被强调的假定,后者认为,投票人更多地回复有关他们利益的信息,而不是那些被当作与他们的需求不相干的信息,但是,技术确实引发了一些恐惧。从单个的投票人的视角来看,当投票人的特征、偏好和行为变成巨大的数据库的一部分,而他们对其使用又没有什么控制权的时候,隐私权的问题就产生了。(参见阿特敦,1983年,第78页)从一个更为广泛的角度来看,定位技术鼓励了那些被候选人吁请的选区的雾化(atomization),鼓励了那些投票人的雾化,这些投票人只在狭窄的信息和动机之上,而不是在政治体制的总体目标之上予以回应。在这发生的意义上,竞选运动和政党的聚合、协调政治利益的作用就减少了。大众媒体方法迫使政党达成一套能够被出售给更广大的一部分人群的立场,而同时,定位方法则使政党能够对向人群的子集发送不同的信息给予支持。

四、让投票人到达投票场所

当最后的演讲做出了,最后的邮件发出了,竞选运动并没有就此结束了。如果投票人根本就不出现在投票场所,说服那些投票人支持哪一个候选人就没有什么意义。传统上,在选举日,政党通过提供到投票场所的交通便利来承担发动投票人到达投票场所的任务，它们运用投票观察员来确认非投票人（nonvoters），通过电话银行进行个人联系。一位顾问认为，"让人们去投票并没有什么神奇的。这就是需要工作。我们采取佩柏博士的10—2—4的方法。我们十点钟打电话给我们的支持者，看他们是否已经投票了，而在两点钟和四点钟核对那些非投票人"（作者的访谈）。

在很多地区，那些不满意于政党的效率的候选人重做了政党的工作，而政党的任务就在于协调和增加不同的运作的效率。1982年，共和党在加利福尼亚州成功地刺激了不在场的人去投票，这为政党的军火库增添了一种新的、复杂的技术。由于运用计算机名单来确定那些可能通过不在场者选票（absentee ballot）（旅行中的销售人员、养老院居民、军队人员，等等）来投票的其他人，政党联系了可能的共和党投票人，为他们的投票提供帮助。不在场者选票的数量增加了50%以上，而61%的人支持共和党的州长候选人。共和党大量的不在场者选票，抵消了民主党在把州长大厦分发给共和党人中的普通投票中小小的胜利。（参见阿特敦，1983年，第28—29页）

五、对技术年代里竞选运动影响的评估

像政治的竞选运动这么复杂的现象，很少能够只有简单的解释。有一种倾向，把选举结果解释为是基于候选人和他们的工作人员明智的决定。胜者的竞选运动被当作绝对正确的课本案例来高看，而输家代表着所有陷阱的例子。事实上，选举的结果时常是出乎任何人的控制。在某些地方，在一定的时间，最好的竞选运动不能够获胜，而同时，在其他情形下，看似灾难的决定却仍然不预

示着失败。解释性的变量并没有展示出一个清晰的模式。

评估新的基本规则和新的竞选技术在选举上的含义,是很困难的。很少有竞选运动完全是现代的或者是传统的。新方法的作用的不确定性意味着,新的技术倾向于增加传统的方法,而不是代替它们。(参见阿格拉诺夫,1979年,第235—236页)在很多的总部,邮寄名单的微型计算机代表着一桶传统的竞选运动的扣子。如果没有不可辩驳的、关于什么会起作用的证据,候选人对新的方法就会患得患失。

> 技术比你想象的爬行得要慢一些。在众议院选举中,在媒体人群和敲门者之间,你仍然拥有理由。有人赢得了下水道特派专员,因为他们邮出了25,000个防烫垫(potholders),而且,他们认为,成功进入国会的方法正是邮出5万个防烫垫。(迈克尔·墨菲,被艾伦哈尔特引用,1985b,第2564页)

虽然,拥有最多的金钱或者运用了最复杂技术的候选人并不总是获胜,但是,人们看到,很少有候选人或者竞选运动积极分子乐意运行资金不够的竞选运动,避开新的技术。

第五节 政党对选举战技术的采用

在很大程度上,政党通过变成竞选运动技术的卖主而攻回到政治游戏之中的故事,开始于国家级别上的共和党。在大多数当前的技术实施中,共和党都居于领先地位,而民主党追随了它们的

第六章 政治的竞选运动：最终的考验 337

领导。(参见第三章充分的讨论)正如两位观察家所指出的那样，"传统上，共和党人在组织的发展上走在前面，而8—12年之后，民主党才会追赶上来"。(凯登和马厄，1985年，第92页)只是到了相对近期，民主党的国家领袖才开始意识到这个问题，并采取一点点行动。一位前国家民主党官员曾若有所思地说，"我们民主党人对技术未加防范，而试图靠我们的名誉和民主程序来维持生计。在几年之后，不需要什么天才都可以看出，我们正在出局，所以，我们拼凑起我们的骄傲，开始决定我们如何才能重新加入到这个游戏中来"。(作者的访谈)甚至老派的政治家，比如前众议院发言人蒂浦·奥内尔，都意识到了这个问题：

> 候选人需要政党给予财政上的支持和技术上的支持。民主党全国委员会拥有总统政治的优先占据权必须停止了。国会选举委员会必须充当民主党在职者和挑战者真正的、政治上的和财政上的资源。(赫西，1984年，第127页)

正如《政党转型研究》(参见吉布森，科特，比比和哈克肖恩，1985年)所测量的那样，在各州政党一级，共和党在提供服务方面也类似地居于领先的地位。刺激各州共和党进入提供服务领域的很大因素，来自国家政党提供的资源、专家意见和范例，而共和党在较早地提供这些刺激方面更加活跃。共和党人在其选举上有弱势，但在有重大机会的地区，比如南方，他们投入了大量的工作。例如，佛罗里达州共和党财政状况最好，是最复杂的技术服务的提供者，曾经得到了国家级政党大力的帮助。

很清楚,当民主党最终变成一个服务—卖主的政党的时候,它正在上演着"追赶"(catch up)的游戏。它缓慢的起步就使它处于劣势,但是,这当然也就没有为它伸展自己能力的灼烧设置节气阀。很明显,公正委员会(the Fairness Commission)作为民主党对1984年失败做出的程序性的回应,它被忽视了,而且,一个努力已经做出了,以"使它走出那个方法,这样,它们才能完成向候选人提供服务的重要任务"(州政党领袖,作者的访谈)。

第六节 服务—卖主—掮客政党兴起的结果

虽然美国的政治仍然处在转变之中(而且在某种程度上,可能永远将是这样),我们似乎已经进入了一个政党的新时代,其中,政党形象、意识形态、劳动密集型人力资源和政党的决策程序(表现性的目标)已经大大地让位于竞争性的目标,而这主要是由政党向它们的候选人和附属的组织单位提供服务的能力来控制。这些服务—卖主政党已经采纳了基于技术的服务,而这曾经极大地削弱了它们在当代政治中的作用;它们已经开始运用这些服务来重建党组织。

关于这一点没有什么争议:政党或者政治过程本身都和几年之前不一样了。那些变化中的一些,直接与作为原因或者结果的服务—卖主政党的出现有关,而其他的则仅仅是巧合地发生了。意识到推想单个理由的危险性是很重要的。

我们必须小心避免变成技术决定主义者。通信技术本身

第六章 政治的竞选运动:最终的考验

没有什么内在的东西会必然地导致政治家以一定的方式来运用它们。为了更加准确地预测,我们需要理解硬件的物理性能(和局限),以及……政治家能够于其中得到技术的组织形式。在决定如何运用硬件方面,一个更为重要的因素是竞选运动的激励结构。(阿特敦,1983年,第3页)

一、赢得选举

政治是一场概念和现实的游戏。虽然,很难一劳永逸地证明,是否提高了的、基于政党的竞选运动的资源就是赢得更多竞选的关键因素,但是,

> 重要的一点却可能是这样,所有的政治机构——包括共和党人和民主党人,包括来自于媒体和学术界的政治分析家——都**相信**,正是共和党人所做的事情导致了两党之间的区分。(萨尔摩和萨尔摩,1985年,第219页)

正如查尔斯·琼斯所指出的那样,"硬盘政治(hard disk politics)并不能够神奇地将失败转化为胜利,但是,它却让政党制造了它其他力量中的大多数"。(琼斯,1986年,第4页)对竞选运动技术的测试,在于其影响选举结果的能力。按照以前战后的中期选举模式,共和党人应该已经在众议院里失去了40到60个议席;然而,他们在1982年只失去了26个议席,在1986年只失去了5个议席。至少这些相对胜利中的某些,可以归功于他们对技术的大大地运用。(艾德萨尔,1984b,第A1页)

对那些花销限制较低的竞选运动来说,技术看起来更加重要,因为,在一场每一个人都拥有同样资源的战斗中,效率就更加有价值了。某些特别的竞选已经变成了"技术革新的狂欢";因为国家级的政党不能够做其他什么事情,它们就把这些竞选运动用来实验所有的新的方法。

实践者们指出,新的技术并没有被政治家们很好地理解。

> 我们都仍然在打一场不真实的预想之战。候选人和政党的积极分子把新技术,尤其是计算机的运用,当作神奇的工具,认为他们不必做什么就能够赢得选举。太多的竞选运动和政党购买了昂贵的硬件和软件,只是为了让那机器呆在那里,而这些买主则等着看它有所作为。(作者的访谈)

服务的影响可能更是间接的,而不是直接的。

> 不管共和党全国性广告的实际效果是什么,但是,由共和党提供的媒体服务和民意测验服务以及完全的政党资助,在招募高质量的候选人方面,确实价值巨大。"我们用我们的资源锁定了他们",共和党全国委员会的理查德·波恩德这样承认。(萨巴特,1982年,第79页)

一些分析家认为,新技术给了共和党人一种内在的、民主党人可能永远也不能够追赶得上的优势。这种论调部分地依赖于时间的安排。一度,当最初的投资成本(大量的邮资)还相对较低而技术还没有被过度使用的时候,共和党开发了诸如有目标的邮件这样的新技术。

对于地方性的选举来说,计算机技术可能正好有一种民主化的效果,它降低了进行一次富有效益的竞选运动的成本。(参见史密斯,1984b,第26页;克莱丁尼,1984年,第1页)尽管所受的培训较少,而软件也比较过时,大多数小的竞选运动仍然能够安排它们的时间表、预算和邮寄名单。

已经认识到的新技术对获胜的重要性,已经驱使着竞选的成本上升了。不断增加的花销,与政治行动委员会的增长联合在一起,使得候选人对那些提供现代竞选资源的主体更加有义务感。

二、把投票人和政党联系起来

将政治组织的行动转化为改变个人行为的事业,充其量是危险的,但是,一些效果好像正在出现。在最近的选举中,处于下降之中的投票人参与率有了轻微的回升,这至少可以部分地归功于政党所推动的群众性的登记和发动项目。F. 克里斯托夫·阿特敦颇有说服力地认为,由政党挑头的更加富有效率的通信战略提供了更多、更好的信息,而这有助于将投票人和政党联系起来:

我们应该注意到,直接邮件的不太直接的含义有了结果。在美国的政治历史上,第一次,确实存在着一定数量的公民,他们认为,他们自己是一个国家政党的成员;他们能够在他们的钱包里带着卡片来证实这一点……当我们仍然离欧洲的党员概念还很遥远的时候……我们应该不疏忽这样一个事实,

那就是,确认为一个政党的"成员",而不是投票人或者认同者的概念,正在发展之中。(1982年,第105页)

三、控制当选的官员

重新树立起政党在竞选运动中的作用,以及成功地获得选举,其终极目标都在于对政策过程拥有一些影响。通过帮助政党影响问题的日程,以及,正如在下一章所描述的那样,为新近当选的、具有依赖性的官员们的顺从提供便利,服务—卖主政党的兴起设立了一些增加这种影响的条件。

珊德拉·凯登和艾迪·马厄认为,在竞选期间

一周性的计算机供应给候选人……提供一个讲演提纲,[或者]一份可能的新闻发布会材料,而且,被设计来帮助共和党候选人处理其中有关日常事件和管理职能的关键性问题。那些被送进政府的候选人将到华盛顿来,这里拥有对于广泛范围内问题的立场的共同的历史——这些观点都是由职业的政党职员写下的。(1985年,第82页)

在被选举的官员因为他们选举上的胜利而信任政党的意义上,在政党将提供服务和政党的支持联系在一起的意义上,服务—卖主政党的兴起就保证了党组织在政策过程中的作用得到了提高。

看起来,两个大党运动的新的方向,都是正在以一种基本

的方法改变着政党和候选人之间的关系。协调了的花销,机构性的广告,媒体服务,追踪民意测验,候选人学校,以及其他所有的,都具有让候选人靠近政党的效果。尤其是在共和党一边,在这里,政党振兴正处在全盛的时期,候选人发表类似的立场主题,至少在基本问题上采取相当相同的方法,而且,他们在政党现在的富裕和未来的发展方面具有利害关系。他们蒙恩于政党……可能正是这样,国会内政党对于基本问题的凝聚力将上升,投票人将开始更加强烈地认识到政党和它的问题以及候选人之间的联系,将来,一个更加讲究政党责任的体制会逐渐地出现。如果这样的话,归功于它们组织上对新的竞选技术的适应,政党全国委员会就将能够获得更多的信任。(萨巴特,1985年,第 104 页)

四、振兴党组织

政党发现,在提供竞选服务方面的新作用的能力既保证了振兴党组织,又保证了改变它们本来的性质。30 年前,两位美国政治学专家大胆地宣称:

可能没有任何其他一点能够让美国的政治作者们如此意见一致过,除了这一点:我们的州和地方党组织,加在一起来看,远比我们的国家组织更有力量。(兰内和肯戴尔,1956年,第 160—161 页)

今天,真实情况就远不是这样了。

> 历史上，国家级政党并没有多大的独立的存在性……现在，在那些全国委员会比各州政党的联合强不了多少的地方，我们已经拥有了独立的存在……现在，国家级政党正在以一种完全颠倒的作用出手帮助它们各州的机关。(阿特敦，1982年，第123页)

两个改革动机—民主党向表达性程序改革的承诺与共和党在建立服务—卖主政党方面的领先—都有功于政党的国家化和集权化。共和党在发展服务—卖主政党方面的领先带来了第二次"1－2－出击"，这重新定义了政党内部组织的作用。因为强大的国家政党需要积极的州和地方政党，国家级政党就努力工作以使它们保持在游戏之中，但是，它们也不断地向各州和地方机构提醒它们的地位。最近几年，虽然地方政党的活力巨大地增加了，（参见吉布森，科特，比比和哈克肖恩，1985年）但是，这与国家级政党活力的增加相比就显得很苍白，而后者常常是刺激了各州和地方政党的改革。正如李昂·艾普斯泰因所做的结论那样，"通过类似于联邦的大援助制度（grant-in-aid system）的方法，共和党已经将它们的政党努力国家化了"。(引用于康澜，1985年，第40页)即使是《政党转型研究》，它以宣称州和地方政党状态很好来大胆地挑战了常规性的认识，也得被迫面对国家级政党威力的现实：

> 因为党组织已经作为更加稳定的机构发展起来了，那么，在政党的不同级别之间出现某种的关系，就很有可能了。今天的关系显然不是等级制的了，虽然两个全国委员会都以不

断变化的胜利,试图对各州政党的实践和活动施行某种程度上的控制。但是,党内关系中最具有意义的变化,是党组织服务角色的出现。通过联合的行动和提供服务,国家级党组织已经发展了一种方法来引诱各州政党的合作和协调。类似地,各州政党运用不同的"萝卜"来整合地方党组织。(吉布森,弗兰德莱斯和弗尔茨,1985年,第9页)

第七节 结论

政治竞选运动与一个世代或者更早以前已经大为不同了。利用现代通信技术的新方法,影响了竞选运动的实质和资源,也影响了重新定义具有意义的扮演者的实质和资源。在修改它们的竞选作用来扮演一个服务—卖主—掮客的功能方面,政党并没有重新获得它们传统的作用或者力量,但是,它们已经保证了在竞选过程中一个连续的位置。这个新的位置,使政党对竞选运动的实质和后果具有一定的影响,而且,这还为加大政党对政策决策过程的影响铺设了舞台。

第七章 执政党

选举之后的那个早上，媒体会宣布"民主党人一次压倒性的胜利"或者"共和党人席卷了参议院"。这种标题的含义是，竞选不仅仅是一系列个人的竞争，当选官员的政党认同与他们在政府中的行为也有关系。事实上，选举之后，政党的影响可能更加间接，而政党除了为候选人提供竞选的便利条件之外不再能够做点什么，那些候选人在一些问题上总是一贯性地意见不一样，而他们一旦进入政府队伍就去追随他们个人的、政治的本能。每一个政党都以不同的立场角度来吸引候选人，可能在预选中过滤掉那些与政党的立场不相容的候选人，而更有可能从特定的选民中挑出候选人来。个人的政治观点和不同的选民压力结合起来，就确保了共和党公职人员的行事将不同于民主党的公职人员。不同的选民压力由于这个事实而被加强了：当选的官员倾向于不是以法律界限或者所有合格的投票人的特征的标准，而是以他们个人选举上的联合——那些在最后的选举中支持他们的投票人——为标准，来定义他们的选民——这个定义易于提高党徒们的重要性。一旦进入政府，比起那些反对他们的投票人来说，官员们就倾向于从那些在最后的选举中支持他们、那些支持他们当前的政策立场的投票人那里倾听得更多,(《国会季刊》,1976年,第533页)这就强化了他们已经发动起来的行为模式。

第一节 责任政党模式

虽然政党对当选官员行为间接的、选举上的影响,可能足够用来保证对政府中的党派主义进行研究,但是,政治的理论和现实两者都暗示着,作为组织的政党,可以并且应该做得更多。即使是在政党霸权期间,对政党来说,赢得选举也比推行政策更加重要;不管这个事实,在美国,一种占据优势的政治思想潜流一直都是在尽力达成一个更加追求政党责任的体制。责任政党(responsible parties)的模式开始于一个选举过程,这个过程包括了对问题具有清晰的、一贯都持有不同观点的政党。在竞选期间,政党的候选人被希望能够在这些政党区分的基础上来呼吁投票人。根据责任政党的模式,投票人则通过投票给政党而不是投票给候选人来表达他们的政策偏好。一旦进入政府,党组织就被希望能够运用它的权力来推行那些在竞选期间表白过的政党立场。

责任政党被改进了,因为,它们向投票人提供了必要的信息使他们的投票以他们所设想的方式来计算,使政党成为一个能够基于其在政府中的表现而得到回报或者惩罚的实体。而且,在一个以分权为标记的政治体制中,政党被视作胶水,它把政府不同的部门和层级黏合在一起,改进了做成某些事情所必需的合作。

> 政党政府(party government)是一个好的民主的学说,因为,政党是适应了发动大多数人的政治组织的特殊形式。

否则,怎样才能将大多数人组织起来呢?如果民主到底意味着什么事情,它就意味着,大多数人拥有为了接管政府而组织起来的权利。(沙特施耐德,1942/1982年,第208页;也可参见兰内,1962年;《美国政治学协会政党委员会》,1950年,第15页)

对于更好的责任政党的改进者们所预想的政党政府的类型,关于其可取之处和可能性都不断地有着相当大的争论。反对政党应该更加集权和有力的人们声称,这样一种体制推进了一个更加有力的、主动的政府,限制了创造性,挫伤了折中,限制了公民影响政府的道路。最近几年,对责任政党概念的批评已经被意义重大的事实替代了,这个事实关涉到在当前的美国使这样一种体制运作的可能性。前提条件——互相区别的政党,受到约束的候选人,以问题为中心的投票人——所有这些,都远在已经认识到的、真正的政党政府能够流行的必要水平之下。看起来,更加讲究以政党为中心的政府,在缺乏美国体制的权力分立特征的议会体制里、在具有更多的同质性的社会里、在支持集权化政党的选举规则之下,会运行得更好一些。比如,在英国体制下,为了支持政党的立场,国家政党有权筛选掉地方政党的被提名人,有权控制每一个选区里由政府支付薪水的政党组织人员的工作人员。一旦进入政府,在议会里赢得大多数的政党就挑选行政部门的领导,而且,政党必须对政府的行动负责。在这种体制下,投票人对他们投票的党派主义含义具有一个更加明确的把握,而候选人在政党的基础上被发动起来参加竞选,而他们一旦进入政府就支持政党。

美国的政党,缺乏许多保持候选人和当选的官员站在一条线上的资源。候选人意识到,通过预选他们能够被提名,而且,没有政党的帮助他们也时常会当选。投票人只是把政党认同当作他们在候选人之间进行选择的时候予以考虑的特征之一。通过从强调问题和意识形态的限制转移开来,政党已经回应了以候选人为中心的竞选运动和分裂投票的投票人。今天,政党为任何一个乐意佩戴政党标签的候选人充当服务卖主和掮客。对政党服务日益增加的依赖性使约束候选人靠近政党成为可能,但是,目前,很多候选人却拥有了足够的、可以依赖的选择。因为当选的官员不习惯于在竞选期间从党组织那里接受对有关问题的暗示,他们一进入政府就没有打算在他们的行为中变得更加受约束。正如政治新闻工作者戴维·布罗德认为的那样,"政党政府是一个还没有使用就生锈了的工具;我们已经经历了很长一段没有像本来应该的那样运用政党的时间了"。(1972年,第212页)

第二节 立法机构中的政党

"在构建立法的行为方面,政党是一个最为重要的参考组织……而且,在没有政党的时候,没有其他类型的参考组织能够提供类似的目的"。(哈里斯和海恩,1983年,第283页)立法机关是理解和解释政党对当选官员影响的可能性和现实性的主要焦点。因为在立法机关里建立联盟是必需的,如果缺乏政党的参与,其他的组织或者个人就会接管这个任务。"当那些国会成员以立法者的身份来行动——草拟法律和通过法律——的时候,政党对他们最有价值……政党是在追求立法目标时安排合作行为的基本机制"。(克罗蒂,1984年,第201页)

假定具有大量的委员会、同时得考虑不同问题的现代立法机关的复杂性,政党就有可能充当相关信息的来源、投票线索的提供者、形成折中的工具。希望大的政党能够控制立法团体的行政事务,在安排活动上具有领导权,而小的政党为了公正和明智则承担着监控大党行为的责任。

一、党派和责任政党

"党派主义"是单个的立法者在一起工作所达成的程度,他们通过树立一致的目标、对同党成员的偏向对待、运用政党权力资源在任职的党员们中间达成凝聚性的行为等方法,追求由政党来定义的目标。党派主义同责任政党政府(responsible-party government)并不是一样的,除非给予投票人以机会,让他们通过连续性的选举既能够预期地又能够回溯地把判断传递到政党目标的内容之上。当选的官员能够展示黏合的党徒身份,而且,他们能够不对任何人而只对他们自己负责任。政党责任(party responsibility)意味着,党员要为了那些将他们推进政府的投票人的利益、在那些投票人的指导下行动,而不是为了他们自己的利益,他们作为一个组织以一种有纪律的方式简单地在一起工作而已。没有有效的政党纪律(party discipline),政党责任是不可能的,但是,光有纪律也是不够的。

二、立法党派正在变化的环境

(一) 外部的环境

"已经发生的重要变化,不是强大的政党突然变得虚弱了,而是,现在对单个政治家有利的条件已经变得比以前甚至更加普遍了"。(曼,1981年,第39页)新当选的议员进入国会,他们欠他们的政党很少,他们也不太准备听从政治性的党组织的命令;尤其是在大多数的州议会里,更是这样。一个世纪以前,一个议员选举上的命运掌握在党组织的手中,党组织控制着提名,打印选票,掌管着选举所必要的资源。(参见布拉迪和赫尔利,1985年,第66—67页)

> 国会新型的成员……反映了他们所出自的组织的个性……今天的成员,从他们政治生涯的一开始,可能就从未追随过任何领导人。新型的成员尽其所能,靠他们自己的努力而赢得席位……因为国内不需要政党,不需要对它尽义务,他们就把国会中的政党也保留在远处。(桑德奎斯特,1982年,第49—50页)

那些对以候选人为中心的竞选运动熟悉而且感到舒适、去访问他们的选民而被政治科学家理查德·芬诺跟踪的国会议员们,很强调信任、对选民的服务和成为"他们其中之一",而不是强调问题或者政党。竞选运动也不是如此反党,以至于要把政党搁在毫

无关联的位置上。(参见芬诺,1978年,第55页以及处)莫里斯·费奥里娜认为,

> 正如联邦的作用已经延伸、联邦的节目已经开始触摸了无数公民的生活一样,国会议员对他的选民的关系也已经改变了。不断地,国会议员们被当作个人入选,而不是作为一个政党的党员,而且,日益不断地,他们作为非党派主义的、非意识形态的选民服务的提供者而再次当选。(1978年,第41页)

立法选区的本质也缓和了政党的控制。国会男女议员是政党这辆四轮马车上的"第五只轮子"。因为国家级政党关注总统竞选,地方上的政党关注州和地方的竞选,国会的候选人可能就被置于地狱的边缘,而没有什么主要对他的竞选感兴趣的党组织存在。(迈科娃和萨里斯,1983年,第68页)由于存在需要各区人口平等的重新划分比例的规则,议员和他们政党之间的联系更加脆弱了。严格的算术上的平等造成了几乎不可能尊重地方上的管辖界线,而党组织正是围绕着这个界线建立起来的。立法选区的界线与大量的管辖区域相重叠,而同时又划开了其他的管辖区域。大多数政党没有去创设立法选区的党组织,它以选出一名议员——他少有资助,而且不被认为对当地的事务能够有多大的影响——为唯一的目的,而是已经将它们在立法选举中的很多作用让位给了候选人的个人组织。

有关投票的研究指出,议员候选人可能对他们个人的努力和他们在其选民中的地位太有信心了,而"自相矛盾地,大多数投票

人把他们投票的决定建立在候选人政党的基础之上"。(克罗蒂,1984年,第211页)大多数投票人对立法选举知道得很少,就回复到了党派主义的线索上来,但是,在政治中,观念和现实一样重要。只要当选的官员相信,他们靠他们自己已经保住了他们的位置,他们的行为就将由那个观念所指导着。而且,意识到政党标签指导了那些信息不灵通的投票人,相信党组织在候选人选举之后的行为中应该握有一些权威,这本来就是一回事。

(二) 内部的环境

立法机关里党员们的聚会称作**政党预备会议**(caucus)。政党预备会议选出政党官员(比如多数党领袖,少数党领袖,议会领袖和竞选委员会主席),提名立法团领导人(发言人,委员会主席,等等)。由大党提名的候选人几乎总是获胜,因为,无论这个政党怎么分裂,至少在程序性的投票和领导人的投票上,它的成员几乎总是步调一致地在投票。在某些情况下,很难将政党的位置和领导人的位置分立开来。例如,虽然美国众议院的发言人是主持官员,希望他能够表现出某种程度的公正,但是,同时,他扮演着一个领导他的同党领袖们的角色。另一方面,美国参议院里的主持官员(副总统不在时由总统暂时担任)把党派主义的领导权交给大党的领袖,希望他能够以一种均衡的方式来主持议会。

多数派领袖和少数派领袖指导了议员席上政党的命运。宪法,立法团,党规对这些领袖的义务都默不作声,但是,传统已经让他们充当了议员席上政党的发言人,他们帮助计划立法机构的日程,评估政党在关键问题上的观点,鼓励对政党立场的支持。在最后两项任务中,多数派领袖和少数派领袖得到一队议会领袖的援助,后者试图估计政党对某项特定立法的支持水平,影响他们的同事,为关键性的投票得到议席上的支持者。术语议会领袖(whip)来自于猎狐活动,其中,"帮猎人管猎狗的人"(whipper-in)被指定来让猎狗不离开一大群猎狗。(格拉纳特,1985年,第2502页)"议会领袖常常是站在通向大厅的大门旁边,示意他们正在到来的同事对审议事项投赞成票(大拇指向上)或者投反对票(大拇指向下)。他们也准备每周的'议会领袖通告',就即将到来的议会日程向成员们提出建议"。(戴维森和奥莱塞克,1981年,第173页)虽然议会领袖不能持续性地提供奖惩来保持成员们的一致性,但是,其实,在指派委员会、分发利益、安排立法的时候,对政党的忠诚已经被考虑进去了。忠诚的党徒被允许主持立法团的时候予以公开曝光,并且,在考虑他们感兴趣的审议事项上他们能够拥有一些影响。

在一个政党预备会议之下,每一个政党都保持着大量的委员会。每一个政党的众议院(或者参议院)竞选运动委员会都向其在职者提供捐款和服务,而且,不断地将它们的慷慨延伸到挑战者身上去。每一个政党都有一个政策、指导或者研究委员会,这是被设计用来勾画政党的长期政策目标的,但是,最近几年来,它们已经没有了什么重大的作用。

虽然美国国会里的委员会主席不是正式的政党领袖,他们却全部来自于立法团里的多数党。在大多数委员会里的党派分界,也映射了立法团里的分界,而只有几个关键性的委员会(比如规则委员会,它在众议院中负责排定时间表)格外地是由少数党来控制的。

　　尤其是在规模庞大的众议院里,议员们已经将他们自己组织进不同的政党预备会议里去了,而其中的很多都有党派主义的基础。诸如民主研究小组(自由民主党人)、星期三小组(稳健的共和党人)、保守机会协会(保守的共和党人)这些组织,他们都定期地聚会,交换信息。他们也有他们自己的情报收集系统和有影响力的领袖制度。作为对其成员们日益增加的独立性的回应,立法机关修改了它们的内部结构和程序以适应这些利益。基于成员们的希望和特别的政党领袖的技巧,国会里政党的组织力量潮涨潮落,而在这个世纪里,总的来说,政党的组织上的权威下降了。众议院的分水岭出现在1910年,那时,发言人约瑟夫·坎农(共和党人,伊利诺伊州)——通过他指派委员会的委员、指定委员会主席和规范金钱流量的权力,他控制了众议院——变成了反对将权力集中于一个政党领袖手中的抗议的焦点。后来的国会进一步限制了政党领袖的权力,限制了资深制度的发展,后者将主席的职位自动地奖赏给在委员会任期最长的多数党成员,给予主席独立的权力(参见方框中文字)。因为选举上有保障,这些主席就能够阻挡政党领袖和他们政党的大多数人的意志而免受损失。(参见布罗德,1972年,第217页;施赖辛格,1985年,第1164页)为了试图使委员会的管辖区域更有意义,并减少委员会的数量,1940年代开始了一系列改革,而这却产生了预料之外的后果,那就是,国会里附属委员会(subcommittees)的数量巨大地增加了。这个过程更是服务了权力的分解,降低了政党领袖的杠杆作用。(参见布拉迪和赫尔利,1985年,第67页)"20世纪众议院最引人注目的趋势之一是,

政党的领导权已经被从委员会结构中孤立出来了"。(卡瓦瑙夫，1982年，第633)

限制主席们:政党的反击

1974年,民主党使它们在众议院的地位膨胀到70多个新的民主党成员之后,运用其新近采纳的、规定主席选举的规则变化,将三个最不具有代表性的委员会主席从公职中清除出去了。通过要求所有的主席证明保持他们位置的合法性、在一个新成员的政党预备会议上回答问题,新当选的成员们强迫举行了这个辩论。由于受到新人们无礼的冒犯,一些最高级的主席很茫然而且傲慢。当全体预备会议进行的时候,在最后的时段,三位政党支持水平最低的主席失败了。虽然在划分政党的议员席投票中,平均有69%的时间民主党人是支持政党的,但是,装备服务委员会的主席F.爱德华·赫伯特(民主党人,路易斯安那州)只在15%的时间里支持了政党。农业委员会的主席W.R.波爱奇(民主党人,得克萨斯州),有24%的支持比率,而金融货币委员会的主席怀特·帕特曼(民主党人,得克萨斯州)有51%的支持比率;事实证明,他们也都成了试验的靶子。即使被免职的主席们在下一届国会中仍然保持类似的投票记录,其他在预备会议中获得大量否定性投票的主席们却改变了,他们更加能够理解在委员会事务中追随党派主义,在议员席上对政党也更加支持了。例如,拨款委员会的主席乔治·玛霍恩(民主党人,得克萨斯州),把他对政党的支持从一届的34%增加到了下一届的45%。

尽管对主席的投票并没有带来整体的改变,但是,现在,主席们觉得对政党具有着更大的责任。在第 100 届国会期间,装备委员会的主席雷斯·阿斯平,几乎失去了他的位置——这个位置是他在上一届国会上通过击败许多资深议员而赢得的,这些议员被认为没有回应民主党的大多数人——因为有人指责他傲慢,不是一名团队成员。在他作出改变行为的大量承诺之后,才撤销了最初的否定性投票。

特别的规则,比如,在参议院中给予阻碍提案通过之议员(filibusters)(没有限制的辩论权),有功于政党的下降,它们允许小党在大党的道路上设置路障。(参见布罗德,1972 年,第 217 页)过去,政党预备会议的召开,实际上是为了以报酬或者制裁来让成员们在大厅里和政党的立场保持一致,但是,现在,只是在每一届的开始聚会一次,选出他们的领导,之后,它在政党内部实际上就不起什么作用了。(参见奥伦斯泰因和罗德,1979 年,第 291 页)

到了 1970 年代,弱化了的党组织的沮丧导致了一系列改革,其宗旨是在降低委员会和附属委员会的主席们的自主权,把一些权力资源收回到政党手里。主席们不再基于资深而索要他们的地位,而是得面临政党预备会议内部的投票。出于害怕政党不同意而撤掉一些主席,换上一些新选出的主席,这导致了合作极大的改进,而主席们对政党立场的投票支持也增加了。(参见施赖辛格,1985 年,第 1164 页)在众议院里,发言人重新被允许提名规则委员会的委员,在对所有成员的委员会指派方面发挥着更大的作用。在它们的一位成员(菲尔·格莱姆,民主党人,得克萨斯州)支持罗纳德·里根的预算方案之后,民主党预备会议让他撤离了他的预算委员会,以警告其他人,希望他们在关键性的问题上对政党表示出忠诚。

几个星期之后,格莱姆辞职了,并且,在一个特别的选举中作为共和党人获胜了,以后他又进入了参议院,这样,他所造成的例子就失去了一些可信度。在国会两院,对于两个政党来说,预备会议作为讨论政党政策的一个论坛都得到了复兴。(参见奥伦斯泰因和罗德,1979年,第292页)"毫无疑问,在1970年代,冲击国会、与政党有联系的最重要的变化,就是民主党预备会议作为一个有权威的政党机构出现了。一个日益独断的预备会议,已经实现了处理国会事务的方法上的主要变化"。(克罗蒂,1984年,第237页)虽然这种规则的变化并没有保证政党的权威日益上升,但是,它们控制了某些竞争性的权力中心,而且,让那些具有运用资源的技能和愿望的政党领袖们可以得到那些资源。

随着竞选运动成本的增加,随着被议员们控制的国会竞选运动委员会的能力日益加强,政党有了另一项资源来影响同党的同事们。虽然,一般来说,竞选运动委员会总是犹豫于以其同事们党派主义的支持为基础,来酬报或者惩罚他们。

不同的技术性的变革能够影响政党在议会里的作用。在国会中,实质性信息的计算机化、对信息的监控,减少了政党领袖为了服从而交易信息的资源。(参见弗兰泽奇,1982年,第238页)众议院1979年采用了电子投票,这减少了党徒们在议席上可能得到的调遣时间,增加了有记录的投票的数量,而传统上政党领袖对这些投票并没有什么影响力。同时,这给予领袖们通过计算机监控正在进行的投票、为了施加影响而运用这些信息来确定特定议员的能力。在投票期间,议员们已经变得很习惯于政党领袖们带着这样的事实来面对他们:"在这次投票中,你是来自佛罗里达州唯一投票反对我们的民主党人。你真是打算那样做吗?"(参见弗兰泽奇,1982年,第239页)对众议院和参议院一屏接一屏的电视报道的出现,给了政党领袖们一种可能性:作为他们政党的发言人,他们可以在国家政治中起到一个更加直观的作用。这存在着一个必然的危险,即,那些更适于上电视镜头、不太以政党为中心的议员,将把一些注意力从政党领袖那里引开。

因为条件极其不同,对州议会里政党的权威进行概括就更加困难。一般说来,州议会的领袖放弃的权力比他们对应的国家级领袖们更少一些;不过,以候选人为中心的竞选运动的增加,也影响了州议会里的政党。对州议会里政党的权威进行分析就证实了这个断言:比较强大的州的党组织就易于产生比较强大的议会政党。(哈里斯和海恩,1983年,第238页)在州议会里进行富有成效的竞争就必需有足够多的少数派,这些少数派意识到,他们的利益正处于不利的地位。(哈默尔,1985年,第11—12页)那些事实上的一党制的州议会也发展出了一些派别,它们是基于强烈的个性、宗教分支或者利益集团协会。(哈里斯和海恩,1983年,第238页)一些州议会里的政党领袖与国家级别上提供的政党服务正相匹配。正如加利福尼亚一位政党领袖所解释的那样:

民主党的发言人,作为一个被州所资助的研究权力,控制着《多数派顾问》(Majority Consultants),在会议期间,《多数派顾问》为政党成员们做立法性的研究工作,但是,在选举期间它就真正走到了前台。对于发言人所赞成的那些大多数的成员们来说,《多数派顾问》的职员就变成了竞选运动的工作人员——他们暂时离开了州的薪水册。让民主党人呆在政府中,以保住他们在各州的工作,在这一点上他们极其合格,而且被很好地发动起来了。发言人独立筹集了相当数量的竞选资金,并把它们捐献给他的支持者们。(作者的访谈)

三、立法机关内部的党派

对立法机关里一个党组织力量的最终考验,在于它控制立法日程和政策结果的能力。对于个别的议员来说,党组织的权威在于,在委员会内部和大厅投票中,它有能力来便利、鼓励或者强制对政党立场凝聚性的支持。当人们意识到,凝聚性的政党投票模式可能是选择性地从个人的信念、选民的压力或者组织上的努力发展而来的时候,测量政党的力量就变得非常困难。那些采纳与大多数政党成员的个人信念和选民偏好一致立场的政党领袖,都能够得到一个高水平的党派团结力量,而不需要任何组织上的努力。如果缺乏强烈的偏好或者压力,议员们时常会出于习惯而跟着政党的立场走。一位议员这样表述道:

> 在竞选集会上叫喊"共和党"、把这个标签贴在我的名字上 30 年之后,它就变得像巴甫洛夫的狗的铃声一样了。我一听到"共和党"贴附于一项行动之上,而如果又缺乏相互冲突的信息,我就会开始认为,那个立场天生地更好一些、更明智

一些。(作者的访谈)

不像议会制里的代表们,他们投票反对政党的立场就会被看作"不信任的一票",这将打倒政府并结束每一个议员在政府中的当前任期,而美国的议员们就不必把他们个人的政治命运如此紧密地和政党的命运缠绕在一起。

选举过程将一组具有同样观点、具有相同的命运感的官员带进政治公职中,正是这个事实,为"自然的"政党联合铺设了舞台;而无论政党领袖是否主动地予以鼓励,这个联合都将出现。虽然,仅仅依赖这种联合的政党把它们自己放在一个政治上不利的位置上,因为,自然地鼓励党派主义的因素正在下降,而成功地利用了更直接的影响方式的政党却将胜过不采取行动的政党。

党派主义的机制

传统地,在很大程度上,通过间接的手段,比如,征募候选人、控制提名程序以及它们在竞选通信过程中的关键性作用,政党能够控制当选的官员们。随着以候选人为中心的竞选运动的兴起,很多年以来,政党四处抽打,在为它们失去影响力而哀痛。更近期里,政党已经找到了间接地影响竞选之后的行为的方法:它们在现代竞选运动的技巧和实质两个方面都招募和培训候选人,它们通过广告和分享对问题的研究来树立竞选运动的主题。通过向候选人提供问题备忘录、民意测验结果、讲演草稿和已经协调好的广告文件,政党能够重新指导特别的竞选运动的辩论方向,为官员们一旦进入政府更加合作的行为铺垫一个舞台。(参见赫西,1984年,第143页；凯登和马厄，1985年，第189页；阿特敦，1982年，第128页）正如共和党人在大多数新技术方面领先一样，他们在这个领域里也处于领先的地位。国家级政党宣布了它们的赞许，因为，它们以这种手段将1982年的国会竞选运动重新指向了里根的经济政策。通过以便携式计算机装备实地工作人员、用电子邮件与候选人交流，共和党人已经将技术的秘诀添加到了向候选人发送实质性的信息上面。正如一位实地工作人员指出的那样："来自计算机终端的信息与我们能够邮出的信息不可能很不相同，但是，它到得更快一些，而且，拥有技术所附加给它的可信度。那些根本不会阅读一份10页长的文件的候选人，会在阴极射线管（CRT）屏幕前坐下来，一动不动"。（作者的访谈）

对于政党来说，让那些服从政党的信息而准备作个团队队员的成员们到达立法现场，显然更好一些。政党们正在通过利用新的竞选技术来开始寻找新的方法，以便这能够有所偏袒地发生。这种为了提高自然联合的条件而采取的间接手段，其影响的程度和范围仍然有点有限。因此，为了让同党的成员们站在一条线上，政党必须扩大相当大的、直接的努力。

时常的、更加直接的影响手段是必要的。影响（$influence$）是那些词语中的一个，像爱情和民主，对此我们都有一个定义，但是，我们可能发现，在怎样看待这个词语上，我们与别人少有重叠之处。为了这个讨论的目的，影响是让某人做他或者她否则不会做的事情的能力。相互区别的许多过程，都可以归结到这个通用词影响之下。针对手边的问题，通过让某人相信，如果他或者她拥有信息，你所要的正是那个人真正想要的，从而改变影响目标的行为的这种能力,就是*说服*(*persuasion*)。对于那些知道他们目标的利益、能够接近相关的信息并且拥有高超交流技巧的个人或者组织来说,说服的可能性就增加了。*领导权*(*leadership*)牵涉到一种尊敬和信任的个人感觉,这种感觉鼓励着影响对象(influence target)没有什么疑问就接受了领导的指导。个人的特性,比如,领导气质和名誉,都会提高领导权的潜力。*报酬*(*rewards*)和*制裁*(*sanctions*),意味着对顺从的特别利益或者伤害所做出的承诺。接近与影响对象有关的利益或者伤害,接近配发利益或者伤害的名声,这些都能够提高报酬和制裁的实用性。

在立法机关里,高质量、及时、相关的*信息*(*information*)一直都是供不应求。虽然立法者们时常被来自选民、媒体和利益集团的信息所填满,但是,这些信息却常常缺乏由同党的政治家们所提供的信息那样的可信度和政治上的敏感性。制定法律者通常是在大厅里或者议席上搜求同党,而政党领袖们则在搜求党派主义的同事来鼓励他们给予支持。议会领袖的办公室

> 为议员们提供了信息服务。除了公布日常的议程之外,议会领袖还分发备忘录,上面摘录了一个法案的规定和可能的修正。议会领袖也给议员们"休假包裹"和"讲演卡片",以帮助他们与选民们讨论立法。(格拉纳特,1985年,第2502页)

当前,美国众议院里的共和党人运用计算机化的电子邮件,来发送议会领袖的通知和立法性的策略信息。这种发送方式的独特性易

于提高它的影响力。

时常地,一种互惠主义的安排,在政党领袖和他们的追随者们之间发展起来。议会领袖的网络"将议员们的愿望传达给领导,反过来,时常也是一样"。(格拉纳特,1985年,第2502页)国会里的政党领袖,就是议员们向总统和关键性的行政官员表白他们观点的一条管道,作为交换,议员们也更乐意接受来自政党领袖的某些指导。

所有的个人都发展起他们自己信任的信息战略。试验过的、真正的来源比新的方法更加能够把握住一些动摇,新的方法必须慢慢地证明它们的效用。

> 因为,与总体上并不怎么涉入其中的公民相比,国会议员具有更大的可能性持续暴露于党派主义的机构面前,这其中包括政党精英;所以,国会议员正是党派主义政策影响的可能性能够对其最大化的那些人。(克劳森,1979年,第278—279页)

领导人(leaders),时常通过激发信任和信赖的个人技巧来获得他们的位置。这些个人的特征,有助于政党领袖在立法上找到他们的方法。由于强大的政党领袖而被记住的最近的时期,就已经留下了颇有力量的个性,比如林登·约翰逊的痕迹。当一个政党控制着总统职位,再假设对政党的凝聚力有一个附加的刺激,那么,不可避免地,总统的技能和努力就变得和内部立法团体的领导权纠缠在一起。

当前,立法机关里政党领袖一个主要的弱点是,他们不能够得到充足的资源,运用这个资源,通过有关的*报酬*(rewards)或者富有意义的*制裁*(sanctions),他们就可以强迫服从。通常,虽然立法机关里的政党不能非常深入地努力来控制议员们选举上的命运,但是,它能够间接地向他们提供公共的曝光、对意欲立法的支持和他们想要的委员会的位置。即使政党的竞选服务和政党凝聚力之间的联系很微弱,这也有促使议员们更加严肃地把政党考虑进去的可能性。正如一位国家级政党官员所指出的那样:"我们并不威胁我们的候选人,也不奢望绝对的忠诚。考虑到他们的选民的庞杂性,这将是不现实的。我们只是希望能够影响到谁将当选,希望树立起一种对政党的亲善感来"。(作者的访谈)

很少有立法者报告说,政党把将来能够接近竞选运动的服务作为一种威胁来达成服从,但是,让他们蒙恩的含蓄的意图还是很清楚地存在的。

> 向候选人提供政党服务的主要目的在于,将政党成员选进政府。一旦当选,第二个目标时常就是鼓励这些官员认同政党的观点,在政党事务上主动一些。(康澜,玛蒂诺和蒂尔格尔,1984年,第7页)

在提供服务方面,政党处于一种颇受束缚的状态之中。那些能够接近更多的非政党支持、更有可能获胜的在职者,比起那些充其量他们胜利的前景也很模糊的长期的挑战者来说,更少需要政党。

> 对于一个首次竞选参议院或者众议院的候选人来说，国家级政党的影响可能至关重要，但是，与此同时，这种愿望是否能够影响到在职者却不一定。(奥伦,1982年,第26页)

虽然,正是在职者控制着国会的选举委员会。只是到了最近,民主党委员会才打破了资助在职者、把残渣留给挑战者的倾向,而共和党人更早些时候就领教了这个教训。在候选人把国家级政党当作他们探询竞选或者再次竞选中一个重要的合伙人的意义上,"对那些由于政党的帮助而赢得公职的竞选者们,应该提高政党对他们的影响"。(赫西,1984年,第133页)

立法机关里的政党倾向于是囊括性的而不是排他性的,避免对不太忠诚的议员们进行严厉的批评,对那些拒不服从的人的惩罚也非常罕见。1964年,当一些南方的国会议员公开地支持共和党总统候选人的时候,民主党谴责了他们。更近一些时候,

> 1983年,在[得克萨斯州的代表菲尔]格莱姆赞成政府的税收法案,而且,在后来的竞选中作为一名共和党人行动之后,众议院里的民主党将他踢出了预算委员会……"我不得不在蒂浦·奥内尔和你们所有人之间做出选择。"格莱姆在他的电视广告里慢吞吞地说。"而我就选择了你们所有人。"格莱姆在得克萨斯州东部的选民们对他的话如此完全相信,以至于他把这个句子用作了下一年里[作为共和党人][成功地]竞选参议员的战斗口号。(贝勒,1985年,第43页)

给立法机关里政党的教训好像是:乐意挑战政党的利益以至于激起全党愤怒的立法者,政治上不可能受到由政党所施加的任何惩罚的损害。

相对地,规模盛大的、控制立法投票的政党企图出现得极少。当党组织通过全套资源来工作的时候,其中,包括从"便宜的"通过信息和领导权来说服的努力,到运用报酬和制裁来进行更加"昂贵的"讨价还价,一年也就不到20张投票。(格拉纳特,1985年,第2502页)在里根政府的早期(1981年),关于削减预算和税收的大战,以及他在参议院没有成功的、保持他在公路法案上否决权的努力(1987年),是力图让全党保持一致的两个成熟的代表。(参见方框中文字,"公路事件")

公路事件

有效率地在美国的高速公路上前进的自由,对于这个依赖州际交通来递送货物的大国来说,不仅仅在经济上是必需的,而且,其地位几乎和美国社会哲学中的其他基本自由,比如,言论自由和宗教信仰自由,一样高。1974年石油短缺期间,为了削减石油的消耗,国会通过了立法,规定每小时55英里的速度限制;在那种危机情形之下,公众不情愿地默许了。随着能源危机消散,反对的观点就出现了。绝对的声明认为,较低的速度限制节省了燃料,尤其是对卡车来说;而研究则对此提出了挑战。且不论削减联邦资助的威胁,各州之间执行的勤勉程度也很不一致。西部的人,因为终点之间的距离很长,尤其觉得受到阻碍了。从一个哲学的角度来看,保守人士对联邦政府严厉的手腕很是恼怒,并且宣称,这些决定最好还是留给各州和当地人士。保留较低的速度限制的论点主要仰仗于一个数据,它似乎显示出,速度限制下降之后,公路上的灾祸已经下降了,但是,这种因果关系受到了挑战。

里根总统的政治根据地是在西部,而且,他有过让权力回归各州的哲学上的承诺,这些都让他成为那些希望改变法律的人们的一个自然的同盟。1987年,随着改变速度限制的劲头在增加,国会意识到了他们对总统里根的优势,就将大量的公路项目黏附到他们的公路法案上去。这些公共工作工程在国会代表们之间拓宽了法案的呼吁力量,而降低了总统否决权的可能性,后者可能威胁将这些工程置于孤立之中。在两个立法团体中一边倒的胜利之后(参议院中是79票对17票,众议院中是407票对17票),里根总统引证"预算失败的猪肉桶计划"而否决了这个法案。

白宫提到法案中的浪费和维持总统领导地位的需要,而开始了一个封锁推翻否决的过程。在众议院里,民主党发言人吉姆·怀特(民主党人,得克萨斯州)看到了一个机会,这可以用来进一步打击已经受损于反伊朗事件的总统职位,并且可以维护国会的特权。他告诉他的同党议员们说,他"有一个好的记忆力",他不会忘记他们在这个问题上的投票。众议院的民主党人中,只有一位注意到了他的警告。意识到民主党在众议院里是大党,而且,公共工作工程很有吸引力,就没有给予那个立法团体多少努力。众议院继续在推翻那个否决票(350票对73票),而100多名共和党人和众议院里几乎全部的共和党领袖都拒绝总统的恳求。甚至共和党少数派领袖罗伯特·麦克尔(共和党人,伊利诺伊州),由于受到在他的选区里完成一段公路的诱惑,也没有接纳总统的事业。

因为拥有更甚的党派主义联盟,参议院充当了真正的战斗舞台。少数派领袖罗伯特·多尔(共和党人,堪萨斯州)认为,里根政府的未来以及因此共和党的命运是一致的,他发动了他的政党机器,聚集了看起来似乎足够的共和党投票,以阻碍推翻行动。在由于一票(65对35)参议院保持了否决的最初投票之后,新参议员泰瑞·珊福德(民主党人,北卡罗来纳州)迫于民主党领袖的压力而改变了他的投票。因为民主党人统一起来阻碍里根政府,重点就集中到那13位已经投票推翻否决的共和党人身上。在少见的、到国会山(Capitol Hill)寻求个人的投票行程中,罗纳德·里根主要会见了西部各州的参议员,向他们阐释他的否决票的优点,以及共和党人需要站在一起来领导这个国家。总统卓越的达成政党忠诚的努力并没有用处,所有13名参议员都投票推翻,这样,公路法案就变成了法律。

对总统失败的事后分析很不一样。从一个狭隘的角度来看,这可能已经成为被反伊朗事件削弱了的、一个特定的政党领导人的证据。而从一个更为广泛的角度来看,这显示了总统领导权和政党领导权的局限性,尤其是当地方上的需要和地方上的利益悬而未决的时候。

四、政党凝聚力的水平

"对国会里上百个最重要的点名式的投票进行的仔细分析

……支持了这个'令人生厌的老生常谈',那就是,政党是国会投票最好的预测器"。(费希尔,1979年,第 xxvi 页)一个打赌的人,如果他运用议员们的政党而不是通常的选项(宗教、议员们的个人特征、意识形态,等等)来预测国会的投票,他就将会获胜,这个有效的结论指摘党派主义的力量,正如它指摘其他变量的弱点一样之多。太乐意于接受这个结论,也掩盖了这个模式以及当前倾向的复杂性。

必需一前一后地观察两种通常的、测量政党凝聚力的方法,这样,才能得到一个比较全面的、关于政党在立法投票中作用的图像。投票中的**党派划分**(*partisan division*)测量根据政党界线投票分裂的程度;而**政党凝聚力**(*party cohesion*),则指示着党员们在投票上与他们的政党一起投票而导致了不同的党派划分的程度。

(一) 党派划分

不到一半的国会投票发现,大多数民主党人反对大多数共和党人,而最近几年,这种政党界线的投票比例大致已经下降了(参见图 7.1)。在英国下院,几乎 100% 的投票发现,一个政党 90% 以上的都反对另一个政党的 90%,(参见特纳,1970年,第 16—17 页)当你意识到这一点的时候,美国国会内部有限的党派主义划分的频率就进入焦点了。

不同的问题以不同的方法来划分政党。诸如社会福利、农业援助和政府管理之类的问题,把众议院和参议院都清楚地依据政党划分开来。在有关国际事务和民权的投票上,政党的预测能力更弱一些。(参见克劳森,1979年,第 276 页)

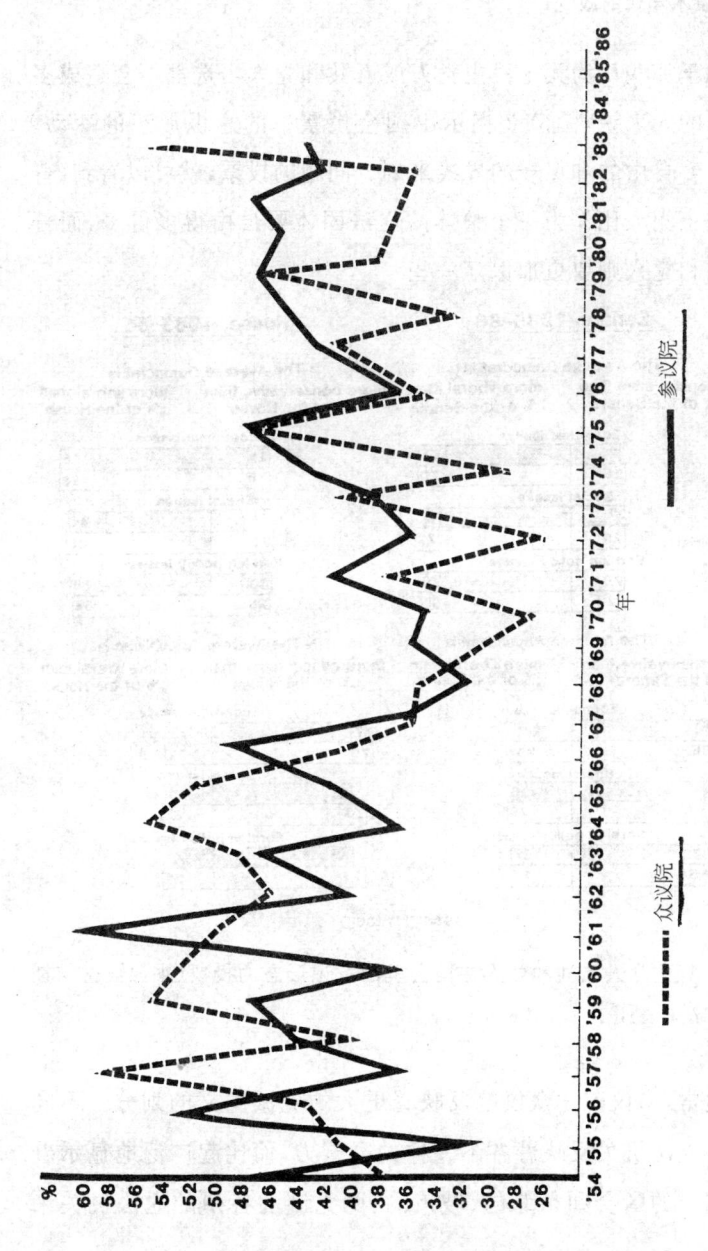

图 7.1 国会投票中的政党级化，1954—1986 年（一政党的大多数反对另一政党的大多数投票的百分比）（来源：奥伦斯泰因，曼，马尔宾，谢克和比比，1984 年，第 182 页）

对于那些认为无论民主党人或者共和党人当选都不会造成多大区别的人来说,图 7.2 揭示出国会投票中的意识形态的变动。运用沿着自由的和保守的界线来划分问题的投票,就可以看到,普通的民主党人比作为一个整体的立法团体要自由得多得多,而普通的共和党人则要更加保守一些。

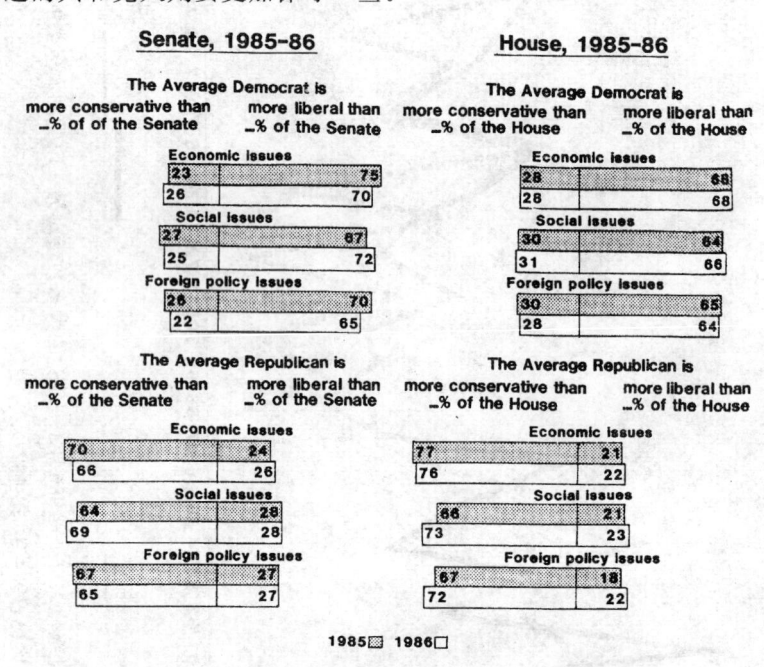

Senate, 1985-86

The Average Democrat is

more conservative than _% of the Senate	more liberal than _% of the Senate
Economic issues	
23	75
26	70
Social issues	
27	67
25	72
Foreign policy issues	
26	70
22	65

The Average Republican is

more conservative than _% of the Senate	more liberal than _% of the Senate
Economic issues	
70	24
66	26
Social issues	
64	28
69	28
Foreign policy issues	
67	27
65	27

House, 1985-86

The Average Democrat is

more conservative than _% of the House	more liberal than _% of the House
Economic issues	
28	68
28	68
Social issues	
30	64
31	66
Foreign policy issues	
30	65
28	64

The Average Republican is

more conservative than _% of the House	more liberal than _% of the House
Economic issues	
77	21
76	22
Social issues	
66	21
73	23
Foreign policy issues	
67	18
72	22

1985 ▨ 1986 ▫

图 7.2 民主党人和共和党人在国会里的意识形态的投票(来源:《国家期刊》,1987 年 3 月 21 日,第 675 页)

通常,参议院比众议院反映着更大的党派主义的划分。不同的州的立法机关反映着各不一样的凝聚力,而比起广泛地显示着政党划分的国会和东北的、城市的、两党制的各州的立法机关来说,一般的立法机关更加团结一些。(参见朱厄尔和帕特森,1977年,第384—385页)。在一党制的各州,政党不是立法投票的参考组织。在那些具有长期的两党竞争传统的、由立法机关之外相对强大的党组织支持的各州,立法机关里的政党划分最为强烈。(第383页)

(二) 政党的凝聚力

个别的党员随同他们的政党一起投票的程度,因为政党划分水平的改变而各自有所改变。正如图7.3所显示的那样,政党凝聚力在1960年代和1970年代期间大幅度下降之后,在1980年代期间,对于两个政党来说,政党凝聚力都重新获得了重要性。大量的因素说明了这一点,其中包括里根的计划对党派主义的挑战以及投票人之间政党认同的轻微下降。但是,竞选期间对政党的依赖不断增加,而这种依赖又由于服务——卖主政党的兴起而加重,这个因素不能被排除在外。历史的分析表明,日益增加的政党凝聚力倾向于在选民之间进行党派主义的重新联合。(布拉迪和赫尔利,1985年,第65—66页;克拉博,弗兰尼甘和辛格尔,1980年,第234页)

比起没有总统的立法日程这个刺激的政党来说,立法机关里控制着总统职位的政党,倾向于更加具有凝聚力。一个更加有趣的模式包括,共和党议员们比他们的民主党同事们趋向于显示出更多的团结。大量的因素似乎有助于这种情形。由民主党人把持的、越来越常见的、"膨胀了的"少数派,使议员们能够更加容易地放弃政党,而这既不被注意到,也没有什么惩罚。民主党更大的异

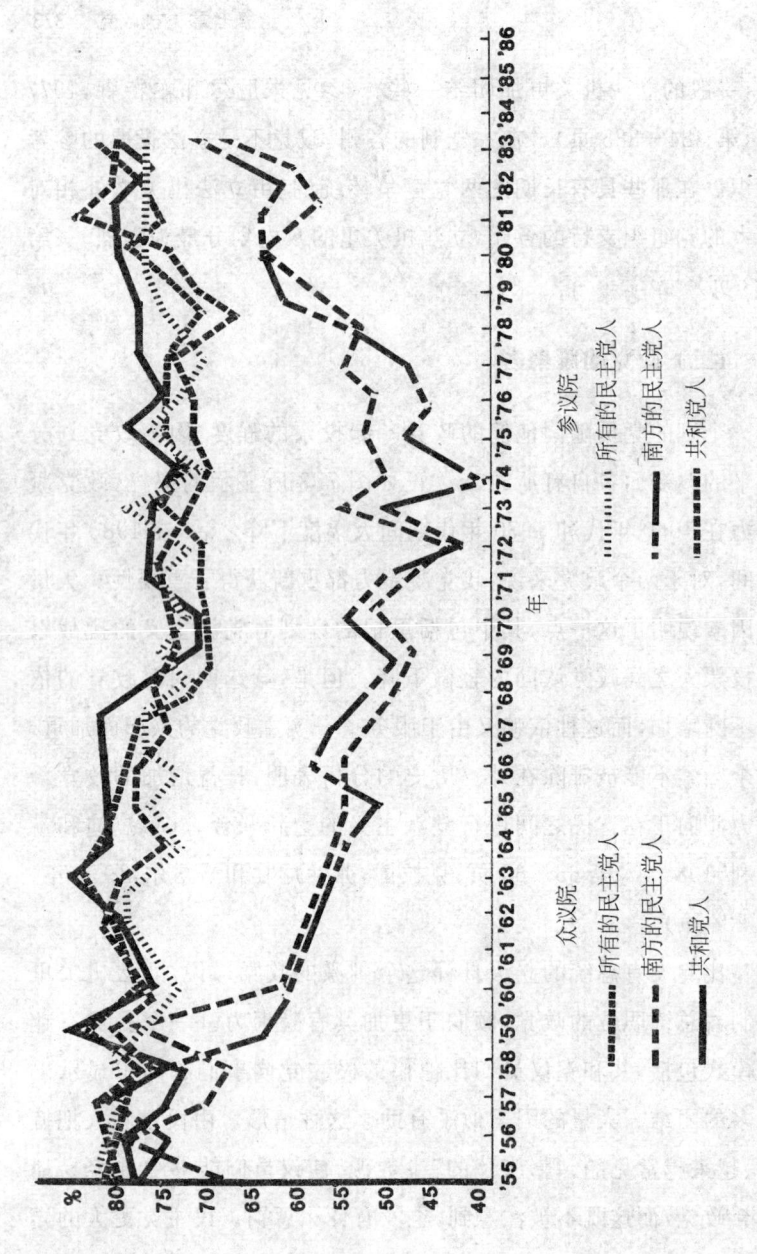

图 7.3 国会投票中的政党支持和统一,1955—1986 年(来源:奥伦斯泰因、曼、马尔宾、谢克和比比,1984 年,第 183 页)

众议院
.... 所有的民主党人
-·-·- 南方的民主党人
----- 共和党人

参议院
.... 所有的民主党人
-·-·- 南方的民主党人
----- 共和党人

质性,以及理所当然地,它所当选的官员们更大的异质性——他们涵盖了从南方保守人士到东北的自由分子整个的范畴——很难由自然的手段来予以维持。有功于此的是广大的区别,这区别是由竞选运动的捐款产生的压力而造成的。大多数共和党的政治行动委员会的捐款来自于保守的经济和问题小组。另一方面,民主党人让他们的自由人士和劳工组织的捐款和那些商业组织的捐款混合在一起,而通过向在职者捐款为他们的赌注树立起了篱笆。(艾德萨尔,1984a,第 88 页)最近,附加到这些因素之上的是负债的约束(the bond of indebtedness),这是在国家级共和党和它们以捐款及服务所支持的国会候选人之间建立起来的。

> 共和党一直都在国家规模上收集成百万的美元,运用那些资金来征募国会的候选人,并且,向他们提供它们竞选资源中实质性的一部分……以此帮助而获胜的共和党候选人进入国会的时候,比起那些没有被慷慨地帮助过的民主党议员们来说,对国家级政党就带着一种看起来更深的认同感和一种义务感。(桑德奎斯特,1982 年,第 52 页)

图 7.4 显示了新近当选的国会议员们政党凝聚力的得分情况,而且指明,立法者们的一位骨干对政党立场的支持越来越多了。在 1977 年以来新当选的共和党议员们之间,政党凝聚力的增加最为明显,而新近当选的民主党人在几年之后才追随了这个路程。这种急剧的增加,大约与政党增加了的竞选努力发生在同一时间,这看起来并不是一个巧合。正如加里·雅各布森所概括的

那样：

> 很清楚，共和党团结的某些功劳，属于国家级政党所做的竞选上的努力。当然，政党委员会为很多新的共和党议员提供了竞选金钱和服务方面的帮助，因而，树立了一定程度上的义务感。但是，政党所提供的培训、信息、竞选资料和专家，也都将共同的主题和问题的立场微妙地灌输到分散的竞选运动之中去了。(1985年，第166页)

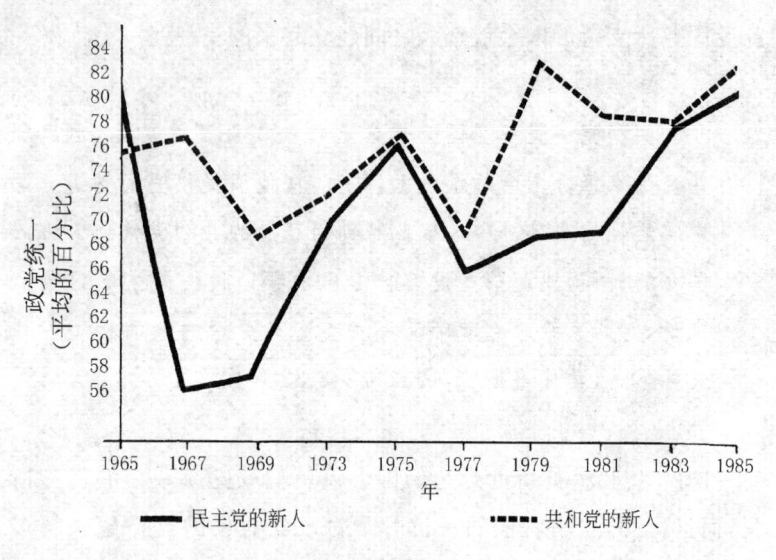

图7.4 众议院里党派主义的新人们对政党的支持（来源：数据来自于《国会季刊每周报告》，1965—1986年）

确定一个党派主义的新时代是否已经降临到立法机关，或者，确定是否我们正在观察一种暂时的情形,还为时太早。在立法机关里,在全国委员会里,党组织都正在行动,仿佛这是一个将重新获得它们对立法过程的某些控制权的开始。

第三节 行政机构中的政党影响

> 除非因为没有能力和缺乏个人的力量,[总统]不能逃避当其政党的领袖,因为,他立刻就是政党和国家的选择……通过作为国家真正的情感和目的的发言人,通过指导舆论,通过立刻向全国给出信息和政策说明——后者将使政党和人们形成相似的判断成为可能——,他就能够掌握他的政党。(威尔逊,1908年,第67—68页)

从当前的角度来看,前总统伍德罗·威尔逊作为政党领袖的、有力的总统形象看起来很正确,但是,这并没有反映出开国元勋们的意图。与开国元勋们对"分立的各个部门(divisive factions)"深深的疑虑相一致,总统职位是"被作为一个非党派主义的公职而预想和创造出来的"。(巴斯,1984年,第59页)作为第一任总统,乔治·华盛顿定下了调子,他宣称,党派主义的精神似乎总是

> 在分散公共的意见,在弱化公共的管理。它使那些带有无正当理由的嫉妒和虚假恐惧的社区躁动不安,它点燃了一个政党对另一个政党的仇恨,偶尔地,它还煽动起暴乱和造反。它打开了外来影响和腐败的大门,而后者通过政党热情

的渠道发现了接近政府的便利。

因为政党发展了,随着总统从一个党派主义的挑选过程中凸现出来,领导了政党的投票,聚集了公共的注意力,这都使他成为政党最为可见的官吏,他就变成了不可避免的领袖。总统变成政党个人化了的形象,而公民们能够认同这个形象。政党在选举上的命运和形象,随着对总统的公共评价而升跌。不论他明显的党派主义角色,这个事实——美国体制并没有将仪式上的政府首脑和功能上的政府首脑分立开来(举例说,英国就有女王和首相)——导致公众们有些不舒服。一方面,希望总统是一位看顾全国利益的、有效率的、中立的公仆;而另一方面,为了把工作做好,他需要领导他的政党,并且,与他的政党的目标进行合作。(参见克罗宁,1980年,第180页)

在州和地方层次上,州长和市长也倾向于是他们政党的领袖,而且,在追求党派主义的目标方面,很多人甚至比总统扮演的角色还要积极得多。

一、行政指派中的党派性质

大量的因素聚合起来,鼓励着政府官员选拔过程中的党派主义做法。由于政党需要广大的、稳定的、负有义务感的工作人员,它就运用恩惠来作为一种对忠诚的政党服务的酬报。随着政府活动不断增加,通过将"他们的"人指派到关键性的位置上去推行行政上优先考虑的事情,行政机关谋求着扩展它们的控制权。在国家级别上,一种模式发展起来,在那里,政党全国委员会的主席成为邮政总局局长,他分配那个部门广泛的恩惠,并且影响到其他机构里的指派事务。1960年代,一个独立的邮政服务体系的发展使得一种模式持续下去,该模式意在降低总统对非政策决定性职位进行指派的范围,而这开始于1883年的《彭德莱顿民用服务法案》。随着当今总统将他们的指派集中于几百个关键性的位置,白宫里对于一位政党官吏的需要就下降了。公众对全国政党主席的理解"已经下降了,因为,在竞选运动管理人、恩惠散发人、内阁政治家和政治顾问这些枢纽性的连接角色上,非组织的新手们已经取代了他"。(巴斯,1984年,第81页)

当今的总统倾向于将他们个人主要的竞选人员运转到白宫的位置上。在填充内阁职位和那些较低级职位的时候,总统总是搜求那些同意他们政策的个人,但是,"党组织已经不是一个填补这些职位的天才们的来源了"。(塞利格曼,1979年,第300页)虽然存在着大量的不同,但是,各州的行政机关已经追随了一个类似的模式,来指派政党工作人员中那些对他们具有个人忠诚的官员。

因为意识到将具有高度可视性的位置过多地给予人们认识的党徒们有危险,目前的行政机关就做了一个很大的表演,他们从反对党那里指派一些关键性的助手。约翰·肯尼迪指派共和党人罗伯特·麦克拉马拉为国防部长,理查德·尼克松指派民主党人帕特里克·莫尼翰为白宫副官,罗纳德·里根指派民主党人珍妮·柯克帕特里克为驻联合国的大使,这些都是显示两党制的努力。创设了大量独立的、受到规章限制的机构的立法,就反映出了对于党派主义的担忧。机构的宪章需要从每一个政党中指派出最小量的追随人员,但是,就像上面的两党制的指派一样,如果被指派人不能分享总统的政党标签,总统时常也能够找到能够分享他们观点的被指派人。

二、总统和国家党组织

> 当前,总统与他们政党关系的秘诀似乎是这样:一方要求一英镑的控制,而另一方对真正领导权的每一盎司都忽略……当选择管理人员的时候,当形成政策的时候(尤其是在一届政府的后期),甚至当计划再次参选的竞选运动的时候,新近的总统们在很大程度上都忽视了他们的党组织。(哈默尔,1984年,第249—250页)

根据传统,总统候选人提名全国政党主席,如果候选人当选,政党主席就得为总统的意志服务。

> 总统希望政党主席和全国委员会依照他们的意旨办事。看起来,政党主席或者全国委员会没有其他可行的选择。如果一位政党主席抵制,或者,他只是被认为没有完全如所预想的那样合作,很快地,他就被替换掉了。(克罗蒂,1979年,第41页)

最近几年,掌握总统职位的政党的国家组织已经被白宫组织遮掩住了,而且,前者时常是已经进入了相对的休眠时期。组织上的活动和方法的主要优势"主要经过了政党在政权之外的时期……[而且]倾向于当政党被提名人一进入白宫就熄灭"。(巴斯,1984年,第82页)党组织就是不能与一个个人化的总统职位相竞争,后者拥有它自己的资源,能够接近媒体,而且拥有政党领袖这件斗篷。

三、国会中作为政党领袖的总统

为了公正地评价党组织或者政党标签的权威,将一位总统因为他作为总统的角色和项目本身的质量而获得的对他项目的支持,和由于党徒们的黏附以及党组织利用总统职位进行发动所产生的支持这两者区分开来,是必要的。总统学者乔治·爱德华兹总结道,"一个总统项目从他的党员们那里所得到的大多数的投票,都不是因为其领袖的身份……在众议院里,一位总统从他的政党那里得到的很多支持,都是党员们所共享的观点的结果"。(爱德华兹,1984年,第179页)

大多数的参与者都认识到,国会代表们盲目地跟随总统提议的意愿降低了。正如国务院(the State Department)一位立法联络官员所指出的那样:"过去曾经是这样,关于一次投票,信息的中心部分是总统的立场。现在,中心的信息是问题本身。随着政党界线的崩塌,很清楚,投票人们希望议员们能够实践独立的判断"。(克罗蒂,1984年,第266—267页)前总统杰拉尔德·福特哀叹道,"政党领袖已经丧失了告诉他们的部队什么事情[对总统]真正重要,并让他们据此做出回应的权力"。(爱德华兹,1984年,第189页)

通常地,总统们已经失去了他们作为政党领袖的一些潜力,虽然这是个常识,但是,他们也并不是没有任何资源。在政党资源的每一种分类中(领导权、说服、报酬和制裁),总统都能够找到一个立足点来施加影响。

(一) 总统的领导权

被媒体曝光所夸大了的、围绕着一个国家领袖的自然光环,以及围绕着政府的神秘的魅力,提高了总统通过个性和尊敬的力量而来进行领导的能力。

> 一般来说,总统的政党的成员们对他们的政党和他们的政党领袖都有一种个人的忠诚或者情感上的义务,而在必要的时候,总统常常就能够将此转化成投票。因而,当有可能的时候,总统政党的成员们就随着他投票,(在证据不足的情况下)假定他是无辜的,而如果他们自己在一个问题上的立场很是微弱时尤其如此。(米尔基斯,1984年,第185页)

(二) 总统的说服

如果立法者们只是知道一些事实,那么,说服他们总统想要的正是他们真正想要的,就由于总统在掌握事实性的信息(factual information)方面的优越性而获得了充实。随着开始于肯尼迪政府时期的总统立法联络工作人员的增加,白宫越来越强调于理解与他们一起工作的个别议员的需求和目标。最近几年,在白宫,包括关于参议员和众议员政治的、地域的和投票信息的电脑档案代替了粗略的记录和文件夹。以一位立法联络官员的话来说,"这只是一件有效率地确定目标的事情。我们正在试图挑出那些'可以

获得的'议员"。(作者的访谈)

　　总统可以即时得到大量的、世界范围内的、几乎关于任何话题的信息,这就增加了说服的可能性。总统向国会里的政党领袖发出指示,后者接着就把这"内部"信息("inside" information)——这往往被定形为支持总统的立场——传递给党员们。最近几年,总统们运用他们能够接近的敏感的国家安全信息来增加他们立场的精确性,但是,他们又常常不能分享基于此做出判断的那些信息。总统政党的成员们时常被说服来支持一些政策,而他们却没有得到完全的理论说明。

　　最近几年,因为国会利用了增加了的工作人员,而且,新技术提高了它的分析和研究能力,总统们"运用事实激起立法者们的热烈赞扬"的能力就下降了。尽管,事实上,国会过去是"帽子拿在手里"地到行政部门那里去寻找它所有的信息,但是,现在,它已经变成一个独立的信息来源,在某些情形之下,行政部门还来向它搜求信息。在说到预算分析方面,尤其真是这样;在这个领域,国会预算委员会的推算胜过总统的管理和预算办公室的那些推算。(弗兰泽奇,1982年,第242页)"议员们不再需要采纳行政部门的意见了……现在,如果选择这么做,国会里的立法团体能够描画它自己的事业,而它完全占有了其政策所需要的足够的理性的防御"。(波尔斯比,1983a,第110页)

　　说服,可能包括鼓励特别的立法者支持特别的立法动议,或者向他们证明,通过在总体上支持总统,对他们的利益也会增加。

　　　　总统政党的成员们具有诱因使他看起来很好,因为,他在公众中的名声可能影响他们自己再次当选的机会……支持总统的所有动机，都由于反对党基本的不信任而受到了鼓励。对于总统政党的成员们来说，存在一种自然的倾向，他们把反对视作急于暗中破坏总统。（米尔基斯，1984年，第185—186页）

因为为了让具有竞争性的橘汁在总统的党徒们之间流淌，而被以这样一种方法来进行构架，总统时常就会把他们的事例当作"我们"对"他们"的情形来提出。总统政党的成员们被劝告来帮助一个同党，这既是为了他自己好也是为了他们自己好。

（三）奖惩中的总统的领导权

作为政党的领袖，总统同立法团体内部领袖们一样具有很多局限性——缺乏直接地影响成员们的、富有意义的资源：

> 如果总统的政党的成员们打算反对白宫，他也不能够做什么来阻止他们。主要的原因在于，政党是高度分权了的：国家级的领袖不能够控制政治中对国会议员们至关重要的那些方面：提名和竞选。（爱德华兹，1984年，第194页）

且不管这些局限性，总统以推进所需要的立法、帮助竞选运动和支持地方上的公共工程项目的形式来给予恩惠，这也具有相当大的意义。总统可以启动这些恩惠中的"胡萝卜加大棒"政策，在这个意义上，总统政党的成员们时常都能够感受到一种作用，因为，对

他们来说,大多数的讨价还价都是很有局限性的:

> 当一位总统寻求建立他获胜的联盟的时候,一般地,他"划掉"反对党中的一大部分,而且,通常,他能够依赖来自他自己政党的核心的支持者们。通常,为了得到所需要的额外的投票,总统会从他的政党中那些落入"没有决定的"或者"可以移动的"类别中的成员们着手……这种行动的威胁主要对于总统政党的成员们很有效率,当然啦,因为,反对党的党员们并不希望从总统那里得到什么恩惠。(爱德华兹,1984年,第192—193页)

在选举的领域内,总统们强调报答支持者,而反对惩罚政党的反对者。通过让那些不支持的立法者们自己进入提名战斗,总统主动地整肃了这些成员们,但是,这种成功只是显示出了非常有限的效果。(米尔基斯,1984年,第172页)能够被接受的策略包括,通过竞选访问来帮助具有支持力的成员们,鼓励政党和政治行动委员会忽略那些不太具有支持力的在职者。竞争公开职位的政党的最强大的候选人,和来自反对党的、富有活力的在职者挑战者,他们都获得类似的待遇。正如罗纳德·里根的一位副官所指出的那样,"对于我们来说,鼓励[政党]纪律最好的方法就是,我们把这一点弄得很清楚,也就是说,如果你支持总统,比起你不支持总统来说,总统就更有可能为你筹集资金"。(赫西,1984年,第129页)

在国会,为了获得共和党人和民主党人两方的投票,里根政府以一种直接的方法运用了竞选的财政制度。利用来自联邦选举委员会的数据,白宫的计算机确认出了那些既向里根、也向国会里特别的议员捐款了的政治行动委员会。在关键性的投票上,那些政治行动委员会就被要求去游说议员们支持政府的议案。(雅各布森,1985年,第166页)

总统对媒体的接近,允许他直接地走向民众,吁请支持。通过激发有利于他的立场的公共舆论,或者,甚至通过刺激与立法人员的直接接触,总统能够增加成功的机会。正如一位重要的国会工作人员所指出的那样:"每次总统开始广播,我们就得撑住一个邮件和电话的雪崩。没有什么事情能够像来自总统'写信给你的议员们'这样直接的要求一样激起大量的邮件"。(作者的访谈)

在紧逼的投票(close votes)上,总统时常运用其他恩惠来与那些可能的政党支持者们进行讨价还价。因为大多数令人想望的报酬都是有限的、可消耗的,所以,聪明的总统就把它们保留着,以获取胜利所需要的最后几张选票,而依赖"更便宜一些的"技巧来建立联盟的基础。

四、国会中总统的投票支持

经验主义的分析显示出,(参见图7.5)在国会里,总统的同党们充当着他投票支持的骨干。总统政党的成员们在三分之二以上的时间里都支持他,而同时,反对党很少能有一半以上的时间支持他。在立法团体给予它们各自主席的支持方面,也没有什么区别。投票分析和对国会议员们的采访都指明,政党和总统的努力在对外政策问题上显示出更加成功,因为,在那些问题上,一致性的线

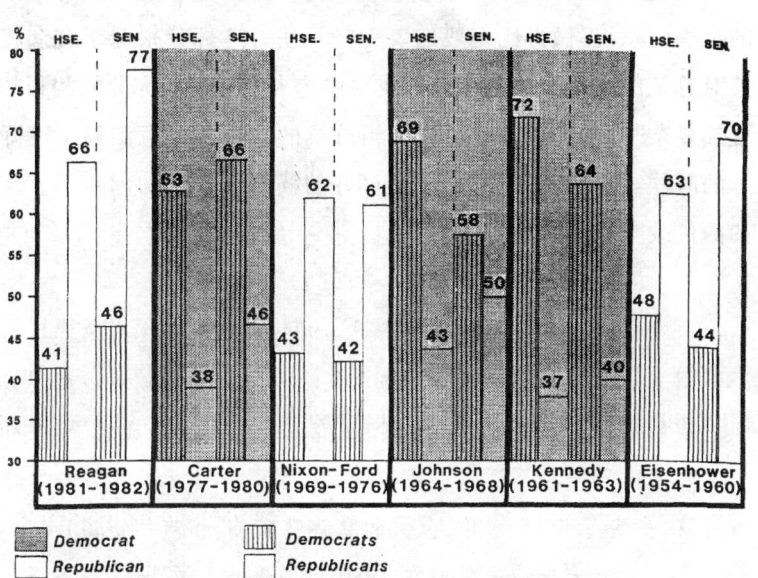

索很有限。(参见金敦,1981年,第183—185页)

图7.5 总统对于众议院和参议院的平均支持得分情况(来源:来自《国会季刊每周报告》的数据,1960—1983年)

五、对总统的评价和政党的命运

且不论总统不能控制党组织或者反过来也是一样这个事实,它们的命运却是无法逃脱地缠绕在一起。非大选年的选举,通常被看作总统成功的一个晴雨表。具有高度可视性的总统竞选常常导致政党支持的一个反常的分支,它帮助了正在获胜的总统的国会候选人。通常,非大选年的选举导致回复到一个更加正常的党派主义的划分上,这导致总统的政党平均丢掉20多个众议院席位。改动那个平均数,就被看作是对总统的效率进行了反省。通常地,带着在公共舆论民意测验中很高的支持率而进入非大选年的选举的总统,做得比一般的要更好一些。这部分根源于公众将其对总统的支持转移到了他的政党候选人上,但是,充分的解释却更加复杂。政党官员们报告说,当总统的支持在民意测验中下降了的时候,为即将来临的竞选招募好的候选人就更加困难了。正如两位政党官员所评论的那样:

> 对于我们的招募努力来说,1974年真是一次失败。正当州立法人员和其他富有活力的候选人正在决定放弃他们现有的职位去竞选国会议员的时候,在水门事件的重压之下,共和党的政府正在下沉。让我们来面对它,我们投入了第二组方法,失去了49个席位。(共和党政党官员,作者的访谈)
>
> 吉米·卡特是我们在1980年的磨难。在找到一个好的候选人来竞选上,我们有麻烦,因为他们知道,他们将由于卡特在民意测验中很低的评价而受到感染。在众议院,我们丧失了34个席位,其中10个是在公开的席位上,而对此我们仅仅是不能找到最好的候选人来参加竞选。在参议院,变换政党的每一个席位[12]都落到了共和党人手里,这就给了他们控制权。(民主党政党官员,作者的访谈)

类似的模式也发生在州和地方级别上,而总统的命运、国家级政党的命运也影响着各州和地方的选举。当国家级政党正难于招募国会候选人的时候,各州和地方也面临着相似的问题。不能够为低层级的公职有效地招募到候选人,就否定了一个政党能够为高层级的公职提供一个富有连续性的候选人队伍。州长和他们州的政党以及地方政党的命运之间的联系，甚至于就更加直接了。很多州的州长都充当着事实上的——如果不是实际上的——政党主席。

第四节 政党和官僚主义

在美国政治体制发展的早期，观察家们认识到，正如在体育运动中一样，在政治领域中，决策过程的影响也"没有结束，直到这已经成为过去"。立法机关通过的普通法必须要由官僚们来执行。执行这些法律所允许的自由决定权，保证了官僚机构拥有重大的权力来制定——而远不只是推行——公共政策。例如，最近几年，在里根时代，立法上没有什么特别的变化，而司法部门已经降低了执行有关选举权和学校融合法的气势，环境保护局也软化了更加极端的环境政策的作用力。另一方面，在民主党政府之下，健康和人类服务部的官僚们不太重视福利"欺骗"事件，而国务院的官僚们在不太重视保护美国长期的同盟的时候却施行了一套新的人权标准。由于意识到了实际执法的效果，看到了政府官僚机构是一个资源的水库，可以用它来酬报政党的真诚分子，政党很早就对官僚机构的组成有了很深的兴趣。

对于美国的第一个世纪来说，政府有限的作用和官僚位置相对非技术性的特征听任了"肥差属于胜者（to the victor belongs the spoils）"原则的存在。政府职位是被高度追求的、对忠诚的政党工作的酬报，而且，它为维持党组织而提供了人力资源。每一届新政府都带着它党派主义的支持者们到位，而时常是将所有以前的党派主义分子都清洗出去。正如一些可能的情形那样，假定在任何一个公开的职位上都能够得到"好的共和党人"或者"好的民主党人"。在一些情况下，不能胜任者得到了指派，并且，允许极端的党派主义来影响做出决定的过程。没有节制的党派主义和政府任务的日益复杂性以及导入民用服务改革的连续性结合起来了，这首先是在全国范围内，然后扩展到各州和地方政府。越来越高比例的职位摆脱了市长、州长和总统的党派主义的心血来潮。在大多数情形之下，通过特别地拒绝将党派主义当作一个标准来运用，公务员得以在挑选、提升和保留阶段上摆脱了党派主义。而对于其他的职位来说，比如在董事会和规则委员会里，法律规定了一个特别的、平衡了的党派主义的组成。虽然，在地方水平上，传统的党派主义机器仍然继续着——一些相对苍白的例子甚至今天都还存在着——但是，向非党派主义的官僚机构发展的趋势并没有显示出多少倒转的迹象。

为了提供一定程度的忠诚和团队工作，总统和其他行政长官保留着指派他们重要的顾问和管理人员的权利（虽然很多都得得到议会的批准）。除了试图描画一个特定职位的两党风味以外，行政长官都是高度惠顾他们自己政党的、那些个别地忠诚于他们的成员。总统内阁的成员们到任的时候，实际上全都拥有相当的政治经验，而这常常是党派主义政治里的经验。较低级别的人员，往往是从竞选运动工作和/或者从党派主义积极分子中招募而来的。

指派的权力往往并不意味着行政长官享有控制的权力。虽然，同样的政治观点——这引导着一个特别的被指派人变得与一个政党有联系——渲染了他或者她在一个机构里考察政策决策的方法,但是,竞争性的压力却常常出现。为了领导一个主要由职业公务员组成的机构,一位有效率的行政官员必须时常为这个部门和它顾客团体的利益说话,而他还必须不被看作一个来自主要的行政官员的党派主义的传信者。大多数行政长官关心的广度意味着,大多数被指派人从他们的党派主义施主那里没有得到什么日常的指导,这就使得他们更加有可能采纳他们所想要领导的那些人的看法。比起党派主义的选民来说,机构的实质上的顾客变成了更加有力量的、可以看得见的力量。(参见艾伯巴赫,普特南姆和罗克曼,1981年,第 246—248 页)等到行政长官意识到一位被指派人已经开始"采取土人的生活方式"的时候,这可能就已经是太晚了。除了在意义最重大的问题上之外,在所有的问题上都偏离政党的界限,比起对此的忍受来说,解雇一位受其部门和选民欢迎的被指派人,可能更是一种政治性的损害。

第五节 政党和司法机构

美国的传统和程序使得在一个层面上讨论政党和法院几乎很不适当。人人平等的理想和党派主义的实行相互冲突。我们倾向于忘记了,大多数法官是在一个党派主义的标签下被选进法院的,或者,是被那些作为政党的被提名人而赢得公职的当选官员们所指派的。一旦上任,这些法官就携带着他们的政治观点,这把他们同一种而不是另一种党派主义的观点联系起来,这便利了他们的选择,而且,这也继续影响着他们在决定中的偏好。

一、挑选过程

(一) 选举

13个州为大多数法官举行党派主义的选举,8个州运用党派主义选举一些法官。20个州运用非党派主义的选举来挑选一定比例的法官。(伯克森,1980年,第178页)无论采取哪一种挑选方式,富有活力的候选人都倾向于拥有相当的公共服务领域里的经验,而他们时常是作为政党的积极分子。党派主义的司法选举还没有感受到现代竞选运动技术的巨大影响,虽然,一些州的和地方政党其实也充当着竞选运动服务的提供人。

> 基本的需求在于获得一个人的政党提名,然后,希望在普选中做得最好。然而,真正的竞争更常常是例外而不是规则,而且,通常地,司法机关的候选人,尤其是在职者们,所进行的"政治活动"(politicking)——虽然并不当然地总是这样——被看作不合适……在几个州,流行"静坐的法官(sitting judge)"原则,在那里,至少在理论上,两个政党都被保证支持在职者。(亚伯拉罕,1987年,第52页)

(二) 指定

所有的联邦法官,都是在参议院的建议和同意下由总统指定的。在21个州,主要的州法院的法官是由州长指定的,而其他14个州是由州议会指定的。在上述提到的各州中,只有4个州长拥有直接的指定权(得有议会的同意),而其余17个州则运用公共委员会基于各自的资格来推荐一个可能的被指定人名单,州长必须从这里进行挑选。总之,31个州至少为它们的一部分法官而运用了某种形式的委员会的推荐方法。(伯克森,1980年,第179—180页)

对于总统指定和州长指定两者来说,以前的从政经验都起着作用。总统们明确地希望能够影响法院正在前进的方向,而且,他们假设,一位可能的被提名人的政党标签能够充当未来决定的一个指示剂。在最近几年,除了杰拉尔德·福特之外,每一位总统都让他自己政党的成员填充了他90%以上的司法性的指定。(吉特尔森,康威和费吉尔特,1984年,第297页)通过1978年《总括性的法官任期法案》(the Omnibus Judgeship Act),以及卡特政府建议参议员们创设"美德—挑选"委员会来推荐新的被提名人,这些不重视党派主义的努力可能已经提高了法官的素质,但是,这对调整法院的党派主义组成起不了什么作用,或者,根本就无济于事。

因为意识到了司法性的指定对于政策结果不言而喻的重要性,政党们已经开始鼓励运用指定来推进它们的意识形态。1980年共和党的党纲,明确地要求指定那些相信分权的政府和反对流产的法官们。(吉特尔森和其他人,1984年,第297页)

参议院对联邦政府指定的同意,能够变成一场党派主义的战斗。总统政党的议员们参加这个战斗,以使他的被提名人能够通过程序,而同时,反对党的议员们则把反对一位被提名人既看作迫使指定一位更加可以接受的被提名人的方法,也把这当作伤害总统、降低他的权威的一种方式。

二、法官任期内政党的利害关系

(一) 恩惠和动机

政党需要广大的自愿者来施行它们的功能。律师们掌握着党组织所极其需要的技能和资源。法官任职享有相对较高的薪水、声望和保障,而获得这个任职的可能性(通过党派主义的活动)增强了律师们把他们的时间和努力贡献给政党的动机。即使是对那些不热望选举性的或者指定性公职的律师们来说,司法的日常管理也允许静坐的法官们向通过党派主义活动而认识的法律界的同行们派发具体的利益。通常,一名法官能够轻易地找到他或者她的政党中应该受赏并且胜任的成员,来充当破产案件中的财产管理人,或者充当未成年人的监护人,而这些都带有极为丰厚的法律费用。在一些地区,县或者区的法官利用这些恩惠的痕迹而成为幕后的政党领袖。

(二) 党派行为和审判结果的作出

法官纯粹地出于党派主义的理由而审理案件的证据非常难于获得,而且,当这一点很明显的时候,几乎也不可能予以证实。审判结果是公开地、以非党派主义的术语而被证明为合理的。时常,直接的党派主义的指控大多数发生在这个时候:法院被召集来调停政党之间的纷争,比如立法上的重新分区,投票人登记的条件和投票挑战,但是,恰恰正是在这些案件之中,法官们大多数时常都采取"高尚的理由",并且,是在抽象的、非党派主义原则的基础上,来证实他们判决的合理性。

难于证明党派主义动机的事实并不表明,司法队伍的党派主义的组成并不重要。尽管不能够与立法机关中政党凝聚力的水平相匹配,但是,相当多的研究指出,对一些类型的案件,共和党的法官和民主党的法官判决各不一样。对在同一个法院任职的民主党的法官和共和党的法官的研究表明,通常地,民主党的法官更有可能支持刑事案件中的被告、失业案件中的索赔者、房东—房客案件中的房客、劳动管理案件中的工会、与公司对抗的私人公民以及一个更为广泛视野上的基本自由,比如,言论自由和集会自由。(参见纳格尔,1961年;戈德曼,1975年)民主党的法官更加自由、共和党的法官更加保守的倾向,在那些选举法官而不是指定法官的各州表现得最为显著。(戈德曼,1975年,第496页)

如果一个人接受这样的论调,也就是说,法官们卷进包含着重大的模糊性和一种价值对抗的冲突之中,而有理性的人们对此可能都各持己见,那么,来自不同政党的法官们之间各不相同的行为模式的解释也就相对地简单了。在经历了相当长时间的党派主义活动之后首次进入司法团体的法官们,并不会在大门口核查他们自己的价值和观念。那些导致法官们与政党之一产生联系的同样意识形态的看法和解释这个世界的指南,在具体的司法决定中也会指导着他们。各州高级法院和最高法院在解释宪法中的作用,为意识形态的倾向占统治地位提供了重要的机会。在美国政党是将具有类似价值观的个人聚合在一起的意义上,从那个团籍中选出的法官们将倾向于在行动上与这些被普遍持有的观点保持一致。

第六节 结论

就政府的最终目的达成一致、由一班固定的政党领袖指导、作为一个团结队伍的"执政党"的概念,并不是当前美国政治的真实情况。并非政党很不负责任,而是,被选出或者被指定在政党标签之下来运营政府的个人都发现,他们自己要对大量的主人负责任,而党组织只是其中的之一而已。被选出的官员们把他们的选举归功于一个个人的组织,而不是一个政党的组织,以及对与政党没有联系的通信技术的运用;在这个意义上,政党强迫官员们服从的资源就很少了。在来自于一个特别政党的被选举出的官员们和被指派的官员们之间,很难区分出党组织活动的直接影响和政策偏好上内部一致性的间接影响。尽管党组织的权威很有限,但是,了解一名政府官员的政治党派,仍然不失为一种有用的,虽然并不是完美的,公职行为的指示剂。

第八章 技术年代政党的未来

不到 20 年之前,政治新闻工作者戴维·布罗德反映出了这个时代学术界和报界的共识,他在他著作的标题中宣称《政党完结了》(*The Party's Over*)。大多数观察家都悲伤地同意,一个伟大的政治传统已经过去了。泛滥的书目运用标题来宣称正在迫近的改变:《美国政党的衰落》(*The Decline of American Political Parties*,瓦腾伯格,1984 年);《美国政治当前的危机》(*The Current Crisis in American Politics*,伯恩海姆,1982 年);《拆解政党》(*Dismantling the Parties*,柯克帕特里克,1979 年);《反政党年代的政党和选举》(*Parties and Elections in an Anti-Party Age*,费希尔,1979 年)。即使结论并没有在标题中标出,有关政党的绝大多数作品也都以这样一种宣称来开场:政党的作用已经大大地下降了,而且,这些作品也都揭示出,政党改变命运的希望非常之少。

到 1980 年代早期,一些标题在做着更有希望的陈述:《美国政党的振兴》(*Party Renewal in America*,波姆普,1980b)和《带回政党》(*Bringing Back the Parties*,普赖斯,1984 年)。在 1985 年,珊德拉·凯登和艾迪·马厄用来自布罗德激励人的书的标题中的文字做了一个游戏:《政党在继续》(*The Party Goes On*,1985

年)。拉里·萨巴特则走得更远,他断言《政党才刚刚开始》(*The Party's Just Begun*,1987年)。我曾经被诱惑着倾斜我的手,将这本书命名为:《走进政党:新的地方,新的时代,新的音乐》(*Come to the Party: New Place, New Time, New Music*)。正如第一至第七章应该已经说明清楚的一样,这本书的主要论点是,政党在美国政治中继续扮演着一个重要的,虽然已经变化了的,角色。那个变化的主要源泉,是党组织使政治通信的新技术适应于它们的目的的那种能力。

有一种诱惑,它用那些被个别事件取代了的结论注满我们的记忆,而只是简单地同意约瑟夫·施赖辛格的观点,即"填满政党衰落这个主题的假设、推论和半真理的摸物袋,根本就是错误的"(1985年,第1152页)。这样一种方法太过轻易地让我们偏离了面对政党的持续的挑战,而且,也不能够抓住构成先前学者们结论基础的全部的论点范畴。特别地是,政党持续的存在和更新的活力,不应该被看成是对布罗德的政党失败论调的一种驳斥。他并不仅仅是把他的书看作是对政党不可避免的衰落的一种可悲的预测。事实上,他指出,他中心的论点是挑战,"如果我们将我们自己投身到政治中去,尤其是,如果将我们自己与那些奇怪地被疏忽了的机构、政党的运作相联系起来的话,我们可能发现,国家自我更新的工具正是在我们自己的手中"(布罗德,1972年,第 xi 页)。在根据社会的变革和技术的改变,来试图重新建立政党影响潜力的过程中,政党积极分子们对布罗德和其他人的警告也是耿耿于怀。

第一节 技术在政党更新过程中的作用

政党衰落的一个主要根源在于,政党控制,甚或影响,政治通信以及它们所产生的选举结果的努力已经下降了。新的通信和说服的技术以这样一种方法发展起来:政党,作为候选人和投票人之间关键性的联系,很大程度上已经被绕过去了。由于被认识到与选举过程越来越无关,政党发现,它们很难发动自愿者,也很难再发动候选人。以候选人为中心的竞选运动需要日益增多的非政党的资助,这使投票人偏离党派主义的考虑,而这又增添了已经被认识到的政党的无关紧要性。打破这个正在被强化的政党衰落的恶性循环的一个方案在于,把政党作为一个重要的扮演者重新插入,而通过它候选人能够有效地与投票人交流。事实上,政党不得不"在它们自己的游戏中打击通信技术的提供者"。广大范围内的观察家们都得出这样的结论:技术,正如它已经是问题的本源一样多那样,可能也正是解决问题的方法的一部分:

> 因为没有能够适应发生在美国的一些社会的和技术的变化,政党已经被削弱了。(布罗德,1972年,第 xxiii 页)

> 今天,更加强大的政党委员会的前途,并不在于重新抓获在决定提名中的枢纽性的作用,而是在于增强政党在这个方面的影响:一方面与候选人交流,另一方面与投票人进行交流。向官吏们提供金钱和服务,将提高政党委员会的影响力。(阿特敦,1982年,第135页)

同样还是已经侵蚀了政党支配地位的电信技术,也为政党能够有效地重新获得一份政治影响力而提供了手段。(《美国州议会之下议院》,1982年,第7页)

一个重新振兴的国家的和州的共和党党组织——这又被以前由顾问他们自己垄断的奇迹添补了燃料——已经提供了一种模式,它能够制服顾问们的滥用,并且发展起一种更加健康的、基于政党的选举制度。(萨巴特,1981年,第8页)

第二节 建立在技术基础上的服务—卖主—掮客政党的影响

虽然,很清楚,正在出现、更加强大、更加富有活力、立于技术基础之上的服务—卖主—掮客政党的角色,就是不远的未来的模式,但是,我们必须留神,不要变成技术决定主义者。技术仅仅是影响政党的一个因素而已,而且,它可能为了政党的利益或者为了损害政党而被运用。正如对所有的工具一样,技术可能被运用或者被滥用。"通信技术本身,并没有什么内在的东西将不可避免地导致政治家们以一定的方式来运用它们"。(阿特敦,1983年,第3页)例如,有目标的邮件,可以同等地被用来达成政党内部的共识,或者加剧政党内部的冲突,而无论是谁提供了服务。而且,并非所有的技术都可能具有相似的影响。一些技术支持组织上的集权主义,而其他的技术则支持组织上的分权主义。一些技术对选民中的政党有影响,而其他的则关注于党组织。提供技术的方法和这些技术被采纳的环境,可能正好如技术本身一样多地决定着影响力。最后,由政党所提供的服务的导入与大量其他社会的、组织的变化相互作用,这些要么已经在进行当中,要么目前刚刚冒出地平线。例如,在评价当代共和党的复兴和它在1980年代中期主宰政策日程的能力的时候,在该政党提供服务的优势、该政党在具有广泛的公共接受度的问题上达成一致立场的能力以及罗纳德·里根作为政党领袖的力量之间,就很难证明彼此相对的贡献。(参见艾福森,1982年,第49页)毫无疑问,所有的因素都起了作用,但是,对于看起来像一个正在出现的、负责任的政党政府的时期来说,将难以证明其中哪一个因素是必不可少的条件,或者是一个充分的理由。且不论分析中的困难,服务—卖主—捐客政党的出现已经拥有了一些相对清楚的后果。

一、对党组织的影响

虽然党的组织诞生于一个久被预测的崩溃时期,但是,党组织,尤其是国家级别上的党组织,却已经"获得了它们以前从不知道的、一定程度上的机构上的永恒性,而且,借助于它们筹集资金和为竞选服务的能力,它们已经为它们自己雕刻了一个安全的壁龛"。(普赖斯,1984年,第297页)

政党也显示着组织通过改造来维持它们自己的共同的复原力。带着过时的,但是已经被承诺的,复仇,政党已经进入了技术的年代。在求生存的斗争中,党组织已经意识到,"组织必须培植一种连贯性——它们必须通过让它们自己有用来激发支持"。(吉布森,比比和科特,1983年,第201页)服务—卖主—捐客政党,已经试图让它们自己成为候选人竞选公职时绝对必要的事物。(参见赫西,1984年,第148页)把关键的联系定义为党组织和它挑选出来予以支持的候选人之间的关系,这反映了一种非常不同的哲学:通过1970年代"表现性的"改革,国家民主党强调建立该政党和投票人之间的联系。虽然"表现性的"改革和"竞争性的"改革本身并不互相冲突,但是,有限的资源和最有效的行动路线的相互竞争的观点则倾向于意味着,很清楚,一种方法占据着优势。今天,两个政党都把它们的赌注投到主要强调基于技术的、竞争性的改革上来。在这个过程当中,政党在扩大政治性的参与和充当政策策源地方面的作用已经下降了。短期来看,从参与、资源和活动方面说来,强调服务已经加强了党组织。正如一位州的政党主席所指出的那样:

> 在1960年代和1970年代期间,我们作为一个辩论的团体而浪费了很多时间,随便地在为解决方案和党纲条目的措辞而斗争,但是,我们失去了作为一个组织的活力。现在,随着政党在选举中越来越重要,我们在我们的活动中找到了日益增多的兴趣。内部的斗争是真的,因为,我们不再上演"沙箱"政治("sandbox" politics)了。我们能够帮助候选人获胜,而且,他们知道这一点。我们在我们自己之间斗争,但是,这是一个好的信号,这说明政党是值得为之奋斗的。(作者的访谈)

至少在三个领域,服务—卖主—捐客政党对于竞争性的强调具有潜在的、消极的影响。

（一）技术——嫉妒的情人

试图维持同等，并且，在战略上，寄希望于在提供资源和提供服务方面比反对党领先，这就需要保持连续不断的警戒。技术革新的速度不允许政党躺在它们的月桂树上歇息。虽然技术"已经为政党提供了一个完全不同的权威基础"，但是，它们"对这些权威的来源却没有自然的垄断权"。（阿特敦，1983年，第57页）一代新的技术可能重新使政党对候选人来说变得陈旧。

今天的"新"技术很可能追随以前的新技术的道路。传统上，为了政治的用途进行技术上的改编而产生的新一代，并没有完全地替代早期的运用，而更是增添了方法的储蓄。收音机没有替代个人之间的接触，它也没有因为电视被当作政治通信唯一的手段而被替代。有目标的邮件，与更加具有大众传播策略的报纸广告、门挨门地丢读物的做法，一起存在着。在未来，候选人将绝对地拥有更多的传递他们信息的选择，而且，成功将依赖于他们合适的选择以及对所选择方法的有效运用。这些新技术的成本和技术上的需要让政党有希望进入一个新的领域，在那里，它们能够成为新技术的卖主、散发者和捐客。（参见政治顾问罗伯特·斯奎尔，被海弗利塞克引用，1982年，第84页）对政党的挑战，在于骑在新技术的浪头上，而不是不得不去"追赶"浪潮。

（二）下一代技术

党组织和候选人可以得到的下一代的通信技术，允许扩大政治交流的双向进行，而且提炼了与所愿望的听众进行有效交流的能力。

1970 年代的直接邮件对政治意味着什么，1980 年代的*电话营销*就承诺它对政治意味着什么。基于投票人的利益，带着既定的信息，增加一个个人的电话联系，这已经被证实很有效果。正如一位目前的用户所指出的那样：

> 我们给我们职业的呼叫者一些卡片，这摘录了每一个可能的捐款人或者投票人的政治偏好和利益。然后，我们能够将那些利益改写成正本，并且个性化方法。在大众媒体的信息只是四处飘散，力图寻找到一个接受的目标的同时，有效的电话营销搜出人们，与他们谈论他们感兴趣的问题。除了与一个真正的人接触之外，它还具有附加的、允许目标回说的能力——因而，给了我们更多的有关他们利益的信息，以跟进他们。（作者的访谈）

影碟（*videodiscs*），提供了"可能被散发给锁定的观众的、既有图像形式、又有文字形式的竞选录像读物"的允诺。（布罗特曼，1981 年，第 33 页）散发给聚会的公众和政治性的组织，或者散发给有兴趣的个人，这样的一种形式增加了信息的影响力。

在全国范围内向候选人或者政党官员散发的时间限制和成本，使得录像会议（*videoconferencing*）成为一种颇受欢迎的技术。通过卫星转播，政党代表可以向竞选运动的工作者的竞选大会或者聚会讲话，并且进入对话，而这又不是不像在同一个房间里彼此面对一样。（参见纽斯塔特，1982a，第 222 页）

第八章 技术年代政党的未来

随着有线电视被运用到政治之中,作为"大众"媒体的电视,和更加个性化了的有目标的邮件或者电话营销之间的区别,就开始崩溃了。通过允许有选择性的投票人的组织调入(tune in),有线电视允许"小面积的播放"(narrowcasting),而不是"广为播放"(broadcasting)。有线传输的低成本使这样一种施用成为可能。总体上,有线电视的观众是一个非常有用的目标群体。比起普通的电视观众来,电缆的预订者倾向于比较年轻,受过更好的教育,被雇佣,而且,政治上更加活跃。在 1984 年,比起一般大众来说,多于 19% 的电缆的预订者可能已经投票了,而多于 32% 的可能已经为一个政党或者候选人工作过。(佩利和墨菲特,1984 年,第 6 页)

双向电缆运用的出现,使得增加公共兴趣、向政党和候选人提供有关最感兴趣的投票人的信息成为可能。政治的节目,可能止于关于手头问题的一次测验民意的假投票(straw poll)。虽然有些担心这样及时的反馈可能让候选人不太可能采取矛盾的立场,并且减少纯粹的代表性政府(representative government)必要的缓和功能,(布罗特曼,1981 年,第 33 页)但是,代表最有兴趣的公民的可能性还是非常吸引人的。一种相关的方法,录像文字(*videotext*),让观看者们能够从一个菜单里挑选出政治性的信息,并回答一些简单的问题。(佩利和墨菲特,1984 年,第 10—11 页)无论以何种形式,观看者们的回答都能够被用来发现潜在的自愿者或者捐款人,能够被用来完善邮寄名单,使其定位更有效果。

可能是这样,到 1980 年代末期,两个政党都会发展起它们自己的有限网络,"抓着那些政党的忠实分子,向他们灌输运行竞选

运动所需要的政党的原则和技巧"。(凯登和马厄,1985年,第199页)

(三) 形式对于实质的胜利

传统上,政党的天才们都有能力牵进数目巨大的公民,激发他们的政治兴趣,并改变政府的人事和立场。潜在地,由于对回应性的活动(预备会议,问题论坛,党纲,代表大会,等等)缺乏关注,或者,由于不能够用组织上已经明确了的立场位置来有选择性地支持候选人,服务—卖主—掮客政党可能丧失它们的立场内容。1986年,为了让更多的党员加入到政策过程之中来,并且,为了竞选运动服务的发展而保留其资源,民主党做了一个有意识的选择而将其中期代表大会推迟了。在1986年的选举之中,共和党全国委员会没有能够形成一个实质性的政党主题,没有将它的努力集中于资源和服务之上。作为巨大的贩卖机器,丝毫也不考虑所有来者的立场角度而向其发放极其有效的服务,这种国家政党的形象(以及某种程度上各州和地方政党的形象)拍击了一个已经丧失了灵魂的政党体制。

(四) 党组织权力的分配

在当今技术供应的浪潮之间,使得广大各州技术运用的成本更加有效果的规模经济、可得的资源和技术专家这三者已经结合起来了,使各州和地方党组织的权力转向了全国性的党组织。和关于民主党挑选代表的改革的法院判决联系在一起,(参见康澜,1985年,第40页)服务—卖主—掮客政党的发展已经修正了国家党组织传统的形象：相对来说,它们是没有权威的外壳。(参见比比,1981年,第102页)政党的全国化可能为更加负责任的政党铺平了道路,并且,降低了州和地方单位组织上的活力,但是,在这一点上,两种结果都还不清楚。很清楚的是,国家政党在地方单位的事务中正在拥有更多的发言权,但是,两大政党都已经建立了广泛的项目,以便在更新国家政党作为服务提供者角色的同时,从底层向上而建设政党。

正在出现的一些新的技术,可能正好具有与当前的技术相反的效果。因此,党内的集权倾向不可能是不可避免的。

> 通信技术的改变可能颠倒全国化的冲刺,这是电视时代的早期所具有的特征。新的技术——包括有线电视,录像录音机,从卫星到家庭的广播和个人的计算机——可能创造了一种断裂的、分权的通信形式(从广播到"小面积的播放"),以及随之而来的一种更加分裂的竞选运动形式。(奥伦,1982年,第25—26页)

在竞选运动场地上运用的微型计算机为分权化提供了最为准确的赌注。它们低廉的成本,使得比以往任何时候都多的候选人和政党积极分子都能够得到一种具有威力的技术。微型计算机也提高了自愿者的作用,给予他们组织追随的公民、联系比以往任何时候都多的投票人的能力。它们正在增强这个国家政治过程的民主性质,而远远不是在变成专制的组织。(史密斯,1984c,第25页)

无论最终是集权还是分权,强调关于信息的新技术就需要一个永久性的贮藏所,来记录自愿者、捐款人、调查得来的统计数据、投票数据以及复杂的分析程式。正如科罗拉多州共和党主席霍华德·凯罗威所看到的那样,"数据必须在一个有规律的基础上予以更新,而这是特别的、紧张的、应该终止于一个给定日子的工作,这不可能由竞选中的候选人来完成。只有政党处在一个能够提供那种必要的连续性的位置上"。(《州际关系顾问委员会》,1982年)

(五) 在政党中保留人的因素

政党的挑战之一仍然是,要么找到途径来以一种有效的方法运用自愿者,要么把政党变得比受薪的顾问公司稍微大一点,而将它们自己租给最高的出价者。在挨家挨户游说、塞入装着大众邮件信封占据优势的时代,技术上不熟练的自愿者们扮演着一个必要的角色。高科技已经从根本上减少了政党对自愿者的需求。这降低了让更多的公民进入政治的政党作用。更为重要地是,因为不需要逢迎自愿者,政党就被诱惑着砍断自愿者对政策决定的传统的影响力。自愿者时常供职于正式的政党委员会,出席代表大会,参加政党问题的论坛,这给政党领袖和工作人员提供了关于他们的政策提议的一个"真实世界"的测试。一架谄媚的、高科技的机器,由于被专业人员所操纵,又有能力通过民意测验和人口统计的分析来估计政策的前途,所以,它就被诱惑着绕过那个不得不对付一个政党的人力资源的"麻烦"。

那些忘记了它们是作为个人影响政府人事和政府政策的手段而发展起来、变得比超级卖主强不了多少的政党,可能会赢得竞选——暂时地——但是,它们却不能够长期地保持住它们自己。

(六) 组织活力的"神话"

那些忘记组织上的活动和存在仅仅代表着政党活力的一个组成部分的政党,在处于危险中的孤立无援中追求着组织的建设。能够生存的政党比永久性的总部、专业的工作人员和高科技的工作间都更有意义。在投票人和当选的官员们中间没有一个富有意义的存在,组织也就没有什么意义。在某种程度上,试图建设政党的组织成分代表着对它们在这些其他领域里的虚弱的一种回应,代表着一个短期的希望,希望这样的努力在投票人和当选的官员们之间会有一种报偿。

二、选民中政党的影响

政党认同在选民中的复兴,只有一小部分可以被归功于新技术的有效运用。间接地,政党作为候选人的意义重大之物的重新出现,擢升了政党的形象,并且,鼓励着候选人作为党徒来进行竞选。媒体关注竞选运动的内部运作,这种日益增加的趋势已经导致了来自于政党总部的老套故事的增多,这以呼呼作响的计算机磁带和吐出的有目标的邮件信封的一段影片为开端。政党能力的形象在潜在的党徒们中间制造了一种自豪感。

政党进行的民意测验和人口统计分析给予它们潜力,以更加准确地反映投票人的利益,并且,因此使得政党的立场更加有吸引力。这可能恰好是那些"政党,它们能够适应一个新的、激动人心的电子时代,它们能够为了一个新的、激动人心的电子时代而武装好它们自己;在这个时代里,如果我们允许,信息储存、修正、分析

和沟通上的优势会给民主带来扩展了的意义"。(琼斯,1986年,第4页)

技术也可能提升公民和政党之间的联系。因为有直接邮件技术的优势,"存在着相当数量的公民,他们认为他们自己是一个国家政党的**成员**;他们能够在钱夹里带着卡片来证明这一点……而不只是作为投票人或者认同者"。(阿特敦,1982年,第105页)

在消极的一面,一些新的技术引发了有关公民参与和隐私的重大的问题。传统上,政党一直是通过面对面的接触来直接将公民卷入政治之中的组织;不过,很多新的技术使得这种卷入更加遥远了。党徒们之间讨论政治,收听付费的广告、回应有目标的邮件或者回答一次民意测验,这两者之间有着相当大的区别。(参见阿特敦,1982年,第136页)政党开发了关于公民的观点和政治习惯的巨大数据库,这缠绕着关于隐私的严肃的问题,并且,这也增加了滥用的可能性。当并非为政治目的而收集的数据(信用信息,杂志订阅,等等)被带进政治领域的时候,这一点就尤为真实。(参见阿特敦,1982年,第78页)

当政党力图成为代表的时候,技术对于政党来说就呈现出一个富有竞争性的挑战。大众媒体的成长和新技术的集权化的趋势已经将政治全国化了。在代表一个更为统一的政党立场的奋斗中,国家的偏好已经冒犯了地方的利益。民主党已经发现,很难将它传统的白种人的南方根据地和他们所憎恨的"蒂浦·奥内尔—泰德·肯尼迪自由分子"(蒂浦·奥内尔原是1980年代美国众议院的民主党领袖;泰德·肯尼迪是肯尼迪家族仍任参议员的民主党左翼自由派人士。他们两人都代表着民主党的左翼自由派。——译者注)隔离开来,而同时,温和的郊区的共和党人则发现,他们政党的杰西·赫尔墨斯代表团(杰西·赫尔墨斯原是1990年代最有影响力的右翼保守派参议员。在美国政治中,杰西·赫尔墨斯和蒂浦·奥内尔—泰德·肯尼迪两派的意识形态正好相反。——译者注)也确实令人不悦。如果屈服于地方利益,政党可以利用技术来更加狭小地定位信息,并且,避开一条国家政党的界线,但是,在这个过程中,它面临着一个由技术所支持的破裂的、新的时代,而且,被技术增加的政党责任的任何痕迹也都将失去。

在党派主义日益增加的重要性方面,在转变中的党徒同盟中,技术可能已经拥有了一个更加直接的作用。自动的登记,有目标的邮寄,得到投票,这些举措让更多的党徒登上投票的轮子,增加了投票人之间的党徒比例。共和党积极分子将他们许多的成功都归结于技术。正如一位政党领袖所指出的那样:"在与公众的需要相和谐这一方面,我们可能已经做得过头了,而且,我们确实有里根作为领袖,但是,如果没有我们组织上的能力,我们就不能够利用这些因素。我们发现了一处空缺,运用了我们的计算机和电话数据,从而造成了不同"。(作者的访谈)且不论新的技术的影响,政党认同和投票中很多党派主义的倾向,在很大程度上,都超出了通信技术它本身的影响力。

人口统计上的转变已经极大地改变了政治的风景。在过去50年间,改变中的经济上富裕的民主党新政联盟已经将蓝领的工人分裂成了两个部分:随着经济上的安全感日益增加,一部分人发现,保守的共和党的原则更加具有吸引力;另一部分人受经济转变的恩惠不多,他们继续绑在民主党的呼吁上。主要依赖于不同的经济进步,日益不断地,种族已经充当了党派主义偏好的一个指示剂,而黑人则在民主党内正起着越来越重要的作用。随着人口转向阳光地带的南方和西方各州,共和党在那些地区有了更多的收获,这些都根源于共和党基本的政策和投票人的偏爱之间的匹配,这些也同样多地根源于组织上的能力。共和党在年轻的投票人中间的收获,给了该政党一个更新了的、事实上的重新联合的希望,但是,由于总体的趋势,这必须被诱惑着脱离开政党界线的投票,甚至在党徒们之间也会这样。一次又一次地,过去十年的"重新联合观察"都以确认一个看似非常关键的转变来收场,而仅仅是看到它在一段短短的时间之后就消逝了。政党认同上的收获日益地随着一些短期的力量而定,比如,关键性政治领袖的个性或者表现。正如大多数观察家开始谈论政党认同中的共和党等值一样,罗纳德·里根的反伊朗援助政策的尴尬导致了共和党偏爱一个猛烈的下降。所有可以得到的高科技通信,都不能够完全阻拦关于政党领袖或者政策的不充分的公共感觉。即使技术可能已经大大地诱惑了公众的感觉,但是,民主党也已经转移到了一个位置,在那里,为了它自己的目的,它能够运用很多同样的技术。

高科技通信能力对于政党的教训,只是政治斗争中的一个方面。它

> 不应该模糊这样一个事实,那就是,[政党的]复兴并不仅仅依赖于组织、硬件和短期的策略。它也依赖于重建公民对政党的忠诚。转过来,这样一个重建又依赖于一个广为传播

的概念,那就是说,政党与公民们的政策关注是有关系的。(埃弗森,1982年,第58页)

三、对执政党的影响

两个政党都有可能从底层向上,以一种整齐并且有组织的方法来建立它们的影响,而这开始于一个被加强了的人口基础。民主党人看起来没有政治效果的"表现性的"改革,既肯定了他们的结论,也肯定了他们的共和党同仁们早期的结论,后者意识到,对政党的公共基础的直接进攻很难实现。两个政党都已经决定了要集中于竞选运动和候选人,以便影响政府的政策和人事。这个目标不是透明的。通过以一种优越的形式、降低了的价格向候选人提供他们所需要的服务,政党正在努力树立一种蒙恩的意识,而这种意识在以候选人为中心的竞选时代已经被丢失了。虽然政党不可能重新找回它们对于候选人招募和选举的控制权,但是,它们已经发现了一种方法,来让它们自己对越来越多的候选人来说是必不可少的。一旦进入政府,这些在竞选期间曾经被拉得距离政党很近的当选的官员们,就开始以一种更加有凝聚力的方式来行动。(参见萨巴特,1982年,第104页;普赖斯,1984年,第298—299页;索瑙夫,1984年,第84页)

第三节 政党改革的议程

"在美国人的信条中,这是一个基本的信用条款:对于每一种罪恶,都有一种救济;到现在为止,政党改革的经验应该已经说明了这一点：至少，在牵涉到政党的地方，对于每一种救济，都可能存在一种罪恶"。（柯克帕特里克，1978年，第31页）在很多方面，美国的政党都一直依赖于一个摇晃的根基。由于缺乏宪法上的明确规定，政党已经成为指向它们的改革的容易而且主要的靶子，已经成为社会和政府其他改革的无心的受害者。正如杰拉尔德·波姆普所总结的那样：

美国人已经从理论上谴责了政党，以立法来限制它们，在改革中几乎消灭了它们，而且，在公共的民意测验中嘲弄它们。然而，在实践中，我们在继续雇佣它们，并且，甚至珍惜它们。美国人——就像其他民族一样——时常都是摇摆不定的。（波姆普，1980b，第4页）

多年以来，公众的摇摆不定，有关政党应该做些什么的不同的观点，自我利益相互冲突的观点，这三者结合起来，推进了改革的努力，而这将政党推向了不同的方向。

第四节 政党改革的四次浪潮

一、开放政党、强化它们的应变能力

从1820年代到1840年代，专门的立法会议开始被成员众多的政党所代替。全国性的以及次一级的提名大会，和地方政党领袖的选举，将政党向更大一部分人口敞开了大门。民主注入政党，

给了它们新的活力,但是,在这个过程中,凝聚力下降了,地方主义上升了。(参见波姆普,1980b,第 2 页)立法会议它们能够考虑更加具有全国性的问题,而且让它们的成员保持一致。扩大地方积极分子的作用意味着更少的集权控制,并且,增强了为解决地方问题而运用政党的努力。

二、驯服政党的过度行为、减少它们的作用

新的规则和程序允许政党繁盛起来,它们控制了选举过程,用选举上的职位和指定性的职位来犒劳忠诚的人员,并且设定了政策日程。政党的力量和不民主、来自充满烟雾房间的决定的形象,导致了开始于 1880 年代新一浪反对政党的改革。否定政党政府工作——政党以此来酬劳它们忠诚的工作人员——的民用服务改革,剥离了政党一个主要的激励工具。转向秘密投票降低了政党对投票人的控制。更为重要地是,采纳直接预选制度拿走了政党对投票入口的控制。因为有预选,党派主义的忠诚就不再是政党可以强加于潜在的候选人身上的一个条件,而且,更多的候选人开始运用预选来绕开政党。

三、为当今的改革时代打造舞台

这个世纪的早些时候,改革不如间接地影响到政党的社会性的变化那样引人注目。人口的移动性和全国性的大众通信结合起来,打破了传统上标志着美国政治的某些地方主义。新的通信技术,开始于大众媒体并且最终导致了将大量数目的通信个性化的手段,它出现于政治的领域之外,但是,却找到了政治性的用途。

在1950年代期间,理想主义者和现实主义者一样都得出结论,认为,政党并没有辜负它们的潜力。美国政治学协会为政党的未来所设立的前提——《迈向一个更加负责任的两党制》(Toward a more Responsible Two-Party System,1950年)——一书的出版,被当作更加明确而且有活力的政党的蓝图而受到欢迎,但是,却又没有任何进展。政治科学家们试图重新导向政党,使它们不再以赢得选举为主要的目标,而是转而为公众政策设立方向,而这又与美国的传统和政党积极分子们的愿望相左。在这个报告的20周年纪念上,美国政治学协会和许多委员会的前执行总裁,埃弗伦·柯克帕特里克,悲叹道,委员会报告"因而是一个纪念碑,代表着纪律不足,以及作为政治科学家的委员会的成员们的失败"。(1979年,第54页)

1970年代开始了两个相互竞争的改革运动。两者都证实了这个格言,"没有什么事情能够像失败那样润滑了改革的齿轮。"每一个政党大量选举上的失败都铺设开了一种压力,要求改变政党内部的程序,要求可能支持内部原动力的立法上的改变。

(一)"表现性的"改革:让民主党更加民主

1968年,在一次痛苦的民主党全国代表大会之后,理查德·尼克松失去了总统职位,这鼓励了民主党追求改革,以望改善它各不相同的组成团体的需求,并鼓励着民主党降低共和党在财政资源上的优势。民主党人试图通过一剂附加的民主来振兴该政党,这导致了具有一系列增加该政党的"表现性的"能力改革的运行。通过使得大会代表更具有代表性而修改挑选程序,增加预选对更加排外的代表大会的重要性,为了增加有活力的候选人数量而向竞选运动提供政府资助,所有这些,至少部分地,都是被设计出来的,意欲让更多的人在选举的结果中有一个发言权。虽然使政党内部更加民主的压力依然存在,但是,外表上缺乏选举上的奖惩性却使这个动议暗淡下来了。

(二)"竞争性的"改革:服务—卖主—捐客政党的兴起

1964年巨大的创伤震惊了共和党,进而打开了增强其能力的大门。缓慢地,该政党从作为"一个二等的回应性的服务"(布罗德,1981年,第A25页)转而成为服务的提供者,政治积极分子的培训人和资源的收集者。水门事件伤害性的后果,导致了1974年大量的国会中以及地方上的失败,导致了1976年失去总统职位,这给了该政党一个更新了的刺激,来关注于提供资源,从而使该政党在选举上更加具有竞争性。共和党人选举上的成功让民主党人渐渐地放弃了他们对表现性改革的重视,而作为服务的提供者和捐客加入到共和党人中来。不像以前的改革,主要的重点已经在于重新定向党组织内部的资源和精力,而不再是追求立法上的调整。

四、当代的改革议程

服务—卖主—捐客政党的公共改革议事日程很短。虽然,某些人可能盼望一些巨大的变革,比如,丢弃提名的预选制度,或者让政党成为选举过程中唯一的扮演者,但是,大多数从事者都更加现实,更加有节制。(参见方框中文字)他们想望的法律是,在保持对政治行动委员会和个人的限制的同时,去除对直接地和间接地有功于竞选运动的政党能力的束缚。(参见马尔宾,1983年,第17页)对于那些拥有公共资金的各州来说,它们提议一些程序,以使政党成为候选人获得资金的通道。更为通常地,它们推动把政党作为选举中受偏好的参加者来区分的法律,推动废除那些不利于政党的法律。例如,在加利福尼亚,两大政党都在为提供预选前的认可而斗争。

当代的改革议程

在评估宪法在其200年里的运行情况的时候,宪法体制委员会提出了许多直接与政党有关的建议。这个享有最高荣誉的、两党制的委员会断言,"在我们国内当前许多问题的根本上——从巨大的财政赤字和贸易赤字直到我们外交政策上的矛盾——存在着一个共同的主题:由于我们政党凝聚力的下降而导致的僵局"。(库特勒和鲁宾逊,1987年,第D2页)这个委员会建议的要点谈到了加强政党的力量,以便它们能够重新主张它们传统的作用。这些建议中有:

- 用联邦的资金,至少用政党散发给候选人的金钱的一部分,来资助国会竞选。
- 修改宪法,规定竞选运动合理的支出,由此来限制政治行动委员会和个人造成没有限制的、间接的开支。
- 将众议院的任期增加到4年,将参议院的任期增加到8年,让所有的联邦选举合而为一,其中,国会议员和总统同时竞选,由此来鼓励对一个党派主义团队的指示。
- 让所有的被政党提名为众议员和参议员的人都竞选全国代表大会的代表,由此,让他们觉得自己更是党组织的一部分,从而提高他们一旦进入政府对政党所产生的义务感。

(参见库特勒和鲁宾逊,1987年,第D2页和马尔库斯,1987年,第A19页;泰勒,1985a,第A1页)

五、改革的错综复杂性

警惕带有礼物的改革者,这是一条好的忠告。改革的赞同者总是夸大它们的好处而过低估计它们的弊端,而同时呢,反对者则采取相反的做法。改革者们基于"晦涩难懂的修辞"——把他们的改革和诸如"效率","民主",或者"公正"这些目标联系起来,对于这些很少有人能够不赞同——来推进他们的改革,但是,改革者们却常常是被一些更加实际的关注所发动起来的,比如,变革将怎样影响到他们的政治利益。人们一定会问:"在追求哪个目标上的效率?""为谁的民主?""哪个标准下的公正?"

改革的后果,尤其是在政治的领域里,并非总是明晰的。政党改革的历史显示着过多的、没有预料到的后果。新产生出来的恶(new ills),可能比改革所预计消除的那些恶还更加恶。珍妮·柯克帕特里克断言,政党解析的倾向存在大量的根源——"文化上的,社会上的,技术上的,人口统计上的,政治上的,以及法律上

的——但是,决定是由那些试图改革政党的人做出来的"。(1978年,第2页)

最后,我们预料基础广泛的改革的能力有局限性,这种局限性让我们关注于在问题的局部上的努力,而与此同时,政党是复杂而又互相联系的现象。虽然,政党的三个组成成分——党组织,选民中的政党,以及政府中的政党——概念上彼此明确,但是,事实上,它们却互相作用。没有组织上的能力,当选的官员不可能把政党看得重要。同时,长时间地让当选的官员忽视党组织,就会减少党组织为连续不断地提供服务而攫取人力资源和物质资源的能力。党组织需要在选民中保持一种持续的存在,使得对他们做出呼吁成为可能,而一个有活力的党组织就使选民中的那种存在更加有可能。这并不必然地意味着,政党积极分子应该悲叹政党认同和政党界线投票的下降。

> 为了达到一个党组织上的目的,说服没有承诺的投票人,哪怕只是暂时地,可能正和发动那些通过转变而已经承诺的追随者一样重要……一个政党在选举上最终的目标,并不是一个姿态上表白偏好的人口的数量,而是一个政党的成员在投票中得到的投票的数量。(弗兰德莱斯,吉布森,和弗尔茨,1985年,第2页)

对于政党来说,其目标首先在于,被它们的候选人意识到它们是一个重要的政治演员,而服务—卖主—掮客政党的转变是实现那个目标最好的道路。因为候选人日益从一个党派主义的角度来界定问题、展开冲突,他们在政党中的合法化就将迫使他们以一种相似的党派主义的方法来看待政治世界。对于政党改革者来说,关键在于决定首先进攻政党组成的哪一个部分。因为党组织最能够即刻予以锻造,而且,组织成员在推行改革中有着最大的利害关系,所以,最近几年里政党的资源和活动改变最大也就不足为怪了。不过,改革者必须预计到党组织的改革对于选民中的政党和政府里的政党的影响,以便理解他们的工作的全面的含义。

第五节 结论

指控服务—卖主—掮客政党仅仅是超竞选运动的设施,这是不公平的。对新的通信技术的合适的运用,支配着允许政党以一种有效的方法来适应现代的选举环境的潜力。比起重新获得政党过去的某些光荣的形象来,政党继续作为一个对于投票人和当选官员都同样有意义的组织更为重要。为政党重新建立广泛的基础,并且保证党组织对那个广泛的基础的回应性,这更加可能发生,因为,政党更加安全无疑地维护住了它们在选举过程中作为主要扮演者的位置。未来的挑战在于,在寻求一些方法来保证政党的政策动议基于广泛的支持的同时,要维持住政党在技术上的优越性。

参考文献

ABC-CLIO. 1983. *The Democratic and Republican Parties in America: A Historical Bibliography*. Santa Barbara, Calif. : ABC-CLIO Information Services.

Abraham, Henry J. , 1987. *The Judiciary*. Boston: Allyn & Bacon.

Abramowitz, Alan. 1978. "The Impact of Presidential Debate on Voter Rationality. "*American Journal of Political Science* 22 (August): 680—690.

Advisory Commission on Intergovernmental Relations. 1984. Testimony for "Transformations in American Politics and the Implications for Federalism" project. Washington, D. C.

——. 1986. *The Transformation in American Politics: Implications for Federalism*. Washington, D. C.

Agranoff, Robert. 1979. "The New Style of Campaigning: The Decline of Pary and the Rise of Candidate Centered Technology. "In Jeff Fishel(Ed.), *Parties and Elections in an Anti-Party Age* (pp. 230—240). Bloomington: Indiana University Press.

Aldrich, John, Gary J. Miller, Charles W. Ostrom, Jr. , & David Rodhe. 1986. *American Government: People, Institutions, and Policies*. Boston: Houghton Mifflin.

Alexander, Herbert. 1983. *The Case for PACs*. Washington, D. C. : Public Affair Council.

American Assembly. 1982. *The Future of American Political Parites*. Ed. Joel Fleishman. Englewood Cliffs, N. J. : Prentice-Hall.

American Political Science Association, Committee on Political Parties. 1950.

Toward a More Responsible Two-Party System. New York: Holt, Rinehart and Winston.

Anderson, Jack, & Joseph Spear. 1985, December 16., "PACs: Political Muscle with Bucks."*Washington Post*, p. B15.

Andersen, Kristi. 1979. *The Creation of a Democratic Majority, 1928 — 1936*. Chicago: University of Chicago Press.

Arterton, F. Christopher. 1982. "Politcal Money and Pary Strength." In Joel Fleishman (Ed.), *The Future of American Political Parites* (pp. 101 — 139). Englewood Cliffs, N. J. : Prentice-Hall.

——1983. *Communications Technology and Political Campaigns in 1982: Assessing the Implications*. Washington D. C. : Roosevelt Center.

Baker, Gorden E. 1985. "Excerpts from Declaration of Gorden E. Baker in Badham vs. Eu. "*PS* 18 (Summer): 551—557.

Baker, v. Carr, 369 U. S. 186 (1962).

Banfield, Edward C. , & James Q. Wilson. 1963. *City Politics*. Cambridge Mass. : Harvard University Press.

Bass, Harold. 1984. "The President and the National Party Organization. "In Robert Harmel (Ed.), *Presidents and Their Parties* (pp. 59 — 89). New York: Praeger.

Beiler, David. 1985. "Short Takes."*Campaigns and Elections* 6 (Summer): 39—43.

Bell, Julie Davis. 1985. "The Decline of Party Revisited: Motivational Change among Party Activists. " Paper presented at the September 1985 annual meeting of the American Political Science Association. New Orleans.

Berelson, Bernard, Paul Lazarsfeld, & William McPhee. 1954. *Voting*. Chicago: University of Chicago Press.

Berkson, Larry C. 1980. "Judicial Selection in the U. S. : A Special Report. " *Judicature* 64 (entire issue).

Bibby, John, & Robert J. Huckshorn. 1983. "Parties in State Politics. "In Virginia Gray, Herbert Jacob, & Kenneth Vines (Eds.), *Politics in the Ameri-*

can States (pp. 59—96). Boston: Little, Brown.

Boren, David. 1985. *Congressional Record*. 99th Cong., 1st sess., December 2, pp. S16604—16607.

Born, Richard. 1985. "Partisan Intentions and Election Day Realities in the Congressional Redistricting Process." *American Political Science Review* 79 (June):305—319.

Brady, David, and Patricia A. Hurley. 1985. "The Prospects of Contemporary Partisan Realignment." *PS* 18 (Winter): 63—68.

Broder, David. 1972. *The Party's Over*. New York: Harper and Row.

——. 1981, August 12: "Bliss Remembered." *Washington Post*, p. A25.

——. 1985a, February 3: "Democrats Remain in Doldrums." *Washington Post*, p. A15.

——. 1985b, June 27: "Democrats New Motto Bland Is Beautiful." *Washington Post*, p. A1.

——. 1985c, October 13: "Battle Lines Drawn for 1991." *Washington Post*, p. A4.

——. 1986a, January 2: "Stakes Are Unusually High as Midterm Elections Near." *Washington Post*, p. A1.

——. 1986b, April 2: "The Force." *Washington Post*, p. A23.

——. 1986c, May 18: "GOP Gains Strength in Political Cauldron." *Washington Post*, p. A1.

Brotman, S. N. 1981. "New Campaigning for the New Media." *Campaigns and Elections* 2 no. 3:32—34.

Buckley v. Valeo, 424 U.S. 1 (1976).

Burnham, Walter Dean. 1970. *Critical Elections and the Mainspring of American Politics*. New York: W. W. Norton.

——. 1982. *The Current Crisis in American Politics*. New York: Oxford University Press.

Cain, Bruce. 1985. "Excerpts from Declaration in Badham vs. Eu." *PS* 18, no. 3: 561—574.

Cain, Bruce, & Ken McCue. 1985. "Do Registration Drives Matter: The Realities of Partisan Dreams." Paper presented at the September 1985 meeting of the American Political Science Association. New Orleans.

California Commission on Campaign Finance. 1985, October 16. Press release.

Campbell, Angus, Philip E. Converse, Warren E. Miller, & Donald E. Stokes. 1960. *The American Voter*. New York: Wiley.

Campbell, James. 1985. "A Comparison of Presidential and Midterm Elections." Paper presented at the September 1985 annual meeting of the American Political Science Association. New Orleans.

Cantor, Joseph E. 1984. "Political Action Committees: Their Evolution, Growth, and Implications of the Political System." Congressional Reference Service Report no. 84—78 GOV.

Castle, David, & Patrick Fett. 1985. "When Politicians Switch Parties—Conscience or Calculation." Paper presented at the September 1985 annual meeting of the American Political Science Association. New Orleans.

Cavanaugh, Thomas. 1982. "The Dispersion of Authority in the House of Representatives." *Political Science Quarterly* 97 (Winter): 623—637.

Cavanaugh, Thomas, & James L. Sundquist. 1985. "The New Two-Party System." In John E. Chubb and Paul E. Peterson (Eds.), *The New Directions in American Politics* (pp. 33—68). Washington, D. C.: The Brookings Institution.

City of Mobile v. Bolden, 446 U. S. 55 (1980).

Civil Service, Inc. 1985. "Attitudes toward Campaign Financing." Washington, D. C.: Author.

Claggett, William. 1985. "Conversion, Recruitment, Mobilization, and Realignment." Paper presented at the September 1985 annual meeting of the American Political Science Association. New Orleans.

Clausen, Aage. 1979. "Party Voting in Congress." In Jeff Fishel (Ed.), *Parties in an Anti-Party Age* (pp. 274—279). Bloomington: Indiana University Press.

Clendinin, Dudley. 1984, February 15. "Small Computers Aid People of Small Means in Elections. "*New York Times*, p. 1.

Clubb, Jerome, William Flanigan, & Nancy Zingale. 1980. *Partisan Realignment: Voters, Parties, and Government in American History*. Beverly Hills, Calif. : Sage Publications.

Colella, Cynthia. 1984. "Intergovernmental Aspects of FECA: State Parties and Campaign Finance. "*Intergovernmental Perspective* 10 (Fall): 14.

Coleman, Milton. 1985, July 5. "Making Black Votes Count. "*Washington Post*, p. B5.

Committee on Political Parties of the American Political Science Association. 1950. *Toward a More Responsible Two Party System*. New York: Rinehart.

Congressional Quarterly. 1976. *Guide to the U. S. Congress*. Washington, D. C. : Congressional Quarterly Press.

Conlan, Timothy J. 1985. "Federalism and American Politics: New Relationships, A Changing System. " *Intergovernmental Perspective* 11 (Winter): 32—45.

———. 1986. Unpublished draft of Advisory Commission on Intergovernmental Relations. "The Transformation in American Politics: Implications for Federalism. "Washington, D. C.

Conlan, Timothy J. , Ann Martino, & Robert Dilger. 1984. "State Parties in the 1980's. "*Intergovernmental Perspective* 10 (Fall): 6—13.

Converse, Philip. 1975. "Public Opinion and Voting Behavior," In Fred I. Greenstein & Nelson Polsby (Eds.), *Handbook of Political Science*. Vol. 4 (pp. 75—169). Reading, Mass. : Addison-Wesley.

Conway, Margaret. 1985. *Political Participation in the United Stares*. Washington, D. C. ; CQ Press.

Cook, Rhodes. 1984, November 3. "Third-Party Standard Bearers Struggle for Attention and Votes. "*Congressional Quarterly Weekly Report*, pp. 2849—2851.

———. 1985. "Many Democrats Cool to Redoing Party Rules." *Congressional Quarterly Weekly Report* 43 (August 24): 1687—1689.

———. 1986, April 5. "LaRouch and His Followers: Angry, Noisy, and Persistent." *Congressional Quarterly Weekly Report*, pp. 742—746.

Cook, Rhodes, & Tom Watson. 1985. "New Generation Poised to Tip Voting Scales." *Congressional Quarterly Weekly Report* 43 (November 23): 2421—2427.

Cotter, Cornelius, & John F. Bibby. 1980. "Institutional Development of Parties and the Thesis of Party Decline." *Political Science Quarterly* 95 (Spring): 1—27.

Cotter, Cornelius, & Bernard Hennessy. 1964. *Politics without Power: The National Party Committees*. New York: Atherton Press.

Cotter, Cornelius P., James Gibson, John F. Bibby, & Robert Huckshorn. 1984. *Party Organization in American Politics*. New York: Praeger.

Craig, Stephen. 1985. "Partisanship, Independence, and No Preference: Another Look at the Measurement of Party Identification." *American Journal of Political Science* 29 (May): 274—290.

Crittenden, John A. 1982. *Parties and Elections in the U. S.* Englewood Cliffs, N. J.: Prentice-Hall.

Cronin, Thomas. 1980. "The Presidency and the Parties." In Gerald Pomper (Ed.), *Party Renewal in America* (pp. 176—193). New York: Praeger.

Crotty, William (Ed.). 1979. *The Party Symbol*. San Francisco: W. H. Freeman.

———. 1983. *Party Reform*. White Plains, N. Y.: Longman.

———. 1984. *American Parties in Decline*. Boston: Little, Brown.

Cutler, Lloyd, & Donald Robinson. 1987, February 1. "Breaking Our Political Gridlock." *Washington Post*, p. D2.

Dalton, Russell J. 1984. "Cognitive Mobilization and Partisan Dealignment in Advanced Industrial Democracies." *Journal of Politics* 46 (Fall): 264—284.

Daniels, LeGree S. 1985, April 11. "Still in Bondage—To a Political Party." *Washington Post*, p. A21.

David, Paul T., Ralph M. Goldman, & Richard C. Bain. 1960. *The Politics of National Party Conventions*. Washington, D. C.: The Brookings Institution.

Davidson, Roger H., & Walter J. Oleszek. 1981. *Congress and Its Members*. Washington, D. C.: Congressional Quarterly Press.

Davis v. Bandemer, 106 S. Ct. 2810 (1986).

Delli Carpini, Michael X. 1985. "Party Support and the Sixties Generation." Paper presented at the September 1985 annual meeting of the American Political Science Association. New Orleans.

DeNardo, James. 1980. "Turnout and the Vote: The Joke's on the Democrats." *American Political Science Review* 74 (June): 406—420.

Dennis, Jack. 1986. "Public Support for the Party System, 1964—1984." Paper presented before the September 1986 meeting of the American Political Science Association. Washington, D. C.

Downs, Anthony. 1957. *An Economic Theory of Democracy*. New York: Harper and Row.

Drew, Elizabeth. 1983. *Politics and Money: The New Road to Corruption*. New York: Macmillan.

Duverger, Maurice. 1954. *Political Parties*. New York: Wiley.

Edsall, Thomas. 1984a. *The New Politics of Inequality*. New York: Norton.

——. 1984b, June 17. "Money, Technology, Revive GOP Force." *Washington Post*, p. A1.

——. 1984c, June 18. "GOP Purchasing Technological Edge." *Washington Post*, p. A1.

——. 1985a, February 18: "Democrats' Fund-Raising Skids." *Washington Post*, p. A5.

——. 1985b, July 8: "Flush with Cash, GOP Looks to High-Tech Races in 1986." *Washington Post*, p. A3.

——. 1985c, July 8: "Pulpit Power: Converting the GOP." *Washington Post Weekly Edition*, p. 8.

——. 1986a, January 25: "Republicans See Signs of '86 Majority." *Washington Post*, p. A4.

——. 1986b, September 14. "Why the GOP Is Still Waiting on Realignment." *Washington Post*, p. A1.

——. 1986c, November 3: "Is the FEC Undermining Federal Election Law?" *Washington Post Weekly Edition*, p. 14.

——. 1986d, November 3: "Yeah, We Know What the Law Says, but This Is Different." *Washington Post Weekly Edition*, p. 13.

——. 1986e, November 6: "GOP's Cash Advantage Failed to Assure Victory in Close Senate Races," *Washington Post*, p. A46.

Edwards, George. 1984. "Presidential Party Leadership in Congress." In Robert Harmel (Ed.),. *Presidents and Their Parties* (pp. 179 – 214). New York: Praeger.

Ehrenhalt, Alan. 1985, August 31. "Seattle Area Politics: A Media Takeover." *Congressional Quarterly Weekly Report*, p. 1739.

Eldersveld, Samuel. 1964. *Political Parties: A Behavioral Analysis*. Chicago: Rand McNally.

——. 1982. *Political Parties in American Society*. New York: Basic Books.

——. 1984. "The Condition of Party Organization at the Local Level." Paper presented at the 1984 annual meeting of the Southern Political Science Association. Atlanta, Ga.

Epstein, Leon. 1980. *Political Parties in Western Democracies*. New Brunswick, N. J. : Transaction Books.

——. 1986. *Political Parties in the American Mold*. Madison: University of Wisconsin Press.

Erickson, Jack. 1982. "The Democrats: Rebuilding Support Groups." *Campaigns and Elections* 3 (Spring): 4—14.

Erickson, Robert S., & Kent L. Tedin. 1986. "Voter Conversion and the New

Deal Realignment," *Western Political Quarterly* 39 (December): 729 – 732.

Everson, David. 1982. "The Decline of Political Parties." In Gerald Benjamin (Ed.), *The Communications Revolution in Politics* (pp. 49 – 60). New York: Academy of Political Science.

Fenno, Richard. 1978. *Home Style*. Boston: Little, Brown.

Fiorina, Morris. 1978, September/October. "The Incumbency Factor." *Public Opinion*, p. 41.

——. 1981. *Retrospective Voting in American National Elections*. New Haven: Yale University Press.

Fishel, Jeff, Ed. 1979. *Parties and Elections in an Anti-Party Age*: American Politics and the Crisis of Confidence. Bloomington: Indiana University Press.

Flanigan, William, & Nancy Zingale. 1987. *Political Behavior of the American Electorate* (6th ed.). Boston: Allyn & Bacon.

Frantzich, Stephen E. 1982. *Computers in Congress: The Politics of Information*. Beverly Hills, Calif.: Sage Publications.

——. 1986. *Write Your Congressman*. New York: Praeger.

Frendreis, John P., James L. Gibson, & Laura L. Vertz. 1985. "Local Party Organizations in the 1984 Elections." Paper presented before the September 1985 annual meeting of the American Political Science Association. New Orleans.

Gibson, James L., John F. Bibby, & Cornelius P. Cotter. 1983. "Assessing Party Organizational Strength." *American Journal of Political Science* 27 (May): 193 – 222.

Gibson, James L., Cornelius P. Cotter, John F. Bibby, & Robert T. Huckshorn. 1985. "Wither the Local Parties?" *American Journal of Political Science* 29 (May): 139 – 160.

Gibson, James L., John Frendreis, & Laura Vertz. 1985. "Party Dynamics in the 1980's." Paper presented at the April 1985 annual meeting of the Mid-

west Political Science Association. Chicago.
Gitelson, Alan R. , M. Margaret Conway, & Frank B. Feigert. 1984. *American Political Parties: Stability and Change*. Boston: Houghton Mifflin.
Goldman, Sheldon. 1975. "Voting Behavior of the U. S. Courts of Appeals Revisited. "*American Political Science Review* 69 (June): 496.
Granat, Diane. 1984, May 5. "Parties' Schools for Politicians Grooming Troops for Election. "*Congressional Quarterly Weekly Report*, pp. 1036—1037.
——. 1985, November 30. "Six Seeking Democratic Whip Position. "*Congressional Quarterly Weekly Report*, pp. 2498—2503.
Grofman, Bernard (Ed.). 1985. "Political Gerrymandering: Badham v. Eu, Political Science Goes to Court. "*PS* (Summer): 538—576.
Hadley, Arthur. 1978. *The Empty Voting Booth*. Englewood Cliffs, N. J. : Prentice-Hall.
Hadley, Charles. 1985. "Dual Partisan Identification in the South. "*Journal of Politics* 47 (February): 254—268.
Harmel, Robert (Ed.). 1984. *Presidents and Their Parties*. New York: Praeger.
Harmel, Robert. 1985. "Minority Party Leadership in One Party Dominant Legislatures. "Paper presented at the September 1985 annual meeting of the American Political Science Association. New Orleans.
Harris, Fred R. , & Paul L. Hain. 1983. *American Legislative Process*. Glenview, Ill. : Scott, Foresman.
Havlicek, Franklin J. (Eds.). 1982. *Election Communications and the Campaign of 1982*. Chicago: American Bar Association.
Hayden, Tom. 1985, January/February. "Going West: California and the Future of the Democratic Party. "*The Economic Democrat*, pp. 3—10.
——. 1986, June 1: "Democrats: Go West or Face Political Extinction. " *Washington Post*, p. C1.
Hennessey, Bernard. 1981. *Public Opinion*. Monterey, Calif. : Brooks-Cole.

Herrnson, Paul S. 1985. "Parties, PACs, and Congressional Elections."Paper presented at the 1985 annual meeting of the Midwest Political Science Association. Chicago.

——. 1986. "National Party Organizations and Congressional Campaigning: National Parties as Brokers."Paper presented at the annual meeting of the Midwest Political Science Association. Chicago.

Hershey, Marjorie. 1984. *Running for Office: The Political Education of Campaigners*. Chatham, N. J. : Chatham House.

Hotelling, Harold. 1929. "Stability in Competition." *Economic Journal* 39 (March):41—57.

Huckshorn, Robert. 1984. *Political Parties in America*. Monterey, Calif. : Brooks/Cole.

Huckshorn, Robert, & John Bibby. 1982. "State Parties in an Era of Political Change."In Joel Fleishman (Ed:), *The Future of American Political Parties* (pp. 70—100). Englewood Cliffs, N. J. : Prentice-Hall.

——. 1983. "National Party Rules and Delegate Selection in the Republican Party."*PS* 16 (Fall): 656—666.

Jackson, John S. , III, Jesse C. Brown, & Barbara L. Brown. 1980. "Recruitment, Representation, and Political Values: The 1976 Democratic National Convention Delegates."In William Crotty (Ed.), *The Party Symbol* (pp. 202—218). San Francisco: W. H. Freeman.

Jackson, John S. , III, Barbara Leavitt Brown, & David Bositis. 1982. "Herbert McCloskey and Friends Revisited: 1980 Democratic and Republican Elites Compared to the Mass Public."*American Politics Quarterly* 10 (April): 158—180.

Jacobson, Gary C. 1985. "The Republican Advantage in Campaign Finance." In John E. Chubb & Paul E. Peterson (Eds.). *The New Directions in American Politics* (pp. 143—174). Washington, D. C. : The Brookings Institution.

Jennings, M. Kent, & Kenneth P. Langton. 1969. "Mothers vs. Fathers: The

Formation of Political Orientations among Young Americans. "*Journal of Politics* 31 (May): 329—358.

Jennings, M. Kent, & Gregory P. Markus. 1984. "Party Orientation over the Long Haul."*American Political Science Review* 78 (December): 1000—1018.

Jennings, M. Kent, & Richard G. Niemi. 1981. *Generations & Politics*. Princeton, N. J. : Princeton University Press.

Jewell, Malcolm E. , & Samuel Patterson. 1977. *The Legislative Process*. New York: Random House.

Jones, Charles O. 1981. "House Leadership in an Age of Reform," In Frank H. Mackaman (Ed.),*Understanding Congressional Leadership* (pp. 117—134). Washington, D. C. : Congressional Quarterly Press.

———. 1986, August. "Hard Disk Politics. "*Dirksen Congressional Center Report*. Pekin, Ill. : The Dirksen Center.

Jones, Ruth. 1981. "State Public Campaign Finance: Implications for Partisan Politics."*American Journal of Political Science* 25 (May): 342—361.

Joslyn, Richard. 1984. *Mass Media Elections*. Reading, Mass. : Addison-Wesley.

Kayden, Xandra. 1980. "The Nationalizing of the Party System. "In Michael Malbin (Ed.), *Parties, Interest Groups, and Campaign Finance Laws*. (pp. 257—282). Washington, D. C. : American Enterprise Institute.

Kayden, Xandra, & Eddie Mahe, Jr. 1985. *The Party Goes On: The Persistence of the Two-Party System in the United States*. New York: Basic Books.

Keech, William R. , & Donald Matthews. 1979. "Patterns in the Presidential Nominating Process, 1936—1976. "In Jeff Fishel (Ed.), *Parties in an Anti-Party Age*. (pp. 203—218). Bloomington: Indiana University Press.

Keefe, William. 1987. *Parties, Politics and Public Policy in America*. Washington, D. C. :Congressional Quarterly Press.

Key, V. O. , Jr. 1949. *Southern Politics in State and Nation*. New York: Alfred A. Knopf.

King, Gary, & Gerald Benjamin. 1985. "The Stability of Party Identification among U. S. Senators and Representatives, 1789 — 1984. " Paper presented at the September 1985 annual meeting of the American Political Science Association. New Orleans.

Kingdon, John. 1981. *Congressmen's Voting Decisions*. New York: Harper & Row.

Kirkpatrick, Evron. 1979. "Toward a more Responsive Party System: Political Science, Policy Science or Pseudo-Science. " In Jeff Fishel (Ed.), *Parties and Elections in an Anti-Party Age* (pp. 33 — 54). Bloomington: Indiana University Press.

Kirkpatrick, Jeane. 1978. *Dismantling the Parties: Reflections on Party Reform and Party Decomposition*. Washington, D. C. : American Enterprise Institute.

Ladd, Everett Carl. 1985a. *The Ladd Report #1*. New York: W. W. Norton.

———. 1985b. "Party Time: Realignment. "*Campaigns and Elections* 6 (Summer): 58 — 60.

———. 1986a. *The Ladd Report #3*. New York: W. W. Norton.

———. 1986b. *The Ladd Report #4*. New York: W. W. Norton.

Ladd, Everett Carl, & Charles Hadley. 1975. *Transformations of the American Party System*. New York: Norton.

LaFollette, R. M. 1913. *Autobiography*. Madison: Author.

Lamis, Alexander. 1984. "The Rise of the Two-Party South: Partisan Dynamics and Trends Since the Early 1960's. "*Campaigns and Elections* 5 (Fall): 6 — 17.

Lane, Dale. 1983, November 8. "Suit Seeks to Widen Powers for State Political Parties. "*San Jose Mercury News*.

Lang, Gladys, & Kurt Lang. 1984. *Politics and Television Reviewed*. Beverly Hills, Calif. : Sage Publications.

Lazarsfeld, Paul F. , Bernard Berelson, & Hazel Gaudet. 1944. *The People's*

Choice. New York: Duell, Sloan and Pearce.

Light, Paul C., & Celinda Lake. 1985. "The Election: Candidates, Strategies, and Decisions. "In Michael Nelson (Ed.)., *The Elections of 1984* (pp. 83 —110). Washington D. C. : Congressional Quarterly Press.

Lipset, Seymour Martin, & William Schneider. 1983. "The Decline of Confidence in American Institutions. "*Political Science Quarterly* 98 (Fall): 379 —402.

Longley, Charles. 1980. "National Party Renewal. "In Gerald Pomper (Ed.). *Party Renewal in America* (pp. 69—86). New York: Praeger.

Lowi, Theodore J. 1983. "Toward a More Responsible Three-Party System. " *PS* 16 (Fall): 699—706.

Madison, James. 1961. *The Federalist No. 10*. New York: New American Library.

Maggiotto, Michael A. 1986. "Party Identification in the Federal System. "Paper presented at the September 1986 annual meeting of the American Political Science Association. Washington, D. C.

Malbin, Michael. 1983, January. "The Problem of PAC Journalism. " *Public Opinion*, pp. 15—17.

Mann, Thomas. 1981. "Elections and Change in Congress. "In Thomas Mann & Norman Ornstein (Eds.), *The New Congress* (pp. 32—54). Washington, D. C. : American Enterprise Institute.

Mauser, Gary. 1983. *Political Marketing: An Approach to Campaign Strategy*. New York: Praeger.

Mayhew, David. 1974. *Congress: The Electoral Connection*. New Haven: Yale University Press.

Mazmanian, Daniel. 1979. "Third Parties in Presidential Elections. " In Jeff Fishel (Ed.), *Parties in an Anti-Party Age* (pp. 305—317). Bloomington: Indiana University Press.

McCloskey, Herbert, Paul J. Hoffman, & Rosemary O'Hara. 1960, June. "Issue Conflict and Consensus among Party Leaders and Followers. "*American*

Political Science Review, pp. 406—427.

McCorkle, Pope, & Joel Fleishman. 1982. "Political Parties and Presidential Nominations." In Joel Fleishman (Ed.), *The Future of American Political Parties* (pp. 140—168). Englewood Cliffs, N. J.: Prentice-Hall.

McWilliams, Wilson Carey. 1980. "Parties as Civic Associations." In Gerald Pomper (Ed.), *Party Renewal in America* (pp. 51—68). New York: Praeger.

Michels, Robert. 1949/1915. *Political Parties*. Glencoe, Ill.: Free Press.

Mikva, Abner, & Pati Saris. 1983. *The American Congress: The First Branch*. New York: Franklin Watts.

Mileur, Jerome M. 1986. "Federal Constitutional Challenges to State Party Regulation." Paper presented at the September 1986 annual meeting of the American Political Science Association. Washington, D. C.

Milkis, Sidney. 1984. "Presidents and Party Purges." In Robert Harmel (Ed.), *Presidents and Their Parties*, (pp. 175—195). New York: Praeger.

Miller, Arthur, & Martin Wattenberg. 1983. "Measuring Party Identification: Independent or No Preference." *American Journal of Political Science* 27 (February): 106—121.

Mitofsky, Warren, & Martin Plissner. 1980, October-November. "The Making of the Delegates, 1968—1980." *Public Opinion*, p. 43.

Nagel, Stuart S. 1961. "Political Party Affiliation and Judges' Decisions." *American Political Science Review* 55 (December): 845.

Neustadt, Richard. 1982, March 14. "Watch Out Politics—Technology Is Coming." *Washington Post*, p. D1.

Norpoth, Helmut. 1985. "Changes in Party Identification: Evidence of Republican Majority." Paper presented at the September 1985 annual meeting of the American Political Science Association, New Orleans.

Ornstein, Norman, & David Rohde. 1979. "Political Parties and Congressional Reform." In Jeff Fishel (Ed.), *Parties in an Anti-Party Age* (pp. 280—

294). Bloomington: Indiana University Press.

Ornstein, Norman J., Thomas E. Mann, Michael J. Malbin, Allen Schick, & John F. Bibby. 1984. *Vital Statistics on Congress, 1984 — 1985 Edition*. Washington, D. C.: American Enterprise Institute.

Orren, Gary. 1982. "The Changing Styles of American Party Politics."In Joel Fleishman (Ed.), *The Future of American Political Parties* (pp. 4—41). Englewood Cliffs, N. J.: Prentice-Hall.

Orren, Gary, & Sidney Verba. 1983. "American Voter Participation: The Shape of the Problem."Paper presented at a symposium on American voting participation, Washington, D. C., ABC Inc.

Paley, William C., & Shelly Moffett. 1984. "The New Electronic Media: Instant Action and Reaction."*Campaigns and Elections* 4 (Winter): 4—12.

Patterson, Thomas. 1980. *The Mass Media Election*. New York: Praeger.

Patterson, Thomas, & Robert McClure. 1976. *The Unseeing Eye*. New York: G. P, Putnam's Sons.

Perl, Peter. 1985, March 21. "Kirkland Says Party Misdiagnoses Its Ills." *Washington Post*, p. A9.

Peterson, Bill. 1984, November 18. "Jesse Helm's Lesson from Washington." *Washington Post*, p. C1.

——. 1985, August 23. "GOP 'Open Door' Deemed Success Despite Shortfall."*Washington Post*, p. A3.

——. 1986a, July 22. "Megapolitics: The Florida Senate Race."*Washington Post*, p. A6.

——. 1986b, August 16. "Lt. Governor Baxter Becomes Gubernatorial Nominee."*Washington Post*, p. A4.

——. 1986c, October 8. "Computing an Audience for a Tailored Message." *Washington Post*, p. A1.

——. 1986d, November 3. "If Reagan Talks to You on the Phone Today, Don't Feel Special."*Washington Post Weekly Edition*, p. 11.

Phillips, Kevin P. 1986, July 6. "Once Reagan Goes, the Party May Be Over for the GOP."*Washington Post*,p. B1.

Piereson,James E. 1978. "Issue Alignment and the American Party System,1956—1976."*American Politics Quarterly* 6 (July): 275—307.

Polsby,Nelson. 1983a. *Consequences of Party Reform*. New York: Oxford University Press.

——. 1983b. "The Reform of Presidential Selection and Democratic Theory." *PS* 16 (Fall): 695—698.

Pomper,Gerald M. 1975. *Voters' Choice*. New York: Harper & Row.

Pomper, Gerald M. (Ed). 1980. *Party Renewal in America: Theory and Practice*. New York: Praeger.

Powell, G. Bingham, Jr. 1982. *Contemporary Democracies: Participation, Stability,and Violence*. Cambridge,Mass. : Harvard University Press.

Price,David. 1984. *Bringing Back the Parties*. Washington,D. C. : Congressional Quarterly Press.

Price, H. Douglas. 1971. "The Congressional Career—Then and Now." In Nelson Polsby (Ed.),*Congressional Behavior* (pp. 14—27). New York: Random House.

Ranney,Austin. 1962. *The Decline of Responsible Party Government*. Urbana: University of Illinois Press.

——. 1975. *Curing the mischiefs of Faction: Party Reform in America*. Berkeley: University of California Press.

——. 1979. "Changing Rules of the Presidential Nominating Game: Party Reform in America. "In Jeff Fishel (Ed.),*Parties in an Anti-Party Age* (pp. 219—229). Bloomington: Indiana University press.

Ranney, Austin, & Wilmoore Kendall. 1956. *Democracy and the American Party System*. New York: Harcourt,Brace and World.

Reichley, A. James. 1985. "The Rise of National Parties. "In John E. Chubb & Paul E. Peterson (Eds.), *The New Directions in American Politics* (pp. 175—202). Washington,D. C. : The Brookings Institution.

Reiter, Howard. 1984. "The Gavels of August: Presidents and National Party

Conventions."In Robert Harmel (Ed.), *Presidents and Their Parties* (pp. 96—121). New York: Praeger.

Rossiter, Clinton. 1960. *Parties and Politics in America*. Ithaca, N.Y.: Cornell University Press.

Rusk, Jerrold. 1970. "The Effect of the Australian Ballot Reform on Ticket-Spiitting." *American Political Science Review* 64 (December): 1220—1238.

Sabato, Larry. 1981. *The Rise of the Political Consultants*. New York: Basic Books.

——. 1985. *PAC Power*. New York: W. W. Norton.

——. 1988. *The Party's Just Begun*. Boston: Little, Brown, Scott Foresman.

Salholz, Eloise. 1984, September 10. "Periscope." *Newsweek*, p. 13.

Salmore, Stephen, & Barbara Salmore. 1985. *Candidates, Parties, and Campaigns*. Washington, D.C.: Congressional Quarterly Press.

Sandman, Joshua. 1984. "The Reemergence of the Political Party: Campaign '84 and Beyond." *Presidential Studies Quarterly* 14 (Fall): 512—518.

Schattschneider, E. E. 1982/1942. *Party Government*. New York: Holt Rinehart.

Schlesinger, Joseph A. 1985. "The New American Political Party." *American Political Science Review* 79, no. 4: 1152—1169.

Schram, Martin. 1982, March 23. "Why Can't the Democrats Be More Like the Republicans? They're Trying." *Washington Post*, p. A2.

Seligman, Lester. 1979. "The Presidential Office and the President as Party Leader." In Jeff Fishel (Ed.), *Parties in an Anti-Party Age* (pp. 295—302). Bloomington: Indiana University Press.

Smith, Rodney. 1984a. "National Committees: Party Renewal through Campaign Assistance." *Campaigns and Elections* 5 (Spring): 12—19.

——. 1984b. "The New Political Machine: Small Computers Are Having a Big Impact in Local Elections." *Datamation* 30 (June 1): 22—26.

——. 1984c, July 16. "The New Political Machine." *Computer World*, p. 19.

Sorauf, Frank. 1980. *Party Politics in America*. Boston: Little, Brown.

——. 1982. "Accountability in Political Action Committees: Who's in Charge?" Paper presented at the September 1982 annual meeting of the American Political Science Association. Chicago.

——. 1984. *What Price PACs?* New York: Twentieth Century Fund.

Stanley, Harold W., & Richard G. Niemi. 1988. *Vital Statistics on American Politics*. Washington, D. C. : CQ Press.

Steed, Robert. 1985. "Party Reform and the Nationalization of American Politics." Paper presented at the September 1985 annual meeting of the American Political Science Association. New Orleans.

Stokes, Donald E. , & Warren Miller. 1962. "Party Government and the Salience of Congress." *Public Opinion Quarterly* 26 (Winter): 531—546.

Sundquist, James. 1982. "Party Decay and the Capacity to Govern." In Joel Fleishman (Ed.), *The Future of American Political Parties* (pp. 42—69). Englewood Cliffs, N. J. : Prentice-Hall.

——. 1983. "Whither the American Party System Revisited." *Political Science Quarterly* 98 (Winter): 573—594.

Sussman, Barry, & Kenneth E. John. 1984, July 15. "Delegates Enthusiastic about Mondale, but Fear He'll Lose." *Washington Post*, p. A6.

Taebel, Delbert A. 1975. "The Effect of Ballot Position on Electoral Success." *American Journal of Political Science* 19 (June): 519—526.

Tarrance, V. Lance. 1979. "Suffrage and Voter Turnout in the U. S. : The Vanishing Voter." In Jeff Fishel (Ed.), *Parties in an Anti-Party Age* (pp. 77—85). Bloomington: Indiana University Press.

Taylor, Paul. 1985a, August 10. "State Seeks to Revive Open Primary." *Washington Post*, p. A1.

——. 1985b, October 5. "2 Parties Crossing Lines in Gerrymandering Suits." *Washington Post*, p. A4.

——. 1986a, May 20. "GOP Offensives Produce Dramatic but Fragile Gains." *Washington Post*, p. A1.

———. 1986b, November 3. "GOP Drops Ballot Security Program. "*Washington Post Weekly Edition*, p. 11.

Tucker, H. J. , A. Vedlitz, & J. DeNardo. 1986. "Does Heavy Turnout Help Democrats in Presidential Elections?" *American Political Science Review* 80, no. 4: 1291—1304.

Turner, Julius. 1970. *Party and Constituency: Pressures on Congress* (rev. ed. by Edward Schneier). Baltimore: Johns Hopkins Press.

U. S. Department of Commerce. 1985, January. "Current Population Reports. " Series p-20, no. 397.

Verba, Sidney, & Norman Nie. 1972. *Participation in America*. New York: Harper & Row.

Walker, Jack L. 1966. "Ballot Forms and Voter Fatigue: An Analysis of the Office Block and Party Column Ballots. "*Midwest Journal of Political Science* 10 (August): 448—463.

Wasby, Stephen. 1970. *Political Science: The Discipline and Its Dimensions*. New York: : Charles Scribner's Sons.

Watson, Tom. 1985. "All Powerful Machine of Yore Endures in New York's Nassau. "*CQ Weekly Report* 43 (August 17): 1623—1625.

Wattenberg, Martin. 1982. "From Parties to Candidates. " *Public Opinion Quarterly* 46 (Summer): 216—227.

———. 1984. *The Decline of American Political Parties*. Cambridge, Mass. : Harvard University Press.

———. 1985. "The Hollow Realignment: Partisan Changes in a Candidate Centered Era. "Paper presented at the September 1985 annual meeting of the American Political Science Association. New Orleans.

Will, George. 1986, November 6. "In 1986, There Is Not a Party Majority. " *Washington Post*, p. A19.

Wilson, Woodrow. 1908. *Constitutional Government in the United States*. New York: Columbia University Press.

图书在版编目(CIP)数据

技术年代的政党/〔美〕弗兰泽奇著;李秀梅译.—北京:商务印书馆,2010
(当代西方政党研究译丛)
ISBN 978-7-100-04073-0

Ⅰ.技… Ⅱ.①弗… ②李… Ⅲ.政党-政治制度-研究-美国 Ⅳ.D771.264

中国版本图书馆 CIP 数据核字(2004)第 000596 号

所有权利保留。
未经许可,不得以任何方式使用。

当代西方政党研究译丛
技术年代的政党
〔美〕史蒂芬·E.弗兰泽奇 著
李秀梅 译

商务印书馆出版
(北京王府井大街36号 邮政编码 100710)
商务印书馆发行
北京瑞古冠中印刷厂印刷
ISBN 978-7-100-04073-0

2010年4月第1版	开本 850×1168 1/32
2010年4月北京第1次印刷	印张 14¾

定价:32.00元